French in Action

A

Beginning

Course in

Language

and Culture

Second Edition

French in Action

The Capretz Method

Workbook Part 1

Pierre J. Capretz
Yale University

with

Thomas Abbate
Béatrice Abetti
Frank Abetti

Yale University Press *New Haven and London*

French in Action is a co-production of Yale University and the WGBH Educational Foundation, in association with Wellesley College.

Major funding for *French in Action* was provided by the Annenberg/CPB Project. Additional funding was provided by the Andrew W. Mellon Foundation, the Florence J. Gould Foundation, Inc., the Ministries of External Relations and of Culture and Communication of the French government, the Jessie B. Cox Charitable Trust, and the National Endowment for the Humanities.

Designed by Richard Hendel.
Set in Gill and Berkeley types by The Composing Room of Michigan, Inc., Grand Rapids, Michigan.
Printed by Edwards Bros., Ann Arbor, Michigan.

Grateful acknowledgment is made for permission to reproduce the following illustrations:
Editions Glénat: Claude Serre, p. 240, #1
WGBH, Boston: Jean-Jacques Sempé, p. 240, #7
Illustration #5, p. 240, was commissioned from Aline Mathieu.
All other illustrations were commissioned from Claude Raynaud.

ISBN 978-0-300-05822-2
Library of Congress catalog card number: 93-28562
A catalogue record for this book is available from the British Library.
15 14 13 12 11

Contents

Acknowledgments

This program is based essentially on *Méthode de français* by Jean Boorsch and Pierre Capretz.

The development of *French in Action* was made possible initially by a grant from the Annenberg/CPB Project. The authors are enduringly grateful for the support of the Annenberg/CPB staff, especially Mara Mayor and Lynn Smith, and for the collaboration of colleagues and other professionals who served on the project advisory committee or lent their services as content consultants: R. Brent Bonah, the late Jean R. Carduner, Michelle Coquillat, Claud DuVerlie, Rose L. Hayden, Stanley Hoffmann, Pierre Léon, Yvonne Rochette Ozzello, Rodger A. Pool, Adelaide Russo, Mary Lindenstein Walshok, and Laurence Wylie.

The authors are indebted to Jeanne Manning for her contributions to the workbook and textbook; to Christian Siret and Kristen Svingen for their unfailing dedication during the creation of the original program; and to Bette Allen, Eric Eigenman, Véronique Guarino, Heather Kispert, Lynne LaCascia, Jack Olsen, David Pelizzari, Claudine Romana, Rebecca Ruquist, Shelby Sola, Satoko Takatomi, and Marie-Claire de Toledo for their skill and patience in helping to prepare this second edition.

The authors also wish to thank Judith Calvert, Mary Coleman, Laura Jones Dooley, Laura Dunne, Ellen Graham, Chris Harris, Channing Hughes, Susan Laity, Richard Miller, Noreen O'Connor-Abel, Jessica Schultz, Allison Schwarz, Faith Short, and Cele Syrotiak at Yale University Press, as well as designer Richard Hendel, without whose efforts the printed materials for this program could never have appeared.

Lesson 1 Introduction

This workbook is designed to develop your ability to understand and communicate in French. It must be used in close conjunction with the audio series.

Each of the fifty-one lessons following this introduction is divided into five parts. The first, *Assimilation of the text* (*Assimilation du texte*), familiarizes you with important words and structures from the episode narrated in the text. The next, *Toward communication* (*Préparation à la communication*), contains charts and explanations that illustrate the use of these structures, followed by exercises that give you practice in recognizing and using them. The third section, *Self-testing exercises* (*Exercices-tests*), provides quizzes with which to test your grasp of the most important points of the lesson. The fourth section, *Toward free expression* (*Libération de l'expression*), is devoted to role-playing and word games that allow you to make creative use of what you have learned and to personalize the story, adapting it to your own tastes and preferences. The final section, *Developing skills in reading and writing* (*Préparation à la lecture et à l'écriture*), proposes activities that will train you in guessing and inferring from context, and thus facilitate your understanding of the textbook's *Documents,* as well as writing assignments that will allow you to recombine vocabulary and structures from the text and documents.

Answer keys at the end of the workbook give the answers to all written exercises, including the self-testing exercises.

Directions and explanations are in English through lesson 5 of the workbook; beginning with lesson 6, the workbook is entirely in French.

Using the Workbook with Video, Audio, and Textbook Components

Video. Each video program of *French in Action* should be viewed before beginning work on the lesson. The purpose of these programs is to expose you in a preliminary way to the material of the lesson and to help develop your feel for communication in French. You will not need to take notes or refer to the textbook or workbook while watching the video programs, and you won't be expected to learn any word or structure in depth from the video programs alone. Extensive practice comes later, as you work with the textbook, workbook, and audio program.

Audio. After you have viewed the video program, complete the first section of the audio program, *Text work-up* (*Mise en œuvre*). As you listen, you will hear two kinds of musical signals, each followed by a pause. The shorter signal means "repeat"; the longer signal means "answer." After the pause, you will hear the correct response for confirmation.

Complete the remaining sections of the workbook, using the audio program when indicated. The headphone symbol that accompanies some sections indicates either that the material for a section is repeated on the audio program or that the audio segment must be used to complete a segment.

Textbook. In this course, the basic material of each lesson is called the text. The texts occur in two forms: a dramatized version in the video and audio programs and a written version in the textbook. Try not to read the text of the lesson until *after* you have completed the text work-up. Pay close attention to the illustrations that accompany the text; the combination of words and pictures will further your understanding of important concepts.

After you have studied the text and pictures, read through the questions that follow the text. These questions will be familiar to you from the assimilation section of the audio program, and you should be able to answer them without difficulty.

A *study guide,* in English, is available to help you through each lesson. It is indispensable for students taking the course as a telecourse, and optional for on-campus students.

Lesson 2

Assimilation of the text

2.1 Text work-up

Listen to the text on the recording. Repeat and answer according to the directions.

2.2 Aural comprehension

Phase 1: You will hear a phrase that corresponds to each picture in the series below. Look at the picture and repeat the phrase you hear.

Phase 2: Look at pictures 1,2,3,4,5,6, and 7. You will hear phrases identified by the letters A,B,C,D,E,F, and G. Write the letter of each phrase under the picture to which it corresponds.

Example:
You hear: A. Bon appétit!
You write *A* under picture 1.

1. *A*

2. ___

3. ___

4. ___

5. ___

6. ___

7. ___

2.3 Aural comprehension

You will hear the beginning of a series of short exchanges between two people. Choose the second person's answer from among the three possible responses. Indicate your choice by circling *a, b,* or *c.*

Example: You hear: 1. Bonjour! Vous allez bien?
You choose the best answer (b. Je vais bien, merci) and circle *b.*

1. a. Bon appétit!
   (b) Je vais bien, merci.
   c. Je vais à la fac.

2. a. Bonjour!
   b. Ça va.
   c. Bon appétit!

3. a. Bon appétit!
   b. Ça va bien, merci.
   c. Tiens!

4. a. Merci!
   b. Salut!
   c. Bonjour!

5. a. Merci!
   b. Salut!
   c. Bonjour!

6. a. Je vais bien, merci.
   b. Elle va à la fac.
   c. Nous allons à la fac.

7. a. Elle va à la fac.
   b. Elle va bien.
   c. Il ne va pas trop bien.

8. a. Merci!
   b. Au revoir.
   c. Bonjour!

9. a. Je vais bien, merci.
   b. En France.
   c. Je vais à la bibli.

10. a. Ça va?
    b. Nous allons au restau-U.
    c. Bon appétit!

2.4 Oral production

In the following dialogues you are to play the part of a character. First you will hear an exchange between two characters. Then you will hear your character's line repeated several times. Finally you will hear the beginning of each exchange again (it is also printed below), and this time you say your character's line.

Example: 1. Listen to the dialogue between Ousmane and Mireille.
Ousmane: Ça va?
Mireille: Oui, ça va.
Listen to Mireille's line. You will hear it four times.
Now it is your turn. You are Mireille. You hear:
Ousmane: Ça va?
You answer: Oui, ça va.

2. Mireille: Ça va?
   Mme Rosa: (. . .)
3. Mireille: Véronique, salut! Comment vas-tu?
   Véronique: (. . .)
4. Le professeur: Tiens, bonjour, Mademoiselle Belleau. Comment allez-vous?
   Mireille: (. . .)
5. Mireille: Tiens, Hubert, salut! Ça va?
   Hubert: (. . .)

2.5 Aural comprehension and oral production

Listen to the following dialogues, and answer the question that follows.

Example: 1. Où va Mireille? Où est-ce qu'elle va?
You hear: Colette: Mireille! Bonjour! Où est-ce que tu vas?
Mireille: Je vais à la fac.
Then you hear the question: Où va Mireille? Où est-ce qu'elle va?
You answer: A la fac. or: Elle va à la fac.

2. Comment va Ousmane?
3. Où vont Marc et Catherine?
4. Où va Ousmane?
5. Comment va Mireille?

Toward communication

2.6 Observation: Pronunciation; division into syllables

x = consonant (/b/ /c/ /d/ /f/ /g/ /l/ /p/ /r/, etc.)
o = vowel (/o/ /e/ /a/ /i/ /u/, etc.)

xo xox bon jour!	xo x o xo xo co mment vas - tu?
xo x o xo xo bo n a ppé tit!	xo x o xo xo xo co mmen t a llez - vous?
xo xox ma lade	

2.7 Activation: Pronunciation; division into syllables

Listen and repeat.

1. le - fran - çais
2. la - bi - bli
3. sa - lut
4. ma - lade
5. le - re - stau - U
6. bon - jour
7. bo - n a - ppé - tit!
8. co - mment - vas - tu?
9. co - mmen - t a - llez - vous?

2.8 Activation (aural): Forms of address

Carefully review the video program or listen to the first part of the audiocassette for this lesson. You will notice that characters sometimes say *tu* (or *toi*) when speaking to other characters, and sometimes they say *vous*. Note down who says *tu* (or *toi*) to whom, and who says *vous*.

1. Le professeur dit ________ aux étudiants.
2. Colette dit ________ à Mireille.
3. Hubert dit ________ à Mireille.
4. Véronique dit ________ à Mireille.
5. Ousmane dit ________ à Mireille.
6. Catherine dit ________ à Mireille.
7. Le vieux professeur dit ________ à Mireille.
8. Tante Georgette dit ________ à Mireille.
9. Mireille dit ________ à Hubert.
10. Mireille dit ________ à Véronique.
11. Mireille dit ________ à Ousmane.
12. Mireille dit ________ à Catherine et Marc.
13. Mireille dit ________ au vieux professeur.
14. Mireille dit ________ à Tante Georgette.
15. Mireille dit ________ à Fido.
16. Fido dit Ouah! Ouah! à Mireille.

You will notice that the professor (1) and Mireille (12) say ________ when talking to more than one person.

You will notice that Colette, Hubert, Véronique, Ousmane, and Catherine, who are all students and know each other, say ________ to each other.

Mireille also says ________ to Tante Georgette, with whom she is on very familiar terms (since Georgette happens to be her aunt).

Mireille also says ________ to Fido, who happens to be a dog.

But Mireille says ________ to the old professor, with whom she is not on familiar terms.

2.9 Observation: Personal subject pronouns

	singulier		pluriel	
1ère personne	**Je**	vais bien.	**Nous**	allons bien.
2ème personne *forme familière* *forme polie*	 **Tu** **Vous**	 vas bien? allez bien?	 **Vous** **Vous**	 allez bien? allez bien?
3ème personne *masculin* *féminin*	 **Il** **Elle**	 va bien. va bien.	 **Ils** **Elles**	 vont bien. vont bien.

2.10 Observation: Personal subject pronouns, 3rd person

	singulier		pluriel	
masculin	le professeur Hubert Fido	**il**	les étudiants Hubert et Ousmane Hubert et Mireille	**ils**
féminin	la jeune fille la dame Mireille	**elle**	les jeunes filles les dames Mireille et Colette	**elles**

2.11 Activation (oral and written): Personal subject pronouns

Listen to the questions, answer orally, and complete the written sentences according to the example.

Example: You hear: 1. Comment va Hubert?
You say: Il va bien.
You write: *Il*

2. Comment va Mireille?

_________ va bien.

3. Comment allez-vous, vous deux?

_________ allons bien.

4. Comment va Hubert?

_________ va bien.

5. Comment vont Ghislaine et Mireille?

_________ vont bien.

6. Comment vas-tu?

_________ vais bien.

7. Comment vont Hubert et Ghislaine?

_________ vont bien.

8. Comment vont Ousmane et Hubert?

_________ vont bien.

2.12 Observation: Verb *aller*, present indicative

aller	
je vais tu vas il va ils vont	nous **allons** vous **allez**

2.13 Activation (oral and written): Forms of the verb *aller*

Listen to the questions, answer orally, and complete the written sentences according to the example. You may want to use the chart above (2.12) to help you.

Example:
You hear: 1. Comment va Hubert?
You say: Il va bien.
You write: *va*

2. Comment va Mireille?

Elle _________ bien.

3. Comment va Hubert?

Il _________ bien.

4. Comment vas-tu?

Je _________ bien.

5. Comment allez-vous, vous deux?

Nous _________ bien.

6. Comment vont Ghislaine et Mireille?

Elles _________ bien.

7. Comment vont Ghislaine et Hubert?

Ils _________ bien.

2.14 Observation: Uses of the verb *aller*

aller	aller
Je vais à la fac. Je vais à la bibli. Je vais au restau-U.	Je vais bien. Je vais mal. Ça va.
déplacement	*santé*

2.15 Observation: Sounds and letters

aller — tu *vas*
nous *allons* — il *va*
vous *allez* — elle *va*
ça *va*

nous all*ons* — bonj*our*
b*on*jour — *nous* allons
vous allez

2.16 Activation (aural): Sounds and letters

First, review the first part of the video program for lesson 2, listening carefully to the soundtrack, or listen to the first part of the audiocassette for lesson 2. Then open your textbook to the text of the lesson (sections 1–11), and read it carefully.

1. Look for words that have the vowel sound represented by *on,* as in b*on*jour and all*ons*. Note that what you are looking for is words with the *vowel* sound represented by *on,* not words in which the *consonant* sound *n* would be pronounced. You should be able to find at least five different words.

   mots avec le son de voyelle représenté par ON

   bonjour, allons, ________ ________

   ________ ________ ________

2. Now look for words in which *ou* represents the same vowel sound as in bonj*our*, n*ou*s, v*ou*s. You should find at least seven examples.

   mots avec le son de voyelle représenté par OU

   bonjour, nous, vous, ________ ________

   ________ ________ ________

   ________ ________

2.17 Activation: Dictation

Listen, and write the missing words in the following sentences.

1. — ________________ ?
   — ________________ !
2. —Tiens! ________________ !
   Comment ________________ ?
   —Je ________ bien, ________ .
3. ________________ apprendre le français.

2.18 Activation: Dictation

A. Listen, and read the following as you listen:

1. Hubert: Tu vas à la fac?
   Mireille: Oui, je vais à la fac.
   Le mime: Elle va à la fac!
2. Hubert: Vous allez à la fac?
   Mireille et Ousmane: Oui, nous allons à la fac.
   Le mime: Ils vont à la fac!

B. Now listen, and write in the missing words:

1. Le vieux professeur: Tiens, bonjour Mlle Belleau!
   Comment ________ - ________ ?
   Mireille: ________ ________ bien, merci.
   Le mime: ________ ________ bien!
2. Hubert: ________ ________ à la fac?
   Mireille: Oui, ________ à la fac.
3. Hubert: Bonjour, Monsieur le professeur. Vous ________ à la fac?
   Le vieux professeur: Euh, oui, oui, ________ ________ à la fac.
   Et vous, ________ ________ à la fac?
4. Hubert: ________ ________ à la fac?
   Mireille et Ousmane: Oui, ________ ________ à la fac.
   Le mime: ____ ________ ____ ____ ________ !

2.19 Activation (written): Uses of the verb *aller*

Complete the following sentences.

1. —Tiens, Ousmane! Bonjour. Tu vas bien?

   —Oui, ________ ________ ________, merci.

   Et toi, ________ ________ ________?

2. —Bonjour, Monsieur, vous allez bien?

   —Oui, ________ ________ ________, merci.

   Et vous, ________ ________ ________?

3. —Ça va?

   —Oui, ________ ________.

4. —Tiens! Bonjour, Mireille. Où vas-tu?

   —________ ________ à la fac. Je suis pressée.

5. —Tiens! Marc et Catherine. Où allez-vous?

   —________ ________ au restau-U.

6. —Où est-ce qu'ils vont?

   —________ ________ au restau-U.

7. —Qu'est-ce que nous allons apprendre?

   —Nous ________ ________ le français.

2.20 Observation: Talking about health

verbe **aller** + *adverbe*				*verbe* **être** + *adjectif*		
Je	**vais**		bien.	Je	**suis**	fatiguée.
Je	**vais**		mal.	Je	**suis**	malade.
Je ne	**vais**	pas	bien.	Elle	**est**	fatiguée.
Ça ne	**va**	pas	bien.	Il	**est**	malade.
Ça ne	**va**	pas	fort.			
Ça ne	**va**	pas.				
Ça	**va.**					
Ça	**va**		bien.			

2.21 Activation (aural and written): *Aller/être*

Listen, and complete the following sentences with a form of the verb *aller* or *être*.

1. —Comment allez-vous?

   —Oh, je ne ________ pas trop bien! Je ________ fatiguée.

2. —Ça ne ________ pas?

   —Non, ça ne ________ pas fort; je ________ malade.

   —Comment ________ Hubert?

   —Pas trop bien. Il ________ fatigué.

3. —Ça ne ________ pas bien?

   —Non, je ________ malade.

4. —Où vas-tu? Tu vas à la fac?

   —Oui, excuse-moi, je ________ pressée. Au revoir.

2.22 Observation: Negation

positif (oui)	*négatif* (non)
pressé malade fatigué	**pas** pressé **pas** malade **pas** fatigué
Il est pressé. Elle est malade. Elle va bien.	Il n'est **pas** pressé. Elle n'est **pas** malade. Elle ne va **pas** bien.

Note that *pas* is a negative word.

2.23 Activation: Aural comprehension; negation

Listen, and indicate whether the phrases you hear are positive (*oui*) or negative (*non*). Check the corresponding box.

	1	2	3	4	5	6	7	8	9	10	11	12	13	14
positif (*oui*)														
négatif (*non*)														

2.24 Activation (oral): Dialogue between Mireille and Hubert

You will hear a conversation between Mireille and Hubert.
Listen carefully and practice Hubert's lines.

Mireille: Tiens, Hubert! Salut! Comment ça va?
Hubert: **Pas mal. . . . Et toi?**
Mireille: Ça va. . . .
Hubert: **Où vas-tu comme ça?**
Mireille: Je vais à la fac; et toi?
Hubert: **Oh, moi . . . je ne vais pas à la fac.**

Self-testing exercises

2.25 Self-testing exercise: Personal subject pronouns

Complete the following sentences.

1. Ousmane est malade?

   Oui, ________ est malade.

2. Tante Georgette est fatiguée?

   Oui, ________ est fatiguée.

3. Tu vas à la fac?

   Oui, ________ vais à la fac.

4. Les étudiants vont apprendre le français?

   Oui, ________ vont apprendre le français.

5. Vous allez au restau-U?

   Oui, ________ allons au restau-U!

6. Mireille et Colette vont apprendre l'italien?

   Oui, ________ vont apprendre l'italien.

7. Tu vas bien?

   Non, ________ suis fatiguée.

8. Ça ne va pas fort.

   Ah non? ________ es malade?

Check your responses. If you have made any errors, work with sections 2.9, 2.10, and 2.11 in the workbook.

2.26 Self-testing exercise: Verb *aller,* present indicative

Complete the following sentences.

1,2. —Tiens, Mireille! Comment _____-tu?

—Ça _____ .

3,4. —Bonjour, Mlle Belleau. Comment _______-vous?

—Je _____ bien, merci.

5. Tiens, regarde, c'est Marc et Catherine.

Où _____-ils?

6. —Salut, vous deux. Vous êtes pressés?

—Oui, nous _________ au restau-U!

Check your responses. If you have made any errors, work with sections 2.12 and 2.13 in the workbook.

2.27 Self-testing exercise: Uses of the verb *aller*

Choose the correct answer for each question you hear.

1. a. Je vais au restau-U.
   b. Je suis malade.
   c. Je suis pressée.

2. a. A la fac.
   b. Ça va.
   c. Elle est fatiguée.

3. a. Non, à la bibli.
   b. Non, le français.
   c. Non, pas trop bien.

4. a. Oui, ça va.
   b. Non, mais ça ne va pas fort.
   c. Non, merci.

5. a. Non, je vais à la fac.
   b. Non, je suis pressée.
   c. Non, je suis malade.

6. a. A la bibli.
   b. Très bien, merci.
   c. Ça va.

Check your responses. If you have made any errors, work with sections 2.14 to 2.21 in the workbook.

Toward free expression

2.28 Cross-examining the text

Re-read the text of the lesson. Read the questions in the mise en question following the mise en œuvre in your textbook, give them some thought, and do your best to answer them.

2.29 Role-playing and reinvention of the story

Listen to the two examples of role-playing and reinvention of the story.

2.30 Role-playing and reinvention of the story

Now, pretend that you meet someone. Imagine a conversation.
You may choose among the following possibilities.

Personnage X:

Tiens! . . . Bonjour! . . . Salut! . . .	Mireille. . . . Colette. . . . Ousmane. . . . Jack. . . . Otto. . . . Tante Georgette. . . . Tante Marie. . . . Monsieur. . . . Madame. . . . Mademoiselle. . . . Vous deux. . . . Fido. . . .	Ça va? Comment ça va? Comment vas-tu? Comment allez-vous? Ça va bien? Tu vas bien? Vous allez bien?

Personnage Y:

Ça va, merci! . . . Oui, ça va! . . . Ça va bien, merci! . . . Oui, je vais bien. . . . Oui, nous allons bien. . . . Pas mal, merci. . . . Pas trop bien. . . . Non, ça ne va pas! . . . Non, je ne vais pas bien! . . . Non, ça ne va pas fort! . . .	Et toi? Et vous?

Personnage X:

Tu es malade?
Vous êtes malade?

Personnage Y:

Oui, je suis malade.
Non, je ne suis pas malade, mais ça ne va pas fort.
Je suis fatigué(e).
Oui, ça va mal!

Personnage X:

Excuse-moi, je suis pressé(e).
Moi aussi, je suis malade.
Fido aussi est malade.
Mais non, tu n'es pas malade!

Personnage Y:

Où vas-tu?
Où est-ce que tu vas?
Tu es pressé(e)?
Tu vas à la fac?

Personnage X:

Je vais à la fac.
Je vais à la bibli.
Je vais au restau-U.

Personnage Y:

Au revoir.
Salut!
Bon appétit!

Developing skills in reading and writing

2.31 Reading and inference

Read the following and fill in the blanks with either *oui* or *non*, depending on which makes more sense.

1. Mireille: Tiens, bonjour, Hubert! Où vas-tu comme ça? Tu vas manger?

   Hubert: ________ , je vais au restaurant. Et toi, tu vas manger?

   Mireille: ________ , je vais au cours d'italien.

   Hubert: Tu es pressée?

   Mireille: ________ , je suis en retard!

2. Ousmane: Salut, Mireille! Ça va?

   Mireille: ________ , je suis malade! Mais toi, ça va?

   Ousmane: ________ , moi, ça va. Je vais très bien.

   Mireille: Tu vas à la bibli?

   Ousmane: ________ , je vais manger.

   Mireille: Eh bien, bon appétit, alors! Salut!

2.32 Reading and inference

Read the text of lesson 2 in the textbook and try to recall what you have seen on the video for lesson 2. Then read the following paragraph, guessing at the missing words and writing them in. All of the missing words can be found either in the paragraph itself or in the text of lesson 2 in the textbook. Look for them to check their spellings.

Mireille Belleau est étudiante. Elle apprend l'italien. En ce moment, ________ va à son cours d'italien, à la fac. Elle est pressée parce qu'elle ________ en retard. D'abord, elle dit bonjour à Mme Rosa. Mme Rosa vend des journaux dans un kiosque. Mireille achète un journal. Elle continue. Elle voit Colette à la terrasse d'un petit café. Colette est avec trois amis. Mireille dit bonjour ________ Colette et aux ________ de Colette et elle continue. Sur le boulevard Saint-Michel elle rencontre ________ ami qui s'appelle Hubert. Elle lui dit qu'elle ________ à la fac, mais Hubert, lui, ne va ________ à la fac. Il va jouer au tennis. Mireille continue et elle rencontre ________ amie, Véronique. Elle continue et elle rencontre Ousmane. Ousmane ne va pas jouer au tennis, lui. Non, il va à ________ bibliothèque. Il va étudier. C'est un étudiant sérieux. Mireille continue et elle rencontre deux amis sur une motocyclette. Ils vont manger au restaurant universitaire; alors, Mireille leur dit "________ appétit" et elle continue. Elle rencontre un vieux professeur avec sa bicyclette dans la rue des Ecoles et puis elle rencontre sa vieille tante Georgette avec son ________, qui s'appelle Fido. Tante Georgette n'est pas en très bonne santé; elle est fatiguée, mais Fido, lui, va très ________. Mireille dit au revoir ________ Tante Georgette et elle arrive enfin à son cours d'italien.

2.33 Reading and inference

Re-read the paragraph you have just completed (2.32) and complete the answers to the following questions. You will find all the words you need in the paragraph above or in the text in the textbook.

1. Est-ce que Mireille Belleau est professeur?
   Non, elle est ________________.
2. Qu'est-ce qu'elle apprend, à la fac?
   ________________ l'italien.
3. Où est-ce qu'elle va en ce moment?
   ________ à son cours d' ________.
4. Pourquoi est-ce qu'elle est pressée?
   Elle est ________ parce qu'elle ________ en retard.
5. Où est-ce que Mireille voit Colette?
   Elle voit Colette à la terrasse d'un petit ________.
6. Avec qui est Colette?
   Elle est avec trois ________.
7. Qui est-ce que Mireille rencontre sur le boulevard Saint-Michel?
   Elle rencontre un ________ qui s'appelle ________.
8. Est-ce qu'Hubert va à la fac?
   Non, il va jouer au ________.
9. Qui est Ousmane? C'est un professeur?
   Non, c'est un ________.
10. Où est-ce qu'il va?
    Il ________________.
11. Et où vont les deux amis de Mireille qui sont sur une motocyclette?
    Ils ________ restaurant universitaire.
12. Où est-ce que Mireille rencontre le vieux professeur?
    Dans ________________.
13. Comment s'appelle le toutou de Tante Georgette?
    Il s'appelle ________.
14. Est-ce que Fido est malade?
    ________________.
15. Est-ce que Tante Georgette est malade?
    Non, mais ________________.

2.34 Reading and inference

Read document 2 (*Journal de Mireille*) in your textbook. Then read the following and fill in the blanks. What follows is very close to the text of the document. By comparing the two you should be able to figure out what it says. All the words you need are in the text of document 2, sometimes in a slightly different form.

1. En allant à la fac, Mireille s'arrête au kiosque de Mme Rosa pour acheter un ________________ . Mireille écrit un ________________ intime, personnel.
2. C'est le 28 mai. Il est 9 ________ du matin. Mireille décide qu'elle ne ________ pas aller à la ________ parce qu'elle ne va pas fort, elle est un peu ________________ .
3. Alors elle décide d'aller ____ Katmandou ou ____ Acapulco. Oui, mais Acapulco est au Mexique. Et au Mexique on ne parle pas ________________ . On parle ________________ ! Alors, est-ce que Mireille va apprendre l'espagnol pour aller à Acapulco? Non! Elle est trop fatiguée pour ________________ l'espagnol!
4. Alors, elle va ________ aux Antilles ou à Tahiti, parce qu'aux Antilles et à Tahiti on ________________ français. Oui, mais elle est trop ________________ pour aller à Tahiti. (C'est dans l'océan Pacifique!)
5. Alors, elle va ________ au cinéma, avec Ousmane! Mais non! Impossible! Parce qu'Ousmane va certainement aller ________ bibli!
6. Oh, là, là! Il est déjà 10 ________ ! Mireille est pressée parce que son cours d'italien est à 10 heures 30! Mireille décide qu'elle va être raisonnable: elle ne va pas ________ à Tahiti, elle ne va pas ________ au cinéma, elle ne va pas ________________ à Marc. Elle va ________________ au cours d'italien!

2.35 Writing practice

Write a short exchange between two characters, X and Y. Character X meets character Y; imagine their dialogue. Because you do not know enough French yet to write anything you like, you will need to stay within the limits of what you have seen already. For this exercise you should work with the various options offered in 2.30 above. Study these options carefully, then choose among them and write an eight-line exchange. Make sure, of course, that the options you select make sense together.

X: ________________

Y: ________________

X: ________________

Y: ________________

X: ________________

Y: ________________

X: ________________

Y: ________________

Lesson 3

Assimilation of the text

3.1 Text work-up

Listen to the text on the recording. Repeat and answer according to the directions.

3.2 Aural comprehension

Phase 1: You will hear a phrase corresponding to each picture in the series below. Look at the picture and repeat the phrase.

Phase 2: Look at pictures 1,2,3,4,5, and 6. You will hear phrases identified by letters A,B,C,D,E, and F. Write the letter of each phrase under the picture to which it corresponds.

Example:
You hear: A. Le monsieur, là, c'est Monsieur Courtois.
You write *A* under picture 1.

1. *A*

2. ___

3. ___

4. ___

5. ___

6. ___

3.3 Oral production

Listen to each of the following dialogues and answer the question that follows.

Example: 1. Qu'est-ce que nous allons apprendre?
You hear: Nous allons apprendre le français.
You hear the question: Qu'est-ce que nous allons apprendre?
You say: Le français, or Nous allons apprendre le français.

2. Qu'est-ce que nous allons inventer?
3. Ça va être l'histoire de qui?
4. Qu'est-ce que la jeune fille va être?
5. Pourquoi est-ce que la jeune fille va être française?
6. Qu'est-ce que nous allons choisir pour les deux jeunes gens?
7. Qu'est-ce que ça va être?
8. Comment est-ce que le jeu va être?

Toward communication

3.4 Observation: Interrogation; four types of questions

questions	*réponses*
Est-ce que la jeune fille va être française? Est-ce que la jeune fille va être américaine?	Oui. Non.
Qu'est-ce que nous allons inventer?	Une histoire.
Qui est-ce qui va inventer une histoire?	Nous.
Pourquoi est-ce que nous allons inventer une histoire?	Parce que ça va être utile. Pour apprendre le français.

Note that the words *est-ce que* or *qui* are present in the four types of questions.

The answer to *Est-ce que . . . ?* is *oui* or *non.*

The answer to *Qu'est-ce que . . . ?* is usually the name of a thing.

The answer to *Qui est-ce qui . . . ?* is usually a pronoun or the name of a person.

The answer to *Pourquoi est-ce que . . . ?* usually starts with *parce que* or *pour.*

3.5 Activation: Aural comprehension; four types of questions

You will hear a series of questions. Choose the best answer among the four possibilities, and check the corresponding box.

	1	2	3	4	5	6	7	8	9	10
oui										
une histoire										
nous										
pour apprendre le français										

3.6 Observation: Pronunciation; tonic stress

Pour apprendre le français, nous allons inventer une histoire.

The phrase is divided into two parts—two groups of sounds, two rhythmic groups. There is a slight pause between *français* and *nous.* There is a tonic stress on the last syllable of each rhythmic group: on *-çais* and on *-toire.* But within a single rhythmic group, all syllables have the same intensity; there is no stress, and the rhythm is extremely uniform.

3.7 Activation: Pronunciation; tonic stress

Listen and repeat. Stress the last syllable of each group.

la leçon   la leçon de français   le français   le français est utile   le français est utile et amusant

3.8 Observation: Pronunciation of vowels in *il* and *elle*

Listen.

il	elle
il va bien	elle va bien

Note the difference between the vowels in *il* and *elle*. This difference is very important; it represents the distinction between masculine and feminine pronouns.

3.9 Activation: Aural discrimination of *il/elle*

Listen to the following sentences. Observe the distinction between *il* and *elle*, and check the appropriate box.

	1	2	3	4	5	6	7	8	9	10	11	12	13	14	15	16
il																
elle																

3.10 Activation: Pronunciation of *il/elle*

Now listen and repeat. Be sure to reproduce the difference between the vowels of *il* and *elle*.

1. Elle va bien.   2. Il va bien.   3. Elle écoute.   4. Il écoute.

3.11 Observation: Pronunciation of the consonant /l/

Observe the position of the tongue when pronouncing the consonant /l/. The tip of the tongue presses against the base of the upper teeth:

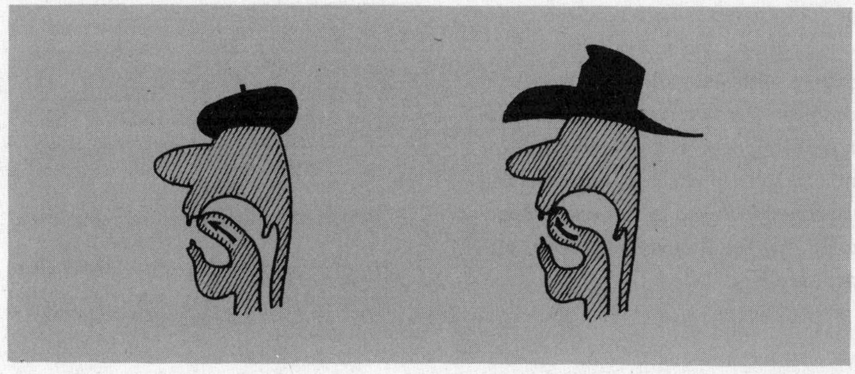

3.12 Activation: Pronunciation of the consonant /l/

Listen and repeat.

mademoiselle

elle est malade

il est malade

3.13 Observation: Definite and indefinite articles

—Pour l'histoire nous allons choisir *une* jeune fille française.
—D'accord, *la* jeune fille de l'histoire va être française.

article indéfini	*article défini*
une jeune fille	**la** jeune fille de l'histoire

Une jeune fille is an "indefinite" expression (we do not mean a specific young woman).

La jeune fille de l'histoire is a "definite" expression (we mean a specific young woman: the one in the story).

3.14 Observation: The indefinite articles *un* and *une*

Pour l'histoire nous allons choisir *un* jeune homme et *une* jeune fille.

	article indéfini	*nom*
masculin	**un** **un**	jeune homme ami
féminin	**une** **une**	jeune fille amie

Un and *une* are indefinite articles. The pronunciation of *un* in *un ami* is different from its pronunciation in *un jeune homme*. In *un jeune homme, un* represents a vowel sound, without a consonant. In *un ami,* it represents the same vowel sound, plus the consonant /n/. This is true in all cases where *un* precedes a word starting with a vowel sound, like *ami* or *étudiant.* This is an example of **liaison,** which is discussed further in lesson 4.

3.15 Activation (aural): Sounds and letters; *un*

View the first part of the video for lesson 3 again, listening carefully to the soundtrack, or listen to the first part of the audiocassette. Then read the text in your textbook, including the framed sections with illustrations for the vocabulary. Look for examples in which *un* is pronounced as a vowel *without* /n/ and examples in which it is pronounced as a vowel followed by the consonant sound /n/. You should find at least two in each category.

vowel — no /n/	vowel + /n/
un jeune homme	*un* ami
______________	______________
______________	______________
______________	______________
______________	______________

3.16 Activation: Aural discrimination of *un/une*

You will hear a series of phrases containing a noun preceded by *un* or *une*. For each phrase, indicate which article you hear by checking the corresponding box.

	1	2	3	4	5	6	7	8	9	10	11	12
un												
une												

3.17 Observation: The definite articles *le, la,* and *l'*

La jeune fille de *l'*histoire va être française et *le* jeune homme va être américain.

	article défini	*nom*
masculin	**le** **l'**	jeune homme ami
féminin	**la** **l'**	jeune fille amie

Le, la, and *l'* are definite articles. *Le* and *la* precede words that begin with a consonant sound, such as *jeune fille, professeur, voyage, jeu,* and *français. L'* precedes words that begin with a vowel sound, such as *ami, étudiant, histoire,* and *Américain.* This is an example of **elision,** which is discussed further in lesson 4.

3.18 Activation: Aural discrimination of *le/la*

You will hear a series of phrases containing a noun preceded by *le* or *la*. In each case, indicate which article you hear by checking the corresponding box.

	1	2	3	4	5	6	7	8	9	10	11	12
le												
la												

3.19 Observation: Singular and plural

singulier		*pluriel*
un professeur + **un** professeur	=	**des** professeurs
une étudiante + **une** étudiante	=	**des** étudiantes
un ami + **un** ami	=	**des** amis
une jeune fille + **une** jeune fille	=	**des** jeunes filles
un jeune homme + **un** jeune homme	=	**des** jeunes gens
une jeune fille + **un** jeune homme	=	**des** jeunes gens

Note that a final *-s* is usually the mark of a plural (*des professeurs*). The plural of *jeune homme* is *jeunes gens. Jeunes gens* is also the plural expression for a mixed group—one or several young women with one or several young men.

3.20 Observation: Singular and plural of definite and indefinite articles

	singulier	*pluriel*
masculin	**un** professeur **un** étudiant	**des** professeurs **des** étudiants
féminin	**une** jeune fille **une** étudiante	**des** jeunes filles **des** étudiantes
masculin	**le** professeur **l'**étudiant	**les** professeurs **les** étudiants
féminin	**la** jeune fille **l'**étudiante	**les** jeunes filles **les** étudiantes

Des is the plural of *un* and *une*. *Les* is the plural of *le*, *la*, and *l'*.

Note that the *-s* in *des* and *les* is not heard before a consonant: *des professeurs, des jeunes filles*. However, the -s is heard as a /z/ before a vowel: *des étudiants, les étudiants*. This /z/ is pronounced together with the following vowel:

des /z/étudiants les /z/étudiants

This is an example of liaison, discussed further in lesson 4.

3.21 Activation: Dictation

Listen, and write in the missing words.

Jean-Luc: Ousmane, ________________, Annick, ________________, Sophie, Philippe, ________________.

3.22 Activation (written): *Le, la, l', les*

Complete with a form of the definite article (*le, la, l', les*).

1. Le jeune homme est américain.
   La jeune fille est américaine.
2. ____ petit garçon joue à un jeu.
   ____ petite fille joue à un jeu.
3. ____ monsieur est anglais.
   ____ dame aussi est anglaise.
4. L'Italien parle français.
   L'Italienne va apprendre le français.
5. ____ Anglais est un ami de Mireille.
   ____ Anglaise est aussi une amie de Mireille.
6. ____ ami de Robert est amusant.
   ____ amie d'Ousmane est française.
7. ____ étudiant va inventer une histoire.
   Ça va être ____ histoire de deux jeunes gens.
8. Les étudiants vont travailler à la bibli.
   Les étudiantes vont manger au restau-U.
9. ____ jeunes gens vont aller au restau-U.
   ____ jeunes filles vont travailler à la bibli.
10. ____ professeurs vont travailler à la fac.
11. ____ amis de Robert sont amusants.
    ____ amies de Robert sont polies.
12. ____ Italiens parlent italien.
    ____ Italiennes parlent italien aussi.

3.23 Observation: Masculine and feminine endings *-ais/-aise*

masculin	un jeune homme	angl**ais**
féminin	une jeune fille	angl**aise**

In sound, the feminine form *anglaise* has a final consonant /z/ that is not heard in the masculine form *anglais.* (In the masculine, the final *-s* is not pronounced; in the feminine, *-s* represents the sound /z/.) In spelling, the feminine form has a final -e that is absent in the masculine.

3.24 Observation: Masculine and feminine endings *-ain/-aine, -ien/-ienne*

masculin	un jeune homme	améric**ain**
féminin	une jeune fille	améric**aine**
masculin	un jeune homme	ital**ien**
féminin	une jeune fille	ital**ienne**

In sound, the feminine forms *américaine* and *italienne* have a final consonant /n/ that the masculine forms do not. Furthermore, in the masculine form, the final vowel is nasal; in the feminine form, it is not. In spelling, the feminine forms have a final -e that the masculine forms do not. Note that the feminine ending *-ienne* is spelled with two *ns*.

3.25 Activation (oral): Masculine and feminine forms

Listen and repeat according to the examples.

Examples:
You hear: 1. Est-ce que le jeune homme va être français?
You say: Non, c'est la jeune fille qui va être française.

You hear: 2. Est-ce que la jeune fille va être américaine?
You say: Non, c'est le jeune homme qui va être américain.

3. Est-ce que le jeune homme va être japonais?
4. Est-ce que la jeune fille va être anglaise?
5. Est-ce que le jeune homme va être français?
6. Est-ce que la jeune fille va être italienne?
7. Est-ce que le jeune homme va être norvégien?
8. Est-ce que la jeune fille va être américaine?

3.26 Activation (written): Masculine and feminine forms

Read, determine what is missing, and complete with the proper forms.

Pour l'histoire nous allons peut-être avoir

une jeune fille italienne et ___ jeune homme ______________, ou bien

___ jeune fille chilienne et ___ jeune homme ______________, ou bien

___ jeune homme brésilien et ___ jeune fille ______________, ou bien

___ jeune fille anglaise et ___ jeune homme ______________, ou bien

___ jeune homme libanais et ___ jeune fille ______________, ou bien

___ jeune fille américaine et ___ jeune homme ______________, ou bien

___ jeune homme marocain et ___ jeune fille ______________.

Vous pouvez choisir. Tout est possible.

3.27 Observation: Infinitives

	infinitif	
Nous allons	apprend**re**	le français.
Nous allons	invent**er**	une histoire.
Nous allons	chois**ir**	deux jeunes gens.
Ils vont	av**oir**	des amis.

Apprendre, inventer, choisir, and *avoir* are verbs in the infinitive. All French infinitives end in one of the following: *-re, -er, -ir,* or *-oir.*

3.28 Activation: Dictation; infinitives

Listen, observe, and complete the following sentences.

Vous savez ce que nous allons faire?

Nous allons apprend____ le français.

Vous allez comprend____ le français.

Ça va êt____ amusant.

Vous allez voir!

Vous allez sav____ le français.

Vous allez av____ des amis français.

Ça va être très bien.

Nous allons inventer une histoire.

Vous allez parl____ français.

Vous allez discut____ l'histoire avec moi.

Tout va all____ très bien, vous allez voir!

Nous allons choisir les jeunes gens de l'histoire ensemble.

Vous allez chois____ les jeunes gens avec moi.

3.29 Observation: Immediate future and present

futur immédiat	*présent*
Ils vont manger.	Ils mangent.
Il va travailler.	Il travaille.

Ils vont manger and *ils mangent* represent two different tenses of the verb *manger. Ils vont manger* indicates an action in the immediate future. *Ils mangent* indicates an action in the present.

3.30 Observation: Forming the immediate future

futur immédiat **aller + infinitif**			
Nous	**allons**	apprendre	le français.
Je	**vais**	proposer	une histoire.
Vous	**allez**	choisir	des jeunes gens.
Ils	**vont**	avoir	des amis.

These sentences are in the immediate future. *Allons, vais, allez,* and *vont* are forms of the verb *aller* (in the present indicative). *Apprendre, proposer, choisir,* and *avoir* are verbs in the infinitive. The immediate future is formed with the verb *aller,* in the present indicative, and an infinitive.

3.31 Observation: Conjugation of the immediate future

je	**vais**	travailler	nous	**allons**	travailler
tu	**vas**	travailler	vous	**allez**	travailler
il	**va**	travailler	ils	**vont**	travailler

Here the verb *travailler* is conjugated in the immediate future. The first part (the verb *aller*) changes form according to person (je *vais*, tu *vas*, nous *allons*, etc.). The second part (the infinitive *travailler*) does not change.

3.32 Activation (oral): Conjugation of the immediate future

Listen and answer according to the example.

Example:
You hear: 1. Qu'est-ce que nous allons faire?
You say: Nous allons apprendre le français.

2. Et vous, qu'est-ce que vous allez faire?
3. Qu'est-ce que les jeunes gens vont faire?
4. Qu'est-ce que Jean va faire?
5. Qu'est-ce que tu vas faire, toi?
6. Qu'est-ce que l'Américaine va faire?

3.33 Activation: Dictation; immediate future and present

Listen, and write in the missing words.

1. Marie-Laure: Bonjour, Tante Georgette. Où tu ________ ?
   Tante Georgette: Je ________ ________ Fido.
2. Tante Georgette: Moi, ça ne va pas fort. Je suis fatiguée.
   Mireille: J'espère que ça ________ ________ mieux.
3. Marie-Laure: J'espère que c'est des chocolats!
   Mireille: C'est ________ chocolats! J'________ que tu ____ m'en ________ !
   Marie-Laure: Je ne sais pas . . . Faut voir! . . .
   Mireille: Eh, ça suffit! Te ne ________ pas les ________ tous!
   Marie-Laure: Pourquoi ________ !
   Mireille: Parce que tu ______ être ________
4. Mireille: Tiens, choisis!
   Marie-Laure: Je ne sais pas . . . Je ne sais pas lequel choisir!
   Mireille: Tu ________ ________ , oui?

3.34 Activation (oral and written): Immediate future

Listen, answer orally, and complete the written sentences.

1. Nous ________ ________ le français.
2. C'est le professeur qui ________ ________ l'histoire.
3. Ça ________ ________ l'histoire de deux jeunes gens.
4. Nous ________ ________ des amis pour les deux jeunes gens.
5. Ils ________ ________ des amis, beaucoup d'amis.
6. Nous ________ ________ des aventures.
7. Ils ________ ________ à la fac, . . . à la bibli, . . . au cinéma.

3.35 Activation: Dictation

Listen, and write in the missing words.

1. Mireille: Ça t'amuse?

   Marie-Laure: Oui, c'est ________ !

   Mireille: ________ est complètement folle!

2. Marie-Laure: Je ________ te ________

   ________ histoire.

3.36 Activation: Dictation

Listen, and complete the text below. It is an exchange between Mireille and her little sister, Marie-Laure, who has built a telephone out of two tin cans and a piece of string. You will hear the passage twice.

Mireille: Mais qu'est-ce que tu ________ encore

________ ?

Marie-Laure: ________ téléphone. Tiens, essaie. Allô!

Mireille: ________ .

Marie-Laure: ________ ?

Mireille: ________ ________ bien. ________ ________ ?

Marie-Laure: Il est pas mal, hein?

Mireille: Oui ________ ________ bien.

3.37 Activation (oral): Dialogue between Mireille and Jean-Michel

You will hear a dialogue between Mireille and Jean-Michel. Listen carefully and practice Jean-Michel's answers.

Mireille: Alors, nous allons inventer une histoire.
Jean-Michel: **Nous allons inventer une histoire?**
Mireille: Oui, et je vais proposer l'histoire.
Jean Michel: **Et nous, alors?**
Mireille: Ben vous, vous allez inventer l'histoire avec moi. On va inventer des aventures, des voyages. . . . Ça va être amusant, non?
Jean-Michel: **Espérons! Espérons que ça va être amusant!**

Self-testing exercises

3.38 Self-testing exercise: Questions

You will hear a series of questions. Choose the best answer (*oui, nous, le français, parce que ça va être utile*) and check the appropriate box.

	1	2	3	4	5	6	7	8
oui								
nous								
le français								
parce que ça va être utile								

Check your answers. If you have made any errors, work with sections 3.4 and 3.5 in the workbook.

3.39 Self-testing exercise: Articles

Complete the following sentences. Use the indefinite article (*un, une, des*) or the definite article (*le, la, l', les*).

1. Pour l'histoire, nous allons avoir _____ jeunes gens, deux jeunes gens. Nous allons avoir _____ jeune homme et _____ jeune fille.
2. _____ jeune homme de _____ histoire va être américain. _____ jeune fille va être française.
3. _____ jeunes gens vont avoir _____ amis, _____ aventures. _____ aventures des jeunes gens vont être amusantes.

Check your answers. If you have made any errors, work with sections 3.13 through 3.22 in the workbook.

3.40 Self-testing exercise: Masculine and feminine forms

Complete according to the example.

Example:
You see: Pour l'histoire, tu préfères une Japonaise?
You write: Oui, et un Japonais aussi.

1. Tu préfères une Italienne?

   Oui, et un _______________ aussi.
2. Une Américaine?

   Oui, et un _______________ aussi.
3. Une Anglaise?

   Oui, et un _______________ aussi.
4. Une Française?

   Oui, et un _______________ aussi.
5. Une Norvégienne?

   Oui, et un _______________ aussi.
6. Une Africaine?

   Oui, et un _______________ aussi.
7. Une Antillaise?

   Oui, et un _______________ aussi.
8. Une chienne?

   Oui, et un _______________ aussi.

Check your answers. If you have made any errors, work with sections 3.23, 3.24, and 3.25 in the workbook.

Toward free expression

3.41 Cross-examining the text

Re-read the text of the lesson. Read the questions in the mise en question following the mise en œuvre in your textbook, give them some thought, and do your best to answer them.

3.42 Role-playing and reinvention of the story

Invent a new text for lesson 3, recombining elements from lessons 2 and 3; for example:

Personnage X:

Bonjour. Vous parlez
- anglais?
- japonais?
- arabe?
- italien?
- espagnol?
- français?
- norvégien?

Personnage Y:
- Oui.
- Mais oui!
- Oui, très bien!
- Oui, pas mal. . . .
- Un peu. . . .
- Un petit peu. . . .
- Pas très bien. . . .
- Non!
- Mais oui, je suis
  - espagnol.
  - anglais.
  - japonais.

Personnage X:

Bon, nous allons apprendre
- l'italien.
- l'arabe.
- le japonais.

Pour apprendre
- le français
- l'espagnol
- l'anglais

nous allons aller
- en France.
- à Paris.
- à la fac.
- à la bibli.
- au restau-U.
- au Canada.
- aux Antilles.
- en Espagne.
- en Suisse.
- en Afrique.

Nous allons
- écouter.
- parler.
- parler ensemble.
- discuter.
- inventer
  - une histoire.
  - un jeu.

Ça va être l'histoire de / d'
- deux dames.
- deux messieurs.
- deux jeunes filles.
- deux petits garçons.
- deux femmes.
- deux petites filles.
- deux hommes.
- un homme et une femme.
- un chien.
- un éléphant.
- une dame et deux messieurs.
- deux dames et un petit garçon.

- La dame
- Le monsieur

va être
- professeur.
- étudiant(e).
- malade.
- fatigué(e).
- pressé(e).
- arabe.
- américain(e).
- japonais(e).

Ils vont avoir
- un petit garçon et une petite fille.
- des amis espagnols.
- une amie japonaise.
- des aventures
  - en France.
  - en Suisse.
  - en Belgique.
  - en Afrique.
  - aux Antilles.
  - au Canada.
- des chiens
  - japonais.
  - anglais.
  - norvégiens.
- des éléphants
  - amusants.
  - malades.

3.43 Role playing and reinvention of the story

Listen to a sample dialogue with Fido the dog.

Developing reading and writing skills

3.44 Reading and inference

Carefully re-read lesson 3 in the textbook, including the vocabulary illustrations in the framed areas. Then write answers to the following questions.

1. Qu'est-ce que *Peter Pan?*

   C'est l'histoire d' un petit garçon.

2. Qu'est-ce que *Winnie the Pooh?*

   ____

3. Qu'est-ce que *Alice in Wonderland?*

   ____

4. Qu'est-ce que *Babar?*

   ____

5. Qu'est-ce que *Paul et Virginie?*

   ____

6. Qu'est-ce que *Le Petit Chaperon rouge?*

   ____

7. Qu'est-ce qu'une mule?

   ______________ un animal.

8. Qu'est-ce qu'un zèbre?

   ____

9. Qu'est-ce qu'un loup?

   ____

10. Qu'est-ce qu'un renard?

    ____

3.45 Reading and inference

After you have re-read lesson 3 in the textbook (including the framed areas), write answers to the following questions.

1. Qui est Madame Rosa?

   C'est une dame.

2. Qui est Mireille?

   ____

3. Qui est Babar?

   ____

4. Qui est Winnie the Pooh?

   ____

5. Qui est Alice (dans *Alice in Wonderland*)?

   ____

6. Qui est Virginie (dans *Paul et Virginie*)?

   ____

7. Qui est Paul?

   ____

8. Qui est Tom Sawyer?

   ____

9. Qui est le Petit Chaperon rouge?

   ____

10. Qui est Pierre (dans *Pierre et le Loup*)?

    ____

11. Qui est Peter Pan?

    ____

3.46 Reading and inference

Complete the following.

1. Les Marx Brothers, ce sont des comédiens.

   Laurel et Hardy, ce sont ______________ .

2. Gershwin, Bach, Debussy, Stravinsky,

   ______________________ .

3. Le bridge, le poker, la roulette, ______________ jeux.

4. Le loup, le renard, l'éléphant, ______________ animaux.

5. *Babar, Le Petit Chaperon rouge, Peter Pan,* ______________

   ______________________ .

3.47 Reading and inference

Complete answers to the following questions.

1. Qui est Gretel dans *Hansel und Gretel?*

   C'est la jeune fille de l'histoire.

2. Qui est Hansel?

   ______________________ de l'histoire.

3. Qui est Paul dans *Paul et Virginie?*

   ____

4. Qui est Virginie?

   ____

3.48 Reading and inference

Read, decide what is missing, and complete the following sentences.

1. En général, les Américains parlent anglais.
2. Les Anglais ______________________ .
3. _____ Français ______________________ .
4. _____ Japonais ______________________ .
5. _____ Portugais ______________________ .
6. _____ Italiens ______________________ .
7. _____ Norvégiens ______________________ .
8. _____ Espagnols ______________________ .
9. _____ Mexicains ______________________ .
10. _____ Suédois ______________________ .
11. _____ Danois ______________________ .
12. _____ Chinois ______________________ .
13. Et au Kenya, _____ Swahilis ______________________ .
14. _____ professeur parle ______________________ .
15. Mireille ______________________ .
16. Et moi, je ______________________ .

3.49 Reading and inference

Determine what is missing, and complete the following sentences.

1. Le français est une langue.
2. L' anglais est _____ langue.
3. _____ japonais ______________________ .
4. _____ italien ______________________ .
5. _____ loup ______________ animal.
6. _____ mule et _____ zèbre sont __________ animaux.
7. _____ Monopoly __________ jeu.
8. _____ bridge et _____ poker sont __________ jeux.

3.50 Reading and inference

Read document 2 in your textbook, then read the following questions. Try to figure out what is being said even though you may not understand all the words. Guess if you need to, then answer the questions.

1. Fido ne veut pas apprendre le français! Qu'est-ce qu'il veut apprendre?

   ____

2. Fido ne veut pas aller à la fac pour apprendre le français. Où est-ce qu'il veut aller?

   Il veut aller ______________________

3. Où est le Sénégal?

   ____

4. Aller en Côte d'Ivoire, c'est utile pour apprendre le français. Pourquoi?

   Parce qu'en Côte d'Ivoire ______________________

5. Qu'est-ce que Fido va être s'il mange un éléphant?

   Il va ______________________

3.51 Writing practice

Read the short paragraph below, then write your answer to the question that follows.

La jeune fille de l'histoire ne va pas être japonaise. Parce que les Japonaises parlent japonais, en général. Et une jeune fille qui parle japonais, ce n'est pas très utile pour apprendre le français!

Pourquoi est-ce que la jeune fille ne va pas être norvégienne?

3.52 Writing practice

Answer the question below, trying to recall all the things you know how to say. Write your answer after checking spellings against the printed text in the textbook. Include as many things as you can.

Pour apprendre le français, nous allons inventer une histoire. Qu'est-ce que nous allons avoir dans cette histoire?

3.53 Writing practice

Carefully review the options in 3.42 above and write a short dialogue between two characters about learning a new language. Write 7 to 10 sentences.

Lesson 4

Assimilation of the text

🎧 4.1 Text work-up

Listen to the text on the recording. Repeat and answer according to the directions.

🎧 4.2 Aural comprehension

Phase 1: To learn French, we are going to invent a story. What kind of story? Here are a few options. Look at the pictures and repeat the phrases you hear.

Let's go on. For our story, we will choose a young man, a young American. Look at the pictures and repeat the phrases you hear.

1. ___

2. *A*

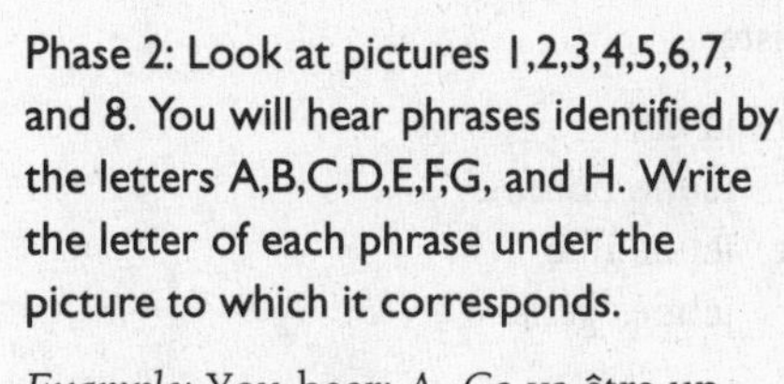

Phase 2: Look at pictures 1,2,3,4,5,6,7, and 8. You will hear phrases identified by the letters A,B,C,D,E,F,G, and H. Write the letter of each phrase under the picture to which it corresponds.

Example: You hear: A. Ça va être un roman d'aventure.
You write *A* under picture 2.

3. ___

4. ___

5. ___

6. ___

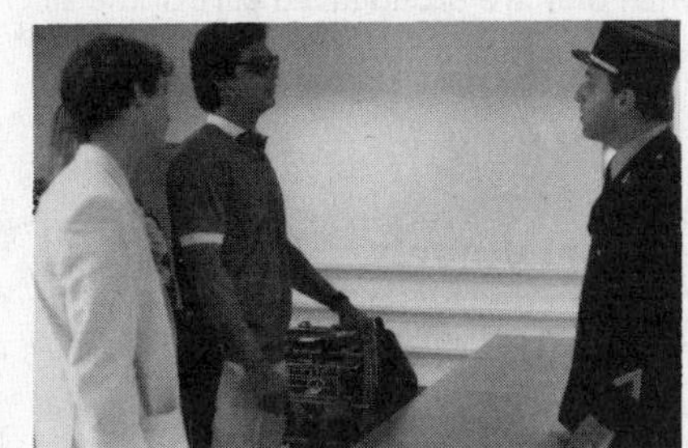

7. ___

8. ___

4.3 Oral production

In the following dialogues you are to take the part of the second character. You will hear the entire dialogue once, then you will hear your character's line three times. You will hear the beginning of the exchange once again, and this time you should answer with your character's line.

Example: 1. Listen to the dialogue between the teacher and a student.
Le professeur: Vous aimez les romans?
L'étudiant: Oui . . . enfin . . . ça dépend.
Listen to the student's part, which will be repeated three times. Now it is your turn. Listen to what the teacher says, and take the part of the student. You hear:
Le professeur: Vous aimez les romans?
You answer: Oui . . . enfin . . . ça dépend.

2. Le professeur: J'adore les histoires de crime.
L'étudiante: (. . .)
3. Le professeur: Vous aimez les romans d'amour?
L'étudiant: (. . .)
4. Le douanier: Vous êtes français, tous les trois?
L'Américain: (. . .)
5. Le douanier: Vous parlez anglais?
L'Américain: (. . .)

Toward communication

4.4 Observation: Pronunciation; vowels in *le, la,* and *les*

Listen.

le *la* *les*
le jeune homme
la jeune fille
les jeunes gens

Note that the vowels in *le, la,* and *les* are very different from one another. These differences are important since they reflect the distinction between masculine and feminine and between singular and plural.

4.5 Activation: Pronunciation; *le, la, les*

Listen and repeat. Be sure to differentiate among the vowels of *le, la,* and *les*.

le jeune homme
la jeune fille
les jeunes gens

le professeur
la fac
les profs

le monsieur
la dame
les dames

4.6 Observation: Pronunciation; nasal vowels

Listen.

/œ̃/	/ɔ̃/	/ã/	/ɛ̃/
un	*on*	*an*	hein
auc*un*	all*ons*	rom*an*	améric*ain*

***Un, on, an,* and *hein* represent nasal vowels. They are vowels (no consonant sound /n/ is heard), but they are nasal vowels, because when they are pronounced part of the air goes through the nose.**

4.7 Activation: Pronunciation; nasal vowels

Now listen and repeat. Be careful not to pronounce the consonant sound /n/.

un	*on*	*an*	he*in*!
auc*un*	b*on*jour	rom*an*	*in*venter
parf*um*	all*ons*	comm*ent*	cub*ain*

4.8 Activation (aural): Sounds and letters; nasal vowels

Review the first part of the video for lesson 4, listening carefully to the soundtrack, or listen to the first part of the audiocassette for lesson 4. Then read the text of the lesson in the textbook.

Look for words in which you hear the nasal vowel sounds represented by *on* (as in all*ons*), *an* (as in rom*an*), *in* (as in améric*ain* or *in*venter), *without* any consonant *n* sound.

Write down the words you find in the appropriate column below. Note that some words contain more than one nasal vowel and can be listed in more than one column. You should find a total of at least thirty examples.

1. all*ons*	2. rom*an* inv*en*ter	3. améric*ain* *in*venter

4.9 Activation: Pronunciation; final consonants

Listen and repeat. Note that no consonant sound is heard at the end of the following words.

les	nous	allons	français	aller	américain
des	vous	allez	anglais	inventer	italien
très	beaucoup	répétez	je vais	discuter	bien
			mais	policier	

Many French words are spelled with a final consonant that is not pronounced (except in liaison).

4.10 Observation: Decision and indecision

Question: Est-ce que nous allons avoir un crime dans l'histoire?

Answers: Oui!!
Peut-être. . . .
Ça dépend. . . .
Faut voir.

décision		*hésitation, indécision*	
Ah, oui! Oh, non!	Bien sûr! Absolument!	Peut-être . . . Ça dépend . . .	Faut voir . . . On va voir . . .

4.11 Activation: Aural comprehension; decision/indecision

You will hear a series of dialogues. Listen for the element of decision or indecision (hesitation), and check the appropriate box.

	1	2	3	4	5
décision					
indécision					

4.12 Observation: Gender of nouns

un jeune homme = masculin
une jeune fille = féminin

Un indicates a masculine.
Une indicates a feminine.
Jeune homme is a masculine noun.
Jeune fille is a feminine noun.

Jeune homme and *jeune fille* are nouns representing persons. These nouns are either masculine or feminine.

masculin	*féminin*
un jeune homme	**une** jeune fille
un étudiant	**une** étudiante
un monsieur	**une** dame
un roman	**une** maison
un film	**une** comédie
un voyage	**une** aventure
un crime	**une** victime

Roman and *maison* are nouns representing things. These nouns are also masculine or feminine. In French, all nouns have a gender: masculine or feminine. The gender is determined by the word, not by the thing to which it refers. For example, *victime* is a feminine word. We say *une victime*, even if the victim is a man. But *professeur* is a masculine word. We say *un professeur* even if the professor is a woman.

4.13 Observation: Agreement in gender

	article	*nom*		*adjectif*
masculin	Le	jeune homme	va être	anglais.
féminin	La	jeune fille	va être	anglaise.
masculin	un	étudiant		brésilien
féminin	une	étudiante		brésilienne

Adjectives and articles accompanying a noun reflect its gender. In spelling, feminine nouns and adjectives usually end with -e.

4.14 Activation: Aural comprehension; gender of nouns

You will hear twenty nouns preceded by an article. Indicate whether these nouns are masculine or feminine by checking the appropriate box.

	1	2	3	4	5	6	7	8	9	10	11	12	13	14	15	16	17	18	19	20
masculin																				
féminin																				

4.15 Activation: Dictation; articles and gender of nouns

Listen, and write in the article for each noun.

1. la maison	6. _____ aventure	11. _____ chien	16. _____ étudiant
2. un douanier	7. _____ éléphant	12. _____ film	17. _____ étudiante
3. _____ histoire	8. _____ dame	13. _____ cinéma	18. _____ voyage
4. _____ crime	9. _____ aéroport	14. _____ victime	19. _____ roman
5. _____ jeu	10. _____ maison	15. _____ police	20. _____ comédie

4.16 Observation: Elision

consonne *pas d'élision*	*voyelle* *élision*
le jeune homme la jeune fille	l'étudiant l'étudiante

Before a word starting with a vowel sound (*étudiant, ami, histoire*), the definite articles *le* and *la* are shortened to the consonant sound /l/, spelled *l'*. This phenomenon, called elision, is very important in the French pronunciation system. It occurs with a number of words ending in -e (*le, de, je, me, te, se, ce, ne, que*), one word ending in -*a* (*la*), and the conjunction *si* before *il* and *ils*.

4.17 Activation (written): Elision

Write the definite article (*le, la,* or *l'*) before each noun.

1. _____ ami	4. _____ aéroport	7. _____ Américaine	10. _____ anglais
2. _____ étudiante	5. _____ faculté	8. _____ histoire	
3. _____ jeune homme	6. _____ jeune fille	9. _____ bibliothèque	

4.18 Observation: Liaison

consonne *pas de liaison*	*voyelle* *liaison*
un Brésilien les Brésiliens Comment vas-tu?	u*n* Américain le*s* Américains Commen*t* allez-vous?

In the left column, *un, les,* and *comment* are followed by a consonant sound (/b/, /v/). The final sound of these words is a vowel; -*n*, -*s*, and -*t* represent no sounds. In the right column, the same words are followed by a vowel sound (/a/). A consonant /n/ is pronounced between *un* and *Américain* (un /n/Américain); a consonant /z/ is pronounced between *les* and *Américains* (les /z/Américains); and a consonant /t/ is pronounced between *comment* and *allez* (Comment /t/allez-vous?). This phenomenon is called **liaison.**

🎧 4.19 Activation (oral): Liaison

Listen and repeat.

pas de liaison (consonne)		*liaison (voyelle)*	
1.	un Brésilien	2.	un /n/Américain
3.	un roman	4.	un /n/éléphant
5.	les romans	6.	les /z/histoires
7.	les Danois	8.	les /z/Anglais
9.	Comment vas-tu?	10.	Comment /t/allez-vous?

🎧 4.20 Observation: Elision and liaison

élision		*liaison*	
l'étudiant	l'éléphant	les /z/étudiants	un /n/éléphant
l'amie	l'aéroport	les /z/amies	un /n/aéroport
l'histoire	l'Américain	les /z/histoires	un /n/Américain

Note that a word that requires elision also requires liaison.

4.21 Activation (aural): Sounds and letters; liaison

In groups of words such as *les Brésiliens, des Brésiliens,* and *vous préférez,* in which the word that follows *les, des,* or *vous* begins with a consonant sound, the *s* in *les, des,* or *vous* is not pronounced. There is *no liaison.*

But in groups of words such as *les Américains, des Américains,* or *vous aimez,* in which the word that follows *les, des,* or *vous* begins with a vowel sound, the *s* is pronounced as a /z/ attached to the beginning of the word that follows. There is *liaison.*

After listening carefully to the soundtrack of the first part of the video or the audiocassette for lesson 4, read the text of the lesson in the textbook and look for groups of words with *les, des, vous,* or *nous* where there is *no liaison* (the *s* at the end of *les, des, nous,* or *vous* is not pronounced). Write these groups of words in the "no liaison" column and cross out the unpronounced *s.* Look for groups where there *is liaison* (the *s* is pronounced as a /z/ linked to the next word), write those words in the "liaison" column, and show the linking with a ‿. You should find a total of at least twenty.

no liaison	*liaison*
le~~s~~ Brésiliens	les‿Américains

4.22 Activation: Dictation

Listen to Mireille and her sister Marie-Laure trying to decide which pastry to choose, and complete the following text. You will hear the passage twice.

Mireille: Qu'est-ce que tu préfères, le chou à la crème ou _____ éclair?

Marie-Laure: _____ éclair. _____ adore _____ éclairs.

4.23 Observation: Masculine and feminine endings *-ais/-aise, -ois/-oise* (review and extension)

masculin	un jeune homme	anglais
féminin	une jeune fille	anglaise
masculin	un jeune homme	suédois
féminin	une jeune fille	suédoise

In sound, the feminine forms *anglaise* and *suédoise* have a final consonant /z/ that the masculine *anglais* and *suédois* do not. (In the masculine, the final -s is not pronounced; in the feminine, it represents the sound /z/). The feminine forms also have a final -e that the masculine forms do not.

4.24 Observation: Masculine and feminine endings *-ain/-aine, -ien/-ienne* (review and extension)

masculin	un jeune homme	mexicain
féminin	une jeune fille	mexicaine
masculin	un jeune homme	brésilien
féminin	une jeune fille	brésilienne

In sound, the feminine forms *mexicaine* and *brésilienne* have a consonant /n/ that the masculine forms do not. In addition, the final vowel is different in the masculine and in the feminine: in the masculine the vowel is nasal, in the feminine it is not. In spelling, the feminine forms also have a final -e that the masculine forms do not. Note that the feminine form *brésilienne* is spelled with two *ns*.

4.25 Activation: Aural comprehension; masculine/feminine

You will hear ten sentences. Indicate whether each one is about a young man or a young woman by checking the appropriate box.

	1	2	3	4	5	6	7	8	9	10
une jeune fille										
un jeune homme										

4.26 Activation (oral): *Un/une; -ais/-aise; -ain/-aine; -ois/-oise; -ien/-ienne*

Listen, and respond according to the examples.

Examples:
You hear: 1. Je préfère un Français.
You say: Moi, je préfère une Française.

You hear: 2. Je préfère une Danoise.
You say: Moi, je préfère un Danois.

3. Je préfère un Japonais.
4. Je préfère un Américain.
5. Je préfère une Mexicaine.
6. Je préfère un Italien.
7. Je préfère une Brésilienne.
8. Je préfère un Suédois.
9. Je préfère une Danoise.
10. Je préfère une Algérienne.
11. Je préfère un Cubain.
12. Je préfère une Anglaise.
13. Je préfère un Vietnamien.

4.27 Activation: Dictation; masculine/feminine

Listen, and write in the missing words or letters.

1. _______ est américain_______ .
2. _______ est américain_______ .
3. _______ est africain_______ .
4. _______ est cubain_______ .
5. _______ est mexicain_______ .
6. _______ est mexicain_______ .
7. _______ est cambodgien_______ .
8. _______ est cambodgien_______ .
9. _______ est italien_______ .
10. _______ est canadien_______ .
11. _______ est brésilien_______ .
12. _______ est brésilien_______ .

4.28 Activation (written): Masculine and feminine forms

Read carefully and write in what seems to be the most likely completion.

Géographie

1. On parle français à Lyon?
   Bien sûr, puisque c'est une ville _______________!
2. On parle anglais à Southampton?
   Bien sûr, puisque c'est une ville _______________!
3. Est-ce qu'on parle anglais à Chicago?
   Bien sûr, puisque c'est une ville _______________!
4. Est-ce qu'on parle japonais à Tokyo?
   Bien sûr, puisque c'est la capitale _______________!
5. Est-ce qu'on parle espagnol à Mexico?
   Bien sûr, puisque c'est une ville _______________!
6. Et à Venise, qu'est-ce qu'on parle?
   On parle _______________ puisque c'est _______________!
7. Et à Stockholm?
   ____
8. Et à Helsinki?
   ____
9. Et à Marseille?
   ____

4.29 Observation: Agreement in number

	article	*nom*	*verbe*		*adjectif*
singulier	Le	jeune homme	va	être	brésilien.
pluriel	Les	jeunes gens	vont	être	brésiliens.
singulier	La	jeune fille	va	être	brésilienne.
pluriel	Les	jeunes filles	vont	être	brésiliennes.

Number (the difference between plural and singular) is reflected in articles, nouns, adjectives, and verbs. If a noun is plural, accompanying articles and adjectives will also be plural. Note that in spelling, a final *-s* is usually the mark of the plural in nouns, articles, and adjectives.

4.30 Activation: Dictation; singular/plural

Listen, and write in the missing words or letters.

1. ____ jeune____ fille____ va être française____ .
2. ____ jeune____ fille____ vont être française____ .
3. ____ histoire____ va être amusante____ .
4. ____ histoire____ vont être amusante____ .
5. ____ Brésilien____ va à la Cité.
6. ____ Brésilien____ vont à la Cité.
7. ____ Américain____ ne va pas à la Cité.
8. ____ Américain____ ne vont pas à la Cité.

4.31 Activation (written): Masculine/feminine, singular/plural

Read carefully, trying to determine which words are feminine and which are masculine, which are singular and which are plural. Then write in what seems to be the most obvious completion.

Considérations gastronomiques

Si vous allez dans un restaurant espagnol, vous allez manger de la cuisine espagnole.

Le hamburger est une spécialité américaine.

Si vous aimez la cuisine mexicaine, allez manger dans un restaurant __________ . Si vous aimez ____ cuisine chinoise, allez dans un restaurant __________ . Mais allez dans ____ restaurant français, si vous aimez ____ cuisine ________ .

Allez dans un restaurant brésilien, si vous aimez les spécialités __________ . Si vous préférez les spécialités italiennes, allez dans un restaurant ________ , évidémment! Mais allez dans ____ ________ indien, si vous préférez ____ spécialités __________ .

Allez, bon appétit!

4.32 Observation: Present indicative of *-er* verbs

Il va commencer.	Il va écouter.
Il va arriver.	Il va regarder.
Il va étudier.	Il va continuer.
Il va parler.	Il va aimer.

Note that all these infinitives have the same ending: *-er*. Many verbs have this ending. The majority of *-er* verbs have similar conjugations, so that if you know the conjugation of one, you can safely guess the forms of almost all others. Observe:

infinitif	*présent de l'indicatif*
Je vais **continu**er.	Je **continu**e.
Tu vas **écout**er.	Tu **écout**es?
Elle va **étudi**er.	Elle **étudi**e.
Nous allons **arriv**er.	Nous **arriv**ons.
Vous allez **aim**er.	Vous **aim**ez ça?
Ils vont **parl**er.	Ils **parl**ent.

Note that the stem is the same for the infinitive and the present indicative: *continu-, écout-, étudi-, arriv-, aim-, parl-*.

4.33 Observation: Conjugation of an *-er* verb in the present indicative

infinitif			arriver
présent de l'indicatif	*singulier*	*1ère personne*	j' arrive
		2ème personne	tu arrives
		3ème personne	il arrive
	pluriel	*3ème personne*	ils arrivent
		1ère personne	nous arrivons
		2ème personne	vous arrivez

Note that the first, second, and third persons singular (*j'arrive, tu arrives, il arrive*) and the third person plural (*ils arrivent*) are identical in pronunciation. Note in particular that the *-s* of *tu arrives* is not pronounced, nor is the final *-nt* of *ils arrivent.*

The endings *-e, -es, -e, -ent, -ons,* and *-ez* are found in the present indicative of all *-er* verbs, with the exception of *aller* (see lesson 2).

4.34 Activation (oral): Present indicative of *parler*

Answer according to the example.

Example:
You hear: 1. Est-ce que vous parlez bien français, vous deux?
You say: Mais oui, nous parlons très bien français.

2. Est-ce que tu parles français?
3. Est-ce que vous parlez français, Madame?
4. Est-ce que Mireille parle français?
5. Est-ce que Robert parle français?
6. Est-ce que les étudiants parlent français?
7. Et moi, est-ce que je parle français?

4.35 Activation (oral): Present indicative of *-er* verbs

Answer according to the example.

Example:
You hear: 1. Est-ce que tu arrives?
You say: Oui, j'arrive.

2. Est-ce que tu parles français?
3. Est-ce que tu étudies?
4. Est-ce que tu commences?
5. Est-ce que vous écoutez, tous les deux?
6. Est-ce que vous aimez parler français, tous les deux?
7. Est-ce que Robert parle bien français?
8. Est-ce que Mireille aime discuter?
9. Est-ce qu'ils aiment ça?

4.36 Observation: Present indicative of the verb *être*

	Ils	**sont**	américains.
Moi,	je	**suis**	brésilien.
	Vous	**êtes**	français?
Nous,	nous	**sommes**	américains.
	Il	**est**	à l'aéroport

Sont, suis, êtes, sommes, and *est* are forms of the present indicative of the verb *être*.

être			
je	**suis**	tu	**es**
nous	**sommes**	il	**est**
ils	**sont**	vous	**êtes**

4.37 Activation (oral): Present indicative of *être*

Answer according to the example.

Example:
You hear: 1. Vous êtes français, tous les deux?
You say: Non, nous sommes américains.

2. Vous êtes françaises, toutes les deux?
3. Et toi, tu es français?
4. Et toi, tu es française?
5. Les jeunes gens sont français?
6. Et moi, je suis français?

4.38 Activation (oral): Present indicative of *être*

Answer according to the example.

Example:
You hear: 1. Georges va bien?
You say: Non, il est malade.

2. Tu vas bien?
3. Philippe va bien?
4. Colette et Alice vont bien?
5. Vous allez bien vous deux?
6. Et moi, je vais bien?

4.39 Activation: Dictation; present indicative of *être*

Marie-Laure is stuffing herself with chocolates. Listen and write in the missing words.

1. Mireille: Eh, ça suffit! Tu ne vas pas les manger tous!

   Marie-Laure: Et pourquoi pas?

   Mireille: Parce que tu ________ ________ malade.

2. Mme Belleau: Qu'est-ce qu'il y a?

   Marie-Laure: Je ________ malade.

4.40 Activation (written): Present indicative of *être*

Complete the following sentences.

1. Bien sûr que je parle anglais, puisque je ________ américain!
2. Je sais bien que tu parles français, puisque tu ________ français!
3. Bien sûr que le jeune homme parle portugais, puisqu'il ________ brésilien!
4. Bien sûr que les jeunes gens parlent italien, puisqu'ils ________ italiens!
5. Bien sûr que nous parlons espagnol, puisque nous ________ mexicains!
6. Je sais bien que vous parlez japonais, puisque vous ________ japonais!

4.41 Activation (written): Masculine/feminine; singular/plural; *être*

Complete the following sentences.

1. Paulo est brésilien. Maria est ________________.

   Paulo et Maria ________ ________________.
2. Monica est italienne. Benito ________ ________.

   Benito et Monica ________ ________________.
3. Les amis de William ________________ français.

   _____ amie de Bob est aussi ________________.
4. Moi, je ________________ américaine.
5. —Et vous, vous ________________ français?

   —Non, nous ________________ canadiens.
6. La jeune fille est portugaise. ________ jeune homme est ________________.
7. C'est ________________ homme charmant! C'est ________ fille ________________!
8. Elle est marseillaise. Lui aussi, il est ________________.
9. Il est alsacien. Elle est ________________.

4.42 Activation: Dictation and comprehension

Listen, and write what is missing. You will hear the passage twice.

—__________________________________?

—Ben, comme ci, comme ça. . . .

Now, listen to the passage once more, and check what seems to be the best answer to the following question. (You will need to guess.)

Question: Madame Jeulin aime-t-elle les romans d'amour?

Réponses: 1. [ ] Oui, beaucoup. Elle adore ça.
2. [ ] Oui, un peu, mais pas trop.
3. [ ] Non, pas du tout; elle déteste ça.

4.43 Activation (oral): Dialogue between Robert and Mireille

You will hear a dialogue between Robert and Mireille. Listen carefully and learn Mireille's lines.

Robert: Vous aimez les romans?
Mireille: **Oh, oui. . . . Enfin, ça dépend. . . .**
Robert: Vous aimez les romans d'amour?
Mireille: **Ah, non! Je n'aime pas les romans d'amour! Je déteste ça!**

Self-testing exercises

4.44 Self-testing exercise: Gender of nouns; *il/elle, un/une,* masculine/feminine adjectives

You will hear ten sentences. Decide whether each sentence contains a masculine or a feminine noun, and check the appropriate box.

	1	2	3	4	5	6	7	8	9	10
masculin										
féminin										

Check your answers. If you have made any errors, work with sections 4.23 through 4.27 in your workbook.

4.45 Self-testing exercise: Present indicative of *être*

Answer according to the example.

Example:
You see: 1. Nous parlons français!
You write: Evidemment, vous êtes français!

2. Mireille parle français?

   Evidemment, elle __________ française!

3. Colette et Véronique parlent français?

   Evidemment, elles __________ françaises!

4. Tu parles français?

   Evidemment, je __________ française!

5. Vous parlez français, vous deux?

   Evidemment, nous __________ français!

6. Je parle français!

   Evidemment, tu __________ française!

Check your answers. If you have made any errors, work with sections 4.39 through 4.44 in your workbook.

Toward free expression

4.46 Cross-examining the text

Re-read the text of the lesson. Read the questions in the mise en question following the mise en œuvre in your textbook, give them some thought, and do your best to answer them.

4.47 Words at large

Give as many answers as you can to the question: Qu'est-ce qu'on peut être?

Examples:
On peut être français(e), américain(e), espagnol(e) . . .
On peut être malade, pressé(e) . . .
On peut être douanier, professeur . . .

4.48 Role-playing and reinvention of the story

1. Imagine that you are the customs officer at the airport. You see a British couple, or two young Norwegian women. . . . What do you say?
2. Imagine that you are the young Brazilian man at the airport. You see Robert and a young woman. What might you say?
3. Imagine a new version of lesson 4. You may recombine elements from lessons 2, 3, and 4; for example:

Voyons, nous allons apprendre	le français. le japonais. l'anglais. le chinois. l'italien. le cambodgien. l'espagnol. le danois. l'arabe.

Pour apprendre	l'arabe, le chinois, l'anglais,	nous allons inventer une histoire.

Ça va être	un roman. un roman d'amour. un roman policier. un roman d'aventure. un roman d'anticipation. un roman fantastique. une comédie. une comédie musicale. une tragédie. un drame. un film. un film d'aventure. un film policier. un film de science-fiction.

Ça va être	un roman un film une comédie une tragédie	danois(e). suédois(e). italien(ne). anglais(e). japonais(e). américain(e). français(e). espagnol(e). amusant(e).

Ça va être l'histoire	de d'	un une deux trois quatre cinq six	jeune homme. jeune fille. monsieur. dame. douanier. professeur. étudiant. jeunes gens. jeunes filles. messieurs. dames. douaniers. professeurs. étudiantes.

Ils vont être
- anglais.
- danois.
- norvégiens.
- japonais.
- suédois.
- américains.
- français.
- chinois.

Ils vont avoir des amis
- espagnols.
- arabes.
- italiens.
- brésiliens.
- cambodgiens.
- vietnamiens.
- cubains.
- canadiens.
- martiens.
- étudiants.
- douaniers.
- professeurs.

Ils vont parler
- anglais.
- danois.
- norvégien.
- japonais.
- suédois.
- français.
- chinois.
- espagnol.
- arabe.
- italien.
- brésilien.
- cambodgien.
- vietnamien.
- japonais.
- martien.

Ils vont arriver
- à Paris.
- à l'aéroport.
- au Quartier Latin.
- à la Cité Universitaire.
- à la maison
  - brésilienne.
  - américaine.
  - cubaine.

Ils vont avoir un passeport
- français.
- américain.
- italien.

Ils vont prendre
- le bus
- le train
- un taxi

pour aller
- à Paris.
- à la Cité.
- à l'aéroport.
- au Quartier Latin.
- à la fac.
- au restau-U.
- à la bibli.

Dans l'histoire, nous allons avoir
- un Canadien.
- un Chinois.
- une Suédoise.
- un douanier espagnol.
- un professeur arabe.
- un chien
  - mexicain.
  - chinois.
  - japonais.
- un crime.
- des aventures.
- des voyages.

Imagine a conversation between you and a friend, or between you and Fido.

🎧 4.49 Role-playing and reinvention of the story

Listen to the example on the recording.

Developing reading and writing skills

4.50 Reading and inference (recapitulation)

Read the following text. Try to determine the most appropriate way to complete each sentence, then write in your solution.

1. Un jeune homme américain arrive en France. C'est _____ jeune homme de __________ histoire. Il est peut-être étudiant. Il va peut-être apprendre _____ français. Il va peut-être aller à _____ fac.
2. Pour l'instant, il est à _________ aéroport Charles de Gaulle. Il rencontre deux jeunes gens: _____ jeune fille américaine et _____ jeune homme brésilien. _____ Américaine est évidemment ______________, puisqu'elle _____ à _________ Cité Universitaire. _____ Brésilien aussi est évidemment ______________, puisqu'il _____ à _____ maison brésilienne de _____ Cité.
3. _________ trois jeunes _________ passent _________ police ensemble. Puis, _____ passent _____ douane. _____ douanier demande s'ils n'ont rien à déclarer. Bien sûr, _____ n'ont rien à déclarer!
4. Ils _____ aller à Paris. Pour _________ à Paris, _____ jeune homme de _____ histoire _____ prendre _____ taxi. Mais _____ étudiant brésilien et ______________ américaine _________ prendre _____ bus ou _____ train, parce que c'est moins cher! En général, _____ étudiants ne _____ pas riches.

4.51 Reading and inference (recapitulation)

Look carefully at the numbered sentences below and see if you can fill in the blanks so that they form a reasonably logical discourse.

Trois jeunes gens rencontrent une jeune fille à l'aéroport Charles de Gaulle.

1. Nous __________ trois étudiants.
2. Nous __________ en France.
3. Moi, je _________ américain.
4. Elle, elle ______________________________.
5. Et lui, il ______________________________.
6. Nous ______________________________ un peu français.
7. Nous allons __________ le français à la fac.
8. Et vous, vous _________ étudiante?
9. Vous _________ française? Non?
10. Vous _________ chinoise, japonaise, cambodgienne?
11. Vous _________ à la Cité Universitaire? Oui? Formidable!
12. Moi aussi, je _________ à la Cité.
13. Nous ______________ prendre un taxi ensemble. D'accord?
14. Eux, ils _________ prendre le bus.

4.52 Reading and inference: Present indicative (recapitulation)

See if you can fill in the missing words in a way that creates a more or less coherent discourse.

Le jeune homme de l'histoire et la jeune fille qu'il rencontre à l'aéroport _________ américains; alors, évidemment, ils _________ anglais. Mais l'autre jeune homme _________ brésilien; alors, il _________ portugais. Moi, je _________ le professeur; alors, bien sûr, je _________ français. Mais vous, vous n'_________ pas français; alors, vous ne _________ pas français. Non. Mais, bientôt, vous allez _________ français! Vous et moi, nous _________ parler français ensemble. Vous _________ d'accord? Oui? Eh bien, si nous _________ d'accord, tout va bien! Allons-y!

4.53 Reading and inference

Carefully read document 1 of lesson 4 in the textbook, then read the following questions. Try to figure out what is being said, guessing if you need to, and answer the questions.

1. Que sont Paris, Marseille, Lyon, Toulouse?

   Ce sont des ________________.

2. A la Cité Universitaire, il y a des maisons. Pour qui sont ces maisons?

   Ce sont des maisons pour ________________.

3. Quels sont les gouvernements qui ont établi la maison canadienne à la Cité Universitaire de Paris?

   Ce sont le gouvernement ____________ et le gouvernement ____________.

4. Qui est Le Corbusier? Qu'est-ce qu'il a fait?

   C'est un ____________. Il a ____________ le pavillon ____________ à la Cité Universitaire.

5. Où est la Cité Universitaire?

   C'est à la limite ____________ de ____________.

6. Où est le Quartier Latin?

   C'est ________________ de Paris.

7. Où est-ce qu'il y a des facultés, à la Cité Universitaire ou au Quartier Latin?

   ____

4.54 Reading and inference

Read document 2 in your textbook (*Extrait du journal de Robert*) and try to answer the following questions. You should be able to figure out the best answer if you look carefully at the text of the document. If you are not absolutely sure, try guessing. (Understanding is often the result of a series of educated guesses.)

1. A quelle heure Robert va-t-il arriver à l'aéroport?

   ________________.

2. Pourquoi va-t-il passer la police?

   Parce que ________________________.

3. Qu'est-ce qu'il va dire si le douanier lui demande s'il a des cigarettes américaines?

   Il va dire: ________________________

   ________________________________.

4. Qu'est-ce qu'il va aller manger, après la douane?

   ________________________________.

5. Pourquoi va-t-il téléphoner à l'hôtel?

   Parce que ________________________.

6. Comment va-t-il aller à Paris?

   Il va prendre ________________________.

7. Qui est-ce qu'il va sûrement rencontrer?

   ________________________________.

8. Pourquoi parle-t-il très bien français?

   Parce que sa ________________________.

4.55 Writing practice

Write a much condensed and simplified version of lessons 2, 3, and 4. You should be able to write 12 to 15 sentences.

Lesson 5

Assimilation of the text

5.1 Text work-up

Listen to the text on the recording. Repeat and answer according to the directions.

5.2 Aural comprehension

Phase 1: Look at the pictures and repeat the phrases you hear.

1. *A*

2. ___

3. ___

4. ___

5. ___

Phase 2: Look at pictures 1,2,3,4, and 5. You will hear phrases identified by the letters A,B,C,D, and E. Write the letter of each phrase under the picture to which it corresponds.

Example:
You hear: A. La jeune fille va avoir une famille.
You write *A* under picture 1.

5.3 Aural comprehension and oral production

Listen to the following dialogues, and answer the question that follows.

Example: 1. Qu'est-ce qu'il faut donner aux jeunes gens?
You hear: Il faut donner un prénom aux jeunes gens.
Then you hear the question: Qu'est-ce qu'il faut donner aux jeunes gens?
You answer: Un prénom, or Il faut donner un prénom aux jeunes gens.

2. Pourquoi est-ce qu'il faut donner un prénom aux jeunes gens?
3. Est-ce que la famille de Mireille est riche ou pauvre?
4. Où est-ce que le père de Mireille travaille?
5. Et sa mère, où travaille-t-elle?
6. Est-ce que Robert a des frères ou des sœurs?
7. Est-ce que les parents de Robert sont mariés?

Toward communication

5.4 Observation: Pronunciation; the sound /r/

To pronounce an /r/, press the tip of the tongue against the lower teeth. The back of the tongue is arched toward the roof of the mouth and almost completely closes off the flow of air in the throat.

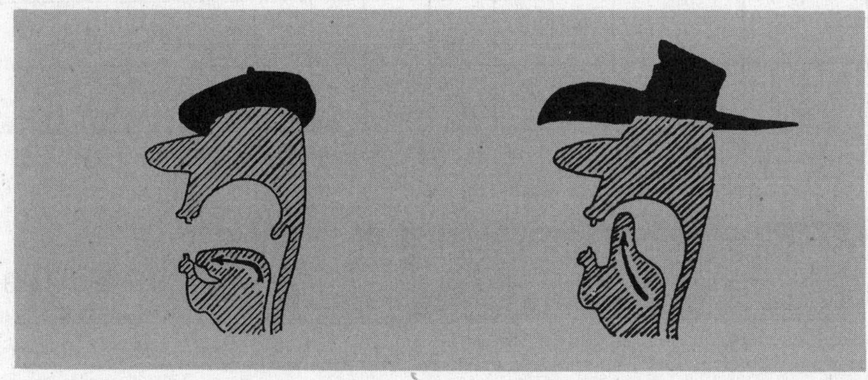

5.5 Activation: Pronunciation of the sound /r/

Listen and repeat.

avoir	père	nombre	travailler	marié	argent
au revoir	mère	être	prénom	Mireille	Georgette
sœur	frère	pauvre	Robert	raconter	

5.6 Observation: Numbering from 1 to 29; cardinal numbers

1. un	11. onze	21. vingt et un
2. deux	12. douze	22. vingt-deux
3. trois	13. treize	23. vingt-trois
4. quatre	14. quatorze	24. vingt-quatre
5. cinq	15. quinze	25. vingt-cinq
6. six	16. seize	26. vingt-six
7. sept	17. dix-sept	27. vingt-sept
8. huit	18. dix-huit	28. vingt-huit
9. neuf	19. dix-neuf	29. vingt-neuf
10. dix	20. vingt	

5.7 Observation: Numbering from 1 to 29; ordinal numbers

Leçon 1: La première leçon
Leçon 2: La deuxième leçon
Leçon 3: La troisième leçon
Leçon 4: La quatrième leçon
Leçon 5: La cinquième leçon
Leçon 6: La sixième leçon
Leçon 7: La septième leçon
Leçon 8: La huitième leçon
Leçon 9: La neuvième leçon
Leçon 10: La dixième leçon
Leçon 11: La onzième leçon
etc.

Leçon 21: La vingt-et-unième leçon
Leçon 22: La vingt-deuxième leçon
Leçon 23: La vingt-troisième leçon
etc.

masculin	*féminin*
1er premier 2ème deuxième 3ème troisième etc.	1ère première 2ème deuxième 3ème troisième etc.

Note:

quatre	neuf
quatrième	neuvième
cinq	onze
cinquième	onzième

Note that *première, deuxième,* etc., function like adjectives.

5.8 Activation: Aural comprehension; numbering from 1 to 29

Write the numbers you hear.

A	B	C	D	E	F	G	H	I	J	K	L	M	N	O	P	Q	R	S	T	U

5.9 Observation: Pronunciation of *six* and *dix*

Ils sont six.	Ils sont dix.
Six enfants?	Dix enfants?
Oui, six garçons.	Oui, dix filles.

The words *six* and *dix* are pronounced in three different ways:

1. In *ils sont six* and *ils sont dix, six* and *dix* are at the end of a rhythmic group. There is a consonant sound /s/ at the end of the word *six* and the word *dix*.
2. In *six enfants* and *dix enfants, six* and *dix* are followed by a vowel. There is liaison. They are pronounced *six* /z/*enfants* and *dix*/z/*enfants*.
3. In *six garçons* and *dix filles,* the words *six* and *dix* are followed by a consonant; the letter *x* does not represent a sound. *Six* and *dix* end with a vowel sound. Exception: *dix*/z/-*neuf.*

5.10 Observation: Pronunciation of *cinq, huit, sept, vingt, neuf*

Ils ont cinq enfants.
Cinq?
Oui, cinq filles.

Ils ont huit enfants.
Huit?
Oui, huit garçons.

The words *cinq* and *huit* are pronounced in two different ways.

The final consonant is pronounced at the end of a phrase, and in front of a vowel:

Cinq!	Cinq enfants.
Huit!	Huit enfants.

The final consonant is not pronounced in front of a consonant:

Huit filles.	Cinq garçons.

The *t* of *sept* is always pronounced. The *t* of *vingt* is pronounced in front of a vowel. The *f* of *neuf* is pronounced /f/ at the end of a phrase and in front of a consonant. It is pronounced /v/ in front of a vowel.

5.11 Activation: Pronunciation of numbers

Listen, observe, and repeat.

Il a un	frère.	Il a un	/n/*ami.*	Il a quatre	frères.	Il a quatre	ans.
Il a cinq	frères.	Il a cinq	/k/*amis.*	Il a huit	frères.	Il a huit	/t/*ans.*
Il a deux	frères.	Il a deux	/z/*amis.*	Il a neuf	cousins.	Il a neuf	/v/*ans.*
Il a six	frères.	Il a six	/z/*ans.*	Il a dix-/z/huit	sœurs.	Il a dix-/z/huit	/t/*ans.*
Il a trois	frères.	Il a trois	/z/*ans.*	Il a dix-/z/neuf	cousins.	Il a dix-/z/neuf	/v/*ans.*
Il a sept	frères.	Il a sept	/t/*ans.*	Il a vingt	cousins.	Il a vingt	/t/*ans.*

5.12 Observation: Present indicative of the verb *avoir*

avoir		
J'	**ai**	un prénom.
Tu	**as**	des amis.
Mireille	**a**	deux sœurs.
Ils	**ont**	une fille.
Nous	**avons**	le temps.
Vous	**avez**	des enfants?

These sentences represent all the forms of the present indicative of the verb *avoir.* Note that the ending of the infinitive is *-oir* and the root is *av-*. The root *av-* occurs in the 1st and 2nd person plural (*avons, avez*) but not in the other forms.

5.13 Activation (oral): Verb *avoir*

Answer according to the example.

Example:
You hear: 1. Est-ce que j'ai un prénom français?
You answer: Oui, vous avez un prénom français.

2. Est-ce que Mireille a un prénom français?
3. Et toi, tu as un prénom américain?
4. Est-ce que le jeune homme a un prénom américain?
5. Est-ce que la jeune fille a un prénom français?
6. Et nous, est-ce que nous avons des prénoms américains?
7. Est-ce que vous avez des prénoms américains?
8. Est-ce que les sœurs de Mireille ont des prénoms français?
9. Est-ce que les parents de Mireille ont des prénoms français?

5.14 Observation: Matters of age

avoir		
Quel âge	a	Cécile?
Oh, elle	a	vingt et un ou vingt-deux ans.
(Elle	a	aussi deux sœurs, une mère, un prénom, etc.)

être			avoir		
Mireille	**est**	jeune.	Elle	**a**	18 ans.
Cécile	**est**	plus âgée.	Elle	**a**	21 ou 22 ans.

Note that age is indicated by the verb *avoir* + the number of years.

J'ai vingt ans.
Elle a dix-huit ans.

5.15 Activation (oral and written): Matters of age

Listen to the questions, answer orally, and complete the written sentences according to the example.

Example:
You hear: 1. Quel âge avez-vous, vous deux?
You answer: Nous avons dix-neuf ans.
You write: avons

2. Moi, j' ________ 19 ans.
3. Elle ________ 11 ans.
4. Il ________ 16 ans.
5. Ils ________ 26 ans.
6. Elles ________ 14 ans.
7. Vous ________ 20 ans.

5.16 Activation (oral): Verb *avoir*

Listen and repeat orally according to the indications in parentheses.

Example:
You hear: 1. Vous êtes fils unique?
You see: (Non . . . 23 frères!)
You answer: Non, j'ai 23 frères!

2. Pourquoi est-ce qu'il faut donner un prénom aux jeunes gens?
(Tout le monde . . .)
3. Est-ce que Mireille est fille unique?
(Non, . . . 2 sœurs.)
4. Est-ce que Marie-Laure est plus âgée que Mireille?
(Non, . . . 11 ans.)
5. Est-ce que les parents de Robert sont riches?
(Oui, . . . beaucoup d'argent.)
6. Vous voulez parler des complexes de Robert?
(Non, . . . pas le temps.)

5.17 Activation (oral): Numbers

Say the numbers you see below. Check your answers on the recording.

Example:
You hear: a.
You see: a. Elle a 2 sœurs.
You say: Elle a deux sœurs.
You will hear the correct answer after the pause.

a. Elle a 2 sœurs.
b. Elle a 12 sœurs!
c. Elle a 3 sœurs.
d. Elle a 13 sœurs!
e. Elle a 6 enfants.
f. Elle a 6 frères.
g. Ils sont 6.
h. Ils sont 10.
i. Ils sont 5.
j. Ils sont 15.
k. Elle a 18 ans.
l. Elle a 7 ans.
m. Elle a 27 ans.
n. Elle a 21 ans.
o. Elle a 23 ans.
p. Elle a 5 ans.
q. Elle a 5 frères.
r. Elle a 19 ans.
s. Elle a 4 ans.
t. Elle a 14 ans.

5.18 Observation: Imperative

Ecoutez! Voyons!
Répondez! Continuons!
Répétez! Allez-y!

These expressions are orders, imperatives. The imperative is the form of the verb used to give an order. The infinitive, indicative, and imperative are different moods of the verb. These moods correspond to different functions of the verb.

5.19 Observation: Imperative of *-er* verbs

	indicatif présent	*impératif*
2ème pers. sing.	Tu écoutes? Tu vas à Paris?	Ecoute! Va à Paris!
1ère pers. plur.	Nous écoutons. Nous allons à Paris.	Ecoutons! Allons à Paris!
2ème pers. plur.	Vous écoutez? Vous allez à Paris?	Ecoutez! Allez à Paris!

Note that there are three persons in the imperative: a second person singular, and a first and second person plural.

For most verbs, the forms of the imperative are identical to the corresponding forms of the present indicative. For verbs with an infinitive in -er, there is one small difference in terms of spelling: there is no final -s in the second person singular.

indicative: Tu écoutes?
imperative: Ecoute!

5.20 Activation (oral): Imperative, 2nd person singular

Listen and answer according to the example.

Example:
You hear: 1. Toi, tu vas inventer une histoire.
You say: Invente une histoire!

2. Toi, tu vas écouter.
3. Toi, tu vas parler français.
4. Toi, tu vas continuer l'exercice.
5. Toi, tu vas proposer une histoire.
6. Toi, tu vas aller à la bibli.
7. Toi, tu vas aller à la Cité.

5.21 Activation (oral): Imperative, 1st person plural

Listen and answer according to the example.

Example:
You hear: 1. Nous allons inventer une histoire.
You say: Inventons une histoire!

2. Nous allons parler français.
3. Nous allons répéter ensemble.
4. Nous allons continuer l'invention de l'histoire.
5. Nous allons écouter le professeur.
6. Nous allons aller au restau-U.
7. Nous allons proposer une histoire.

5.22 Activation (oral): Imperative, 2nd person plural

Listen and answer according to the example.

Example:
You hear: 1. Vous pouvez passer.
You say: Passez si vous voulez!

2. Vous pouvez parler anglais.
3. Vous pouvez aller au cinéma.
4. Vous pouvez commencer.
5. Vous pouvez écouter l'enregistrement.

5.23 Observation: Necessity; *il faut* + infinitive

il faut	*infinitif*	
Il faut	donner	un prénom aux jeunes gens.
Il faut	écouter!	
Il faut	voir.	
Il faut	savoir	le français.
Il faut	avoir	le temps.
Il faut	être	poli!
Il faut	comprendre!	
Il faut	choisir.	

Note that in all these examples, *il faut* is followed by the infinitive. *Il faut* does not change. In *il faut, il* is an impersonal, indefinite pronoun. It represents no specific person or thing. *Il faut* + infinitive expresses an idea of necessity or obligation.

5.24 Activation (oral): Imperative (review)

Answer according to the example.

Example:
You hear: 1. Il faut commencer.
You say: Eh bien, commençons!

2. Il faut parler français.
3. Il faut écouter.
4. Il faut travailler.
5. Il faut inventer une histoire.
6. Il faut essayer.
7. Il faut discuter.
8. Il faut espérer.

5.25 Activation (oral): *Il faut* + infinitive

Answer according to the example.

Example:
You hear: 1. Continuons.
You answer: Eh bien, continuons, puisqu'il faut continuer.

2. Essayons.
3. Travaillons.
4. Allons à la fac.
5. Parlons français.
6. Ecoutons.
7. Apprenons le français.
8. Choisissons des prénoms.

5.26 Activation (written): *Il faut* + infinitive (recapitulation)

Read the following sentences carefully and do your best to complete them.

Qu'est-ce qu'il faut faire pour apprendre le français?

1. Il faut ________________ le professeur et les cassettes audio.
2. Il faut ________________ la vidéo.
3. ________________ étudier.
4. ________________ travailler.
5. Il faut ________________ de bien prononcer même les mots difficiles.
6. Il faut ________________ de comprendre.
7. Il faut ________________ le temps.
8. Il faut ________________ patient!
9. Il faut ________________ une histoire amusante.
10. Il faut ________________ des personnages pour l'histoire.
11. Il faut ________________ des prénoms aux personnages.
12. Il faut ________________ beaucoup de films français.
13. Il ne faut pas ________________ de complexes.
14. Il faut ________________ français avec le professeur et les autres étudiants.
15. Quoi encore? ________________________________

____

5.27 Observation: Negation; *ne . . . pas*

	ne	*verbe*	pas
Ça	ne	va	pas.
Nous	n'	avons	pas . . .

Normally, negation is represented by two negative words: *ne* in front of the verb and *pas* after it. *Ne* is written *n'* before a vowel sound. This is an instance of elision. In everyday speech the *ne* is often left out. You often hear:

Ça va pas!
C'est pas facile.
Il a pas de frères.

5.28 Activation: Aural comprehension; *ne . . . pas*

You will hear a series of phrases. Indicate whether they are affirmative (oui) or negative (non) by checking the appropriate box. Listen for the words *ne . . . pas*.

	1	2	3	4	5	6	7	8	9	10	11	12	13	14	15	16	17
oui																	
non																	

5.29 Activation (oral): Negation; *ne . . . pas*

Answer according to the example.

Example:
You hear: 1. Ça va?
You answer: Non, ça ne va pas.

2. C'est amusant?
3. C'est facile?
4. C'est un joli prénom?
5. Il est marié?
6. Il est divorcé?
7. Il est riche?
8. Il est ingénieur?
9. Il travaille?
10. Il aime ça?
11. Vous parlez français?
12. Vous êtes français?

5.30 Activation: Dictation

Listen and complete. You will hear the text three times.

Mme Belleau: Marie-Laure, _____ travailles? Marie-Laure,
tu _____ ______________ __________! Allez,
__________ ! _____ __________
______________, ma puce. Allez!

5.31 Observation: *Un, une, des,* and negation

question	*affirmation*	*négation*
Vous avez **un** frère? Vous avez **une** sœur? Vous avez **des** sœurs?	Oui, j'ai **un** frère. Oui, j'ai **une** sœur. Oui, j'ai **des** sœurs.	Non, je n'ai **pas de** frère. Non, je n'ai **pas de** sœur. Non, je n'ai **pas de** sœurs.

Note that in negative expressions, *pas* is usually followed by *de* rather than by *un, une,* or *des*.

Note that before a vowel sound *de* is written *d'*. This is an instance of elision.

positif	*négatif*
un frère **une** sœur **un** enfant **des** enfants	**pas de** frère **pas de** sœur **pas d'** enfant **pas d'** enfants

5.32 Activation (oral): *Un, une, des,* and negation

Answer according to the example.

Example:
You hear: 1. Vous avez des enfants?
You answer: Non, je n'ai pas d'enfants.

2. Est-ce que Robert a un frère?
3. Est-ce que Robert a une sœur?
4. Est-ce que Robert a des enfants?
5. Vous avez un chien?
6. Vous avez des amis japonais?
7. Vous avez des complexes?

5.33 Activation: Dictation

Listen and complete. You will hear the dialogue three times.

Conversation avec Cécile, Jean-Denis, et Marie-Laure.

Le professeur: ________________ mariés, __________ ?

____

Cécile: ________________________________

____

Le professeur: ________________________________

mariée?

Marie-Laure: ________________________________

____

____

5.34 Activation (written): *Un, une, des, les;* negation

Look carefully at the numbered sentences below. Then do your best to complete them.

1. Les jeunes gens de l'histoire vont se marier.

   Non, ils ________________________ se marier!

2. Ils vont avoir des enfants!

   Non, ________________________ enfants!

3. Bon, mais ils vont avoir des amis!

   Non, ________________________ amis!

4. D'accord! Mais le jeune homme va avoir des sœurs.

   Non, ________________________ !

5. Si vous voulez! Mais il va avoir des frères.

   Non, ________________________ .

6. Ses parents vont avoir de l'argent.

   Non, ________________________ .

7. Ses parents vont être pauvres, alors?

   Non, il ________________________ parents!

8. Est-ce que la jeune fille va avoir des parents?

   Non, ________________________ non plus!

9. Mais, est-ce que les jeunes gens vont se rencontrer?

   Non, ________________________ .

10. Ça va être difficile pour inventer une histoire!

    Mais, nous n'allons ________________________ !

11. Vous n'aimez pas les histoires?

    Non, vous avez compris! Je ________________________

    histoires!

5.35 Activation (oral): Dialogue between Mireille and Jean-Michel

You will hear a dialogue between Mireille and Jean-Michel. Listen carefully. You are to learn Jean-Michel's lines.

Mireille: Alors, nous allons inventer une histoire. Ça va être l'histoire de deux jeunes gens, un jeune homme et une jeune fille. Et le prénom de la jeune fille va être. . . .

Jean-Michel: **Mireille! Le prénom de la jeune fille va être Mireille.**

Mireille: Pourquoi?

Jean-Michel: **Parce que c'est un joli prénom.**

Self-testing exercises

5.36 Self-testing exercise: Numbering

Complete the following. Write in figures (1, 2, 3 . . .).

Monsieur et Madame Lemercier ont _____ enfants. Michèle a _____ ans, Pierre a _____ ans, Sylvie a _____ ans, Marie-Odile a _____ ans, et Jean-Claude a _____ ans. Ils habitent _____ , Boulevard Murat, Paris, _____ ème.

Check your answers. If you have made any errors, work with sections 5.6 to 5.11 in your workbook.

5.37 Self-testing exercise: Verb *avoir*

Complete using forms of the verb *avoir*.

1. Tu es fils unique?

   Non, j' _________ une sœur.

2. Vous êtes filles uniques, vous deux?

   Non, nous _________ des frères et des sœurs.

3. Mireille est fille unique?

   Non, elle _________ deux sœurs.

4. Ils sont fils uniques?

   Non, ils _________ des frères et des sœurs.

5. Vous n'êtes pas fils uniques, puisque vous _________ des sœurs!

Check your answers. If you have made any errors, work with sections 5.12, 5.13, and 5.16 in your workbook.

5.38 Self-testing exercise: Imperatives

Answer according to the example.

Example:
You see: Vous pouvez passer.
You write: Passez!

1. Nous pouvons passer. _______________ !
2. Tu peux passer. _______________ !
3. Tu peux aller au cinéma. _______________ au cinéma!
4. Vous pouvez continuer. _______________ !
5. Tu peux continuer. _______________ !

Check your answers. If you have made any errors, work with sections 5.19 to 5.22 in your workbook.

5.39 Self-testing exercise: Negation

Answer the following questions negatively.

1. Vous allez à la fac?

   Non, nous ___________________________ .

2. Hubert va bien?

   Non, il ___________________________ .

3. Robert a des frères?

   Non, il ___________________________ frères.

4. Est-ce que Cécile a des enfants?

   Non, elle ___________________________ enfants.

5. Est-ce que Mireille a un frère?

   Non, elle ___________________________ frère.

Check your answers. If you have made any errors, work with sections 5.27 to 5.32 in your workbook.

Toward free expression

5.40 Cross-examining the text

Re-read the text of the lesson. Read the questions in the mise en question following the mise en œuvre in your textbook, give them some thought, and do your best to answer them.

5.41 Words at large

Qu'est-ce qu'une famille peut être?
Elle peut être grande, petite, française, japonaise, etc.

Give as many answers as you can.

Qu'est-ce qu'une jeune fille peut avoir?
Elle peut avoir des parents divorcés, un frère célibataire, six tantes, des complexes, un chien italien, un prénom espagnol, etc.

Give as many answers as you can.

5.42 Role-playing and reinvention of the story

A. Imagine you are a young French man. What first name would you like to have?

Jean, Jean-Claude, Jean-François, Jean-Marc, Jean-Paul (pour les philosophes), Jean-Marie (oui!), Christophe, Michel, Charles, Barthélémy, François, Pierre, Isidore, Louis, Paul, Eugène, Pierre-Charles-Marie-Victor (mais ça fait un peu 19ème siècle), Robert . . .

B. Imagine you are a young French woman. What first name would you like to have?

Marie, Marie-Claire, Marie-France, Marie-Hélène, Marianne, Marie-Laure, Michèle, Béatrice, Cécile, Martine, Caroline (du Nord ou du Sud?), Adrienne, Jeanne, Paule, Jacqueline, Simone, Mireille . . .

C. What first names are both French and American? Which are easiest to pronounce? Which are prettiest?

D. Imagine a dialogue between you and X. For instance:

Vous:
C'est quoi, votre prénom?

X:
Patricia.
Elizabeth.
Louis.
Charles.
Fido.

Vous:

C'est très Ce n'est pas très	joli. facile à prononcer. difficile à prononcer. français. américain. japonais.

X:

C'est	américain. anglais. espagnol. chinois. mexicain.

Vous:

C'est aussi un prénom	américain. français. italien. anglais. danois.

X:

C'est	un prénom à la fois français, anglais, et américain. un nom de chien.

Vous:
Est-ce que vous travaillez?

X:
Oui.
Non.
Oui et non.

Vous:
Moi, je suis malade.
Moi, je travaille.
Moi, je ne travaille pas.

J'ai	deux chiens quatre enfants six filles	et je n'ai pas	de frères. d'argent. de père.

Et vous, vous êtes riche?

X:

Non, je ne suis pas riche.		
		un chien.
On peut dire que je suis riche; je suis		professeur.
		prince.
Oui, je suis riche.		

Vous:

	un chien	chinoise?
Vous êtes	une princesse	danois?
	un prince	russe?

X:

	un prince anglais.
Je suis	une princesse italienne.
	un chien danois.

Vous:
Ah!

5.43 Role-playing and reinvention of the story

Listen to a sample dialogue on the recording.

Developing reading and writing skills

5.44 Reading and inference

1. Read document 1A in your textbook, *Le Palmarès des prénoms*, and answer the following questions:

1. Est-ce qu'il y a (en France, en 1992) plus de Katrine ou de Cécile?

   Il y a plus de ____________ .

2. Combien est-ce qu'il y a de Cécile?

   Il y a ____________ Cécile.

3. Est-ce qu'il y a plus de Robert ou de Pierre?

   ____

4. Combien y a-t-il de Robert?

   ____________ Robert.

5. En janvier 1992, quel était le prénom féminin le plus porté en France, Karine ou Catherine?

   ____

6. Quel était le prénom masculin le plus porté, Robert ou Franck?

   ____

5.45 Reading and inference

Read document 1C in the textbook, then read the following and try to answer the questions.

1. Le prénom Mireille est-il, à l'origine, un prénom du Midi ou du Nord?

   C'est un ____________ .

2. En quelle langue est le poème épique de Mistral *Mireille?*

   C'est en ____________ .

3. Quel est le prénom du compositeur de l'opéra-comique *Mireille?*

   C'est ____________ .

4. Quel est le prénom de l'auteur du poème épique *Mireille?*

   C'est ____________ .

5. Citez deux actrices de cinéma qui s'appellent Mireille.

   ____

5.46 Reading and inference

Read document 2 in the textbook. Try to get the gist of it. (Who is speaking? What is she talking about? What does she say about it? What does she like? What does she dislike?)

Then read the following.

C'est Marguerite Yourcenar qui parle. (C'est un auteur de romans historiques.) Elle aime son prénom. Pourquoi? Parce que c'est un prénom qui est à la fois ancien et moderne? Il y a des reines qui s'appellent Marguerite: Marguerite d'Anjou (1430–1482), femme du roi Henri VI d'Angleterre; Marguerite d'Angoulême, reine de Navarre (1492–1549); Marguerite de Valois (1553–1615), reine de France, femme du roi de France Henri IV.

Marguerite Yourcenar n'aime pas "Chantal." C'est un prénom de sainte, mais c'est aussi un prénom du XVIème arrondissement. Dans ce quartier il y a beaucoup de jeunes filles et de dames qui s'appellent Chantal. C'est un quartier chic, aristocratique, snob, prétentieux . . .

Now read the following and complete.

—C'est un prénom qui me plaît: j' ________ ce prénom.

—Marguerite de Valois est une ________________ de France.

—Chantal fait snob, prétentieux . . . c'est un prénom du ____________________ .

5.47 Reading and inference

Read document 3 in your textbook, then read the following and do your best to complete.

1. C'est un petit poème. Qui est l'auteur de ce poème? C'est un auteur du XXème siècle. C'est ________________________________ .
2. Ce petit poème parle des noms et des prénoms. Il dit que les noms, les prénoms, c'est bizarre, c'est ______________ .
3. Voyons, combien de prénoms est-ce que vous avez, vous? ________________________________
4. Quels sont vos prénoms? ____________________
5. Maintenant, regardez Victor Hugo. (C'est un auteur du XIXème siècle. C'est l'auteur des *Misérables,* de *Notre-Dame de Paris,* de la *Légende des Siècles,* etc.) Victor, c'est son nom de famille ou un prénom? ________________________________
6. Combien est-ce qu'il a de prénoms? ______________
7. Quel est son deuxième prénom? ______________
8. Marie, en général, c'est un prénom de fille ou de garçon? ________________________________ Oui, mais c'est aussi un prénom de garçon.
9. Maintenant, regardez Napoléon Bonaparte. (C'est un général et un empereur des XVIII–XIXèmes siècles.) Quel est son prénom, Napoléon ou Bonaparte? ______________ Oui, son nom de famille est Bonaparte, mais on l'appelle souvent Napoléon; c'est curieux, non?
10. Et vous, comment est-ce que vous vous appelez? ________________________________

Pourquoi est-ce que vous vous appelez comme ça, et pas Napoléon Bonaparte, ou Victor Hugo, ou Jeanne d'Arc, ou Marguerite Yourcenar, ou Clara Gazul? Pourquoi comme ça, et pas comme ça? C'est curieux, non?

5.48 Reading and inference

Study document 4 ("Les Français et le travail") in your textbook and complete the following sentence:

Les Français qui travaillent 7, 8 heures par jour travaillent *à plein temps;* les Français qui travaillent 4 heures par jour travaillent ________________ .

5.49 Reading and inference

Read document 5 in the textbook, then read the following, do your best to figure it out, and complete.

1. —Ma petite fille est malade.

   —Qu'est-ce qu' ____________________ ?

   —____________________ une bronchite.

2. Pour aller de l'aéroport à Paris, il faut prendre un bus, ou un taxi.

   Si on est malade il faut ____________________ des médicaments: des antibiotiques, de l'aspirine, etc.

3. —Il est très malade.

   —C'est sérieux?

   —Oui, c'est très grave! Il ne peut pas guérir; il est incurable. Tous les médicaments sont inutiles. Il n'y a rien à faire.

4. —Docteur, quand je travaille, je suis fatigué! Qu'est-ce que je fais? Je vais à l'hôpital? Je prends des médicaments?

   —Non, ce n'est pas grave! Il n'y a rien à ____________________. Ça va aller mieux. Ça va passer.

5.50 Writing practice

Imagine a dialogue between you and X (someone you've just met), or between two characters, X and Y. You may choose elements of your dialogue from the options in 5.42D above. Write 12–15 sentences.

____

____

____

____

____

____

____

____

____

____

____

____

____

____

____

____

____

____

____

____

Leçon 6

Assimilation du texte

6.1 Mise en œuvre

Ecoutez le texte et la mise en œuvre dans l'enregistrement sonore. Répétez et répondez suivant les indications.

6.2 Compréhension auditive

Nous allons faire le portrait physique de Mireille. Vous allez entendre des paires de phrases. Dans chaque paire, vous allez répéter la phrase qui correspond au portrait de Mireille. Regardez la photo de Mireille pour vous aider.

Exemple:
Vous entendez:
1. Elle est plutôt petite?
   Elle est plutôt grande?

Vous dites:
Elle est plutôt petite.

2. Elle a l'air robuste?
   Elle a l'air fragile?
3. Elle est en mauvaise santé?
   Elle est en bonne santé?
4. Elle est mince?
   Elle est un peu forte?
5. Elle a le cou court et épais?
   Elle a le cou long et mince?
6. Elle a la taille épaisse?
   Elle a la taille fine?
7. Elle a les doigts courts et épais?
   Elle a les doigts longs et fins?
8. Elle a les jambes courtes?
   Elle a les jambes longues?
9. Elle est blonde?
   Elle est brune?
10. Elle a les cheveux longs?
    Elle a les cheveux courts?

6.3 Production orale

Imaginez que Mireille a une cousine qui, physiquement, est très différente d'elle. Le portrait physique de cette cousine est exactement l'opposé, le contraire, du portrait de Mireille. Dans l'enregistrement, on va faire le portrait de la cousine de Mireille, phrase par phrase. Après chaque phrase que vous entendez, vous allez dire une phrase contraire qui correspond au portrait de Mireille.

Exemples:
Vous entendez: 1. Sa cousine est plutôt grande.
Vous dites le contraire: Mireille est plutôt petite.

Vous entendez: 2. Sa cousine a l'air robuste.
Vous dites: Mireille a l'air fragile.

3. Elle est en mauvaise santé.
4. Elle est un peu forte.
5. Elle a le cou court et épais.
6. Elle a la taille épaisse.
7. Elle a les doigts courts.
8. Elle a les jambes courtes.
9. Elle est brune.
10. Elle a les cheveux courts.

Préparation à la communication

6.4 Observation: Prononciation; la voyelle /y/

Ecoutez.

Salut! Bien sûr!
Comment vas-tu? Excuse-moi!
Tu vas bien?

le bus
C'est amusant!

Notez que, pour prononcer la voyelle /y/, le bout de la langue est contre les dents inférieures, les lèvres sont avancées et arrondies.

6.5 Activation orale: Prononciation; la voyelle /y/

Ecoutez et répétez.

Salut! Excuse-moi!
Tu vas bien? Bien sûr!

6.6 Activation: Prononciation et orthographe; le son /y/

Regardez le début de la vidéo ou écoutez le début de la cassette audio. Lisez attentivement les sections 1 et 2 de la leçon 6 dans le livre de textes, et cherchez tous les mots qui contiennent le son /y/ comme dans *tu, salut, début, bien sûr, amusant, excuse-moi,* etc.

Ecrivez ces mots. Vous allez en trouver cinq ou six.

tu

______ ______ ______

______

6.7 Observation: L'être et l'apparence; *avoir l'air/être*

	avoir	l'air	*adjectif*			être		*adjectif*
Il	**a**	**l'air**	gentil	. . . mais	il	n'**est**	pas	gentil.
Elle	**a**	**l'air**	gentil	. . . mais	elle	n'**est**	pas	gentille.
Il	**a**	**l'air**	sportif	. . . et	il	**est**		sportif.
Elle	**a**	**l'air**	sportif	. . . et	elle	**est**		sportive.
Ils	**ont**	**l'air**	sportif	. . . et	ils	**sont**		sportifs.

Notez que l'expression *avoir l'air,* qui indique une apparence, est en général suivie d'un adjectif qui est à la forme du masculin singulier: il n'y a pas d'accord avec le sujet. (L'adjectif modifie *air,* qui est un nom masculin singulier.)

Cependant on trouve quelquefois: *elle a l'air gentille,* avec accord de l'adjectif et du sujet (comme dans *elle est gentille*).

6.8 Activation orale: *Avoir l'air/être*

Répondez selon les exemples.

Exemples:
Vous entendez: 1. Mireille a l'air gentil.
Vous répondez: Oui, elle est très gentille.

Vous entendez: 2. Vous avez l'air fatigué.
Vous répondez: Oui, je suis très fatigué(e).

3. Mireille a l'air malade.
4. Fido a l'air méchant.
5. Les jeunes gens ont l'air sportif.
6. Le professeur a l'air jeune.
7. Les comédies italiennes ont l'air amusantes.
8. La leçon a l'air facile.

6.9 Activation orale: *Avoir l'air/être* et négation

Répondez selon les exemples.

Exemples:
Vous entendez: 1. Mireille a l'air gentil.
Vous répondez: Peut-être, mais elle n'est pas gentille du tout!

Vous entendez: 2. Vous avez l'air fatigué.
Vous répondez: Peut-être, mais je ne suis pas fatigué(e) du tout.

3. Elle a l'air fragile.
4. Les jeunes gens ont l'air sportif.
5. Elle a l'air fatigué.
6. Il a l'air méchant.
7. Vous avez l'air malade.
8. Fido a l'air méchant.

6.10 Activation écrite: *Avoir l'air, être,* négation

Lisez. Essayez de comprendre et complétez.

1. En réalité, la sœur de Mireille n'est pas très grande mais elle __________ parce qu'elle est mince. Les gens minces __________ grand, même quand ils ne __________ grands.
2. Les amis de Mireille ne sont pas très sportifs, mais ils __________ sportif parce qu'ils __________ grands et costauds.
3. —Vous êtes méchant!

   —Moi? Méchant? Pourquoi dites-vous ça? Est-ce que j'__________ méchant, moi? Je suis très gentil, au contraire! Je n'ai peut-être pas __________, mais en réalité je suis très gentil. Oui, je sais, dans la famille, nous n'__________ gentil, mais nous __________ très gentils!

6.11 Observation: Formes masculines et féminines *-t/-te; -d/-de; -s/-sse; -x/-sse; -g/-gue; -f/-ve; -n/-ne*

	adjectif		*adjectif*
Elle est un peu Elle a le cou un peu	for**te**. fort.	Elle est assez Il n'est pas très	gran**de**. grand.
Il a la taille Il a les doigts	épai**sse**. épais.	Elle est très Elle a l'esprit	vi**ve**. vif.
Elle a les doigts et les jambes	longs lon**gues**.	Elle a les doigts et les jambes	fins fi**nes**.

masculin	*féminin*
fort court vert petit	forte courte verte petite
grand blond rond	grande blonde ronde
épais	épaisse
roux	rousse
long	longue
vif sportif	vive sportive
fin	fine

Notez que, au point du vue du son, il y a à la forme féminine une consonne qui est absente à la forme masculine. La consonne finale qui est prononcée à la forme féminine est représentée dans l'orthographe de la forme masculine, mais elle n'est pas prononcée. Au point de vue de l'orthographe, il y a un *-e* à la fin des formes féminines.

6.12 Activation: Discrimination auditive; masculin/féminin

Vous allez entendre une série de phrases. Dans chaque phrase, déterminez s'il s'agit d'un masculin ou d'un féminin. Cochez la case appropriée.

	1	2	3	4	5	6	7	8	9	10
masculin										
féminin										

6.13 Activation: Discrimination auditive; masculin/féminin

Maintenant, vous allez entendre une série de phrases qui se rapportent au portrait de Mireille. Dans chaque phrase déterminez si l'élément en question (cheveux, doigts, etc.) est masculin ou féminin en cochant la case appropriée. Faites attention aux adjectifs.

	1	2	3	4	5	6	7	8
masculin								
féminin								

6.14 Observation: Formes masculines et féminines identiques

féminin		*masculin*	
Elle est	solide.	Il est	solide.
Elle est	rapide.	Il est	rapide.
Elle est	malade.	Il est	malade.
Elle est	fragile.	Il est	fragile.
Elle est	raisonnable.	Il est	raisonnable.
Elle est	mince.	Il est	mince.
Elle est	sympathique.	Il est	sympathique.

Notez que ces formes féminines et masculines sont identiques, au point de vue de la prononciation et de l'orthographe.

6.15 Activation orale: Masculin/féminin

Transformez les phrases que vous allez entendre en passant du masculin au féminin ou du féminin au masculin, selon le cas.

Exemples:
Vous entendez: 1. Il est un peu fort.
Vous répondez: Elle est un peu forte.

Vous entendez: 2. Elle est malade.
Vous répondez: Il est malade.

3. Elle est très grande.
4. Il est solide.
5. Il est rapide.
6. Elle est rousse.
7. Il est très sportif.
8. Elle est assez vive.
9. Elle est fragile.
10. Elle est raisonnable.
11. Il est blond.
12. Elle est petite.
13. Il est sympathique.

6.16 Activation: Dictée

Ecoutez et complétez. Vous entendrez le texte trois fois.

La mère de Mireille parle de sa fille.

— ______ vif; ______

______ raisonnable, ______

______, peut-être. . . . Mais ______

______ du tout.

6.17 Observation: Description de la personne; *avoir* + partie du corps + adjectif

	avoir		nom	adjectif		être	adjectif
Elle	**a**	les	cheveux	blonds.	Elle	**est**	blonde.
Elle	**a**	les	cheveux	roux.	Elle	**est**	rousse.
Elle	**a**	la	taille	mince.	Elle	**est**	mince.
Elle	**a**	les	jambes	longues.	Elle	**est**	grande.
Elle	**a**	l'	esprit	vif.	Elle	**est**	vive.

Notez l'article défini (*le, la, l', les*) devant le nom qui représente la partie du corps (*cheveux, taille* . . .).

6.18 Observation: Exceptions à la règle d'accord

	adjectif
Elle a les cheveux	**blonds.**
Elle est	**blonde.**
Elle a les doigts	**fins.**
Elle a les jambes	**fines.**
Elle a les cheveux	**châtain.**
Elle a les yeux	**marron.**

Notez que les adjectifs (*blond, fin,* etc.) s'accordent en genre et en nombre avec le nom qu'ils modifient. Mais *châtain* et *marron* ne s'accordent pas. Ils sont invariables.

6.19 Activation écrite: Adjectifs

Complétez.

1. Mireille n'a pas les cheveux courts. Elle a les cheveux ______ .
2. Mais non, elle n'est pas brune. Elle est ______ .
3. Elle a les jambes longues et fines et les doigts ______ et ______ .
4. Elle a les doigts fins et la taille ______ .
5. Le père de Mireille est assez grand. Mais Mireille, elle, n'est pas très ______ . Elle est plutôt ______ .
6. Est-ce que le jeune homme américain va avoir les doigts longs et fins ou, au contraire, est-ce qu'il va avoir les doigts ______ et ______ ?
7. Est-ce qu'il va avoir la taille fine ou, au contraire, est-ce qu'il va avoir la taille ______ ?
8. Mireille est très sportive. Le jeune Américain va être très ______ aussi.
9. Mireille est vive. Elle a l'esprit ______ .
10. Le jeune homme aussi va être ______ . Il va avoir l'esprit ______ .

6.20 Activation écrite: Portrait

Faites le portrait d'une petite fille, d'une jeune fille, d'une jeune femme, ou d'une vieille dame que vous aimez bien . . . ou que vous n'aimez pas du tout.

Elle __________ ans.

Elle n'est pas ____________________. Elle est plutôt __________.

Elle a la taille ____________________, les jambes ____________________ et __________.

Elle est ____________________; elle a les cheveux __________ et __________.

Elle __________ le visage ____________________.

Elle __________ les yeux ____________________.

Au moral, elle est ____________________, ____________________, __________, mais elle ____________________.

Elle a ____.

6.21 Observation: *Aimer le sport/faire du sport*

	aimer + *sport*			**faire** + *sport*			
masculin	Elle	**aime**	**le** ski.	Elle	**fait**	**du**	ski.
	Elle	**aime**	**l'** aviron.	Elle	**fait**	**de l'**	aviron.
féminin	Elle	**aime**	**la** voile.	Elle	**fait**	**de la**	voile.
	Elle	**aime**	**l'** escalade.	Elle	**fait**	**de l'**	escalade.

Notez que, après un verbe comme *aimer* (*adorer, détester* . . .), le nom du sport est précédé de l'article défini (*le, la, l'*). Après le verbe *faire*, le nom du sport est précédé de *du, de l'*, ou *de la*.

6.22 Observation: *Du, de la, de l'/pas de, pas d'*

	positif				*négatif*				
masculin	Elle	fait	**du**	ski.	Elle	ne	fait	**pas de**	ski.
	Elle	fait	**de l'**	aviron.	Elle	ne	fait	**pas d'**	aviron.
féminin	Elle	fait	**de la**	voile.	Elle	ne	fait	**pas de**	voile.
	Elle	fait	**de l'**	escalade.	Elle	ne	fait	**pas d'**	escalade.

Du, de l', et *de la* correspondent à des expressions positives. Dans des expressions négatives on trouve simplement *de* ou *d'*.

6.23 Observation: Présent de l'indicatif du verbe *faire*

	infinitif		
Il faut	**faire**	du	sport.
	présent de l'indicatif		
Je	**fais**	du	sport.
Tu	**fais**	de la	natation?
Elle	**fait**	du	ski.
Ils	**font**	de la	voile.
Nous	**faisons**	de l'	alpinisme.
Vous	**faites**	du	deltaplane?

Notez que, du point de vue du son, les trois personnes du singulier sont identiques. Notez que *-ai-* dans *nous faisons* est prononcé comme *-e* dans *le* ou *de*.

6.24 Activation orale: *Faire du sport*

Répondez selon les exemples.

Exemples:
Vous entendez: 1. J'aime le ski.
Vous dites: Je fais du ski.

Vous entendez: 2. Les sœurs de Mireille adorent la natation.
Vous dites: Elles font de la natation.

Vous entendez: 3. Mireille n'aime pas la natation.
Vous dites: Elle ne fait pas de natation.

4. Mireille aime le karaté.
5. Robert n'aime pas la voile.
6. Nous aimons l'alpinisme.
7. Vous aimez l'escalade?
8. J'adore la moto.
9. Le père de Mireille n'aime pas le tennis.
10. Les sœurs de Mireille aiment la planche à voile.
11. Robert aime le canoë.
12. La mère de Mireille n'aime pas le sport.
13. Robert aime l'aviron.

6.25 Activation écrite: *Aimer le sport/faire du sport*

Complétez.

1. —Est-ce que les parents de Mireille aiment ________ karaté?
   —Mais oui! Ils ________ du karaté tous les soirs, à la maison.
2. —Et vous, vous aimez ________ karaté?
   —Bien sûr, je ________ du karaté tous les week-ends.
3. —Est-ce que Mireille aime ________ karaté?
   —Oui, elle ________ du karaté tous les samedis avec ses deux sœurs.
4. —Moi aussi, j'adore ________ karaté.
   —C'est vrai? Vous ________ du karaté?
5. —Vous trouvez le temps de ________ du karaté?
   —Mais oui, je ________ du karaté de 22 à 23 heures.

6.26 Observation: Interrogation; *est-ce que*

déclaration		Mireille	est blonde.
interrogation	**Est-ce que**	Mireille	est blonde?
déclaration		Elle	est blonde.
interrogation	**Est-ce qu'**	elle	est blonde?

On peut transformer une phrase déclarative en une phrase interrogative en ajoutant *est-ce que* (ou *est-ce qu'* devant un son de voyelle) devant la phrase déclarative et en faisant monter le ton de la voix à la fin de la phrase:

Est-ce que Mireille est blonde?

6.27 Activation orale: Interrogation; *est-ce que*

Transformez chaque phrase déclarative que vous entendez en une phrase interrogative en ajoutant *est-ce que* (ou *est-ce qu'*).

Exemple:
Vous entendez: 1. Elle est malade.
Vous dites: Est-ce qu'elle est malade?

2. Robert est américain.
3. Il est fils unique.
4. Les parents de Robert ont de l'argent.
5. Ils sont divorcés.
6. La mère de Robert est remariée.
7. Robert va avoir des complexes.

6.28 Activation écrite: Interrogation; *est-ce que*

Complétez avec une question.

1. —La jeune fille de l'histoire ne va pas être blonde!

   —Ah, non? ______________________ brune? Rousse?

2. —Mireille n'aime pas les romans d'amour.

   —______________________ les romans d'aventure?

3. —Hubert ne va pas à la fac.

   —Tiens! ______________________ à la bibli?

4. —Je ne vais pas à la bibli, moi.

   —Ah, bon? Où ______________________ tu vas?

5. Marc et Catherine ne vont pas au restau-U.

   —Non? ______________________ vont, alors?

6.29 Observation: Numération; 20 à 69

20 vingt
21 vingt **et** un
22 vingt-deux
23 vingt-trois
24 vingt-quatre
25 vingt-cinq
26 vingt-six
27 vingt-sept
28 vingt-huit
29 vingt-neuf

30 trente
31 trente **et** un
32 trente-deux
33 trente-trois
34 trente-quatre
35 trente-cinq
etc.

40 quarante
41 quarante **et** un
42 quarante-deux
43 quarante-trois
44 quarante-quatre
45 quarante-cinq
etc.

50 cinquante
51 cinquante **et** un
52 cinquante-deux
53 cinquante-trois
54 cinquante-quatre
etc.

60 soixante
61 soixante **et** un
62 soixante-deux
63 soixante-trois
64 soixante-quatre
etc.

Notez: *vingt* **et** *un, trente* **et** *un, quarante* **et** *un, cinquante* **et** *un, soixante* **et** *un.*

6.30 Activation orale: Numération; 20 à 69

Phase 1: Enoncez les opérations suivantes (addition).

3 + 4 = 7 (trois et quatre, sept)
6 + 5 = 11
6 + 6 = 12
7 + 7 = 14
7 + 8 = 15

8 + 8 = 16
8 + 9 = 17
8 + 10 = 18
8 + 11 = 19

10 + 10 = 20

17 + 4 = 21
27 + 4 = 31
37 + 4 = 41
47 + 4 = 51
57 + 4 = 61

18 + 4 = 22
28 + 4 = 32
38 + 4 = 42
48 + 4 = 52
58 + 4 = 62

Phase 2: Faites les opérations suivantes (multiplication).

2 × 6 = 12 (deux fois six, douze)
3 × 7 = 21
3 × 8 = 24
5 × 5 = 25
5 × 7 = 35

9 × 5 = 45
2 × 7 = 14
2 × 9 = 18
8 × 7 = 56

9 × 7 = 63
3 × 23 = 69

6.31 Activation orale: Dialogue entre M. et Mme Belleau

Vous allez entendre une conversation entre M. et Mme Belleau. Ecoutez attentivement. Vous allez apprendre les réponses de Mme Belleau.

M. Belleau: Franchement, Mireille, c'est la plus intelligente des trois.

Mme Belleau: **Oui, elle a l'esprit vif. Elle est très raisonnable. Elle est très sociable . . . un peu moqueuse, peut-être. . . .**

M. Belleau: Disons, euh . . . disons qu'elle est souvent moqueuse.

Mme Belleau: **Mais elle n'est pas méchante du tout! Et elle a très bon caractère.**

Exercices-tests

6.32 Exercice-test: Numération

Complétez les phrases que vous entendez. Ecrivez en chiffres.

1. La mère de Mireille a _____ ans.
2. Son père a _____ ans.
3. Sa sœur Cécile a _____ ans.
4. Robert, lui, a _____ ans.
5. Sa mère a _____ ans.
6. Et son père a _____ ans.

Vérifiez. Si vous avez fait des fautes, travaillez les sections 6.29 et 6.30 dans votre cahier d'exercices.

6.33 Exercice-test: Masculin/féminin des adjectifs

Vous allez entendre dix phrases. Pour chaque phrase, déterminez si on parle d'un jeune homme ou d'une jeune fille.

	1	2	3	4	5	6	7	8	9	10
un jeune homme										
une jeune fille										

Vérifiez. Si vous avez fait des fautes, travaillez les sections 6.11 à 6.15 et 6.17 à 6.19 dans votre cahier d'exercices.

6.34 Exercice-test: Présent indicatif du verbe *faire; du, de la, de l', pas de, pas d'*

Complétez selon l'exemple.

Exemple:
Vous voyez: J'aime la natation!
Vous écrivez: Oui! Tu fais de la natation tous les jours!

1. Mireille aime le karaté?
   Oui, elle ______________ karaté tous les jours.
2. Les sœurs de Mireille aiment le cheval?
   Non, elles ne ______________ cheval.
3. Vous aimez l'aviron?
   Oui, nous ______________ aviron tous les jours.
4. Tu aimes la voile?
   Non, je ne ______________ voile.
5. Nous aimons le ski!
   Oui! Vous ______________ ski tous les jours!

Vérifiez. Si vous avez fait des fautes, travaillez les sections 6.21 à 6.25 dans votre cahier d'exercices.

Libération de l'expression

6.35 Mise en question

Relisez le texte de la leçon; lisez les questions de la mise en question qui suit la mise en œuvre dans votre livre de textes. Réfléchissez à ces questions et essayez d'y répondre.

6.36 Mots en liberté

Qu'est-ce qu'une dame peut être?

Elle peut être jeune, âgée, sportive, rousse, sociable, indienne, aisée, remariée, victime d'un crime, ingénieur, mère de douze enfants. . . .

Trouvez au moins dix autres possibilités. (Vous pouvez facilement en trouver vingt!)

6.37 Mise en scène et réinvention de l'histoire

Faites le portrait de la personne que vous allez choisir pour l'histoire. Utilisez des éléments des leçons 2 à 6. Par exemple:

Pour l'histoire, nous allons choisir
- une vieille dame.
- une jeune femme.
- une petite fille.
- une jeune fille.
- une étudiante.
- une Suédoise.

Elle va avoir
- cinq ans.
- onze ans.
- vingt et un ans.
- vingt-huit ans.
- cinquante et un ans.
- soixante-huit ans.

Elle va être
- très petite.
- assez grande.
- très mince.
- plutôt forte.

Elle va avoir
- la taille fine/épaisse.
- le cou mince/épais/long.
- le visage allongé/carré/rond/ovale.
- les cheveux blonds/noirs/roux/châtain/blancs/gris/courts/longs/fins.
- les yeux bleus/marron/gris/verts.
- un œil bleu et un œil vert.
- les yeux ronds/petits/très grands/méchants.
- les doigts courts/longs/fins/épais.
- les jambes longues/courtes/fines/épaisses.
- l'esprit vif/rapide.
- bon caractère/mauvais caractère.
- des complexes.
- deux chiens.
- l'air intelligent/méchant/gentil.

Elle va être
- blonde.
- rousse.
- brune.
- châtain.
- intelligente.
- moqueuse.
- méchante.
- raisonnable.
- sérieuse.
- sociable.
- sympathique.
- sportive.
- divorcée.
- remariée.
- riche.
- ingénieur.
- chef de service.

Elle va faire
- du sport.
- beaucoup de sport.
- pas de sport.
- du tennis.
- du karaté.
- du ski.
- du canoë.
- du kayak.
- du deltaplane.
- du cheval.
- de l'alpinisme.
- de l'aviron.
- de l'escrime.
- de la natation.
- de la moto.
- de la planche à voile.
- de la voile.

6.38 Mise en scène et réinvention de l'histoire

Vous pouvez imaginer une discussion avec un ami ou une amie . . . ou avec Fido. Ecoutez l'exemple dans l'enregistrement.

6.39 Mise en scène et réinvention de l'histoire

Conversation téléphonique entre un journaliste et des personnalités célèbres. Imaginez que "X" est Napoléon, Abraham Lincoln, Lénine, Catherine Deneuve, Charles de Gaulle, Jeanne d'Arc, Marie-Antoinette, Charles Aznavour, Mick Jagger, Gérard Depardieu, ou n'importe qui d'autre. Faites son portrait en répondant aux questions du journaliste.

Le journaliste:

Allô! Bonjour, | Monsieur . . . / Madame . . .

Est-ce que vous pouvez faire votre portrait pour mon journal? . . . D'accord? D'abord, est-ce que vous êtes grand(e) ou petit(e)?

X:

Je suis | plutôt grand(e). / grand(e). / petit(e).

Le journaliste:
Est-ce que vous êtes en bonne santé?

X:
| Oui, je suis en bonne santé.
| Non, je ne suis pas en bonne santé.

Le journaliste:
Vous avez le visage . . . euh . . . comment?

X:

J'ai le visage plutôt | carré. / rond. / ovale. / allongé. / fin. / intelligent.

Le journaliste:
Et les cheveux?

X:

J'ai les cheveux | châtain. / roux. / blonds. / noirs.

Le journaliste:
Ah, vous êtes donc châtain/roux(sse)/blond(e)/brun(e)!

X:
Vous avez l'esprit vif, Monsieur/Madame!

Le journaliste:
Et les yeux?

X:

| Ils sont / J'ai les yeux | verts. / marron. / bleus. / noirs. / gris.

Le journaliste:
Allô, allô! Quoi? Un œil bleu? Un œil vert?

X:

Non, non, j'ai deux yeux, et ils sont | noirs. / bleus. / verts. / gris. / marron.

Le journaliste:
Et le cou?

X:

J'ai le cou | épais. / long. / court. / mince.

Le journaliste:
Vous avez quel âge?

X:

J'ai | 57 / 64 / 23 / 42 / 16 / 19 | ans.

Le journaliste:
Et au moral, vous avez l'esprit rapide?

X:
| Oui, oui, je suis intelligent(e).
| Non, pas vraiment. . . .
| Je ne suis pas très intelligent(e).

| Je ne suis pas / Je suis / Je suis très | sympathique. / moqueur(se). / raisonnable. / gentil(le). / méchant(e).

J'ai | bon caractère. / mauvais caractère.

Préparation à la lecture et à l'écriture

6.40 Entraînement à la lecture

1. Lisez le document 2A dans votre livre de textes, leçon 6. Complétez les phrases suivantes.

Je ne sais pas si elle est brune ou blonde: je l'____________________.

Son nom est encore dans ma mémoire, dans mon souvenir: je me ____________________ de son nom.

Les gens qu'on aime, ce sont les "____________________."

Les gens exilés ne sont pas là; ils sont absents. Les gens que "la vie exila" ne sont plus là; ils sont ____________________.

2. Lisez les documents 1 et 2B. Comparez ces deux textes.

Dans le poème de Boris Vian, monde rime avec blonde. Et dans le poème de Verlaine?

____

D'après ces deux poèmes, est-ce qu'il est préférable d'être brune, ou d'être blonde, ou est-ce que ça n'a pas d'importance?

____

Et d'après vous?

____

____

3. Lisez le document 3, "Portrait de Nicolette." C'est difficile: Vous ne pouvez pas tout comprendre; mais essayez de comprendre deux ou trois détails. Etudiez le paragraphe 3.

Est-ce que Nicolette était blonde ou brune?

Elle était ____________________.

Comment son visage était-il? Est-ce qu'elle avait le visage plutôt rond, carré, ou ovale?

Elle avait __________________________________.

De quelle couleur sont les cerises, les roses, et les lèvres de Nicolette?

____.

4. Relisez le portrait de Mireille dans votre livre de textes, en particulier les sections 2, 4, 5, et 6. Relisez le portrait de Nicolette (document 3). Comparez Mireille et Nicolette. Quelles sont les ressemblances et les différences?

____

____

____

____

____

____

____

. . . .

6.41 Entraînement à la lecture

1. Lisez le document 5, "Petites Annonces." Etudiez l'annonce 1 (Vacances).

Quels sports peut-on pratiquer au camp de plein air de Marcilhac?

____

____

2. Etudiez les annonces 2, 3, 4, 5, et 6. Etudiez en particulier l'annonce 6. Elle est difficile à comprendre à cause des abréviations ("25 a. gd mce"). Ecrivez cette annonce d'une façon plus compréhensible, sans abréviations.

Jeune homme, 25 ans, grand, ____________________

____

____

____

____

____

3. Ecrivez une annonce (compréhensible, sans abréviations!) pour vous-même. Faites votre portrait, puis le portrait de la personne que vous cherchez.

____

____

____

____

____

____

____

6.42 Pratique de l'écriture

Faites le portrait de la personne que vous allez choisir pour l'histoire. Inspirez-vous des suggestions données dans 6.37 et 6.39. Ecrivez au moins 50 mots.

6.43 Pratique de l'écriture

Choisissez une personnalité célèbre et répondez aux questions du journaliste. (Voyez 6.39 ci-dessus.) Ecrivez de 10 à 12 phrases.

Leçon 7

Assimilation du texte

7.1 Mise en œuvre

Ecoutez le texte et la mise en œuvre dans l'enregistrement sonore. Répétez et répondez suivant les indications.

7.2 Compréhension auditive

Phase 1: Vous voyez une série d'images. Vous allez entendre une phrase qui correspond à chaque image. Regardez l'image et répétez la phrase que vous entendez.

Phase 2: Regardez les images 1,2,3,4,5, et 6. Vous allez entendre des phrases identifiées par les lettres A,B,C,D,E, et F. Chaque phrase correspond à une image. Ecrivez la lettre de la phrase que vous entendez sous l'image qui lui correspond le mieux.

Exemple:
Vous entendez: A. Il n'a pas de barbe, mais il a une moustache.
Vous écrivez *A* sous l'image 1.

1. *A*

2. ___

3. ___

4. ___

5. ___

6. ___

7.3 Production orale

Ecoutez les dialogues suivants. Vous allez jouer le rôle du deuxième personnage.

Exemple: 1. Le professeur: Nous allons faire le portrait de Robert. C'est un garçon solide.
L'étudiant: (. . .)

Ecoutez le dialogue entre le professeur et l'étudiant.
Le professeur: Nous allons faire le portrait de Robert. C'est un garçon solide.
L'étudiant: Vous voulez dire qu'il est gros?
Maintenant à vous. Vous êtes l'étudiant. Vous entendez:
Le professeur: Nous allons faire le portrait de Robert. C'est un garçon solide.
Vous dites: Vous voulez dire qu'il est gros?

2. Le professeur: Est-ce qu'il va être blond, roux, châtain, ou brun?
L'étudiante: (. . .)
3. Le professeur: Non, non, Robert va être brun.
L'étudiante: (. . .)
4. Le professeur: Robert a les cheveux noirs.
L'étudiante: (. . .)
5. Le professeur: Vous préférez Robert avec ou sans moustache?
L'étudiante: (. . .)
6. Le professeur: Est-ce que Robert va avoir une barbe? Une barbe ou pas de barbe? Qu'est-ce que vous préférez?
L'étudiante: (. . .)

7.4 Compréhension auditive et production orale

Ecoutez les dialogues suivants. Après chaque dialogue, vous allez entendre une question. Répondez à la question.

Exemple:
1. Qu'est-ce que nous allons faire?
Vous entendez: Aujourd'hui, nous allons faire le portrait du jeune homme de l'histoire, Robert.
Puis vous entendez la question: Qu'est-ce que nous allons faire?
Vous répondez: Le portrait du jeune homme de l'histoire, Robert; ou bien: Nous allons faire le portrait du jeune homme de l'histoire, Robert.

2. Est-ce que Robert est gros?
3. Qui est plus grand, Robert ou Mireille?
4. Est-ce que Robert est blond?
5. Est-ce que Robert va avoir une barbe?
6. Est-ce que Robert est moqueur, comme Mireille?
7. Est-ce que Robert et Mireille se ressemblent?

Préparation à la communication

7.5 Observation: Prononciation; *é* et *è*

Ecoutez.

Je préfère ça.

Il y a deux syllables dans *préfère:*

pré fère

La voyelle de la première syllabe est différente de la voyelle de la deuxième syllabe. La voyelle de la première syllabe est fermée (la langue est plus haute et donc l'espace intérieur de la bouche est plus petit). La voyelle de la deuxième syllabe est ouverte (la langue est plus basse et donc l'espace intérieur de la bouche est plus grand).

La première syllabe est **ouverte:** elle se termine par une voyelle. La deuxième syllabe est **fermée:** elle se termine par une consonne. Notez que la voyelle **ouverte** se trouve dans la syllabe **fermée.** (C'est amusant, non?)

Notez que la voyelle fermée est représentée, ici, par é (*e* accent aigu) et la voyelle ouverte par è (*e* accent grave). Mais il y a d'autres graphies pour ces deux voyelles. Par exemple, la voyelle ouverte peut être représentée par ê (*e* accent circonflexe), comme dans *être; e* + *rt,* comme dans *Hubert; ais,* comme dans *épais; ait,* comme dans *portrait,* etc.

7.6 Activation orale: Prononciation; /e/ et /ɛ/

Ecoutez et répétez les mots suivants. Ils contiennent tous la voyelle fermée représentée par *é* (*e* accent aigu).

prénom	Cécile	mariée	divorcé	carré
distingué	allongé	santé	décidé	différent

Maintenant écoutez et répétez les mots suivants. Ils contiennent tous la voyelle ouverte représentée par *è* (*e* accent grave).

père	mère	frère	mètre	caractère
pèse	deuxième	troisième	quatrième	très

Maintenant écoutez, répétez, et observez ces autres graphies des deux voyelles:

voyelle fermée (comme prénom):

travaill*er*	mesur*er*	not*ez*
donn*er*	premi*er*	donn*ez*
rencontr*er*		parl*ez*

voyelle ouverte (comme père):

Hub*e*rt		*e*lle	f*ai*re	je f*ai*s	il f*ai*t
Rob*e*rt	mademois*e*lle		*ai*r	ép*ai*s	portr*ai*t

7.7 Activation: Prononciation et orthographe; /e/ et /ɛ/

Regardez la première partie de la vidéo de la leçon 7 ou écoutez la première partie de la cassette audio de la leçon 7. Observez comment les mots suivants sont prononcés:

Améric*ai*n—voul*ez*—s*es*—d*es*—l*es*—*ê*tre—m*ai*s—en f*ai*t—vr*ai*—roul*e*tte—si*e*ste

S'ils sont prononcés avec un /e/, une voyelle fermée comme dans *prénom*, écrivez-les dans la première colonne. S'ils sont prononcés avec un /ɛ/, une voyelle ouverte, comme dans *mère*, écrivez-les dans la deuxième colonne.

1. voyelle fermée /e/	2. voyelle ouverte /ɛ/
prénom	mère
______________	______________
______________	______________
______________	______________
______________	______________
______________	______________

7.8 Observation: Numération; 70–100

10	*dix*	70	soixante-dix	20	*vingt*	80	quatre-vingts	100 cent
11	*onze*	71	soixante et onze	21	*vingt et un*	81	quatre-vingt-un	
12	*douze*	72	soixante-douze	22	*vingt-deux*	82	quatre-vingt-deux	
13	*treize*	73	soixante-treize	23	*vingt-trois*	83	quatre-vingt-trois	
14	*quatorze*	74	soixante-quatorze	24	*vingt-quatre*	84	quatre-vingt-quatre	
15	*quinze*	75	soixante-quinze	25	*vingt-cinq*	85	quatre-vingt-cinq	
16	*seize*	76	soixante-seize	26	*vingt-six*	86	quatre-vingt-six	
17	*dix-sept*	77	soixante-dix-sept	27	*vingt-sept*	87	quatre-vingt-sept	
18	*dix-huit*	78	soixante-dix-huit	28	*vingt-huit*	88	quatre-vingt-huit	
19	*dix-neuf*	79	soixante-dix-neuf	29	*vingt-neuf*	89	quatre-vingt-neuf	
						90	quatre-vingt-dix	
						91	quatre-vingt-onze	
						92	quatre-vingt-douze	
						93	quatre-vingt-treize	
						94	quatre-vingt-quatorze	
						95	quatre-vingt-quinze	
						96	quatre-vingt-seize	
						97	quatre-vingt-dix-sept	
						98	quatre-vingt-dix-huit	
						99	quatre-vingt-dix-neuf	

Remarquez qu'on dit

vingt *et un*
trente *et un*
quarante *et un*
cinquante *et un*
soixante *et un*
soixante *et onze*,

mais
quatre-vingt-un
quatre-vingt-onze (Eh, oui!)

Remarquez qu'on écrit

vingt-deux
trente-trois
cinquante-six, etc., avec des traits d'union (-),

mais

vingt et un
trente et un, etc., sans trait d'union.

Enfin, autre particularité orthographique amusante: on écrit

quatre-vingts
deux cents
sept cents

avec un -s, quand le multiple n'est pas suivi d'un autre chiffre,

mais

quatre-vingt-quatre
deux cent huit

sans -s, quand le multiple est suivi d'un autre chiffre.

7.9 Activation: Compréhension auditive; numération

Complétez les adresses que vous allez entendre (écrivez en chiffres).

1. Mireille: _____ , rue de Vaugirard, Paris 6ème.
2. Sa sœur Cécile: _____ , rue des Cerisiers à Colombes.
3. Annette Brunet: _____ , rue des Marronniers, Paris 16ème.
4. Guillaume Belleau: _____ , rue de Courcelles, Paris 8ème.
5. Hubert de Pinot-Chambrun: _____ , avenue Victor Hugo, Paris 16ème.
6. Paulette Buisson: _____ , bd Diderot, Paris 12ème.
7. Anatole Belleau: _____ , avenue de Versailles à Boulogne.

7.10 Activation: Compréhension auditive; numération

Ecoutez et notez les âges suivants (écrivez en chiffres).

1. Mireille a _____ ans.
2. Cécile a _____ ans.
3. Marie-Laure a _____ ans.
4. Henri Pothier a _____ ans.
5. François Belleau a _____ ans.
6. Armand Belleau a _____ ans.
7. Guillaume Belleau a _____ ans.
8. Adolphe Belleau a _____ ans.

7.11 Observation: Formes masculines et féminines; voyelles nasales et dénasalisées (révision et extension)

masculin	*féminin*
un brun fin masculin féminin africain	une brune fine masculine féminine africaine
tunisien bon	tunisienne bonne

Ces formes masculines se terminent par une voyelle nasale sans consonne /n/. Aux formes féminines, la voyelle n'est plus nasale, elle est "dénasalisée," et elle est suivie d'une consonne /n/ (voir leçon 4).

7.12 Activation: Discrimination auditive; voyelles nasales et dénasalisées

Vous allez entendre une série de phrases. Déterminez si l'adjectif ou le nom dans chaque phrase est masculin (voyelle nasale) ou féminin (voyelle dénasalisée).

	1	2	3	4	5	6	7	8	9	10	11	12	13	14	15	16
masculin																
féminin																

7.13 Activation orale: Formes masculines et féminines

Mettez au féminin selon l'exemple.

Exemple:
Vous entendez: 1. Le père est américain.
Vous dites: La mère est américaine.

2. J'ai un cousin.
3. Il est canadien.
4. C'est un Indien.
5. Il est bon.
6. J'ai un frère tunisien.
7. Il est brun.
8. Il est très fin.
9. Le père est algérien.

7.14 Observation: Formes masculines et féminines (révision et extension)

masculin	*féminin*
indulgent intelligent différent idiot blanc	indulgente intelligente différente idiote blanche

Notez que la consonne finale n'est pas prononcée au masculin, mais qu'elle est prononcée au féminin.

7.15 Observation: Formes masculines et féminines (révision et extension)

masculin	*féminin*
gris	grise
sérieux	sérieuse
moqueur	moqueuse

Notez que ces formes féminines ont la même consonne finale /z/ représentée par -se.

7.16 Activation orale: Formes masculines et féminines

Faisons le portrait des deux jeunes gens. Pour l'exercice, ils vont se ressembler. Ils vont être identiques.

Exemple:
Vous entendez: 1. Mireille va être petite.
Vous dites: Alors, Robert va être petit lui aussi.

2. Mireille ve être grande.
3. Mireille va être grosse.
4. Mireille va être rousse.
5. Mireille va être brune.
6. Mireille va être blonde.
7. Mireille va être intelligente.
8. Mireille va être idiote.
9. Mireille va être sérieuse.
10. Mireille va être moqueuse.
11. Mireille va être méchante.

7.17 Observation: Formes masculines et féminines (révision et extension)

masculin	*féminin*
calme	calme
possible	possible
imbécile	imbécile
stupide	stupide
robuste	robuste
large	large

Notez que ces formes masculines et féminines sont identiques du point de vue du son et du point de vue de l'orthographe.

7.18 Observation: Formes masculines et féminines (révision et extension)

masculin	*féminin*
carré	carrée
allongé	allongée
distingué	distinguée
bleu	bleue
vrai	vraie
joli	jolie
noir	noire

Notez que, du point de vue du son, ces formes masculines et féminines sont identiques. Du point de vue de l'orthographe, les formes féminines se terminent par un -e.

7.19 Activation écrite: Formes masculines et féminines

Complétez.

1. Robert fait du patin. C'est un excellent patineur.
   Mireille aussi est une ________ ________ .
2. Robert fait du ski. C'est un bon skieur.
   Mireille aussi est une ________ ________ .
3. Mireille fait de la natation. C'est une bonne nageuse.
   Robert aussi est un ________ ________ .
4. Robert va beaucoup voyager. Ça va être un grand voyageur.
   Mireille aussi va être une ________ ________ .

7.20 Activation: Dictée; formes masculines et féminines, singulier et pluriel

Ecoutez et complétez.

1. Robert a les épaules ________ . Il a aussi le menton ________ .
2. Les parents de Robert sont ________ . Sa mère est ________ avec un Argentin. Son père n'est pas ________ .
3. L'Argentin a la moustache ________ . Le père de Robert n'a pas de moustache, mais il a les sourcils ________ , comme Robert.
4. Ce sont tous les deux des messieurs très ________ . Mireille aussi est très ________ .
5. Mireille est ________ . Et elle a aussi un ________ prénom!

7.21 Observation: Interrogation; trois formes interrogatives

déclaration	*interrogation*
Il est sportif.	1. Il est sportif? 2. Est-ce qu'il est sportif? 3. Est-il sportif?

Les phrases 1, 2, et 3 sont interrogatives. Elles sont équivalentes: elles ont le même sens. Elles représentent trois formes différentes d'interrogation, trois façons différentes de poser la même question.

Dans la forme 1, la phrase est identique à la phrase déclarative. L'interrogation est marquée seulement par l'intonation: le ton de la voix monte à la fin de la phrase.

Dans la forme 2, la phrase est identique à la phrase déclarative, mais elle est précédée par *est-ce que*, et l'intonation est montante, comme dans 1.

Dans la forme 3, il y a une inversion: l'ordre du pronom sujet et du verbe est inversé. Le pronom sujet est placé après le verbe. L'intonation est montante comme dans 1 et 2.

7.22 Activation: Discrimination auditive; interrogation et intonation

Ecoutez et indiquez si les phrases que vous entendez sont déclaratives ou interrogatives. Notez que l'interrogation est marquée seulement par l'intonation. Cochez la case appropriée.

	1	2	3	4	5	6	7	8	9	10	11	12
déclaration	X											
interrogation		X										

7.23 Observation: Interrogation et inversion

déclaration			*interrogation*		
1. **Il**	**est**	sportif.	2. **Est-il**		sportif?
3. **Elles**	**sont**	sportives.	4. **Sont-elles**		sportives?
5. **Vous**	**avez**	le temps!	6. **Avez-vous**		le temps?
7. **Tu**	**as**	le temps!	8. **As-tu**		le temps?

Notez que dans les questions 2, 4, 6, et 8, l'interrogation est marquée par la place du pronom personnel sujet (*il, elles, vous, tu*): le pronom personnel sujet est placé après le verbe.

Notez que le pronom est rattaché au verbe par un trait d'union (-). Notez que dans les questions 2 et 4, il y a liaison du *t* de *est* et *sont* avec la voyelle des pronoms *il* et *elle*. On prononce Est-/t/il? Sont-/t/elles? avec un /t/.

Observez.

déclaration		*interrogation*		
9. Robert	est sportif.	10. Robert	est-**il**	sportif?
11. La jeune fille	est sportive.	12. La jeune fille	est-**elle**	sportive?

Dans ces phrases, le sujet n'est pas un pronom mais un nom. Dans les phrases 10 et 12, le nom est placé avant le verbe mais l'interrogation est marquée par l'addition d'un pronom sujet (redondant) après le verbe.

Conclusion générale: Dans les phrases 2, 4, 6, 8, 10, et 12, l'interrogation est marquée par la présence d'un pronom personnel sujet après le verbe.

7.24 Activation orale: Interrogation et inversion

Transformez selon l'exemple.

Exemple:
Vous entendez: 1. Est-ce que Robert est sportif?
Vous dites: Robert est-il sportif?

2. Est-ce que Robert est un garçon solide?
3. Est-ce que la mère de Robert est mariée?
4. Est-ce que les parents de Robert sont riches?
5. Est-ce qu'ils ont de l'argent?
6. Est-ce que vous avez des amis?
7. Est-ce que vous êtes américain?
8. Est-ce que vous êtes marié?
9. Est-ce que vous avez des enfants?

7.25 Observation: Interrogation et inversion

1.	Est-il	sportif?
2.	Sont-elles	sportives?
3.	Fait-elle	du ski?
4.	Travaillent-elles?	
5.	Robert a-**t**-il	de l'argent?
6.	Parle-**t**-elle	anglais?
7.	Va-**t**-elle	aller en France?

Notez que dans les phrases 1, 2, 3, et 4, les pronoms commencent par une voyelle (*il, elle, elles*), et il y a une consonne (*-t*) à la fin du verbe. Il y a donc liaison: on prononce le *t*.

Dans les phrases 5, 6, et 7, les pronoms commencent aussi par une voyelle, mais il n'y a pas de consonne à la fin du verbe (il y a une voyelle: *a, e*). On ajoute alors un *-t-* entre le verbe et le pronom pour séparer les deux voyelles. (Remarquez que le *-t* est une terminaison verbale fréquente à la 3ème personne: *il est, il fait, ils ont, elles sont.*) Notez que le *-t-* supplémentaire est placé entre deux traits d'union.

7.26 Activation orale: Interrogation et inversion

Transformez selon l'exemple.

Exemple:
Vous entendez: 1. Est-ce que Robert parle français?
Vous dites: Robert parle-t-il français?

2. Est-ce qu'il parle beaucoup?
3. Est-ce qu'il pèse 80 kilos?
4. Est-ce qu'il a les cheveux noirs?
5. Est-ce qu'il a l'esprit vif?
6. Est-ce qu'il a l'esprit aussi vif que Mireille?
7. Est-ce que Mireille a les cheveux blonds?
8. Est-ce que Robert préfère les blondes?

7.27 Activation écrite: Interrogation et inversion

Lisez le texte ci-dessous. Essayez de comprendre ce que dit Marie-Laure, puis écrivez les corrections du vieux professeur.

Marie-Laure	Le vieux professeur
1. —Alors, quand c'est qu'on l'invente, cette histoire?	—Non, Marie-Laure! On dit: Quand invente-t-on cette histoire?
2. —Vous faites quoi, vous?	—Non! On dit: Que faites-vous, vous?
3. —Vous dites quoi?	—________________?
4. —Vous proposez quoi?	—________________?
5. —Nous allons avoir un Américain dans cette histoire?	—________________ un Américain dans cette histoire?
6. —Comment il va être?	—Comment ________________?
7. —Il va être beau, grand, et gentil?	—________________ beau, grand, et gentil?
8. —Ou bien vous préférez horrible et méchant?	—Ou bien ________________ horrible et méchant?
9. —Ses parents, ils sont américains?	—________________ ________________?
10. —Ils ont beaucoup d'argent?	—________________ beaucoup d'argent?
	—________________?
11. —Ils travaillent?	—Je ne sais pas, moi non plus!
—Enfin, je ne sais pas pourquoi je vous demande tout ça!	

7.28 Observation: Interrogation; *Qu'est-ce que c'est* et *Qui est-ce (que c'est)*

question	*réponse*
Qu'est-ce que c'est?	C'est une maison. un œil. la barbe du monsieur. une dame. un chien.
Qui est-ce (que c'est)?	C'est Robert. la sœur de Mireille. Tante Georgette. Madame Rosa.

7.29 Activation: Compréhension auditive; *Qu'est-ce que c'est* et *Qui est-ce (que c'est)*

Vous allez entendre une série de questions. Choisissez la réponse qui convient le mieux. Indiquez votre choix en entourant *a* ou *b* d'un cercle.

1. a. C'est Mme Rosa.
   b. C'est la fac.
2. a. C'est le restau-U.
   b. C'est Mireille.
3. a. C'est un doigt.
   b. C'est l'ami de Robert.
4. a. C'est Tante Georgette.
   b. C'est un chien.
5. a. C'est une maison.
   b. C'est la sœur de Mireille.
6. a. C'est Cécile.
   b. C'est l'aéroport Charles de Gaulle.
7. a. (C'est) un jeune homme.
   b. (C'est) Hubert.
8. a. (C'est) une jeune fille.
   b. (C'est) Colette.

7.30 Observation: Interrogation; *Qu'est-ce que* et *Qui est-ce qui*

sujet	*verbe*	*objet*
Nous	allons inventer	**une histoire.**

question	*réponse*
Qu'est-ce que nous allons inventer?	Une histoire.
Qui est-ce qui va inventer une histoire?	Nous.

Remarquez que la réponse à *Qu'est-ce que* . . . est une chose (une histoire). C'est aussi l'objet du verbe. La réponse à *Qui est-ce qui* . . . est une personne (nous, le professeur, les étudiants, Mireille . . .). C'est aussi le sujet du verbe.

7.31 Activation orale: *Qu'est-ce que*

Répondez selon l'exemple.

Exemple:
Vous entendez: 1. Nous allons apprendre le français.
Vous demandez: Qu'est-ce que nous allons apprendre?

2. Ça va être un jeu.
3. Nous allons inventer une histoire.
4. Le jeune homme va être américain.
5. La jeune fille va être française.
6. Les jeunes gens vont avoir des amis.
7. Le jeune homme va faire du sport.
8. Il va peser 70 kilos.

7.32 Activation orale: *Qui est-ce qui*

Répondez selon l'exemple.

Exemple:
Vous entendez: 1. Je vais proposer une histoire.
Vous demandez: Qui est-ce qui va proposer une histoire?

2. Vous allez discuter l'histoire.
3. Les jeunes gens vont avoir des aventures.
4. Le jeune homme parle français.
5. La jeune fille est française.
6. La mère de Mireille travaille au Ministère de la Santé.
7. Le père de Robert a de l'argent.

7.33 Activation: Dictée

Ecoutez Marie-Laure et Mireille qui parlent d'un ami de Mireille. Vous entendrez le passage trois fois.

Marie-Laure: Il ________________ gentil.

Mireille: ________________________. Et ________________ surtout très fort en __________ et ________________.

Marie-Laure: ________________ très ________________.

7.34 Activation orale: Dialogue entre Hubert et Mireille

Vous allez entendre une conversation entre Hubert et Mireille. Ecoutez attentivement. Vous allez apprendre les réponses de Mireille.

Hubert: Il est comment, ce Robert? Il est grand?
Mireille: **Non, il n'est pas grand. Il n'est pas petit non plus.**
Hubert: Ah . . . Il est blond? . . . Roux?
Mireille: **Non, il est brun. Il a les cheveux noirs et les yeux marron.**
Hubert: Et au moral, comment est-il?
Mireille: **Il est très gentil, très sociable, et très indulgent.**

Exercices-tests

7.35 Exercice-test: Numération

Ecrivez les chiffres que vous entendez.

1. ______ + ______ = ______
2. ______ + ______ = ______
3. ______ + ______ = ______
4. ______ + ______ = ______

Vérifiez. Si vous avez fait des fautes, travaillez les sections 7.8 à 7.10 dans votre cahier d'exercices.

7.36 Exercice-test: Masculin/féminin des adjectifs

Complétez.

1. Mireille est moqueuse.
   Robert n'est pas ______________________.
2. Robert est intelligent.
   Mireille aussi est ______________________.
3. Robert est brun, mais Mireille n'est pas
   ______________________.
4. Robert est robuste; Mireille aussi est
   ______________________.
5. Robert est un bon patineur. Mireille aussi est une
   ______________________.

Vérifiez. Si vous avez fait des fautes, travaillez les sections 7.11 à 7.20 dans votre cahier d'exercices.

7.37 Exercice-test: Interrogation

Vous allez entendre dix phrases. Pour chaque phrase indiquez si c'est une déclaration ou une question. Cochez la case appropriée.

	1	2	3	4	5	6	7	8	9	10
déclaration										
question										

Vérifiez. Si vous avez fait des fautes, travaillez les sections 7.21 à 7.26 dans votre cahier d'exercices.

Libération de l'expression

7.38 Mise en question

Relisez le texte de la leçon; lisez les questions de la mise en question qui suit la mise en œuvre dans votre livre de textes. Réfléchissez à ces questions et essayez d'y répondre.

7.39 Mots en liberté

Comment est-ce qu'un garçon peut être au moral?

Il peut être calme, il peut être plus méchant que sa sœur. . . .

Trouvez encore au moins cinq autres possibilités.

7.40 Mise en scène et réinvention de l'histoire

Imaginez que vous rencontrez l'homme ou la femme idéal(e). Vous allez faire le portrait de cette personne idéale. Est-ce qu'elle est grande, petite, noire, blanche, rousse, ou blonde? Et au moral, comment est-elle?

7.41 Mise en scène et réinvention de l'histoire

Imaginez le portrait du jeune homme . . . ou du vieux monsieur de l'histoire. Recombinez des éléments des leçons 2 à 7. Par exemple:

Nous allons choisir
- un vieux monsieur très distingué.
- un petit garçon stupide.
- un homme costaud.
- un jeune homme canadien.

Il va être
- robuste.
- solide.
- très grand.
- très petit.
- plus petit que la jeune fille.
- moyen.
- plus grand que la jeune fille.
- mince.
- ni grand ni petit.
- fragile.
- gros.
- très gros.
- blond.
- roux.
- brun.
- châtain.
- sérieux.
- calme.
- moqueur.
- idiot.
- méchant.
- marié.
- divorcé.
- remarié.
- indulgent.

Il va mesurer
- 1 mètre 50.
- 1 mètre 70.
- 1 mètre 80.
- 1 mètre 90.
- 2 mètres.

Il va peser
- 50 kilos.
- 60 kilos.
- 70 kilos.
- 80 kilos.
- 85 kilos.
- 90 kilos.
- 98 kilos.
- 100 kilos.
- 150 kilos.
- 200 kilos.

Il va avoir
- un gros ventre/pas de ventre.
- les épaules larges/carrées.
- les cheveux longs/courts.
- une grande barbe noire/rousse/blonde.
- une petite barbe châtain/blanche/grise.
- les sourcils épais/fins/blonds/noirs/roux.
- une grande moustache/une petite moustache.
- pas de moustache.

Il va faire
- du ski nautique.
- du surfing.
- du polo.
- de la moto.
- du patin à roulettes.
- du patin à glace.
- la sieste.

Il va travailler
- chez Renault.
- au Ministère de la Santé.
- dans un restau-U.
- à l'aéroport.
- à la bibli.
- à la fac.

7.42 Mise en scène et réinvention de l'histoire

Ecoutez l'exemple de conversation entre X et Fido dans l'enregistrement.

Préparation à la lecture et à l'écriture

7.43 Lecture et interprétation: Récapitulation; formes masculines, féminines, plurielles, et interrogatives; verbes *avoir, être; pas de*

Lisez attentivement. Essayez de comprendre et complétez.

1. Nous allons inventer une autre histoire. Elle ne va pas être comme l'histoire de Mireille et de Robert; elle va être différente. Les deux jeunes gens ne vont pas être comme Robert et Mireille; ils vont être ____________. D'abord, le jeune homme ne va pas être américain; c'est la jeune fille qui va être ____________. Donc, la jeune fille ne va pas être française; c'est le jeune homme qui va être ____________.
2. Le jeune homme ne va pas être très grand. La jeune fille va être plus ________ que lui. Est-ce ________ la jeune fille va être un peu forte . . . grosse, comme Obélix? Non, elle ne va pas être grosse, et le jeune homme non plus ne va pas être ________. Il va être mince. La jeune fille aussi va être ________. Ils vont être ____________ tous les deux. Est-ce que la jeune fille va ________ blonde? Non, dans cette histoire c'est le jeune homme qui va être ________. Il va donc avoir les cheveux ____________ mais il va ____________ une moustache rousse et les sourcils ________ aussi. Est-ce ________ il va avoir la barbe ________ aussi? Non! Il ne va pas avoir ________ barbe.
3. Le jeune homme va avoir un œil bleu mais il ne va pas avoir les deux yeux ____________. Non, il va avoir un œil bleu et l'autre gris. (Ce n'est pas très fréquent, mais c'est possible!) La jeune fille va avoir ________ œil marron et l'autre œil ____________ aussi. Oui, elle va avoir ________ deux yeux ____________. (Attention: ça, c'est un pluriel bizarre . . . une exception!)
4. Est-ce ____ la jeune fille va être méchante ou gentille? Elle ne va pas être méchante, elle va être très ________, au contraire. Le jeune homme ne va pas être ________ non plus. Il va être très ____________, lui aussi. (Dans cette histoire, "Tout le monde est beau, tout le monde est gentil." Comme ça, tout le monde est content!)
5. Bon! Voyons, maintenant. Qu' ____________ la jeune fille va parler? Elle va parler ________, bien sûr, puisqu'elle va être ____________. Et le jeune homme, ____________ il va parler? Eh bien, il va parler ____________, évidemment, ________ il va être ________! Et ____________ va aller en France? Le jeune homme ou la jeune fille? C'est probablement ________________ qui va aller en France. (Puisque le jeune homme est ____________, il va probablement ________ en France, vous ne pensez pas?)

7.44 Entraînement à la lecture

1. Etudiez le document 2 dans votre livre de textes, leçon 7.

Est-ce que les Français grandissent ou rapetissent?

____________________________________.

Quelle est, aujourd'hui, la taille moyenne des jeunes gens qui entrent dans l'armée pour faire leur service militaire?

____________________________________.

2. Lisez le document 3, "Portrait d'Aucassin."

Est-ce qu'Aucassin avait des frères et des sœurs?

____________________________________.

Comparez le portrait d'Aucassin et le portrait de Nicolette (leçon 6, document 3).

Est-ce que ces deux portraits sont très différents? Est-ce qu'ils se ressemblent? Est-ce qu'ils sont identiques?

____________________________________.

Est-ce que Nicolette et Aucassin sont très différents ou est-ce qu'ils se ressemblent? Quelles sont les différences et les ressemblances?

____

____

____

______________________________.

3. Relisez le portrait de Robert dans votre livre de textes, leçon 7, en particulier les sections 1, 3, 4, et 5. Relisez le portrait d'Aucassin (document 3). Comparez Robert et Aucassin.

____

____

____

______________________________.

4. Lisez les documents 4 et 5 dans votre livre de textes, leçon 7, et essayez de compléter le texte suivant.

1. Les Français considèrent qu'ils sont les descendants des Gaulois. Les Gaulois sont donc les __________ des Français. On peut considérer que les Italiens descendent des anciens Romains. Les Romains sont donc les __________ des Italiens. *Homo habilis* est l' __________ de l'homme moderne. Et les mammouths sont les __________ des éléphants.

2. Quand on apprend l'histoire, on utilise un __________ d'histoire. Votre livre de texte est un __________ de français, parce que vous l'utilisez pour apprendre le français.

3. L'emblème national de la France est un __________ . C'est un oiseau. L'emblème national des Etats-Unis est un __________ . C'est aussi un oiseau.

4. Au physique, les Gaulois sont plus __________ que les Romains.

5. En général, les Gaulois sont blonds ou roux, et les Romains sont __________ . Les Gaulois ont les cheveux __________ . Ils ne se rasent pas comme les Romains. Ils ont souvent une barbe et des __________ . Est-ce que les Gaulois ont les yeux noirs? Est-ce qu'ils ont les yeux marron?

______________________________.

6. Les Gaulois sont combatifs: ils aiment les __________ . Ils ont beaucoup de courage: ils sont très __________ . Ils aiment le risque. Ils ont beaucoup d'audace: ils sont très __________ . Ils supportent la souffrance; ils résistent à la fatigue; ils sont résistants, durs: ils sont __________ .

7. Ils changent facilement d'idée: ils sont __________ . Ils ont moins de persévérance que les Romains: ils sont facilement __________ .

8. Ils sont moins sérieux que les Romains: ils aiment les __________ , les __________ , les __________ .

5. Etudiez le document 6 (présentation d'Astérix et d'Obélix), et essayez de compléter les phrases suivantes.

Les Gaulois aiment rire (Ha! Ha! Ha!). Ils aiment les plaisanteries, ils aiment s'amuser: ils aiment __________ .

Les Gaulois aiment manger et ils aiment __________ de la bière.

Les Gaulois n'ont pas bon caractère; ils ont plutôt mauvais caractère. Quand ça ne va pas, ils ne sont pas contents; ils râlent: ils sont __________ .

Ils aiment les combats, les bagarres: ils sont __________ .

Ils aiment leurs amis, leurs __________ .

Assimilation du texte

8.1 Mise en œuvre

Ecoutez le texte et la mise en œuvre dans l'enregistrement sonore. Répétez et répondez suivant les indications.

8.2 Compréhension auditive et production orale

Regardez l'arbre généalogique de Mireille qui accompagne le texte de la leçon 8. Vous allez entendre des paires de phrases qui expriment des rapports de parenté dans la famille Belleau. Choisissez la phrase qui exprime le rapport de parenté réel.

Exemple:

1. Léon Pothier → Mireille

Vous entendez:

1. Léon Pothier est le frère de Mireille.
Léon Pothier est le grand-père de Mireille.

Vous répondez:

Léon Pothier est le grand-père de Mireille.

2. Madeleine Pothier → Mireille
3. Georges Belleau → Mireille
4. Marie-Laure → Mireille
5. Edouard Pothier → Mireille
6. François Belleau → Madeleine Pothier
7. Madeleine Pothier → François Belleau
8. Georgette Belleau → Mireille
9. Georgette Belleau → Guillaume Belleau
10. Mireille → François Belleau
11. Mireille → Anatole Belleau
12. François Belleau → Anatole Belleau

8.3 Compréhension auditive et production orale

Vous allez entendre des phrases qui expriment un rapport de parenté dans la famille Belleau, puis une question. Répondez à la question selon l'exemple.

Exemple:

1. Madeleine Belleau → Mireille

Vous entendez: Mireille est la fille de Madeleine Belleau.
Qui est Madeleine Belleau?

Vous répondez: C'est la mère de Mireille.

2. Mireille → Georges Belleau
3. Anatole Belleau → François Belleau
4. Mireille → Madeleine Belleau
5. Madeleine Pothier → François Belleau
6. Guillaume Belleau → Mireille
7. Guillaume Belleau → Georgette Belleau
8. François Belleau → Anatole Belleau
9. Georgette Belleau → Mireille
10. François Belleau → Mireille

Préparation à la communication

8.4 Observation et discrimination auditive: Prononciation; *tutu/toutou*

Ecoutez.

Marie-Laure a un *tutu*.
Tante Georgette a un *toutou*.

Notez que les voyelles dans *tutu* sont très différentes des voyelles dans *toutou*. Vous allez entendre des phrases qui parlent soit de *tutu*, soit de *toutou*. Pour chaque phrase que vous entendez, indiquez si elle parle de *tutu* ou de *toutou*.

	1	2	3	4	5	6	7	8	9	10	11	12
tutu												
toutou												

8.5 Activation orale: Prononciation; *tutu/toutou*

Pour prononcer la voyelle de *tutu* (/y/), le bout de la langue vient appuyer contre les dents inférieures.

toutou /u/

tutu /y/

Ecoutez et répétez.

*tou*tou
tous les deux
é*pou*ser
*cou*sin

*tu*tu
*u*tile
sûr
une
Enten*du*!
é*tu*dier

tu vas bien
*u*nique
plu*tôt*
non *plus*
stu*pide*

8.6 Observation: Numération; 100–999 000 000

100 cent
101 cent un
102 cent deux, etc.
. . . . . .
200 deux cents

201 deux cent un
202 deux cent deux, etc.
. . . . . .
999 neuf cent quatre-vingt-dix-neuf
1 000 mille

2 000 deux mille, etc.
. . . . . .
1 000 000 un million
2 000 000 deux millions, etc.

8.7 Observation: Dates

1623 mil six cent vingt-trois
ou seize cent vingt-trois

1945 mil neuf cent quarante-cinq
ou dix-neuf cent quarante-cinq

Dans les dates on écrit *mil* au lieu de *mille*. Pour les dates entre 1100 et 1999 on peut dire *onze cent, douze cent . . . dix-neuf cent.*

8.8 Activation: Dictée

Ecoutez et écrivez en chiffres.

Mireille: ________ francs, ________ ,

________ , ________ , ________ francs.

8.9 Activation orale: Numération

Phase 1: Enoncez les opérations suivantes (additions).

Exemple:

Vous voyez: 1. 2 217
+ 113
2 330

Vous dites:
Deux mille deux cent dix-sept plus cent treize font deux mille trois cent trente.

2. 721 +344 = 1 065
3. 1 260 +2 280 = 3.540
4. 10 677 +13 033 = 23 710

Phase 2: Enoncez les opérations suivantes (soustractions).

Exemple:

Vous voyez: 1. 7 321
−2 552
4 769

Vous dites:
Sept mille trois cent vingt et un moins deux mille cinq cent cinquante-deux font quatre mille sept cent soixante-neuf.

2. 694 −270 = 424
3. 9 999 −6 666 = 3 333
4. 13 745 − 1 407 = 12 338

8.10 Observation: *De la, de l', du, des*

		féminin singulier
1. L'oncle Guillaume a	**de la**	fortune.
2.	**La**	fortune, c'est utile!
		masculin (ou féminin) singulier
3. L'oncle Guillaume a	**de l'**	argent.
4.	**L'**	argent, c'est utile!
		masculin singulier
5. L'oncle Guillaume a	**du**	temps.
6.	**Le**	temps, c'est de l'argent!
		masculin pluriel
7. L'oncle Guillaume a	**des**	amis.
8.	**Les**	amis, c'est utile!
		féminin pluriel
9. L'oncle Guillaume a	**des**	relations.
10.	**Les**	relations, c'est utile!

Notez que dans la phrase 5 nous avons *du* (*du temps*) et non pas *de le*. Notez que dans les phrases 7 et 9 nous avons *des* (*des amis, des relations*) et non pas *de les*.

du* remplace toujours *de* + l'article *le
des* remplace toujours *de* + l'article *les

Notez que nous avons *de l'* devant un nom singulier commençant par une voyelle (*de l'argent*). Notez la liaison avec *des* devant une voyelle (des/z/amis).

8.11 Observation: *De la, de l', du, des, pas de*

	négation + **de**
Il a **du** temps.	Il n'a **pas de** temps.
Il a **de l'** argent.	Il n'a **pas d'** argent.
Il a **de la** fortune.	Il n'a **pas de** fortune.
Il a **des** relations.	Il n'a **pas de** relations.
Il a **des** amis.	Il n'a **pas d'** amis.

Dans ces phrases, *temps, argent, fortune, relations,* et *amis* sont compléments d'objet direct du verbe (*il a*).

Notez que, après une construction verbale négative (*il n'a pas*), on trouve *de* (ou *d'*) et non *du, de la,* ou *des* devant le complément d'objet direct.

8.12 Activation orale: *De* après négation

Répondez selon l'exemple.

Exemple:
Vous entendez: 1. Vous avez du courage!
Vous dites: Oh, non, je n'ai pas de courage!

2. Vous avez de la chance!
3. Vous avez de la fortune!
4. Vous avez de la famille?
5. Vous avez de l'argent!
6. Vous avez du courage!
7. Vous avez du temps!
8. Vous avez des loisirs!
9. Vous avez des relations!
10. Vous avez des frères?
11. Vous avez des complexes!

8.13 Activation orale: *De* après négation

Répondez selon l'exemple.

Exemple:
Vous entendez: 1. Est-ce que l'oncle Guillaume a des enfants?
Vous répondez: Non, il n'a pas d'enfants.

2. Est-ce que la tante Georgette a des fils?
3. Est-ce que la tante Georgette a des filles?
4. Est-ce que la tante Georgette a des enfants?
5. Est-ce que la tante Georgette a de l'argent?
6. Est-ce que la tante Georgette a de la chance?
7. Est-ce que la tante Georgette a du courage?
8. Est-ce que la tante Georgette a du temps?
9. Est-ce que la tante Georgette a des loisirs?

8.14 Activation orale: *Du, de la, de l', des, pas de*

Répondez selon les données de l'histoire.

Exemples:
Vous entendez: 1. Est-ce qu'Henri Pothier a des enfants?
Vous répondez: Oui, il a des enfants.
Vous entendez: 2. Est-ce que Paulette Belleau a des enfants?
Vous répondez: Non, elle n'a pas d'enfants.

3. Est-ce que François Belleau a des filles?
4. Est-ce que Guillaume Belleau a des filles?
5. Est-ce que Guillaume Belleau a des frères?
6. Est-ce que Mireille a des frères?
7. Est-ce que Mireille a des cousins?
8. Est-ce que Mireille a des enfants?
9. Est-ce que Mireille a des oncles?
10. Est-ce que Mireille a des tantes?
11. Est-ce que François Belleau a des fils?

8.15 Activation écrite: *Du, de la, de l', des;* verbe *avoir*

Complétez les réponses aux questions suivantes.

1. Est-ce que vous avez du courage?
   Mais oui, ____________________!
2. Est-ce que Jean-Luc a du courage?
   Lui? Non, il ____________________.
3. Est-ce que vous avez du travail?
   Moi? Non, je ____________________.
4. Est-ce que Mireille a du travail?
   Oui, ____________________.
5. Est-ce que l'oncle Guillaume a de l'argent?
   Oh, oui! Il ____________________; il a __________ fortune.
6. Et la tante Georgette, est-ce qu'elle a de l'argent, elle?
   Non, elle ____________________; elle __________ fortune.
7. Est-ce que l'oncle Guillaume a des relations?
   Bien sûr, il ____________________ puisqu'il __________ fortune!
8. Est-ce que la tante Georgette a des relations?
   Non, ____________________ puisqu'elle __________ fortune.
9. Est-ce que Mireille a des cousins?
   Oui, ____________________.
10. Est-ce que Mireille a des frères?
    Non, ____________________.
11. Est-ce que Robert va avoir des complexes?
    Oui! Robert va sûrement ____________________ complexes.
12. Et vous? Vous avez des complexes?
    Moi? Non, je ____________________ complexes.

8.16 Observation: Possessifs, 1ère personne du singulier; *mon, ma, mes*

masculin singulier
J'ai un cousin. **Mon** cousin est très sympathique.
féminin singulier
J'ai une cousine. **Ma** cousine est très sympathique. J'ai une arrière-grand-mère. **Mon** arrière-grand-mère est très gentille.
masculin et féminin pluriels
J'ai des cousins et des cousines. **Mes** cousins et **mes** cousines sont très gentils.

Notez que les possessifs de la 1ère personne du singulier (*mon, ma, mes*) commencent par *m-*, comme les pronoms *me* et *moi.*

On trouve *mon* devant un masculin singulier (*mon cousin*), *mon* devant un féminin singulier commençant par une voyelle (*mon arrière-grand-mère*), *ma* devant un féminin singulier commençant par une consonne (*ma cousine*), et *mes* devant un masculin (*mes cousins*) ou un féminin pluriel (*mes cousines*).

8.17 Activation orale: Possessifs; *mon, ma, mes*

Regardez l'arbre généalogique de Mireille. Vous êtes Mireille. Répondez selon l'exemple.

Exemple:
Vous entendez: 1. Qui est Cécile?
Vous répondez: C'est ma sœur.

2. Qui est Marie-Laure?
3. Qui est Madeleine Belleau?
4. Qui est François Belleau?
5. Qui est Henri Pothier?
6. Qui est Armand Belleau?
7. Qui est Paulette Belleau?
8. Qui est Lucie Pothier?
9. Qui sont Paulette et Georgette Belleau?
10. Qui sont Armand et Guillaume Belleau?
11. Qui sont François et Madeleine Belleau?
12. Qui sont Sophie et Philippe Pothier?

8.18 Observation: Possessifs, 2ème personne du singulier; *ton, ta, tes*

masculin singulier
Tu as un cousin? **Ton** cousin est sympathique?
féminin singulier
Tu as une cousine? **Ta** cousine est sympathique? Tu as une arrière-grand-mère? **Ton** arrière-grand-mère est sympathique?
masculin et féminin pluriels
Tu as des cousins et des cousines? **Tes** cousins et **tes** cousines sont sympathiques?

Notez que les possessifs de la 2ème personne du singulier commencent par *t-* (*ton, ta, tes*), comme les pronoms *tu, te,* et *toi.*

Les trois formes de la 2ème personne du singulier (*ton, ta, tes*) sont parallèles aux trois formes de la 1ère personne du singulier (*mon, ma, mes*).

Devant un féminin singulier commençant par une voyelle, on trouve *ton* et non *ta.*

8.19 Activation orale: Possessifs; *ton, ta, tes*

Regardez l'arbre généalogique de Mireille. C'est Mireille qui parle. Vous lui répondez familièrement.

Exemple:
Mireille dit: 1. Qui est Cécile?
Et vous répondez à Mireille: (Eh bien,) c'est ta sœur!

2. Qui est Marie-Laure?
3. Qui est Madeleine Belleau?
4. Qui est Georgette Belleau?
5. Qui est Jeanne Belleau?
6. Qui est Lucie Pothier?
7. Qui sont Jeanne Belleau et Louise Thomas?
8. Qui est François Belleau?
9. Qui est Anatole Belleau?
10. Qui sont Anatole Belleau et Léon Pothier?
11. Qui sont Guillaume Belleau et Henri Pothier?

8.20 Observation: Possessifs, 3ème personne du singulier; *son, sa, ses*

masculin singulier
Robert a un cousin. **Son** cousin est très sympathique. Mireille a un cousin. **Son** cousin est très sympathique.

féminin singulier
Robert a une cousine. **Sa** cousine est très sympathique. Mireille a une cousine. **Sa** cousine est très sympathique. Robert a une arrière-grand-mère. **Son** arrière-grand-mère est sympathique. Mireille a une arrière-grand-mère. **Son** arrière-grand-mère est sympathique.

masculin et féminin pluriels
Robert a des cousines. **Ses** cousines sont très sympathiques. Mireille a des cousins. **Ses** cousins sont très sympathiques.

8.21 Activation orale: Possessifs; *son, sa, ses*

Regardez l'arbre généalogique de Mireille. Nous parlons de Mireille. Répondez selon l'exemple.

Exemple:
Vous entendez: 1. Qui est Anatole Belleau?
Vous répondez: C'est son grand-père.

2. Qui est François Belleau?
3. Qui est Guillaume Belleau?
4. Qui est Philippe Pothier?
5. Qui est Madeleine Belleau?
6. Qui est Louise Pothier?
7. Qui est Juliette Pothier?
8. Qui est Sophie Pothier?
9. Qui est Lucie Pothier?
10. Qui sont Georgette et Paulette Belleau?
11. Qui sont Guillaume et Armand Belleau?
12. Qui sont François et Madeleine Belleau?
13. Qui sont Georges et Yvonne Belleau?

8.22 Observation: Tableau récapitulatif

	masculin singulier	*féminin singulier*		*masculin et féminin pluriels*
		devant consonne	*devant voyelle*	
1ère personne	**mon**	**ma**	**mon**	**mes**
2ème personne	**ton**	**ta**	**ton**	**tes**
3ème personne	**son**	**sa**	**son**	**ses**

8.23 Activation écrite: Possessifs; *mon, ton, son, ma, ta, sa, mes, tes, ses*

A. Complétez les réponses aux questions suivantes.

1. Patrick, c'est ton cousin?
   Oui, c'est ______________________.
2. Sophie, c'est ta cousine?
   Oui, c'est ______________________.
3. Paulette Belleau, c'est la grand-mère de Mireille?
   Non, c'est ______________________.
4. Jeanne Belleau, c'est la tante de Mireille?
   Non, c'est ______________________.
5. Guillaume Belleau, c'est le grand-père de Mireille?
   Mais non, c'est ______________________.
6. Lucie Giraud, c'est la grand-mère de Mireille?
   Non, c'est ______________________.
7. Anatole et Jeanne Belleau, ce sont les parents de Mireille?
   Non, ce sont ______________________.

B. Donnez les réponses de Mireille aux questions suivantes.

8. Arlette, c'est ta grand-mère?
   ______________________.
9. Georges Belleau, c'est ton grand-père?
   ______________________.
10. Guillaume Belleau, c'est ton grand-père?
    ______________________.
11. Eugénie Daubois, c'est ta grand-mère?
    Non, c'est ______________________.
12. Yvonne et Sophie, ce sont tes sœurs?
    Non, ce sont ______________________.
13. Est-ce que tu aimes ta cousine Sophie?
    Non, je n'aime pas beaucoup _____ cousine Sophie.
14. Est-ce que tu aimes ton cousin Georges?
    Oh, oui, j'adore _____ cousin Georges!

8.24 Observation: Questions sur l'identité des choses et des personnes

	choses	*personnes*
1	C'est quoi?	C'est qui? Qui c'est?
2	Qu'est-ce que c'est?	Qui est-ce que c'est?
3	(Qu'est-ce?)	Qui est-ce?

C'est quoi? Qu'est-ce que c'est? et *(Qu'est-ce?)* sont des phrases interrogatives utilisées pour poser une question sur l'identité d'une chose.

C'est qui? Qui c'est? Qui est-ce que c'est? et *Qui est-ce?* sont des phrases interrogatives utilisées pour poser des questions sur l'identité d'une personne.

Pour les esprits curieux et exigeants:

Ces différentes phrases ont la même valeur interrogative mais elles correspondent à trois niveaux d'expression différents. Les phrases (1) *C'est quoi? C'est qui?* et *Qui c'est?* correspondent à un niveau très familier. Les phrases (2) *Qu'est-ce que c'est?* et *Qui est-ce que c'est?* correspondent à un niveau moyen. Les phrases (3) *(Qu'est-ce?)* et *Qui est-ce?* correspondent à un niveau plus élevé. Nous avons mis *Qu'est-ce?* entre parenthèses pour indiquer que cette phrase est très peu utilisée. Elle dénote une certaine affectation.

8.25 Activation orale: Questions sur l'identité

Vous allez entendre des phrases affirmatives où il s'agit d'une chose ou d'une personne. Après chaque phrase vous allez formuler une question ("Qu'est-ce que c'est?" ou "Qui est-ce que c'est?") comme si vous n'aviez pas très bien compris la phrase.

Exemples:
Vous entendez: 1. Ça, c'est mon frère.
Vous répondez: Qui est-ce que c'est?

Vous entendez: 2. Ça, c'est une maison en Bretagne.
Vous répondez: Qu'est-ce que c'est?

3. Ça, c'est un arbre généalogique.
4. Ça, c'est Tonton Guillaume.
5. Ça, c'est Tante Georgette.
6. Ça, c'est un album.
7. Ça, c'est une photo.
8. Ça, c'est Mireille.
9. Ça, c'est la grand-mère de Mireille.
10. Ça, c'est une maison en Bretagne.

8.26 Activation: Dictée

Ecoutez et écrivez. Vous entendrez le texte deux fois.

—Votre ________________ ?

—Ah, ________________

des suites ________________ .

8.27 Activation orale: Dialogue entre Mireille et Jean-Denis

Vous allez entendre un dialogue entre Mireille et Jean-Denis. Ecoutez attentivement. Vous allez apprendre les réponses de Mireille.

Jean-Denis: Et ça, qui est-ce?
Mireille: **Ça, c'est Sophie: c'est ma cousine.**
Jean-Denis: Ah, oui, la sœur de Philippe?
Mireille: **Oui, c'est ça.**
Jean-Denis: Et comment est-elle? Elle est sympathique?
Mireille: **Ouais . . . enfin . . . elle est gentille. Mais je préfère mes cousins Belleau, surtout Georges.**
Jean-Denis: Elle n'est pas mal, ta cousine. Quel âge a-t-elle?
Mireille: **Elle a dix-sept ans . . . et une sale caractère, je te préviens.**

Exercices-tests

8.28 Exercice-test: Numération

Ecrivez les dates que vous entendez.

1. Couronnement de Charlemagne: ________
2. Bataille de Bouvines: ________
3. Edit de Nantes: ________
4. Révocation de l'Edit de Nantes: ________
5. Révolution française: ________

Vérifiez. Si vous avez fait des fautes, travaillez les sections 8.6 à 8.9 dans votre cahier d'exercices.

8.29 Exercice-test: *Du, de la, des, pas de; avoir*

Complétez les réponses aux questions suivantes.

1. Les parents de Robert sont riches?

   Oui, ils ________________ argent.

2. Tante Georgette est riche?

   Non, elle ________________ argent.

3. Vous travaillez?

   Non! Nous ________________ temps et

   ________________ loisirs!

4. Tu as de la fortune; mais est-ce que tu as des amis?

   Oui, bien sûr! J' ________________ puisque

   j' ________________ fortune!

Vérifiez. Si vous avez fait des fautes, travaillez les sections 8.10 à 8.15 dans votre cahier d'exercices.

8.30 Exercice-test: Possessifs *son, sa, ses*

Complétez.

M. de Pinot-Chambrun est très sympathique. ________ enfants aussi. _____ fils Hubert est étudiant à la Sorbonne. _____ fille Diane est ingénieur chez Peugeot. Diane adore _____ parents et _____ petit frère Hubert. Mais elle déteste le chien de _____ mère, Fifi de la Croquette, un chien particulièrement agaçant et fatigant.

Vérifiez. Si vous avez fait des fautes, travaillez les sections 8.20 à 8.23 dans votre cahier d'exercices.

Libération de l'expression

8.31 Mise en question

Relisez le texte de la leçon; lisez les questions de la mise en question qui suit la mise en œuvre dans votre livre de textes. Réfléchissez à ces questions et essayez d'y répondre.

8.32 Mots en liberté

Qu'est-ce qu'on peut avoir?

On peut avoir vingt-trois frères, les cheveux roux, le temps, quarante-trois ans, une nièce agaçante, un grand-oncle malade, bon caractère. . . .

Trouvez encore au moins huit possibilités.

Qu'est-ce qui est fatigant?

La natation est fatigante, les loisirs peuvent être fatigants. . . .

Trouvez encore au moins trois possibilités.

8.33 Mise en scène et réinvention de l'histoire

A. Imaginez que vous êtes Mireille. Un ami vous pose des questions sur votre famille. Vous répondez. Vous pouvez imaginer une famille différente de celle de l'histoire.

—As-tu des frères, des sœurs?
Combien?
—As-tu des cousins, des cousines?
Combien?
—Quel âge ont tes sœurs, tes frères, tes cousins et cousines?
—Tes frères, tes sœurs, sont-ils mariés, divorcés, veufs?
—Est-ce que ton père travaille? Où? Et ta mère?
—Est-ce que tu as encore tes grands-parents?
—Combien d'oncles et de tantes as-tu?
—Comment est ta cousine Sophie?
—Qui est-ce que tu préfères, ton oncle Guillaume ou ta tante Georgette? Pourquoi?

B. Faites le portrait de votre famille: Votre père a quel âge? Et votre mère? Est-ce que vous avez des frères et des sœurs? Des enfants? Est-ce qu'ils/elles vous ressemblent? Comment sont-ils au moral? Vos parents ou grands-parents sont-ils morts? En quelle année?

8.34 Mise en scène et réinvention de l'histoire

Imaginez que Mireille a eu un accident, et qu'elle est maintenant amnésique. Elle est à l'hôpital, et vous lui rendez visite. Vous pouvez réinventer sa famille (ou inventer une nouvelle famille) pour elle.

Vous:
Bonjour, Mireille. Ça va?

Mireille:
Bof! Ça ne va pas fort. Qui êtes-vous?

Vous:
Je suis ton ami(e) X!

Mireille:
Ce n'est pas vous, Cécile?

Vous:

Mais non, Cécile, c'est ta	cousine.
	mère.
	chatte.

Mireille:
Alors, Madeleine, c'est qui?

Vous:

Madeleine, c'est ta	sœur.
	grand-mère.
	mère.

Elle travaille	à la Faculté.
	à la Bibliothèque Nationale.
	au Ministère de la Santé.
	au Brésil.

Mireille:
Et mon père, c'est qui?

Vous:

Ton père, c'est	François Pothier.
	François Belleau.
	François Mitterand.
	Victor Hugo.

Tes parents sont	morts à la guerre.
	divorcés.
	très sympathiques.
	morts dans l'accident.

Mireille:
Et moi, est-ce que je suis mariée?

Vous:

Oui,	tu es	mariée.
Non,	tu n'es pas	célibataire.

Tu as	deux	frères.
Tu n'as pas	trois	sœurs.
	cinq	
	douze	
	de	

Tes sœurs sont	Marie-Laure Belleau.
	Marie-France Pisier.
	Jeanne d'Arc.
	Cécile Belleau.

Elles sont très	grandes.
	gentilles.
	moqueuses.
	sympathiques.
	méchantes.

Voilà pour aujourd'hui, Mireille. Tu es très fatiguée. A demain.

Préparation à la lecture et à l'écriture

8.35 Pratique de l'écriture: Membres de la famille et possessifs

Consultez l'arbre généalogique de Mireille dans le livre de textes, leçon 8, et répondez aux questions de Mireille.

1. Mireille: Qui est Georges Belleau?
   Vous: Eh bien, c'est ton ____________________ !
2. Mireille: Qui est Sophie Pothier?
   Vous: Eh bien, c'est ____________________ .
3. Mireille: Qui est Madeleine Belleau?
   Vous: Mais c'est ________________ , évidemment!
4. Mireille: Qui est Georgette Belleau?
   Vous: C'est ____________________ !
5. Mireille: Qui sont Guillaume Belleau et Henri Pothier?
   Vous: Ce sont ____________________ .
6. Mireille: Qui sont Anatole Belleau et Léon Pothier?
   Vous: Ce sont ____________________ .
7. Mireille: Qui est Jeanne Belleau?
   Vous: ____________________ .
8. Mireille: Qui est Eugénie Belleau?
   Vous: ____________________ .
9. Mireille: Qui est Marie-Laure?
   Vous: Eh bien, c'est ________________ , idiote!

8.36 Pratique de l'écriture: Membres de la famille et possessifs

Lisez attentivement l'annonce de la naissance d'Hubert de Pinot-Chambrun dans le livre de textes, leçon 8, section 11. Ecrivez des réponses aux questions suivantes.

1. Qui est le Comte Roland de Pinot-Chambrun?

   C'est ____________________ d'Hubert.

2. Qui est la Comtesse de Pinot-Chambrun (née Chantal de Bettelheim d'Arbois)?

   C'est ______________________________.

3. Qui est la Marquise de Pinot-Chambrun?

   ______________________________.

4. Qui sont le Comte et la Comtesse de Bettelheim d'Arbois?

   Ce sont ______________________________.

5. Qui est Diane?

   ______________________________.

6. Qui sont Eric et Gildas?

   ______________________________.

7. Pourquoi est-ce que le Marquis de Pinot-Chambrun n'est pas mentionné?

   ______________________________.

8.37 Entraînement à la lecture

Lisez attentivement les quatre citations qui composent le document 2 dans le livre de textes, leçon 8.

A votre avis, est-ce que ces remarques sur la famille sont favorables à la famille? D'après vous, est-ce qu'André Gide aime les familles? En général, on dit: Je hais la violence, je ____________________ l'injustice.

Les remarques de Tante Georgette, Oncle Guillaume, et Delille sont à peu près identiques. Elles veulent dire la même chose.

Quand Delille dit les parents, il ne veut pas dire seulement le père et la mère, mais tous les membres de la famille. Monsieur et Madame Belleau sont les ____________________ de Mireille, mais Tante Georgette, Sophie, et le grand-père Anatole sont aussi des ____________________ de Mireille. Ce sont des membres de sa famille.

Complétez les phrases suivantes:

Nous choisissons nos ____________________ mais nous ne choisissons pas nos ____________________. C'est le ____________________ qui choisit nos parents. Ce n'est pas nous!

8.38 Lecture et interprétation

1. D'après les statistiques du document 3, est-ce qu'il y a plus de célibataires chez les hommes ou chez les femmes?

   ____

2. Qui sont les plus nombreux, les veuves ou les veufs?

   ____

3. Pouvez-vous expliquer qu'il y ait plus d'hommes mariés que de femmes mariées?

   ____

   ____

   ____

8.39 Lecture et interprétation

Lisez attentivement le texte du document 1 dans votre livre de textes ("Les Belles Familles" de Jacques Prévert). Essayez de répondre aux questions suivantes, et complétez.

Le titre de ce petit poème est "Les Belles Familles." D'après vous, quel est le féminin de beau? Par exemple, on peut dire un beau garçon, une ____________ fille.

Beaucoup de rois de France s'appellent Louis. Ils ne s'appellent pas tous Louis, non. Il y a des rois de France qui s'appellent Charles, François, ou Henri, mais beaucoup s'appellent Louis. Combien de rois de France s'appellent Louis? Comptez. Il y a ________ rois de France qui ____________ Louis.

Tous les rois de France ne sont pas de la même famille, mais beaucoup sont de la même famille. Par exemple, Louis III est le fils de Louis II. Louis VII est le fils de Louis VI. Louis XIV est le fils de Louis XIII. (Louis XIII est donc ____________ de Louis XIV, bien sûr.) Louis XV est l'arrière-petit-fils de Louis XIV. (Louis XIII est donc ____________ de Louis XV.) Louis XVI est le petit-fils de Louis XV. (Louis XV est donc ____________ de Louis XVI.) Louis XVIII est le frère de Louis XVI. (Louis XV est donc ____________ de Louis XVIII!)

Ça fait beaucoup de Louis! Mais il n'y a pas de Louis XVII . . . à cause de la Révolution. Et après Louis XVIII, il n'y a plus de Louis. C'est fini. Les Louis, rois de France, ne sont pas capables d'aller jusqu'à 20! Qu'est-ce que c'est que ces gens-là! Un enfant de cinq ans est capable de compter jusqu'à 20!

D'après vous, qu'est-ce que Prévert préfère, la royauté (la monarchie) ou la république?

8.40 Lecture et déduction

Lisez attentivement le document 4 dans votre livre de textes, leçon 8, "La Famille française et son évolution." Etudiez particulièrement le dernier paragraphe. Complétez le texte suivant.

1. Le mari de ma sœur est mon beau-frère.
2. La femme de mon frère est ____________ .
3. Le père de ton mari est ____________ .
4. La mère de ton mari est ____________ .
5. La mère de ma femme est ____________ .
6. Le père de ma femme est ____________ .
7. La femme de mon fils est ____________ , ou ________ bru.
8. Le mari de ma fille est ____________ , ou ________ gendre.
9. Dans la famille Belleau, Cécile est ____________ du père de Jean-Denis.
10. Monsieur Belleau est ____________ de Jean-Denis.
11. Madame Belleau est ____________ de Jean-Denis.
12. Monsieur et Madame Belleau ____________ de Jean-Denis.

8.41 Lecture et déduction

Lisez attentivement le document 4 dans le livre de textes, leçon 8, "La Famille française et son évolution." Etudiez l'arbre généalogique de Mireille et le texte de la leçon 8. Faites une liste des membres de la famille restreinte de Mireille, puis continuez avec les membres de la famille large.

Famille restreinte

1. Le couple: François Belleau et Madeleine Pothier
2. Les parents du couple: ______
3. Les grands-parents du couple: ______
4. Les enfants du couple (et leurs conjoints): ______
5. Les petits-enfants: ______
6. Les frères et sœurs du couple (et leurs conjoints): ______

Au total, combien y a-t-il de membres dans la famille restreinte? ______.

Famille large

______

Au total, combien y a-t-il de membres dans la famille large? ______.

8.42 Pratique de l'écriture: Portrait de famille

Faites une liste des membres de votre famille.

Par exemple: mon père, ma mère, mon grand-père maternel, etc. Ma famille est composée de:

______

____

____

____

Au total, combien de membres dans la famille restreinte?

________________.

Combien dans la famille large? ________________________

Combien de grands-parents? ________________________

Combien de frères? ________ Combien de sœurs? ________

Combien d'oncles? ________ Combien de tantes? ________

Combien de cousines? ________ Combien de cousins? ________

Combien de nièces? ________ Combien de neveux? ________

8.43 Pratique de l'écriture: Enquête

Interrogez les membres de votre classe (ou un autre groupe) sur leur situation familiale. Est-ce qu'ils sont célibataires, mariés, veufs, divorcés? Est-ce qu'ils ont des enfants, des petits-enfants, des frères, des sœurs, des oncles, des tantes, des cousins, des chats, des chiens? etc.

Faites les statistiques et écrivez les résultats de votre enquête. Par exemple:

____ % des membres de ma classe sont célibataires.

____ % sont ____

Leçon 9

Assimilation du texte

9.1 Mise en œuvre

Ecoutez le texte et la mise en œuvre dans l'enregistrement sonore. Répétez et répondez suivant les indications.

9.2 Compréhension auditive

Phase 1: Regardez les images et répétez les phrases que vous entendez.

Phase 2: Regardez les images 1,2,3,4,5, et 6. Vous allez entendre des phrases identifiées par les lettres A,B,C,D,E, et F. Chaque phrase correspond à une image. Ecrivez la lettre de la phrase que vous entendez sous l'image qui lui correspond le mieux.

1. ___ 2. ___ 3. ___

4. ___ 5. ___ 6. ___

9.3 Production orale

Ecoutez les dialogues suivants. Vous allez jouer le rôle du deuxième personnage. Vous entendrez le dialogue une fois, puis vous entendrez ce que dit le deuxième personnage trois fois. Puis vous entendrez ce que dit le premier personnage, et vous jouerez le rôle du deuxième.

1. Cécile: C'est une idée. Jouons aux portraits.
   Georges: (. . .)
2. Mireille: Quelqu'un décrit une personne en trois ou quatre phrases . . . par exemple: elle est grande, elle a un œil bleu, elle a un œil gris . . . et les autres devinent qui c'est.
   Marie-Laure: (. . .)
3. Georges: Bon, allons-y, commençons. Qui est-ce qui commence? Allez, à toi, Yvonne, tu commences.
   Yvonne: (. . .)
4. Yvonne: Non, pas moi, je n'ai pas d'idée.
   Georges: (. . .)
5. Mireille: Attention à ce que tu fais! . . . Ah, c'est malin!
   Marie-Laure: (. . .)

9.4 Compréhension auditive et production orale

Ecoutez les dialogues suivants. Après chaque dialogue, vous allez entendre une question. Répondez à la question.

1. Ça fait longtemps qu'il pleut?
2. Pourquoi est-ce que c'est mortel, la mer, quand il pleut?
3. Comment est-ce qu'on fait pour jouer aux portraits?
4. Qu'est-ce qu'il aime, Tonton Guillaume?
5. Est-ce que Marie-Laure va apporter des galettes bretonnes? Pourquoi?

Préparation à la communication

9.5 Observation: Prononciation: /ɔ/-/o/ (*notre/nos*)

Ecoutez.

notre/nos
votre/vos

Notez que le *o* de *notre* et *votre* représente un son différent du *o* dans *nos* et *vos*. Dans *notre* et *votre*, la voyelle est plus ouverte (la bouche est plus ouverte). Elle est plus fermée dans *nos* et *vos* (la bouche est plus fermée, la tension dans les lèvres est plus grande, les lèvres sont plus en avant).

9.6 Activation orale: Prononciation; *notre/nos*

Ecoutez et répétez.

notre	Georges	mortel	personne	n'importe
votre	pelote	portrait	Yvonne	sportif
poker	gros	solide	beau	robuste
plutôt	aux	hauteur	saut	dommage

9.7 Observation: Le temps qui passe; *il y a*

Mireille montre des photos:

—Ça, c'est les vacances en Bretagne, **il y a deux ans.**
Ça, c'est moi, **il y a quatre ans.** . . .
Et ça, c'est moi bébé; **il y a dix-huit ans!**

passé	
il y a	*indication de temps*
Il y a	deux ans.
Il y a	une heure.
Il y a	cinq minutes.

il y a + une indication de temps se réfère au passé.

9.8 Observation: Adjectifs possessifs; *notre, votre, leur, nos, vos, leurs*

première personne du pluriel	*masculin et féminin singuliers*
	Nous avons un cousin et une cousine. **Notre** cousin est très sympathique. **Notre** cousine aussi.
	masculin et féminin pluriels
	Nous avons des cousins et des cousines. **Nos** cousins sont très sympathiques. **Nos** cousines aussi.
deuxième personne du pluriel	*masculin et féminin singuliers*
	Vous avez un cousin? Une cousine? **Votre** cousin est sympathique? Et **votre** cousine?
	masculin et féminin pluriels
	Vous avez des cousins et des cousines? **Vos** cousins sont sympathiques? Et **vos** cousines?
troisième personne du pluriel	*masculin et féminin singuliers*
	Ils ont un cousin et une cousine. **Leur** cousin est très sympathique. **Leur** cousine aussi.
	masculin et féminin pluriels
	Ils ont des cousins et des cousines. **Leurs** cousins sont très sympathiques. **Leurs** cousines aussi.

9.9 Activation orale: Adjectifs possessifs; personnes du pluriel

Transformez selon l'exemple.

Exemple:
Vous entendez: 1. Nous avons des sœurs. Elles sont mariées.
Vous dites: Nos sœurs sont mariées.

2. Nous avons des frères. Ils sont mariés.
3. Nous avons un frère. Il est marié.
4. Nous avons une sœur. Elle est divorcée.
5. Vous avez un frère? Il est célibataire?
6. Vous avez des cousins? Ils sont étudiants?
7. Vous avez des cousines? Elles sont sympathiques?
8. Vous avez un cousin? Il est sympathique?
9. Ils ont un oncle. Il est veuf.
10. Ils ont une tante. Elle est veuve.
11. Ils ont des frères. Ils sont idiots.
12. Elles ont des sœurs. Elles sont idiotes.

9.10 Activation orale: Adjectifs possessifs; personnes du pluriel

Transformez selon l'exemple.

Exemple:
Vous entendez: 1. Vous jouez à un jeu idiot.
Vous dites: Votre jeu est idiot.

2. Cécile et Mireille jouent à un jeu idiot.
3. Nous jouons à des jeux idiots.
4. Nous jouons à un jeu amusant.
5. Vous jouez à des jeux dangereux.
6. Mes cousins jouent à des jeux dangereux.

9.11 Activation écrite: Adjectifs possessifs; personnes du pluriel

Transformez selon l'exemple.

Exemple:
Vous voyez: 1. Vous avez un père très indulgent.
Vous écrivez: Votre père est très indulgent.

2. Vous avez une mère très indulgente.

_________ mère est très indulgente.

3. Nous avons un père très distingué.

_________ père est très distingué.

4. Nous avons des parents très distingués.

_________ parents sont très distingués.

5. Marie-Laure et Cécile ont des parents très sympathiques.

_________ parents sont très sympathiques.

6. Elles ont une sœur très sympathique.

_________ sœur est très sympathique.

9.12 Observation: Destination, attribution, jeu; *à la, à l', au, aux*

destination	*attribution*	*jeu*
Elle va **à la** fac.	Donnons un prénom **à la** jeune fille.	Jouons **à la** belote.
Ella va **à l'** aéroport.	Donnons un prénom **à l'** étudiante.	Jouons **à l'** écarté.
Elle va **au** restau-U.	Donnons un prénom **au** jeune homme.	Jouons **au** loto.
Elle va **aux** Antilles.	Donnons un prénom **aux** jeunes gens.	Jouons **aux** échecs.

Notez que *au* remplace *à* + l'article *le*. Cependant nous avons *à l'* devant un singulier commençant par une voyelle. Notez que *aux* remplace *à* + l'article *les*. Devant une voyelle le *x* de *aux* se prononce /z/. Il y a liaison: *aux /z/échecs*.

9.13 Activation orale: Attribution; *à la, à l', au, aux*

Transformez selon l'exemple.

Exemple:
Vous entendez: 1. Les jeunes gens n'ont pas de famille.
Vous dites: Donnons une famille aux jeunes gens.

2. La jeune fille n'a pas de prénom.
3. Le jeune homme n'a pas de prénom.
4. L'ami brésilien de Robert n'a pas de prénom.
5. Les jeunes gens n'ont pas d'amis.
6. Le père de Mireille n'a pas de profession.
7. La mère de Mireille n'a pas de profession.
8. La tante Georgette n'a pas de mari.
9. L'oncle Guillaume n'a pas d'enfants.
10. Les enfants n'ont pas de cadeaux.

9.14 Activation orale: Jeu; *à la, à l', au, aux*

Transformez selon l'exemple.

Exemple:
Vous entendez: 1. Moi, j'adore la pelote basque.
Vous dites: Bon, d'accord, jouons à la pelote basque.

2. Moi, je préfère les cartes.
3. Moi, j'aime bien la belote.
4. Moi, je préfère le bridge.
5. Non, le poker, c'est mieux.
6. Moi, je préfère les dames.
7. Non, les échecs, c'est plus intéressant.
8. Non, les portraits, c'est plus amusant.

9.15 Observation: *Faire du sport/jouer à un jeu*

activités	*jeux*
Mireille **fait du** ski.	**Jouons au** Loto.
Elle **fait de la** natation.	Ils **jouent à la** belote.
Elle **fait de l'** escrime.	**Jouons aux** dames.

Le ski, la natation, et l'escrime sont des activités, des sports, mais ce ne sont pas des jeux. Avec les activités, on utilise le verbe *faire* et *du, de la, de l',* ou *des*. Le Loto, la belote, et les dames sont des jeux mais ce ne sont pas des sports. Avec les jeux, on utilise le verbe *jouer* et *au, à la, à l'* ou *aux*. Notez que le tennis est une activité, un sport. On dit: Mireille fait du tennis. Mais le tennis est aussi un jeu, avec des règles. On dit aussi: Mireille joue au tennis.

9.16 Activation orale: *Faire du sport/jouer à un jeu*

Répondez selon les exemples. Utilisez *jouer* toutes les fois que c'est possible.

Exemples:
Vous entendez: 1. Vous aimez le tennis?
Vous répondez: Oui, je joue au tennis.
(*Parce que le tennis est un jeu.*)

Vous entendez: 2. Vous aimez l'alpinisme?
Vous répondez: Oui, je fais de l'alpinisme.
(*Parce que l'alpinisme n'est pas un jeu.*)

3. Vous aimez le ski?
4. Vous aimez l'escrime?
5. Vous aimez le football?
6. Et le cheval, vous aimez ça?
7. Robert aime le basket?
8. Il aime le patin à glace?
9. Et la moto, il aime ça?
10. Est-ce qu'il aime le vélo?
11. Est-ce qu'il aime la planche à voile?
12. Est-ce qu'il aime les échecs?
13. Est-ce que Mireille aime les dames?

9.17 Activation écrite: *A la, à l', au*

Complétez.

1. Mireille apprend l'italien. Elle étudie l'italien ________ université.
2. Ousmane va ________ bibliothèque pour travailler.
3. Marc et Catherine vont manger ________ restau-U.
4. Robert est ________ aéroport.
5. Maintenant il est ________ douane.
6. L'ami brésilien de Robert va ________ maison brésilienne.
7. Robert ne va pas ________ Cité Universitaire.
8. Il va ________ Quartier Latin.

9.18 Observation: Pronoms personnels accentués (ou disjonctifs)

pronoms accentués			
Je trouve ça idiot, **moi!**	**Moi,** je trouve ça idiot.	**Moi** aussi!	A **moi!**
Tu trouves ça idiot, **toi?**	**Toi,** tu trouves ça idiot?	**Toi** aussi!	A **toi!**
Il trouve ça idiot, **lui.**	**Lui,** il trouve ça idiot.	**Lui** aussi!	A **lui!**
Elle trouve ça idiot, **elle.**	**Elle,** elle trouve ça idiot.	**Elle** aussi!	A **elle!**
Nous trouvons ça idiot, **nous.**	**Nous,** nous trouvons ça idiot.	**Nous** aussi!	A **nous!**
Vous trouvez ça idiot, **vous?**	**Vous,** vous trouvez ça idiot?	**Vous** aussi!	A **vous!**
Ils trouvent ça idiot, **eux!**	**Eux,** ils trouvent ça idiot.	**Eux** aussi!	A **eux!**
Elles trouvent ça idiot, **elles!**	**Elles,** elles trouvent ça idiot!	**Elles** aussi!	A **elles!**

Notez que les pronoms *moi, toi, lui, elle, nous, vous, eux,* et *elles* sont utilisés:

a. à la fin de la phrase
b. avant les pronoms sujets (*je, tu, il, elle, nous, vous, ils,* et *elles*)
c. sans verbe (*moi aussi*)
d. après une préposition (*à moi, après moi, avec moi, sans moi, pour moi . . .*)

Dans les cas a et b, ce sont visiblement des pronoms **emphatiques:** ils indiquent l'insistance.

9.19 Activation: Dictée

Ecoutez et complétez le texte ci-dessous. Vous entendrez le passage deux fois.

Mireille: C'est à qui de ____________________ ?

Georges: C'est ____________________

Mireille: ____________________ ?

Marie-Laure: Non, ce ________ pas à ________ , ________ à ________ .

9.20 Activation orale: Pronoms accentués

Ecoutez et répondez selon l'exemple.

Exemple:
Vous entendez: 1. Georges va faire le portrait suivant.
Vous dites: C'est à lui!

2. Tu vas faire le portrait suivant.
3. Marie-Laure va faire le portrait suivant.
4. Jean-Denis va faire le portrait suivant.
5. Nous allons faire le portrait suivant.
6. Mireille et Cécile vont faire le portrait suivant.
7. Georges et Yvonne vont faire le portrait suivant.
8. Vous allez faire le portrait suivant?
9. Je vais faire le portrait suivant.

9.21 Observation: *Quelqu'un, une personne*

	masculin	*féminin*
Un monsieur . . .	c'est **quelqu'un,**	c'est **une personne.**
Une dame . . .	c'est **quelqu'un,**	c'est **une personne.**
Un jeune homme . . .	c'est **quelqu'un,**	c'est **une personne.**
Une jeune fille . . .	c'est **quelqu'un,**	c'est **une personne.**

Notez que *quelqu'un* est toujours masculin, même si *quelqu'un* représente une personne du sexe féminin (*une dame, une jeune fille*).

Notez qu'on dit *une personne,* au féminin, même quand on parle d'une personne du sexe masculin (*un monsieur, un jeune homme*).

9.22 Observation: *Quelqu'un, une personne, des personnes*

singulier	Il y a **quelqu'un,** il y a **une** personne.
pluriel	Il y a **deux** personnes. Il y a **trente** personnes.

9.23 Observation: *Quelqu'un, personne*

Observez.

positif	Il y a quelqu'un.
négatif	Il n'y a personne.

	ne	*verbe*	personne
Il	**n'** y	a	**personne.**
Je	**ne**	vois	**personne.**

Personne est utilisé avec *ne* pour former des phrases négatives. *Ne* est placé devant le verbe. *Personne* est placé après le verbe.

9.24 Activation orale: *Quelqu'un, personne*

Répondez selon les exemples.

Exemples:
Vous entendez: 1. Il y a quelqu'un?
Vous voyez: (1)
Vous répondez: Oui, il y a quelqu'un.

Vous entendez: 2. Vous voyez quelqu'un?
Vous voyez: (3)
Vous répondez: Oui, je vois trois personnes.

Vous entendez: 3. Vous voyez quelqu'un?
Vous voyez: (0)
Vous répondez: Non, je ne vois personne.

4. (0)
5. (4)
6. (1)
7. (3)
8. (0)
9. (2)

9.25 Observation: *Pleuvoir; pleurer*

"Il pleure dans mon cœur comme il pleut sur la ville," comme disait Verlaine.

pleuvoir	pleurer
	je pleure
	tu pleures
	elle pleure
il pleut	il pleure
	nous pleurons
	vous pleurez
	ils pleurent

Pleurer est un verbe en *-er*, tout à fait régulier. *Pleuvoir* n'est utilisé qu'à la 3ème personne du singulier. Dans *il pleut*, *il* ne représente aucun nom particulier; c'est un pronom **impersonnel,** comme dans *il faut.*

9.26 Activation écrite: *Pleuvoir/pleurer*

Complétez avec la forme convenable de *pleuvoir* ou *pleurer*.

1. Qu'est-ce qu'il y a? Pourquoi tu ________ ?
2. Voyons, Marie-Laure, tu ne vas pas encore ________ !
3. —Il fait beau?
   —Non, il ________ .
4. Allons, Marie-Laure, ne ________ pas, ce n'est pas grave.
5. Ah! Quel sale temps! Ça fait trois jours qu'il ________ .
6. —Pourquoi ________-vous?
   —Nous ________ parce qu'il ne reste plus de petits pains au chocolat!
7. Ah, ce sale gamin! Ce qu'il peut être agaçant! Ça fait trois heures qu'il ________ !

9.27 Observation: *Il reste; il en reste*

		en		
—	Il		reste des	galettes?
—Oui,	il		reste **des**	**galettes.**
—Oui,	il	**en**	reste.	
—Oui,	il		reste **deux**	**galettes.**
—Oui,	il	**en**	reste deux.	

Notez que dans ces phrases *il* ne représente aucun nom en particulier; c'est une sorte de pronom impersonnel, comme dans *il faut*, ou *il pleut*. Notez que *en* représente *des galettes*. *En* fonctionne comme une sorte de pronom partitif.

9.28 Observation: *Il ne reste pas de, il n'en reste pas*

	en		
—Il		reste	des galettes?
—Non, il	ne	reste pas	de galettes.
—Non, il	n' en	reste pas.	
—Non, il	n' en	reste plus.	

9.29 Activation orale: Dialogue entre Georges et Yvonne

Vous allez entendre une conversation entre Georges et Yvonne. Ecoutez attentivement. Vous allez apprendre les réponses d'Yvonne.

Georges: Qui est-ce qui commence? Allez, à toi, Yvonne; tu commences.

Yvonne: **Non, pas moi . . . je n'ai pas d'idée. . . .**

Georges: Mais si, voyons! Ce n'est pas difficile! Tu prends quelqu'un de la famille, n'importe qui. . . .

Yvonne: **Attends . . . je cherche. . . . Voyons. . . . Ah, ça y est! Je sais!**

Exercices-tests

9.30 Exercice-test: Possessifs

Complétez selon l'exemple.

Exemple:
Vous voyez: Mireille a une mère très sympathique.
Vous écrivez: Sa mère est très sympathique.

1. Mireille a un cousin très sympathique.
   ________ cousin est très sympathique.
2. Elle a une arrière-grand-mère très gentille.
   ________ arrière-grand-mère est très gentille.
3. Elle a des sœurs très sympathiques.
   ________ sœurs sont très sympathiques.
4. Elle a des parents très sympathiques.
   ________ parents sont très sympathiques.
5. Nous avons des parents très sympathiques.
   ________ parents sont très sympathiques.
6. Vous avez un frère très sympathique.
   ________ frère est très sympathique.
7. J'ai une sœur très sympathique.
   ________ sœur est très sympathique.
8. Tu as un fils très agaçant.
   ________ fils est très agaçant.
9. Les Belleau ont une fille très sympathique.
   ________ fille est très sympathique.
10. Ils ont des enfants charmants.
    ________ enfants sont charmants.

Vérifiez. Si vous avez fait des fautes, travaillez les sections 9.8 à 9.11 dans votre cahier d'exercices.

9.31 Exercice-test: *Jouer à un jeu/faire du sport*

Complétez les réponses aux questions suivantes. Utilisez *jouer* chaque fois que possible.

1. Cécile aime la natation?

   Oui, elle ________________ natation.

2. Tu aimes l'alpinisme?

   Oui, je ________________ alpinisme.

3. Mireille aime le ski?

   Oui, elle ________________ ski.

4. Vous aimez le poker?

   Oui, nous ________________ poker.

5. Vous aimez les échecs?

   Oui, je ________________ échecs.

Vérifiez. Si vous avez fait des fautes, travaillez les sections 9.15 et 9.16 dans votre cahier d'exercices.

9.32 Exercice-test: Pronoms accentués

Complétez selon l'exemple.

Exemple:
Vous voyez: Vous allez au cinéma? Et moi?
Vous écrivez: Toi aussi!

1. Je vais au cinéma. Et toi? __________ aussi.
2. Je vais au cinéma. Et vous deux? __________ aussi.
3. Robert va au cinéma. Et Mireille? __________ aussi.
4. Robert va au cinéma. Et Hubert? __________ aussi.
5. Mireille va au cinéma. Et ses sœurs? __________ aussi.
6. Mireille va au cinéma. Et ses parents? __________ aussi.
7. Vous allez au cinéma? Et nous? __________ aussi!

Vérifiez. Si vous avez fait des fautes, travaillez les sections 9.18 à 9.20 dans votre cahier d'exercices.

Libération de l'expression

9.33 Mise en question

Relisez le texte de la leçon; lisez les questions de la mise en question qui suit la mise en œuvre dans votre livre de textes. Réfléchissez à ces questions et essayez d'y répondre.

9.34 Mots en liberté

Qu'est-ce qu'on peut faire quand on est en vacances?

On peut aller en Afrique, aller à la mer, faire du deltaplane, jouer à la belote, pleurer quand il pleut. . . .

Trouvez encore huit possibilités.

9.35 Mise en scène et réinvention de l'histoire

Vous êtes en vacances en Bretagne. Imaginez ce que vous allez faire. Vous pouvez utiliser les suggestions suivantes.

Vous allez faire
- de la voile.
- de la planche à voile.
- du ski nautique.
- de la natation.
- du karaté.
- du canoë.
- du kayak.
- de l'escalade.
- la sieste.
- du patin à roulettes.
- du surfing.

Vous allez jouer
- au ballon.
- au hand.
- à la pelote basque.
- au golf.
- au tennis.
- au volley.
- au basket.
- aux cartes.
- à la belote.
- à l'écarté.
- au bridge.
- au poker.
- aux échecs.
- aux dames.
- aux portraits.

Vous allez aller
- au restaurant.
- à la fac.
- à la bibliothèque.
- à l'aéroport.
- aux Antilles.
- en Afrique.
- en Belgique.
- en Suisse pour manger du chocolat.
- au cinéma quand il pleut.

Vous allez louer
- un vélo.
- une voiture.
- une moto.
- une télé.

Vous allez manger
- des pains aux raisins.
- des pains au chocolat.
- des galettes bretonnes.
- des galettes basques.

Vous allez
- promener le chien
- travailler
- goûter
- raconter une histoire à Fido

parce que / qu'
- il pleut.
- vous êtes fatigué.
- vous n'avez pas le temps.
- vous n'avez pas d'idées.
- vous n'aimez pas . . .
- vous préférez . . .
- c'est
  - ennuyeux.
  - mortel.
  - trop compliqué.
  - trop facile.
  - trop difficile.
  - embêtant.
  - trop délicat.
  - amusant.
  - utile.

Ou bien, vous allez jouer aux portraits avec Fido.

9.36 Mise en scène et réinvention de l'histoire

Ecoutez la conversation avec Fido dans l'enregistrement sonore.

Préparation à la lecture et à l'écriture

9.37 Lecture et interprétation

Lisez le document 1 dans le livre de textes, leçon 9. Essayez de répondre aux questions suivantes, et complétez.

Cette citation est de Molière. Molière est considéré comme un homme de théâtre génial. C'est un auteur du XVIIème siècle, un auteur de comédies (*Les Précieuses ridicules, Les Fourberies de Scapin, Tartuffe, Le Misanthrope, L'Avare,* et bien d'autres). Dans ses comédies il fait le portrait des gens de son époque.

D'après Molière, est-ce qu'il est facile de faire des portraits?

—Non, il ________________ de faire des portraits.

Qu'est-ce qu'il faut pour faire de bons portraits?

—Il faut avoir ________________.

9.38 Entraînement à la lecture

Lisez le document 2, leçon 9.

1. Comparez un bébé (un nouveau-né) et un vieil homme.

   L'enfant qui vient de naître ________________

   ____

   Le vieil homme, qui va bientôt mourir, ________________

   ____

   ____

   ____

2. Et vous, qu'est-ce que vous avez et qu'est-ce que vous n'avez pas? Vous avez des dents, des cheveux, des illusions? ________________

   ____

   ____

   ____

   ____

   ____

3. Complétez la phrase suivante:

   Il n'est pas encore mort, mais il va bientôt mourir, il est en train de mourir: il ________________.

9.39 Lecture et interprétation

Consultez le document 3 dans votre livre de textes, leçon 9, "La Bretagne et la mer."

1. Les gens qui vont passer leurs vacances dans les Alpes aiment la montagne. Les gens qui vont passer leurs vacances en Bretagne préfèrent ________________.
2. Dans la photo de droite, première série, on voit deux bateaux, un petit bateau et un bateau un peu plus gros. Dans la photo du milieu, première série, on voit aussi des bateaux. Où sont ces bateaux? Est-ce qu'ils sont sur la mer?

   —Non, ils ________________.
3. Dans la photo du centre, deuxième série, est-ce que la femme est sur la plage?

   —Non, elle ________________.
4. Les calvaires bretons, qu'est-ce que c'est? (Dernière photo.)

   —Ce sont ________________.
5. En quoi est la maison bretonne louée par les Belleau?

   —Elle est en ________________.

9.40 Entraînement à la lecture et expansion du vocabulaire

Relisez les sections 6, 7, et 8 du texte de la leçon 9. Lisez le document 4 dans la leçon 9. Comparez les deux textes et complétez les phrases suivantes.

1. A quatre heures, chez les Belleau, c'est

   ____________________ .

   Autrefois, en Bretagne, à quatre heures, c'était

   ____________________ .

   A cinq heures, chez les Anglo-Saxons, c'est

   ____________________ .

2. A cinq heures, les Anglais boivent du thé.

   Qu'est-ce que les enfants Belleau boivent, à quatre heures, pour le goûter?

   Ils boivent ____________________ .

   Qu'est-ce qu'on buvait, autrefois, en Bretagne, à quatre heures?

   On buvait ____________________ .

3. A cinq heures, les Anglais mangent des toasts, des scones. . . . Qu'est-ce que les enfants Belleau mangent pour leur goûter?

   Ils mangent ____________________ .

   ____________________ .

   Et autrefois, en Bretagne, qu'est-ce qu'on mangeait, à quatre heures, avec le café?

   On mangeait ____________________ .

4. Autrefois, à quatre heures, en Bretagne, on offrait du café.

   En Angleterre, à cinq heures, on ____________________

5. Qui est-ce qu'on invitait à prendre le café, autrefois, à quatre heures, en Bretagne?

   On invitait ____________________ .

9.41 Entraînement à la lecture

1. Lisez le document 6 de la leçon 9, "Un match de football." Répondez aux questions suivantes.

Pourquoi est-ce que ce garçon ne va presque jamais voir un match de football?

____

A qui est la balle que les footballeurs se disputent?

Pourquoi sont-ils ridicules de se disputer cette balle?

____

____

Quand le match est terminé, qui est-ce qui a la balle?

____

2. Maintenant essayez de compléter les phrases suivantes.

Ils ne sont pas d'accord: ils se ____________ .

Ces enfants sont vraiment agaçants! Ils sont toujours en train de se ____________ .

Pour jouer au tennis, il faut une ________ .

Je ne vais pas souvent voir un match de foot. En fait, ça ne m'____________ presque jamais. Mais, quelquefois, il m'____________ d'aller voir un match de tennis.

Ce sont le président et le vice-président qui dirigent le club: ce sont les __________ du club.

C'est la fin! C'est fini, c'est __________ . L'année commence le 1er janvier et elle se __________ le 31 décembre.

Leçon 10

Assimilation du texte

10.1 Mise en œuvre

Ecoutez le texte et la mise en œuvre dans l'enregistrement sonore. Répétez et répondez suivant les indications.

10.2 Compréhension auditive

Phase 1: Regardez les images et répétez les phrases que vous entendez.

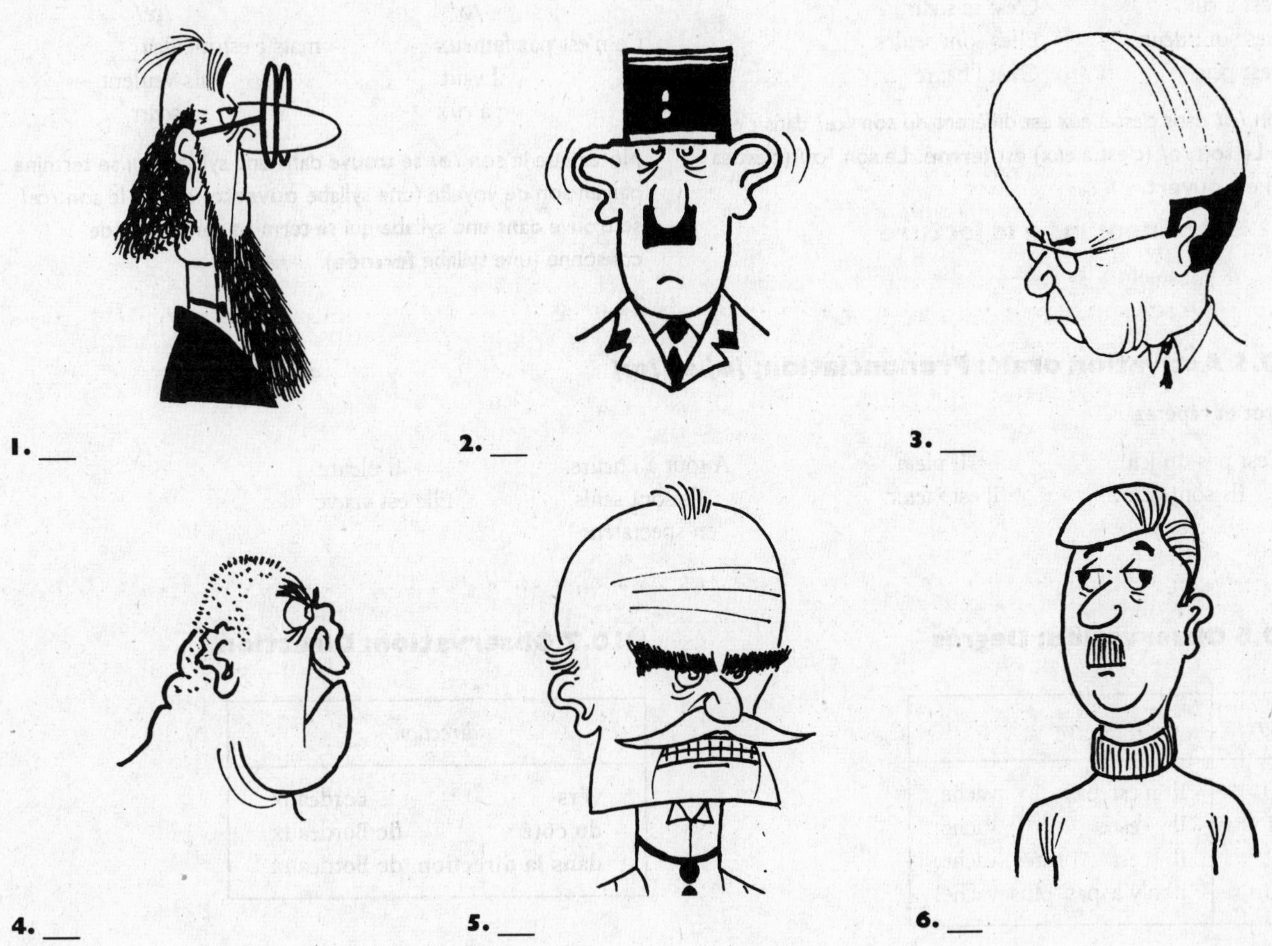

1. ___
2. ___
3. ___
4. ___
5. ___
6. ___

Phase 2: Ecrivez la lettre de chaque phrase que vous entendez sous l'image qui lui correspond le mieux.

10.3 Production orale

Ecoutez les dialogues suivants. Vous allez jouer le rôle du deuxième personnage. Vous entendrez le dialogue une fois, puis vous entendrez ce que dit le deuxième personnage trois fois. Puis vous entendrez ce que dit le premier personnage, et vous jouerez le rôle du deuxième.

1. Mireille: Tu nous embêtes!
   Marie-Laure: (. . .)
2. Marie-Laure: On continue?
   Mireille: (. . .)
3. Mireille: On ne le connaît pas, nous, ton prof de maths! Il n'est pas de la famille!
   Georges: (. . .)
4. Marie-Laure: Ce soir, on joue *Le Génie de Claire.*
   Mireille: (. . .)

Préparation à la communication

10.4 Observation: Prononciation; /ø/ et /œ/ (*eux, sœur*)

Ecoutez et comparez.

C'est à *eux*. — C'est sa *sœur*.
Elles sont d*eux*. — Elles sont s*eu*les.
C'est p*eu*. — C'est l'h*eu*re.

Le son /ø/ dans *c'est à eux* est différent du son /œ/ dans *c'est sa sœur.* Le son /ø/ (c'est à *eux*) est **fermé.** Le son /œ/ (c'est sa *sœur*) est **ouvert.**

Ecoutez et comparez.

/ø/	/œ/
Ce n'est pas fam*eux* . . .	mais c'est meill*eu*r.
il v*eu*t	ils v*eu*lent
à *eux*	sa s*œu*r

Notez que le son /ø/ se trouve dans une syllabe qui se termine par un son de voyelle (une syllabe **ouverte**) et que le son /œ/ se trouve dans une syllabe qui se termine par un son de consonne (une syllabe **fermée**).

10.5 Activation orale: Prononciation; /ø/ et /œ/

Ecoutez et répétez.

Ce n'est pas du *jeu*!
Ils sont d*eux*.
les y*eux*
Il pl*eu*t.
Il est vi*eux*.
A tout à l'h*eu*re.
Ils sont s*eu*ls.
en spectat*eu*r
Il pl*eu*re.
Elle est v*eu*ve.

10.6 Observation: Degrés

degrés	
0.	Il n'est pas vache.
1.	Il est vache.
2.	Il est très vache.
3.	Il n'y a pas plus vache!

10.7 Observation: Direction

direction	
vers	Bordeaux
du côté	**de** Bordeaux
dans la direction	**de** Bordeaux

10.8 Observation: Accord et désaccord

accord	*désaccord*
1. X: C'est joli! Y: Oui, c'est joli!	3. X: C'est joli! Y: **Non,** ce n'est pas joli!
2. X: Ce n'est pas joli! Y: Non, ce n'est pas joli!	4. X: Ce n'est pas joli! Y: **Si,** c'est joli!

Dans 1 et 2, X et Y sont d'accord. Dans 1, ils sont d'accord que "c'est joli." Dans 2, ils sont d'accord que "ce n'est pas joli." Dans 3 et 4, X et Y ne sont pas d'accord. Dans 3, X dit que "c'est joli" (énoncé positif) mais Y dit que "ce n'est pas joli." Dans 4, X dit que "ce n'est pas joli" (énoncé négatif) mais Y dit que "c'est joli." *Si* indique un désaccord avec un énoncé négatif.

10.9 Observation: Accord et désaccord

accord	*désaccord*
—Tu viens? —Oui, je viens. —Il pleut! —Oui, il pleut. —Ce n'est pas possible. —Non, ce n'est pas possible.	—Tu ne viens pas? —**Si,** je viens! —Il ne pleut pas! —**Si,** il pleut! —Ce n'est pas possible. . . . —**Si,** c'est possible. . . . —Oui! —**Non!** —Non! —**Si!**

Oui indique un accord avec un énoncé positif. *Non* indique un accord avec un énoncé négatif. *Non* indique un désaccord avec un énoncé positif. *Si* indique un désaccord avec un énoncé négatif.

10.10 Activation: Dictée

Ecoutez et complétez. Vous entendrez le passage deux fois.

Mireille: Tiens, donne-moi un chocolat.

Marie-Laure: Ce sont __________ chocolats!

Mireille: Non, ils ne sont pas à __________!

Marie-Laure: __________ !

Mireille: __________ !

Marie-Laure: De toute façon, il __________________ .

10.11 Activation orale: Accord

Répondez selon les exemples.

Exemples:
Vous entendez: 1. Ça va.
Vous dites: Oui, ça va.

Vous entendez: 2. Ça ne va pas.
Vous dites: Non, ça ne va pas.

3. C'est difficile.
4. Ce n'est pas un joli prénom.
5. Il aime ça.
6. Elle est divorcée.
7. Elle n'est pas française.
8. Vous aimez les films italiens.
9. Vous êtes français.
10. Vous ne parlez pas français.

10.12 Activation orale: Désaccord

Répondez selon les exemples.

Exemples:

Vous entendez: 1. Ça va.
Vous dites: Non, ça ne va pas.
Vous entendez: 2. Ça ne va pas.
Vous dites: Si, ça va!

3. C'est facile.
4. Ce n'est pas un joli prénom.
5. Elle n'est pas mariée.
6. Elle travaille.
7. Il ne travaille pas.
8. Vous parlez français.
9. Elle ne parle pas français.
10. Elle est française.

10.13 Observation: Deux sortes de temps; temps météorologique et temps chronologique

temps météorologique: le temps qu'il fait	*temps chronologique: le temps qui passe*
—Quel temps! —Il fait beau? —Non, il fait mauvais; il pleut. —Quel temps fait-il? —Il ne fait pas beau temps; il fait mauvais temps.	—Nous n'avons pas le temps, nous sommes pressés. —Quand on n'a rien à faire, le temps passe lentement. —Ils jouent aux portraits pour passer le temps. —Quand on joue, le temps passe vite.

10.14 Activation: Compréhension auditive; temps météorologique et temps chronologique

Vous allez entendre une série de phrases. Dans chaque phrase, déterminez s'il s'agit du temps météorologique ou du temps chronologique en cochant la case appropriée.

	1	2	3	4	5	6	7
temps météorologique							
temps chronologique							

10.15 Activation écrite: Temps météorologique et temps chronologique

Inventez des réponses aux questions suivantes.

1. Quel temps fait-il?

_______________________________________.

2. Quelle heure est-il?

_______________________________________.

3. Vous avez l'heure?

_______________________________________.

4. Vous avez le temps?

_______________________________________.

5. Pourquoi dites-vous "Ah, là, là, quel temps!"?

_______________________________________.

10.16 Observation: Le temps qui passe; présent duratif; *il y a . . . que, ça fait . . . que*

Ça, c'est moi, il y a dix ans.

Il y a dix ans se réfère au passé. Observez.

il y a / ça fait	*indication de temps*		que		*verbe au présent*
Il y a	trois	jours	**qu'**	il	**pleut.**
Il y a	huit	jours	**que**	nous	**sommes** là.
Ça fait	trois	jours	**qu'**	il	**pleut.**
Ça fait	huit	jours	**que**	nous	**sommes** là.

passé		présent
jour 1	jour 2	jour 3

Ça fait trois jours qu'il pleut.

Il y a ou *ça fait* + une indication de temps + *que* + un verbe au présent indique une action qui s'étend sur le passé et qui dure encore au présent.

10.17 Activation orale: Le temps qui passe; *il y a . . . que*

Répondez selon l'exemple.

Exemple:
Vous voyez: 1. . . . 50 ans.
Vous entendez: La grand-tante Amélie est veuve?
Vous répondez: Oui, il y a 50 ans qu'elle est veuve.

2. . . . 25 ans.
3. . . . 15 ans.
4. . . . 25 ans.
5. . . . 1 an.
6. . . . 2 ans.
7. . . . 3 jours.

10.18 Activation orale: Le temps qui passe; *ça fait . . . que*

Répondez selon l'exemple.

Exemple:
Vous voyez: 1. . . . 50 ans.
Vous entendez: La grand-tante Amélie est veuve?
Vous répondez: Oui, ça fait 50 ans qu'elle est veuve.

2. . . . 10 ans.
3. . . . 5 ans.
4. . . . 9 ans.
5. . . . 4 ans.
6. . . . 2 heures.

10.19 Observation: *On*

on = les gens

En France, *les gens* parlent français.
En France, *tout le monde* parle français.
En France, *on* parle français.

	on
En France,	**on** parle français.
Quand	**on** joue, le temps passe vite.
Quand	**on** cherche . . .
	on trouve.

On représente les gens en général, n'importe qui, et tout le monde. C'est un pronom indéfini, général. C'est une troisième personne du singulier.

On représente aussi *nous*. (*On fait la sieste* correspond à un niveau de langue plus familier que *nous faisons la sieste*.)

on = nous

—Qu'est-ce que vous faites?
—*Nous* faisons la sieste!
—*On* fait la sieste!

10.20 Activation orale: *On*

Répondez selon les exemples.

Exemples:

Vous entendez: 1. En France, les gens parlent français?
Vous répondez: Oui, en France, on parle français.

Vous entendez: 2. Dans votre famille, vous mangez ensemble?
Vous répondez: Oui, dans ma famille, on mange ensemble.

3. A Paris, tout le monde parle français?
4. Vous allez au cinéma, toi et tes amis?
5. Vous jouez au bridge pour passer le temps, vous quatre?
6. Vous êtes à la fac, vous deux?

10.21 Observation: Présent de l'indicatif du verbe *venir*

Jean-Denis: Alors, vous *venez* faire de la voile?
Georges: Non, nous ne *venons* pas! Nous faisons la sieste. . . .
Cécile: Moi, je *viens!*

venir	
je **viens** tu **viens** il **vient** ils **viennent**	nous **venons** vous **venez**

10.22 Activation orale: Présent de l'indicatif du verbe *venir*

Répondez selon l'exemple.

Exemple:

Vous entendez: 1. Tu travailles beaucoup?
Vous répondez: Oui, je viens de la bibliothèque.

2. Mireille travaille beaucoup?
3. Mireille et Robert travaillent beaucoup?
4. Vous travaillez beaucoup, vous deux?
5. Tu travailles beaucoup?

10.23 Observation: Connaissance; *savoir* et *connaître*

Marie-Laure: Est-ce que le professeur de maths de Georges a les yeux bleus?
Mireille: Je ne *sais* pas; je ne le *connais* pas!

Mireille ne *sait* pas s'il a les yeux bleus parce qu'elle ne le *connaît* pas.

Observez.

connaître		savoir	
je **connais** tu **connais** il **connaît**	nous **connaissons** vous **connaissez** ils **connaissent**	je **sais** tu **sais** il **sait**	nous **savons** vous **savez** ils **savent**

10.24 Activation orale: Connaissance; *savoir* et *connaître*

Répondez selon l'exemple.

Exemple:

Vous entendez: 1. Est-ce que tu trouves le prof d'histoire sympathique?
Vous répondez: Je ne sais pas, je ne le connais pas.

2. Est-ce que Mireille trouve le prof d'histoire sympathique?
3. Est-ce que Robert et Mireille trouvent le prof d'histoire sympathique?
4. Est-ce que vous trouvez le prof d'histoire sympathique, vous deux?
5. Est-ce que Robert trouve le prof d'histoire sympathique?
6. Et toi, est-ce que tu trouves le prof d'histoire sympathique?

10.25 Activation: Dictée

Ecoutez et complétez.

A. *venir*

1. —Vous __________ avec nous au cinéma?
2. —Non, moi, je ne __________ pas, je suis occupé.
3. Mais Robert __________ puisqu'il ne travaille pas.
4. —Et Mireille et Cécile?

—Non, elles ne ______________ pas; elles travaillent.

B. *connaître* et *savoir*

1. —Vous ______________ Belle-Ile-en-Mer?

—Non, je ne ______________ pas Belle-Ile, mais je __________ que c'est en Bretagne.

2. —Est-ce que Robert ______________ Mme Courtois?

—Non, mais il __________ où elle habite.

3. —Vous ______________ la mère de Mireille, vous deux?

—Non, nous ne la ______________ pas, mais nous __________ qu'elle travaille au Ministère de la Santé.

4. —Les parents de Mireille ______________ Robert?

—Non, ils ne le ______________ pas, mais ils __________ qu'il est américain.

10.26 Activation écrite: Pronoms accentués (révision)

Complétez.

1. C'est ton bateau, d'accord! Il est à ______________!
2. Mais ça, ce sont mes skis! Ils sont ______________!
3. La planche à voile est à Georges. Elle est ______________!
4. Le jeu d'échecs est à Marie-Laure. ______________!
5. Les cartes sont à Yvonne et Georges. ______________!
6. Le jeu de dames est à Marie-Laure et Mireille. ______________!

10.27 Observation: Comparaisons

elle		*lui*
1 m 62	Elle est beaucoup moins grande que lui.	
1 m 68	Elle est moins grande que lui.	
1 m 71	Elle est aussi grande que lui.	1 m 71
1 m 73	Elle est plus grande que lui.	
1 m 80	Elle est beaucoup plus grande que lui.	

10.28 Observation: Pronoms personnels accentués (révision et extension)

comparaison					
Robert	est	aussi	grand	que	**Mireille.**
Il	est	aussi	grand	qu'	**elle.**
Mireille	est	plus	mince	que	**Robert.**
Elle	est	plus	mince	que	**lui.**
Les Belleau	sont	moins	riches	que	**les parents** de Robert.
Ils	sont	moins	riches	qu'	**eux.**

Les pronoms accentués (toniques, emphatiques, disjonctifs) sont utilisés après *que* dans une comparaison.

10.29 Activation écrite: Pronoms accentués; comparaison

Répondez selon les exemples.

Exemples:
Vous voyez: 1. Je suis plus grand que Robert.
Vous écrivez: Robert est moins grand que moi.

Vous voyez: 2. Elle est moins grande que Robert.
Vous écrivez: Robert est plus grand qu'elle.

Vous voyez: 3. Il est aussi intelligent que Mireille.
Vous écrivez: Mireille est aussi intelligente que lui.

4. Mireille est moins riche que Robert.

Robert est ______________________________
______________________.

5. Il est plus indulgent que Mireille.

Elle est ______________________________
______________________.

6. Nous sommes plus sportifs que Mireille.

Elle est ______________________________
______________________.

7. Les parents de Robert sont plus riches que les parents de Mireille.

Les parents de Mireille sont ______________________________
______________________.

8. Tu es aussi grand que ton frère?

Il est ______________________________
______________________?

9. Mireille est plus moqueuse que Robert.

Il est ______________________________
______________________.

10. Je suis plus sportif que Robert.

Robert est ______________________________
______________________.

10.30 Observation: Adjectifs possessifs (tableau récapitulatif)

personnes du singulier	*masculin singulier*	*féminin singulier*		*masculin et féminin pluriels*
		devant consonne	*devant voyelle*	
1ère	mon	ma	mon	mes
2ème	ton	ta	ton	tes
3ème	son	sa	son	ses

personnes du pluriel	*masculin et féminin singuliers*	*masculin et féminin pluriels*
1ère	notre	nos
2ème	votre	vos
3ème	leur	leurs

10.31 Activation orale: Adjectifs possessifs; personnes du singulier et du pluriel

Misanthrope

Transformez selon l'exemple.

Exemple: Vous entendez: 1. Mon frère a une amie anglaise.
Vous dites: Je n'aime pas son amie anglaise.

2. Elle a les lèvres minces.
3. Elle a de grandes dents.
4. Elle a la voix pointue.
5. Elle a le nez pointu.
6. Elle a un chien policier.
7. Ma sœur a un ami anglais.
8. Il a le crâne chauve.
9. Il a les joues mal rasées.
10. Il a les jambes courtes.
11. Il a des enfants.
12. Ses enfants ont les cheveux courts.
13. Ils ont les joues rondes et rouges.
14. Ils ont toujours le menton sale.
15. Ils ont l'air moqueur.

10.32 Activation écrite: Adjectifs possessifs et pronoms accentués (révision)

Complétez.

1. Je joue. C'est à ________ de jouer. C'est ________ tour!
2. Allez, Marie-Laure, vas-y! C'est ________ . C'est ________ tour!
3. Allez, Mireille et Cécile, jouez! C'est ________ . C'est ________ tour.
4. Maintenant, c'est Yvonne qui va jouer. C'est ________ . C'est ________ tour.
5. Maintenant, je vais jouer avec Marie-Laure. C'est ________ . C'est ________ .
6. Ah, non! Georges et Yvonne ne peuvent pas jouer! Ce n'est pas ________ . Ce n'est pas ________ .

10.33 Activation écrite: Adjectifs possessifs

Complétez.

1. Tu connais les Belleau? Tu connais ________ enfants?
2. Tu connais ________ filles?
3. Tu connais ________ maison, en Bretagne?
4. Tu connais Yvonne, la cousine de Mireille?
   Oui, je connais aussi ________ frère, Georges.
5. Et tu connais Delapierre, ________ prof de maths?
6. Hubert est un vieil ami de Mireille. Elle connaît ________ parents.
7. Elle connaît aussi ________ sœur, Diane.
8. Vous êtes Cécile, n'est-ce pas? Je connais ________ sœurs, Mireille et Marie-Laure.
9. Cécile: Ah, oui? Vous connaissez ________ sœurs?

10.34 Observation: Adjectifs démonstratifs

Ah, qu'il est agaçant, *ce* gamin!
Ce pauvre oncle Victor!
Ça fait deux heures qu'on joue à *ce* jeu idiot!
Qu'est-ce qu'on joue au Ciné-Club *ce* soir?

article	*nom*	*article*	*nom*	*article*	*nom*
un	gamin	un	jeu	un	soir
le	gamin	le	jeu	le	soir
ce	gamin	**ce**	jeu	**ce**	soir

Notez que *ce* occupe la même place que les articles *un* et *le* devant le nom.

Observez.

			démonstratif	
1. Qu'il	est	agaçant,	**ce**	gamin!
2. Qu'il	est	agaçant,	**ce**	gamin-là!
1. Qu'il	est	agaçant,	**cet**	enfant!
2. Qu'il	est	agaçant,	**cet**	enfant-là!
1. Qu'elle	est	agaçante,	**cette**	gamine!
2. Qu'elle	est	agaçante,	**cette**	gamine-là!
1. Qu'ils	sont	agaçants,	**ces**	gamins!
2. Qu'ils	sont	agaçants,	**ces**	gamins-là!
1. Qu'elles	sont	agaçantes,	**ces**	gamines!
2. Qu'elles	sont	agaçantes,	**ces**	gamines-là!

Notez dans 2 l'emploi de *-là* après le nom, pour marquer l'insistance. Notez que la forme du masculin singulier est *ce* devant une consonne, et *cet* devant une voyelle. *Cet* se prononce exactement comme la forme du féminin *cette*.

Notez que nous avons une même forme *ces* pour le masculin et le féminin pluriels. Naturellement, *ces* se prononce *ces-/z/* devant une voyelle: *ces /z/enfants*.

Tableau récapitulatif:

masculin singulier devant consonne	**ce**	*féminin singulier*	**cette**
masculin singulier devant voyelle	**cet**	*masculin pluriel féminin pluriel*	**ces**

10.35 Activation orale: Adjectifs démonstratifs et pronoms accentués

Répondez selon l' exemple.

Exemple:
Vous entendez: 1. C'est mon bateau. Donne-le-moi!
Vous ajoutez: Ce bateau est à moi.

2. C'est ma planche à voile. Donne-la-moi!
3. C'est mon argent! Donne-le-moi!
4. C'est mon journal! Donne-le-moi!
5. Ce sont mes skis! Donne-les-moi!
6. C'est ma limonade! Donne-la-moi!
7. C'est mon petit pain aux raisins! Donne-le-moi!
8. C'est ma galette bretonne! Donne-la-moi!
9. Ce sont mes cartes! Donne-les-moi!

10.36 Activation écrite: Adjectifs démonstratifs et pronoms accentués

Complétez.

1. Mais, c'est le jeu d'échecs de Georges, ça! Donne-le-lui tout de suite! Ce jeu d'échecs est à ________ !
2. Ça, c'est le jeu de dames d'Yvonne! ________ jeu de dames est à ________ !
3. Eh, mais, dites donc! C'est mon bateau! ________ bateau est à ________ !
4. Eh, là, ce sont mes skis! Donnez-les-moi! ________ skis sont à ________ !
5. Ça, c'est le journal de Cécile. ________ journal est à ________ !
6. Comment ça, ce ne sont pas mes cartes? Mais si! ________ cartes sont à ________ !
7. Ça, c'est la planche à voile de Mireille! ________ planche à voile est à ________ .
8. Ça, c'est le petit pain aux raisins d'Yvonne. ________ petit pain aux raisins est à ________ .
9. Ça, c'est la limonade de Marie-Laure! Oui, ________ limonade est à ________ .
10. Et ça, c'est mon argent! ________ argent est à ________ . Donne-le-moi tout de suite!

10.37 Activation écrite: Adjectifs démonstratifs

Lisez et complétez avec *ce*, *cette*, *cet*, ou *ces*, selon le cas.

1. Hubert de Pinot-Chambrun a un oncle sénateur. ________ oncle est riche et influent. Hubert a également une sœur. ________ sœur n'a pas l'esprit très vif; mais il a aussi deux frères. ________ frères, eux, sont très intelligents; peut-être plus intelligents que lui. Il a un cousin ingénieur chez Renault. ________ cousin travaille dans le même bureau que M. Belleau.
2. Robert a un oncle et deux tantes. ________ oncle est ingénieur chimiste chez Dupont. ________ deux tantes sont des écologistes militantes. Il a aussi deux cousins et une cousine. ________ cousine est capitaine dans l'armée américaine. ________ cousins, eux, sont pacifistes. Robert a une amie brésilienne. ________ amie brésilienne fait de l'agitation révolutionnaire.

Ω 10.38 Observation: Formes masculines et féminines (révision et extension)

masculin	*féminin*	*masculin*	*féminin*
fin cousin malin gamin sérieux généreux ennuyeux	fine cousine maline** gamine sérieuse généreuse ennuyeuse	fier* premier blanc frais	fière première blanche fraîche
beau nouveau mortel vieux sourd	belle nouvelle mortelle vieille sourde	amusant suivant tombant idiot	amusante suivante tombante idiote

*Notez que le *r* de *fier* (masculin) est prononcé.

**On trouve aussi *maligne*.

🎧 10.39 Activation orale: Formes masculines et féminines

Mettez au féminin selon l'exemple.

Exemple:
Vous entendez: 1. Il n'est pas idiot, mais il n'est pas très fin non plus!
Vous dites: Elle n'est pas idiote, mais elle n'est pas très fine non plus!

2. Son cousin est un sale gamin.
3. Il n'est pas très malin.
4. Son frère est très généreux.
5. Il est très sérieux.
6. Un peu ennuyeux aussi.
7. Il est très fier parce qu'il est toujours le premier.
8. Il n'est pas très frais!
9. Ah, tu n'es pas beau!
10. Tu es sourd, ou quoi?
11. Mais non, tu n'es pas vieux du tout!
12. Mais si, tu es très amusant!
13. Il est nouveau.

🎧 10.40 Activation orale: Dialogue entre Jean-Denis et Georges

Vous allez entendre une conversation entre Jean-Denis et Georges. Ecoutez attentivement. Vous allez apprendre les réponses de Georges.

Jean-Denis: Salut, tout le monde! Alors, qu'est-ce que vous faites?
Georges: **Il ne pleut plus?**
Jean-Denis: Non!
Georges: **Ce n'est pas possible!**
Jean-Denis: Si, si, je t'assure! Ça se lève. Alors, vous venez faire de la voile?
Georges: **Non, mon vieux! Pas aujourd'hui. Aujourd'hui, on fait la sieste!**

Exercices-tests

10.41 Exercice-test: Démonstratifs *ce, cet, cette, ces*

Complétez en utilisant des adjectifs démonstratifs.

1. Qu'elle est bête, ________ Marie-Laure!
2. Qu'ils sont agaçants, ________ enfants!
3. Qu'il est embêtant, ________ chien!
4. Qu'il est méchant, ________ enfant!
5. Qu'elles sont bécasses, ________ filles!

Vérifiez. Si vous avez fait des fautes, travaillez les sections 10.34 à 10.37 dans votre cahier d'exercices.

10.42 Exercice-test: *Savoir/connaître*

Complétez avec les formes convenables de *savoir* ou de *connaître*.

1. Marie-Laure ne ________ pas jouer aux portraits.
2. Georges fait le portrait de quelqu'un que personne ne ________ .
3. Les autres ne ________ pas de qui il parle: ils ne ________ pas M. Delapierre!
4. Oh, eh, nous ne ________ pas ton prof de maths, nous! Nous ne ________ pas qui c'est!

Vérifiez. Si vous avez fait des fautes, travaillez les sections 10.23 à 10.25 dans votre cahier d'exercices.

10.43 Exercice-test: Présent indicatif du verbe *venir*

Complétez.

1. Alors, les enfants, vous __________ ?
2. Alors, ce goûter, il __________ ?
3. Alors, ces galettes bretonnes, elles __________ ?
4. Alors, Marie-Laure, tu __________ ?
5. Oui, oui, je __________ . . . .

Vérifiez. Si vous avez fait des fautes, travaillez les sections 10.21, 10.22, et 10.25 dans votre cahier d'exercices.

Libération de l'expression

10.44 Mise en question

Relisez le texte de la leçon; lisez les questions de la mise en question qui suit la mise en œuvre dans votre livre de textes. Réfléchissez à ces questions et essayez d'y répondre.

10.45 Mots en liberté

Qu'est-ce qu'on peut dire de quelqu'un qu'on n'aime pas?

On peut dire: C'est un drôle de bonhomme! C'est une drôle de bonne femme! Il (elle) a une sale tête! Il n'y a pas plus vache!

Trouvez encore au moins quatre possibilités.

Qu'est-ce qu'on peut dire pour être désagréable avec quelqu'un qu'on aime bien?

On peut dire: Bécasse! Tu es bête comme tes pieds! Ce que tu es méchante! Ce que tu peux être agaçante!

Trouvez encore au moins cinq possibilités.

10.46 Mise en scène et réinvention de l'histoire

L'art d'insulter. Marie-Laure laisse tomber les petits pains aux raisins, les verres, les galettes, les Orangina, et tout. Qu'est-ce que vous lui dites? Imaginez votre dialogue avec elle.

Vous:
Ah, c'est malin!
Sale gamine!
Tu ne peux pas faire attention, non?
Bécasse!
Idiote!
Ce que tu peux être embêtante!
Ce que tu es agaçante!

Marie-Laure:
C'est de ta faute!
Ce n'est pas de ma faute!
C'est de la faute du chien!

Vous:
Si, c'est de ta faute!
Maintenant, il n'y a plus de galettes!
Il n'y a plus de petits pains aux raisins!
Il n'y a plus de goûter!
Te peux pleurer!
Ne pleure pas, ce n'est pas grave!
Ah, là, là, quelles vacances!

10.47 Mise en scène et réinvention de l'histoire

Faites le portrait physique et moral d'une personne que vous connaissez.

Préparation à la lecture et à l'écriture

10.48 Entraînement à la lecture

Lisez le document 1, leçon 10, "Portrait du bouvier," extrait d'*Aucassin et Nicolette*. Vous ne pouvez probablement pas tout comprendre, mais essayez de comprendre l'essentiel.

1. Pourquoi Aucassin pleure-t-il?

   ____

   Comment le bouvier est-il représenté? Est-ce qu'il est beau ou laid?

   ____

   Est-ce qu'il a le visage allongé ou large?

   ____

   De quelle couleur sont:

   ses lèvres? ______________

   ses dents? ______________

   Comment est son nez, petit et fin? ______________

   pointu? ______________

2. Observez le mot *forêt.* Il s'écrit avec un *ê;* c'est une orthographe moderne. L'orthographe ancienne est *forest.* Donc, l'accent circonflexe (^) représente un __________ qui n'est plus prononcé en français moderne.

3. On respire par le nez. Quand on respire, l'air entre dans le nez par les ______________ .

10.49 Lecture et interprétation

Lisez attentivement le petit poème de Prévert, "Paris at Night," document 2 dans votre livre de textes, leçon 10. Lisez le texte suivant et essayez de compléter.

1. Le jour, on voit très bien.

   La nuit, on voit __________ bien.

   On voit un peu, s'il y a de la lune.

   Mais s'il n'y a pas de lune, c'est l' ______________ . On ne voit rien.

   Si on veut voir, la nuit, il faut ______________ l'électricité.

2. —Qu'est-ce qu'on peut faire avec une allumette?

   —On peut ______________ une cigarette.

   On peut aussi allumer une ______________ , la nuit, pour voir la personne qu'on aime. C'est plus poétique.

   Mais avec une allumette on voit juste une partie de la personne. On ne voit pas la personne tout ______________ .

   Après la dernière allumette on ne voit plus rien. On est dans l' ______________ .

   Mais si on a un peu de mémoire, on peut se ______________ tout cela, en ______________ la personne qu'on aime dans ses bras.

10.50 Lecture et interprétation

Lisez attentivement le document 3, *Le Genou de Claire,* dans votre livre de textes, leçon 10. Essayez de répondre aux questions ci-dessous et complétez.

1. —Qu'est-ce que c'est que *Le Genou de Claire?*

   —C'est un ________ .

2. —Comment est-ce que c'est, d'après Mireille?

   —__________________________________ .

3. Il y a de très grands lacs, comme le lac Supérieur, ou le lac Michigan, ou le lac Tanganyika, mais, en général, un lac est ________ grand qu'une mer.

4. Les Alpes, l'Himalaya, les Andes, ce sont des ________ .

5. Le diplomate dans ce film n'est pas ________ , puisqu'il a trente ou trente-cinq ans. L'amie qu'il rencontre à Annecy n'est pas très ________ non plus; elle a à peu près le même âge. Mais Mireille dit que c'est une "vieille" amie, parce qu'il y a longtemps qu'il la ________ .

6. Pour pouvoir écrire un roman ou un poème, il faut avoir des idées, il faut être inspiré, il faut avoir de l'____________ .

7. Dans ce film, rien n'arrive, il n'y pas d'action, il n'y a pas de crime, pas de grandes aventures, il ne se ________ rien.

8. S'il n'y a pas d'action, s'il ne se passe rien, Marie-Laure pense que ce n'est pas amusant, ce n'est pas intéressant. Elle ne voit pas où est l'______________ .

9. Le genou de Claire exerce une certaine fascination sur le jeune diplomate. Il est __________ par ce genou.

10. La plus jeune sœur trouve le jeune diplomate très sympathique, très intéressant. Elle est un peu __________ de lui. Le jeune diplomate trouve la sœur plus âgée très intéressante, il est un peu __________ d'elle.

10.51 Entraînement à la lecture

1. Lisez, verticalement, le document 4A, "Il pleut." Maintenant écrivez ce poème normalement (horizontalement). Soulignez les mots que vous reconnaissez.

____

____

____

____

____

____

____

____

____

____

2. Lisez le document 4B.

Est-ce que le poète est triste ou gai?

____

Est-ce qu'il s'amuse ou est-ce qu'il s'ennuie?

____

Est-ce que le bruit de la pluie est plutôt agréable ou plutôt désagréable?

____

Leçon 11

Assimilation du texte

11.1 Mise en œuvre

Ecoutez le texte et la mise en œuvre dans l'enregistrement sonore. Répétez et répondez suivant les indications.

11.2 Compréhension auditive

Phase 1: Regardez les images et répétez les phrases que vous entendez.

1. ___

2. ___

3. ___

4. ___

5. ___

6. ___

Phase 2: Ecrivez la lettre de chaque phrase que vous entendez sous l'image qui lui correspond le mieux.

11.3 Compréhension auditive et production orale

Ecoutez les énoncés suivants. Après chaque énoncé vous allez entendre une question. Répondez à la question.

1. Qu'est-ce que les deux personnages de l'histoire vont faire aujourd'hui?
2. Depuis combien de temps Mireille étudie-t-elle à la Sorbonne?
3. Que fait-elle au jardin du Luxembourg?
4. Que fait le jeune homme dans le jardin du Luxembourg?
5. Est-ce qu'il a l'air de trouver ça intéressant?
6. Que fait la jeune fille pour faire semblant de ne pas le voir?

Préparation à la communication

11.4 Observation: Prononciation; les semi-voyelles /w/ et /ɥ/

Ecoutez, répétez, et comparez.

	/w/		/ɥ/
J'ai dit	oui.	J'ai dit	"huit"!
C'est	Louis.	C'est	lui.

Remarquez que les mots *oui, Louis, lui,* et *huit* représentent une seule syllabe.

Dans les mots *Louis* et *oui,* la langue est en arrière pour prononcer le son /u/, puis elle avance et vient appuyer contre les dents inférieures pour prononcer le son /i/. Dans les mots *lui* et *huit,* la langue est déjà en avant, et appuyée contre les dents inférieures pour prononcer le son /ɥ/. Elle reste dans cette position pour le son /i/.

11.5 Activation orale: Prononciation; les semi-voyelles /w/ et /ɥ/

Ecoutez et répétez.

C'est aujourd'h*ui* le huit.
Mais *oui,* p*ui*sque je te le dis!
Non, je ne s*ui*s pas *Louis*!
Louis, c'est *lui!*

11.6 Activation orale: Prononciation; le son /y/ (révision)

Ecoutez et répétez.

des études
un cumulus
l'institut
un nimbus
une jupe
un stratus
un nuage
un cirrus

11.7 Activation: Discrimination auditive; /w/ et /ɥ/

Déterminez si les phrases que vous entendez contiennent le nom *Louis* ou le pronom *lui.* Cochez la case appropriée.

	1	2	3	4	5	6	7	8	9	10
Louis										
lui										

11.8 Observation: Le temps qui passe

	passé		*présent*		*futur*
dans la réalité	hier	←	aujourd'hui	→	demain
dans l'histoire	la veille	←	un certain jour	→	le lendemain
	le 28 mai		*le 29 mai*		*le 30 mai*

Le 28 mai est *la veille* du 29 mai.
Le 30 mai est *le lendemain* du 29 mai.

Si *aujourd'hui* c'est le 29 mai,
hier c'était le 28 mai, et
demain ce sera le 30 mai.

11.9 Activation: Dictée

Ecoutez et complétez. Vous entendrez le passage deux fois.

Marie-Laure: Où __________ ?

Mireille: Au cinéma.

Marie-Laure: Je peux __________ ?

Mireille: Non, pas aujourd'hui. __________ autre fois.

Marie-Laure: Oh, toujours une __________. Et pourquoi pas __________ ?

Mireille: Parce que.

11.10 Observation: Présent duratif; *depuis*

—Il y a longtemps que vous êtes à Paris? —Il y a 24 heures.
—Ça fait longtemps que vous êtes à Paris? —Ça fait 24 heures.
—Vous êtes à Paris depuis longtemps? —Depuis 24 heures.

Il y a **Ça fait**	+	*temps*	+	**que**	+	*verbe au présent*	
Il y a		24 heures		**que**	Robert	est	à Paris.
Ça fait		24 heures		**que**	Robert	est	à Paris.

depuis + *durée*	
Robert est à Paris **depuis**	24 heures.
Robert est à Paris **depuis**	un mois.

depuis + *point dans le temps*	
Robert est à Paris **depuis**	hier.
Robert est à Paris **depuis**	le 29 mai.

verbe au présent		+	**depuis**	+	*temps*
Robert	est	à Paris	**depuis**		24 heures.

Notez que *Il y a . . . que* et *Ça fait . . . que* sont utilisés avec une indication de temps, de durée (24 heures, 2 jours, une semaine, deux mois, un an, etc.).

***Depuis* est utilisé avec une indication de temps, de durée, mais aussi avec l'indication d'un point dans le temps (hier, avant-hier, le 29 mai, le mois d'avril, le printemps, l'année dernière, 1882, etc.).**

11.11 Activation orale: Présent duratif

Répondez selon les exemples.

Exemples:
1. 50 ans
Vous entendez: La grand-tante Amélie est veuve?
Vous répondez: Oui, il y a 50 ans qu'elle est veuve.

2. 28 mai
Vous entendez: Robert est à Paris?
Vous répondez: Oui, il est à Paris depuis le 28 mai.
(Le 28 mai est l'indication d'un point dans le temps.)

3. deux jours
4. un an
5. 10 heures du matin
6. une heure
7. le mois d'avril
8. le 1er mai
9. longtemps

11.12 Activation: Dictée

Ecoutez et écrivez. Vous entendrez ce texte trois fois.

—__________ longtemps __________
__________ ?

—Ah, __________ !
Mais __________ vieille Parisienne, moi!
__________ !

11.13 Activation écrite: Présent duratif, *il y a . . . , ça fait . . . , depuis . . . ;* déduction logique

Complétez.

1. Mireille habite rue de Vaugirard. (Attention: Elle ____________ à Prisunic. Elle ____________ rue de Vaugirard.) Elle habite rue de Vaugirard ____________ qu'elle est née. ________________ 19 ou 20 ans qu'elle habite rue de Vaugirard.
2. Cécile et Jean-Denis sont mariés __________ 2 ou 3 ans. ________________________ qu'ils sont mariés.
3. Marie-Laure va à l'école __________ l'âge de 3 ans. Elle a maintenant 10 ans. Donc, ________________________ à l'école.
4. Mireille se repose au soleil sur une chaise du Luxembourg ____________ 10h 10 du matin. Il est maintenant 10h 20. Donc, ____ est là.
5. Elle étudie à la Sorbonne ____________________ le mois d'octobre. Nous sommes au mois de mai. Donc, ________________________________ est à la Sorbonne.
6. La Sorbonne existe __________ le XIIIème siècle. Nous sommes au XXème siècle (pas pour longtemps!). Donc, ____________________________ que la Sorbonne existe.

11.14 Observation: Le temps qui passe; les saisons

saisons		*mois*
le printemps	=	mars, avril, mai, juin
l'été	=	juin, juillet, août, septembre
l'automne	=	septembre, octobre, novembre
l'hiver	=	décembre, janvier, février

mois		*saisons*
En mai,	on est	au printemps.
En juillet,	on est	en été.
En octobre,	on est	en automne.
En janvier,	on est	en hiver.

11.15 Observation: Le temps qu'il fait

Observez les généralisations météorologiques suivantes.

En été En hiver	il fait beau. il fait mauvais.
En avril En mai En août En janvier	il fait frais. il fait bon. il fait chaud. il fait froid.
En automne En hiver En été	il y a des nuages, il y a du vent. il y a de la neige. il y a du soleil.
En hiver	il pleut, il neige.

11.16 Activation orale: Les saisons

Vous allez entendre un petit dialogue. Ecoutez-le, puis répondez aux questions ci-dessous. Vérifiez avec l'enregistrement.

1. Quand est-ce qu'il y a de la neige?
2. Quand est-ce que les marronniers sont en fleurs?
3. Quand est-ce qu'il fait bon à l'ombre?
4. Quand est-ce qu'on ramasse les feuilles mortes?

11.17 Activation orale: Le temps qu'il fait

Continuez les phrases que vous allez entendre selon l'exemple.

Exemple:
Vous entendez: 1. En été il fait beau, mais en hiver . . .
Vous voyez: mauvais
Vous dites: Il fait mauvais.

2. chaud
3. frais
4. des nuages
5. de la neige
6. du soleil

11.18 Observation: Exclamation; admiration et critique

	quel + *nom*	**que** + *verbe*
admiration	Quel beau **ciel!**	Que le ciel **est** bleu!
critique	Quel sale **temps!**	Qu'il **fait** mauvais!

Le mot exclamatif *quel* précède un **nom.**
Le mot exclamatif *que* précède un **verbe.**

11.19 Observation: *Quel* exclamatif

exclamatif		*nom*
Quel		ciel!
Quels	beaux	nuages!
Quelle	belle	matinée!
Quelles	belles	fleurs!

Quel s'accorde en genre et en nombre avec le nom qu'il précède.

11.20 Observation: Construction exclamative avec *quel*

Notez que dans la construction exclamative avec *quel* il n'y a pas d'article.

exclamatif		*nom*
Quel		ciel!
Quel	beau	ciel!
Quel		ciel bleu!
Quel	beau	ciel bleu!

Quel (comme *ce*) fonctionne comme un article.

Le ciel . . .
Un ciel . . .
Ce ciel . . .
Quel ciel!

11.21 Activation orale et écrite: Exclamation; *quel*

Répondez selon l'exemple.

Exemple:
Vous entendez: 1. Que sa jupe est ravissante!
Vous dites: Quelle jupe ravissante!
Vous écrivez: Quelle (au féminin)

2. ________ ciel bleu!
3. ________ froid!
4. ________ mauvais temps!
5. ________ beau sourire!
6. ________ beaux yeux!
7. ________ belles mains!
8. ________ bavard!
9. ________ air bête!
10. ________ rencontre intéressante!
11. ________ histoire fascinante!

11.22 Observation: *Aller* et *venir*

venir de *origine*	**aller à** *destination*
Mireille **vient de** l'Institut.	Elle **va à** la fac.

Venir de **indique l'origine.** ***Aller à*** **indique la destination.**

11.23 Activation orale: *Venir*

Répondez selon l'exemple.

Exemple:
Vous voyez: 1. Le Luxembourg
Vous entendez: 1. D'où venez-vous, vous deux?
Vous répondez: Nous venons du Luxembourg.

2. Le Quartier Latin
3. L'hôtel
4. L'Institut d'Art et d'Archéologie
5. La cour de la Sorbonne
6. Les Etats-Unis
7. Le cinéma
8. Le Ministère de la Santé
9. La fac

11.24 Observation: Futur immédiat et passé immédiat; *aller, venir de*

origine	*passé immédiat*
venir de *nom*	**venir de** *verbe*
1. Mireille **vient de** l'Institut. 3. Robert **vient des** Etats-Unis.	2. Elle **vient de** sortir de l'Institut. 4. Il **vient d'** arriver à Paris.

Remarquez que, dans les phrases 2 et 4, le verbe *venir* indique un passé immédiat. C'est une construction semblable à la construction avec *aller* qui indique un futur immédiat (voir leçon 3).

passé immédiat	Elle **vient de** sortir.
futur immédiat	Elle **va** sortir.

11.25 Activation orale: Passé immédiat; *venir de*

Répondez selon l'exemple.

Exemple:
Vous entendez: 1. Ça fait longtemps que Robert est à Paris?
Vous répondez: Non, il vient d'arriver.

2. Ça fait longtemps que Robert et Mireille sont là?
3. Ça fait longtemps que vous êtes ici, tous les deux?
4. Ça fait longtemps que Mireille est au Luxembourg?
5. Ça fait longtemps que tu es là, toi?

11.26 Observation: Pronoms personnels; *le, la, les*

		pronom	verbe	nom
1.	Mireille		voit	le jeune homme.
	Elle	le	voit.	
2.	Le jeune homme		remarque	Mireille.
	Il	la	remarque.	
3.	Le jeune homme		remarque	les yeux de Mireille.
	Il	les	remarque.	

Dans 1, *le* remplace *le jeune homme. Le jeune homme* est un nom masculin singulier. C'est le complément d'objet direct du verbe *voit. Le* est un pronom objet direct, masculin singulier.

Dans 2, *la* remplace *Mireille. Mireille* est un nom féminin singulier. C'est le complément d'objet direct du verbe *remarque. La* est un pronom objet direct, féminin singulier.

Dans 3, *les* remplace *les yeux de Mireille. Les yeux* est un nom masculin pluriel. C'est le complément d'objet direct du verbe *remarque. Les* est un pronom objet direct, masculin (ou féminin) pluriel.

Remarquez que ces pronoms sont identiques aux articles définis *le, la,* et *les.* Il y a **liaison** et **élision** avec ces pronoms, comme avec les articles définis.

élision	
Mireille	aime beaucoup le Luxembourg.
Elle	**l'**aime beaucoup.
liaison	
Le jeune homme	aime beaucoup les yeux de Mireille.
Il	**les** /z/aime beaucoup.

11.27 Activation orale: Pronoms personnels; *le, la, les*

Remplacez les noms par des pronoms selon l'exemple.

Exemple:
Vous entendez: 1. Est-ce que Mireille va rencontrer Robert?
Vous dites: Oui, elle va (peut-être) le rencontrer.

2. Est-ce que Robert va rencontrer Mireille?
3. Est-ce que Robert va trouver Mireille sympathique?
4. Est-ce que Mireille va trouver Robert sympathique?
5. Est-ce que Robert va rencontrer les sœurs de Mireille?
6. Est-ce qu'il va rencontrer les parents de Mireille?
7. Est-ce qu'il va rencontrer Hubert?
8. Est-ce qu'il va trouver Hubert sympathique?
9. Est-ce qu'il va rencontrer Colette?
10. Est-ce qu'il va rencontrer Tante Georgette et Fido?
11. Est-ce que les Belleau vont inviter Robert?
12. Est-ce qu'ils vont trouver Robert sympathique?

11.28 Observation: Pronoms personnels; *me, te, nous, vous*

sujet	*objet direct*	*verbe*
Vous	**me**	trouvez bête?
Je	**vous**	ennuie?

	pronom	*verbe*
Ce garçon	**m'**	ennuie.
Il	**t'**	ennuie?
Il	**nous**	ennuie.
Il	**vous**	ennuie?

Me et *vous* sont les compléments d'objet direct du verbe.

Me (*m'*) est un pronom personnel objet direct de la 1ère personne du singulier. *Te* (*t'*) est un pronom personnel objet direct de la 2ème personne du singulier. *Nous* est un pronom personnel objet direct de la 1ère personne du pluriel. *Vous* est un pronom personnel objet direct de la 2ème personne du pluriel.

tableau récapitulatif des pronoms personnels objets directs		
Elle **me** regarde.	*1ère personne singulier*	*masculin ou féminin*
Elle **te** regarde.	*2ème personne singulier*	*masculin ou féminin*
Elle **le** regarde.	*3ème personne singulier*	*masculin*
Elle **la** regarde.	*3ème personne singulier*	*féminin*
Elle **nous** regarde.	*1ère personne pluriel*	*masculin ou féminin*
Elle **vous** regarde.	*2ème personne pluriel*	*masculin ou féminin*
Elle **les** regarde.	*3ème personne pluriel*	*masculin ou féminin*

11.29 Activation: Dictée

Ecoutez et complétez. Vous entendrez le texte deux fois.

Marie-Laure: Dis, tu peux me ________ arranger?

Tante Georgette: Tu ________ agaces!

____________ embêtes, tu vois bien que je

________ occupée!

Mme Belleau: Marie-Laure, n'ennuie pas Tante Georgette. Ne

____________ pas!

11.30 Activation orale: Pronoms personnels objets directs

Répondez selon l'exemple.

Exemple:
Vous entendez: 1. Vous trouvez Jean-Pierre intéressant?
Vous répondez: Non, il nous ennuie.

2. Tu trouves Jean-Pierre intéressant?
3. Mireille trouve Jean-Pierre intéressant?
4. Robert trouve Jean-Pierre intéressant?
5. Ses amis trouvent Jean-Pierre intéressant?
6. Vous trouvez Jean-Pierre intéressant, vous deux?
7. Et moi, est-ce que vous pensez que je trouve Jean-Pierre intéressant?

11.31 Observation: Place des pronoms personnels objets directs

	pronom	*verbe*	
Elle	**te**	voit.	
Il	**la**	remarque.	
Il	**nous**	ennuie.	
Elle ne	**me**	voit	pas.
Elle ne	**le**	remarque	pas.
Il ne	**vous**	ennuie	pas?

Vous remarquez que les pronoms sont placés immédiatement avant le verbe.

Dans le cas d'une construction négative, le pronom est placé entre *ne* et le verbe.

11.32 Activation orale: Place des pronoms personnels objets directs

Répondez selon l'exemple.

Exemple:
Vous entendez: 1. Est-ce que Mireille connaît Robert?
Vous répondez: Non, elle ne le connaît pas.

2. Est-ce que Robert connaît Mireille?
3. Est-ce qu'il connaît les parents de Mireille?
4. Est-ce que Robert connaît Hubert?
5. Est-ce que Robert me connaît, moi?
6. Est-ce que Robert nous connaît?

11.33 Activation: Dictée

Ecoutez et complétez. Vous entendrez le passage deux fois.

Le vieux professeur: Ça ne ________ ennuie pas que je travaille là?

Tante Georgette: Non, non, pas du tout. Ça ne ________ pas du tout. Ça ne ________ .

Le vieux professeur: Merci, ________ .

Tante Georgette: ________ .

11.34 Activation: Dictée

Ecoutez et complétez. Vous entendrez le texte deux fois.

Jean-Pierre: ________ beaux ________ ! ________ belles ________ ! Je ne ________ pas?

Mireille: Si, vous ________ .

Jean-Pierre: Vous ________ bête?

Mireille: Oui, ________ stupide.

Jean-Pierre: Ah, bon? ________ .

11.35 Observation: *Promener son chien, se promener*

sujet	objet (pronom)	verbe	objet (nom)
1. Tante Georgette		promène	Fido.
Elle	le	promène.	
2. (Tante Georgette		promène	Tante Georgette.)
Elle	se	promène.	
3. Marie-Laure		habille	sa poupée.
Elle	l'	habille.	
4. (Marie-Laure		habille	Marie-Laure.)
Elle	s'	habille.	

Dans les phrases 1 et 3, l'objet (*Fido, sa poupée*) est différent du sujet (*Tante Georgette, Marie-Laure*). Dans les phrases 2 et 4, l'objet (*Tante Georgette, Marie-Laure*) est le même que le sujet (*Tante Georgette, Marie-Laure*). Vous remarquez que dans ce cas on utilise un pronom particulier (*se, s'*). On appelle ce pronom un pronom **réfléchi** parce que l'action du verbe est réfléchie sur le sujet (*se* est l'**objet** du verbe, mais il représente aussi le **sujet**).

11.36 Observation: *Se promener;* pronoms réfléchis

pronoms réfléchis			*pronoms non-réfléchis*		
Je	**me**	promène.	Elle	**me**	voit.
Tu	**te**	promènes.	Elle	**te**	voit.
Il	**se**	promène.	Elle	**le**	voit.
Elle	**se**	promène.	Elle	**la**	voit.
Ils	**se**	promènent.	Elle	**les**	voit.
Elles	**se**	promènent.	Elle	**les**	voit.
Nous	**nous**	promenons.	Elle	**nous**	voit.
Vous	**vous**	promenez.	Elle	**vous**	voit.

Remarquez que les pronoms réfléchis sont identiques aux pronoms non-réfléchis (pronoms personnels objets directs) sauf à la 3ème personne (*se* ≠ *le, la, les*).

11.37 Observation: Verbes réfléchis

	pronom réfléchi	
Il	**s'**	ennuie.
Il	**s'**	approche.
Son regard	**se**	perd dans la contemplation du ciel.
Je ne	**me**	trompe jamais.
Je	**me**	présente.
Je	**m'**	appelle Jean-Pierre Bourdon.
Elle	**se**	lève . . .
et elle	**s'**	en va.

Ces verbes sont tous utilisés à la forme réfléchie, c'est-à-dire avec un pronom réfléchi. Presque tous les verbes peuvent être utilisés à la forme réfléchie.

11.38 Activation orale: Verbes réfléchis

1. *s'habiller*

Répondez selon l'exemple.

Exemple:
Vous entendez: 1. Ton pull vient de Prisunic?
Vous répondez: Non, je m'habille chez Dior.
(Vous pouvez substituer le couturier de votre choix: Saint-Laurent, Lanvin, Cardin, Givenchy, Cacharel, etc.)

2. Vos vêtements viennent de Prisunic?
3. Le pull de Colette vient de Prisunic?
4. Les jupes de tes cousines viennent de Prisunic?
5. La jupe de ta mère vient de Prisunic?
6. Vous avez de jolies jupes toutes les deux! Elles viennent de Prisunic?
7. Et moi, vous pensez que ma jupe vient de Prisunic?

2. *se tromper*

Répondez selon l'exemple.

Exemple:
Vous entendez: 1. Jean-Pierre pense que Mireille va dire quelque chose
Vous répondez: . . . mais il se trompe.

2. Mireille espère que Jean-Pierre va s'en aller.
3. Moi, je crois que Robert va rencontrer Mireille au Luxembourg.
4. Vous pensez que ça va être un roman d'amour?
5. Tu crois que nous allons avoir un crime dans l'histoire?

3. *se lever et s'en aller*

Répondez selon l'exemple.

Exemple:
Vous entendez: 1. Ce type m'ennuie.
Vous dites: Je me lève et je m'en vais.

2. Ce type ennuie Mireille.
3. Il y a un type qui ennuie Mireille et sa sœur.

11.39 Activation: Dictée; verbes réfléchis et non-réfléchis

Ecoutez et complétez.

1. Mireille (*à Marie-Laure*): Arrête! ______________ !

   Qu'est-ce que Marie-Laure fait?

   Elle ______________ .

2. Marie-Laure: ______________ ! Il n'y a rien à faire!

   Qu'est-ce que Marie-Laure fait?

   Elle ______________ .

11.40 Activation écrite: Verbes réfléchis et non-réfléchis

Choisissez la forme réfléchie ou non-réfléchie du verbe entre parenthèses.

1,2. (habiller/s'habiller)

Marie-Laure se lève et ______________ . Puis elle ______________ sa poupée.

3. (ennuyer/s'ennuyer)

Il n'y a rien à faire à la plage quand il pleut. On ______________ .

4,5. (promener/se promener)

Un jeune homme ______________ dans le jardin du Luxembourg. Un vieux monsieur ______________ son chien.

6. (ennuyer/s'ennuyer)

Ils ont l'air de ______________ tous les deux.

7. (présenter/se présenter)

Le jeune homme s'approche de Mireille et ______________ .

8. (appeler/s'appeler)

Le jeune homme qui s'approche de Mireille ______________ Jean-Pierre Bourdon.

9. (ennuyer/s'ennuyer)

Il commence à ______________ Mireille considérablement.

10,11. (lever/se lever)

Mireille fait semblant de ne pas le voir. Elle ______________ les yeux au ciel. Finalement, Mireille ______________ et s'en va.

11.41 Activation écrite: Adjectifs possessifs (révision)

Lisez et complétez avec *son, sa, ses, leur,* ou *leurs,* selon le cas.

Robert a un oncle et deux tantes. __________ oncle est ingénieur chimiste chez Dupont. __________ tantes sont des écologistes militantes. Il a aussi deux cousins et une cousine. __________ cousine est capitaine dans l'armée américaine. __________ cousins, eux, sont pacifistes. Robert a une amie brésilienne. __________ amie brésilienne fait de l'agitation révolutionnaire. __________ père est colonel. __________ opinions politiques sont un peu différentes, mais __________ vie de famille est d'une sérénité exemplaire.

11.42 Activation écrite: Pronoms, articles, etc. (récapitulation)

Lisez et complétez.

1. Mireille ____ repose sur ____ chaise au jardin ____ Luxembourg. Elle porte sa jupe rouge de Prisunic. Elle ____ aime beaucoup. C'est ____ jupe qu'elle préfère. Elle ____ porte presque tous les jours. Un jeune homme ____ promène dans le jardin. Il remarque Mireille. Il ne ____ connaît pas. Il pense: "Tiens voilà une jeune fille qui a l'air très sympathique! Qu'est-ce que je fais? Je ____ approche d'elle?" Mireille remarque le jeune homme. Elle pense: "Qui est ce jeune homme qui ____ approche de ____ ? Je ne ____ connais pas. Il ____ regarde. Je vais faire semblant de ne pas ____ voir. Les marronniers sont en fleurs; je ____ regarde. . . . Il y a de jolis nuages; je ____ regarde passer dans ____ ciel."
2. Le jeune homme pense: "Elle ____ voit, mais elle ____ semblant de ne pas ____ voir!" Le jeune homme dit: "Quel beau temps! Vous travaillez? Vous ____ reposez? Mireille pense: "Oui, je ____ repose, idiot!" Le jeune homme dit: "Les gens ne ____ reposent pas assez, aujourd'hui. Ils travaillent trop!" Mireille pense: "Cet imbécile ____ ennuie!" Le jeune homme dit: "Vous ne vous ennuyez pas toute seule?" Mireille pense: "Non, je ne ____ ennuie pas, mais toi, tu ____ ennuies!"
3. Le jeune homme dit: "____ jolie jupe! Vous ____ habillez chez Kenzo ou chez Sonya Rykiel?" Mireille pense: "Les petites étudiantes comme moi ne ____ habillent pas chez Sonya Rykiel, et toi, tu ne ____ habilles pas ____ Kenzo, non plus!" Le jeune homme dit: "Il ____ vraiment beau, vous ne trouvez pas? Vous ne voulez pas venir ____ promener avec ____ ? Allons ____ promener ensemble!" Mireille pense: "Je ne vais certainement pas aller ____ promener avec cet imbécile! Qu'est-ce que je fais? Je vais ____ lever et ____ en aller." Elle se lève et elle ____ .

11.43 Activation écrite: *Etre, venir de,* adjectifs démonstratifs, pronoms accentués, etc. (récapitulation)

Lisez et complétez.

Mireille arrive chez elle. Cécile et Jean-Denis sont là.

Mireille: Tiens, il y a longtemps que vous ____ là, tous les deux?

Cécile: Non, nous ____ arriver.

Mireille: Papa et maman ne ____ pas là?

Cécile: Non, ils ____ sortir.

Mireille (à Marie-Laure): Qu'est-ce que c'est que ____ nouveau bateau? Je ne ____ connais pas! Il est à ____ ?

Marie-Laure: Evidemment qu'il est à ____ ! Tonton Guillaume ____ donner.

Mireille: Tiens, donne-moi un chocolat!

Marie-Laure: Je regrette, je ____ manger le dernier! Il n'en ____ plus!

Mireille: C'est pas vrai! Tu ____ trop de chocolats, ma petite! Tu sais que tu ____ être ____ !

Marie-Laure: Oui, je ____ ! Mais j'adore ____ chocolats!

11.44 Activation orale: Dialogue entre Mireille et Jean-Pierre

Vous allez entendre un dialogue entre Mireille et Jean-Pierre. Ecoutez attentivement. Vous allez apprendre ce que dit Jean-Pierre.

Mireille: (. . .)
Jean-Pierre: **Quel beau temps!**
Mireille: (. . .)
Jean-Pierre: **Quel ciel! Pas un nuage! Pas un cumulus!**
Mireille: (. . .)
Jean-Pierre: **Il fait vraiment beau, vous ne trouvez pas?**

Exercices-tests

11.45 Exercice-test: Le temps qui passe/le temps qu'il fait

Complétez.

Nous sommes ________ printemps. Il ________ beau, il ne ________ pas trop chaud, il ________ soleil.

Robert est à Paris ________ hier. ________ un jour que Robert est arrivé des Etats-Unis. Il sait déjà qu'il va aimer la France.

Vérifiez. Si vous avez fait des fautes, travaillez les sections 11.8 à 11.17 dans votre cahier d'exercices.

11.46 Exercice-test: *Quel* exclamatif

Complétez.

1. ________ jolie jupe!
2. ________ beaux marronniers!
3. ________ idiote!
4. ________ jardin!
5. ________ jolies fleurs!

Vérifiez. Si vous avez fait des fautes, travaillez les sections 11.18 à 11.21 dans votre cahier d'exercices.

11.47 Exercice-test: *Venir de;* pronoms réfléchis

Complétez selon l'exemple.

Exemple:
Vous entendez: Comment t'appelles-tu?
Vous écrivez: Mais je viens de me présenter!

1. Mais ________ présenter!
2. Mais ________ présenter!
3. Mais ________ présenter!
4. Mais ________ présenter!
5. Mais ________ présenter!

Vérifiez. Si vous avez fait des fautes, travaillez les sections 11.22 à 11.25 et 11.35 à 11.40 dans votre cahier d'exercices.

11.48 Exercice-test: Pronoms objets directs

Complétez selon les exemples.

Exemples:
Vous entendez: Tu m'entends?
Vous écrivez: Oui, je t'entends.

Vous entendez: Tu me vois?
Vous écrivez: Non, je ne te vois pas!

1. Oui, je ________ entends.
2. Non, je ________ vois pas.
3. Non, je ________ vois pas.
4. Oui, je ________ entends.
5. Oui, je ________ entends.
6. Non, je ________ vois pas.
7. Non, je ________ vois pas.
8. Non, je ________ vois pas.

Vérifiez. Si vous avez fait des fautes, travaillez les sections 11.26 à 11.34 dans votre cahier d'exercices.

Libération de l'expression

11.49 Mise en question

Relisez le texte de la leçon; lisez les questions de la mise en question qui suit la mise en œuvre dans votre livre de textes. Réfléchissez à ces questions et essayez d'y répondre.

11.50 Mots en liberté

Qu'est-ce qu'on peut faire quand il fait beau, en été?

On peut faire du kayak, du surfing, du ski nautique, de la natation; on peut promener le chien, se reposer, faire semblant d'être sportif . . .

Trouvez encore au moins huit possibilités.

Qu'est-ce que vous trouvez intéressant?

Le français, les échecs . . .

Trouvez encore au moins huit possibilités.

Qu'est-ce qu'on peut faire semblant de faire?

On peut faire semblant d'étudier, d'être sportif, de savoir le français . . .

Trouvez encore au moins cinq possibilités.

11.51 Mise en scène et réinvention de l'histoire

Imaginez que vous êtes au jardin du Luxembourg, ou à la fac, ou dans un train, ou dans un bus, ou bien que vous attendez chez le dentiste. Vous vous ennuyez. Vous voyez une personne: un petit garçon, une petite fille, un jeune homme, une jeune fille, une dame, un monsieur avec un chien . . . ou un chien tout seul. Vous voulez engager la conversation. Qu'est-ce que vous pouvez dire? Si la personne (ou le chien. . .) ne vous répond pas, inventez un monologue. Si elle vous répond, imaginez un dialogue. Vous pouvez:

1. parler du temps qu'il fait, beau ou mauvais. . .
2. parler du ciel, des nuages. . .
3. parler de la température; est-ce qu'il fait froid . . . chaud?
4. demander si la personne (ou le chien. . .) vient souvent ici. . .
5. demander s'il y a longtemps qu'elle (ou il) est là. . .
6. dire si vous aimez ce jardin, le train, les dentistes, et pourquoi;
7. vous présenter.

11.52 Mise en scène et réinvention de l'histoire

Réinventez la rencontre entre Mireille et Jean-Pierre à votre idée. Ils peuvent se rencontrer au Luxembourg ou ailleurs: chez le dentiste, dans le train, dans le bus. Pour changer, imaginez que Mireille ne reste pas silencieuse. Elle peut même être bavarde. Est-ce qu'elle va pratiquer l'art d'insulter, ou est-ce qu'elle va rester correcte? Choisissez ses réponses ou inventez d'autres possibilités.

Jean-Pierre:

Quel beau temps! Quel ciel . . . etc. Il fait vraiment beau, vous ne trouvez pas?

Mireille:

Quelle banalité!			un temps de chien!
Quelles stupidités!	il		un sale temps!
Quel idiot!		fait	très beau!
Vous trouvez?	ça		assez beau.
Non, je ne trouve pas;			un temps de cochon!
Oui, vraiment;			un froid de loup!
Non, pas vraiment;			plutôt mauvais!
			trois jours qu'il pleut!

Jean-Pierre:

Vous venez souvent ici?

Mireille:

		il y a trop d'imbéciles comme vous!	
		allez voir là-bas si j'y suis!	
		ne m'embêtez pas!	
		ça vous regarde?	
		ça vous intéresse?	
Oui,		occupez-vous de vos affaires!	
	mais	pas très souvent	en hiver.
Non,		tous les jours	quand il pleut.
		jamais	quand il fait beau.
		assez souvent	aller chez le dentiste.
		j'aime bien	le train.
			le bus.
			le jardin.

Jean-Pierre:
Vous me trouvez bête? Je vous ennuie?

Mireille:

	vous m'ennuyez beaucoup.		
		embêtant.	
	vous êtes	stupide.	
		idiot.	clown.
		un drôle de	type.
		un sale	bonhomme.
			guignol.
Oui,			
Non,		agaçant.	
Non, non,		trop bavard.	
		bête comme vos pieds.	
	je vous trouve	très intéressant.	
		terriblement intelligent!	
		absolument fascinant!	
	vous ressemblez à	Jean-Paul Sartre.	
		Jean-Paul Belmondo.	
		Gérard Depardieu.	
		Elvis Presley.	
		Méphistophélès.	
		Quasimodo.	
		Frankenstein.	
		L'abominable-homme-des-neiges.	
		un monstre dans un film d'horreur.	

Jean-Pierre:
Permettez-moi de me présenter. Je m'appelle Jean-Pierre Bourdon.

Mireille:

Non, je ne vous permets pas!	
Je ne veux pas le savoir.	
Ça ne m'intéresse pas.	
Je déteste ce prénom!	
Enchantée; moi, je m'appelle Mireille.	
	Marie-Antoinette.
	Cléopâtre.
Et moi, je m'appelle	Lucrèce Borgia.
	Elizabeth, reine d'Angleterre.
	Jeanne d'Arc.
	Liz Taylor.

	nous allons	nous revoir.
J'espère que		être amis.
	nous n'allons pas	nous rencontrer à la fac.
		aller faire de la voile ensemble.
Salut!		

Préparation à la lecture et à l'écriture

11.53 Lecture et interprétation

Lisez le document 3C dans votre livre de textes, leçon 11. Puis lisez le texte suivant, essayez de comprendre, et complétez.

C'est un vers extrait d'un poème de Ronsard. Ronsard est un poète du XVIème siècle, l'époque de la Renaissance. Dans ses poèmes, il parle beaucoup du temps qui passe: tout passe, rien ne dure. Les roses passent vite; elles ne durent pas. La jeunesse passe vite; elle ne ________ pas. Les monuments peuvent durer deux ou trois mille ans, comme les pyramides égyptiennes, ou sept ou huit cents ans, comme les cathédrales médiévales, mais les fleurs ne ________ pas très longtemps. L'amour, non plus, ne ________ pas très longtemps, un printemps . . . une saison . . . et puis il passe.

11.54 Lecture et interprétation

Lisez le document 3A dans votre livre de textes, leçon 11. Lisez le texte suivant; essayez de comprendre, et complétez.

1. Ce sont deux vers extraits d'un poème de Mallarmé. Stéphane Mallarmé est un poète de la fin du XIXème siècle. Il est né en 1842 et il est ________ en 1889. C'est un poète symboliste, un poète moderne. Il a la réputation d'être difficile. Il ne dit pas les choses directement. Sa poésie opère un peu comme la musique, par suggestions, par allusions.
2. Ici, Mallarmé dit que le printemps est maladif. Tante Georgette n'est pas en très bonne santé. Elle est souvent malade, elle a une santé fragile; elle est un peu maladive. Tonton Guillaume, lui, est toujours en bonne santé. Il a une santé solide, robuste. Il n'est jamais malade; il n'est pas ________ du tout.
3. Mallarmé dit que le printemps a chassé l'hiver. Une saison succède à l'autre. Une saison chasse l'autre: C'est l'hiver; le printemps arrive; ce n'est plus l'hiver, c'est la fin de l'hiver; l'hiver est fini; le printemps prend la place de l'hiver; le printemps ________ l'hiver.
4. Mallarmé a l'air d'être triste parce que le printemps a chassé l'hiver. Marie-Laure pleure parce qu'elle est triste. Marie-Laure est triste parce que les vacances sont terminées. Marie-Laure préfère les comédies, les histoires drôles, les films amusants; elle n'aime pas les films ________.
5. Mallarmé dit que l'hiver est la saison de l'art serein. En hiver, l'artiste, le poète travaille mieux parce qu'il est plus calme, plus tranquille, plus serein. Il fait beau, il n'y a pas de nuages, il n'y a pas de vent, tout est calme, tranquille, le ciel est serein. Tonton Guillaume n'a pas de complexes, pas de préoccupations, pas de problèmes, il est toujours calme, il a toujours un visage ________.
6. A votre avis, est-ce que Mallarmé préfère le printemps ou l'hiver? Et Ronsard?

   ____.

11.55 Lecture et interprétation

Lisez le document 3B dans votre livre de textes, leçon 11. Lisez le texte suivant et complétez.

1. En général, il neige avant le printemps ou après?

   ____________________.

2. Qu'est-ce qui vient après le printemps?

   ____________________.

3. Qu'est-ce qui succède à l'automne, l'été ou l'hiver?

   ____________________.

4. La succession des saisons donne une impression, un sentiment d'ordre, de sécurité. On sait où on en est. Mais s'il neige au printemps, si l'hiver ressemble à l'été, on ne sait plus où on en est. On n'y ____________ plus rien.

11.56 Lecture et interprétation

Lisez le document 3D dans votre livre de textes, leçon 11. Puis lisez le texte suivant et complétez.

1. Ces deux vers sont extraits d'un poème d'Alfred de Vigny. C'est un poète du XIXème siècle. Il est ________ en 1810 et mort en 1857. C'est un poète romantique; il a aussi écrit des pièces de théâtre.
2. Les loups, qui sont des chiens sauvages, sont associés à l'idée d'hiver et de froid. Quand il fait très froid, on dit "Il fait un froid de ________."
3. Quand il fait beau tout le monde aime bien être à l'extérieur, les chiens aussi, d'ailleurs. Quand il fait mauvais tout le monde préfère être à la maison, mais les chiens sont souvent obligés de rester à l'extérieur, alors, quand il fait mauvais on dit "Il ________ un temps de ____________."

   On dit aussi "Il fait un sale temps" et "Il ________ un temps de cochon!" parce que les cochons ont la réputation d'être des animaux sales.

11.57 Lecture et interprétation

Lisez le document 4 dans votre livre de textes, leçon 11. Lisez le texte suivant et complétez.

Ces quatre vers sont extraits d'un poème de Verlaine. C'est le poète qui parle.

Le poète s'en va. A la fin du texte de la leçon 11 (livre de textes p. 70) Mireille se lève et s'________.

Le poète s'en va au vent mauvais. Il y a de bons vents et des vents mauvais. Un vent modéré, régulier est un bon vent pour faire de la voile. Un vent frais, modéré est un vent agréable en été. C'est un _____ vent, une brise agréable. Mais un vent violent, un vent froid, c'est un vent mauvais, méchant, désagréable.

Le vent emporte les feuilles mortes. Le vent chasse les feuilles mortes. Il les prend avec lui. A l'aéroport, Robert prend un taxi pour aller à Paris. Le taxi emporte Robert vers Paris. Le vent emporte les feuilles mortes. Il ________ aussi le poète. Le vent emporte le poète comme une feuille morte. Le poète se compare à une feuille morte. Le poète est ________ à une feuille morte.

11.58 Entraînement à la lecture

Lisez le document 6 dans votre livre de textes, leçon 11. Complétez et répondez.

C'est le commencement du monde; le ________ de la création.

La feuille morte voltige parce que le vent l'________.

(Voyez le document 4.)

Quand Eve voit la feuille qui s'en va dans le vent, qu'est-ce qu'elle croit?

____

(Voyez leçon 7, document 1.)

Leçon 12

Assimilation du texte

🎧 12.1 Mise en œuvre

Ecoutez le texte et la mise en œuvre dans l'enregistrement sonore. Répétez et répondez suivant les indications.

🎧 12.2 Compréhension auditive

Phase 1: Répétez les phrases que vous entendez.

Phase 2: Vous allez entendre des énoncés identifiés par les lettres A,B,C, etc. Pour chaque énoncé, indiquez s'il s'agit de Ghislaine ou de Mireille en écrivant en face de chaque lettre 1 s'il s'agit de Ghislaine en Angleterre, ou 2 s'il s'agit de Mireille en France.

Exemple:
Vous entendez: A. Il fait beau.
Vous écrivez 2 à côté de la lettre *A*, parce qu'il s'agit de Mireille en France.

A 2
B ___
C ___
D ___
E ___
F ___
G ___
H ___
I ___
J ___
K ___
L ___
M ___

1. Ghislaine en Angleterre.

2. Mireille à Paris.

🎧 12.3 Production orale

Maintenant, dans la conversation téléphonique entre Ghislaine et Mireille, vous allez jouer le rôle de Mireille. Chaque fois que Ghislaine dit quelque chose, vous dites le contraire.

Exemple:
Vous entendez: 1. Il fait mauvais.
Vous répondez: Il fait beau.

2. Il fait un temps affreux.
3. Le ciel est gris.
4. Le temps est couvert.
5. Il pleut.
6. Il fait froid.
7. J'attrape des rhumes.
8. Je me ruine en aspirine.

Préparation à la communication

12.4 Observation: Prononciation; alternance vocalique

nous prenons	ils prennent
nous nous promenons	ils se promènent

Ecoutez et comparez.

1 /ə/	2 /ɛ/
nous comprenons	ils comprennent
vous vous promenez	il se promène
nous nous appelons	je m'appelle

Vous remarquez que le e du radical de ces verbes se prononce différemment dans la colonne 1 et dans la colonne 2. Dans la colonne 1, ce e se prononce /ə/ comme dans *le*. Dans la colonne 2, ce e se prononce /ɛ/.

Remarquez que, dans la colonne 1, le e se trouve dans une syllabe **ouverte** (une syllabe qui se termine par un son de voyelle):

com pre nons

Dans la colonne 2, le e se trouve dans une syllabe **fermée** (une syllabe qui se termine par un son de consonne):

com prennent

Notez que le son /ɛ/ est représenté par è (*promène*) ou par e suivi d'une double consonne (*appelle, comprennent*).

12.5 Activation orale: Prononciation; alternance vocalique

Ecoutez et répétez.

1. /ə/	2. /ɛ/
nous comprenons	ils comprennent
vous comprenez	
se promener	
nous nous promenons	je me promène
vous vous promenez	tu te promènes
	il se promène
	elles se promènent
s'appeler	
nous nous appelons	je m'appelle
vous vous appelez	tu t'appelles
	elle s'appelle
	ils s'appellent

12.6 Observation: Impatience

Vous pouvez dire à quelqu'un qui vous ennuie:

Tu m'ennuies!
Ce que tu peux être embêtant(e)!
Ce que tu peux être agaçant(e)!
Arrête!
Ça suffit!
Ça suffit comme ça!
Occupe-toi de tes affaires!

12.7 Observation: Questions; *quel* interrogatif

	interrogatif	*nom*	
De	**quel**	côté	allez-vous?
	Quel	temps	fait-il?
	Quelle	saison	préférez-vous?
	Quels	sports	pratiquez-vous?
	Quelles	études	fait-elle?

Quel est un exclamatif (voir leçon 11) mais c'est aussi un interrogatif. *Quel* interrogatif s'accorde en genre et en nombre avec le nom qu'il précède.

12.8 Activation écrite: Questions; *quel* interrogatif

Complétez avec la forme convenable de *quel*.

1. ________ jour sommes-nous, aujourd'hui?
2. En ________ saison sommes-nous?
3. ________ temps fait-il?
4. ________ quartiers Robert va-t-il explorer?
5. ________ études Mireille fait-elle?

12.9 Observation: Santé; parties du corps

Je suis malade

J'ai mal **à la** tête.
J'ai mal **à la** gorge.
J'ai mal **à l'**oreille.
J'ai mal **au** cou.
J'ai mal **aux** yeux.
J'ai mal **aux** dents.

Notez l'article défini devant la partie du corps.

12.10 Activation orale: Parties du corps

Posez une question pour chaque énoncé que vous entendez, selon les exemples.

Exemples:
Vous entendez: 1. Oh, là, mon cou!
Vous dites: Tu as mal au cou?

Vous entendez: 2. Oh, là, ma tête!
Vous dites: Tu as mal à la tête?

3. Oh, là, ma jambe!
4. Oh, là, mon doigt!
5. Oh, là, mon oreille!
6. Oh, là, mon ventre!
7. Oh, là, ma gorge!

12.11 Activation: Dictée

Ecoutez et complétez. Vous entendrez le passage deux fois.

J'ai mal partout!

A. Marie-Laure: J'ai mal ____________________ !
J' ____________________ doigt!
J' ____________________ jambes!
Mireille: Oh, là, là, mais, ça ____________________ très grave!

B. Marie-Laure: J'ai ____________________ , et ____________________ . Ça me gratte!
Mme Belleau: Ce n'est ____________________ !

12.12 Activation écrite: Parties du corps; *avoir*

Complétez.

Epidémie

Mireille: Tu as mal à _____ gorge?
Marie-Laure: Oui, j'_____ mal à _____ gorge.
Mireille: Maman, Marie-Laure _____ mal à _____ gorge!
Mme Belleau: Et toi, tu _____ mal à _____ gorge?
Mireille: Oui, j'_____ un peu mal _____ gorge, moi aussi.
Mme Belleau: Moi aussi. . . . Eh bien, nous _______ toutes ___________ gorge! C'est une épidémie! Je vais signaler ça au Ministère!

12.13 Observation: Réciprocité

		pronom réfléchi		
Mireille		rencontre	Robert	dans la cour.
Robert		rencontre	Mireille	dans la cour (évidemment)!
Ils	se	rencontrent		dans la cour.

Notez que la forme réfléchie du verbe indique aussi la réciprocité.

12.14 Activation écrite: Réciprocité

Répondez selon l'exemple.

Exemple:
Vous voyez: 1. Je le trouve sympathique. Lui aussi il me trouve sympathique.
Vous écrivez: Nous nous trouvons sympathiques!

2. Mireille regarde Robert. Robert regarde Mireille.

____

3. Elle le trouve sympathique. Il la trouve sympathique.

____

4. Je te regarde et tu me regardes.

____

5. Tu la regardes? Elle aussi, elle te regarde.

____

12.15 Observation: Ordres; pronoms personnels et impératif

impératif		*pronom objet*
Regarde	-	**moi!**
Regarde	-	**toi!**
Regarde	-	**le!**
Regarde	-	**nous!**
Regardez	-	**vous!**
Regardez	-	**les!**

Remarquez que les pronoms objets directs sont placés après l'impératif. Notez le trait d'union (-) entre le verbe et le pronom.

Notez que les pronoms placés après le verbe ont la forme accentuée (comparez "Tu me regardes?" et "Regarde-moi!"). Notez que les pronoms *toi* et *vous* sont réfléchis.

12.16 Activation: Dictée

Ecoutez et complétez. Vous entendrez le passage deux fois.

Mireille: Marie-Laure, lève-toi!

Marie-Laure: Ouais!

Mireille: Allez, ____________________! Eh bien, tu ____________________?

Marie-Laure: Ouais, je ____________________!

🎧 12.17 Activation orale: Pronoms personnels et impératif

Transformez les phrases selon les exemples.

Exemples:
Vous entendez: 1. Il faut que tu demandes le numéro de téléphone de Mireille.
Vous dites: Demande-le!

Vous entendez: 2. Il faut vous reposer.
Vous dites: Reposez-vous!

3. Il faut te reposer.
4. Il faut écouter le professeur, vous deux.
5. Toi aussi, il faut écouter le professeur.
6. Il faut vous lever.
7. Et toi aussi, il faut te lever.
8. Il faut nous reposer.

🎧 12.18 Observation: Contrordres; impératif et négation

positif	*négatif*
Lève-**toi**! Regarde-**moi**!	Non, ne **te** lève pas! Non, ne **me** regarde pas!

Dans le cas d'un ordre négatif, le pronom se place devant le verbe.

🎧 12.19 Activation orale: Contrordres; impératif et négation

Donnez un contrordre selon l'exemple.

Exemple:
Vous entendez: 1. Lève-toi.
Vous dites: Non, ne te lève pas!

2. Repose-toi.
3. Regarde-moi.
4. Regardez-moi.
5. Reposez-vous.

🎧 12.20 Activation orale: Contrordres

Donnez un contrordre selon l'exemple.

Exemple:
Vous entendez: 1. Ne te lève pas.
Vous dites: Si, lève-toi!

2. Ne te repose pas.
3. Ne vous reposez pas.
4. Ne les appelez pas.
5. Ne la regardez pas.

12.21 Activation écrite: Pronoms personnels et impératif

Complétez.

1. —Je vais vous accompagner.

   —Non, non, ne ____________________ pas. Ce n'est pas la peine!

2. —Je vous attends?

   —Oui, ____________________.

3. —Je vous suis?

   —Oui, ____________________.

4. Marie-Laure: Ça fait une heure que je travaille! Je m'arrête!

   Mireille: Non, ne ____________ pas! Continue! Je vais t'aider!

   Marie-Laure: Oui, ____________, s'il te plaît!

5. Mireille: Marie-Laure, regarde-moi!

   Marie-Laure: Oui. . . Je ____________________. . . Qu'est-ce qu'il y a?

6. Marie-Laure: Je suis fatiguée. Je vais me reposer un peu.

   Mireille: Bon, d'accord; ____________________.

7. Mireille: Ne t'occupe pas de mes affaires!

   ____________________ de tes affaires!

8. Marie-Laure: Attrape-moi!

   Tonton Guillaume: Je ne peux pas ____________________! Tu cours trop vite.

9. Ousmane: Je peux t'appeler ce soir?

   Mireille: Non, ____________________ plutôt demain matin, vers 11 heures.

12.22 Activation: Dictée

Ecoutez et complétez. Vous entendrez ces passages trois fois.

A. Mireille: Mais tu ____________ folle!

Marie-Laure: Pourquoi?

Mireille: Tu ____________ ruines en boules de gomme!

Marie-Laure: Et toi, tu ____________________ en boucles d'oreille.

B. La buraliste: Alors, 19, 20, 21, 22, ____________ francs, Monsieur. Voilà. Vous allez ____________________, Monsieur, ____________ cartes postales!

Robert: Eh, oui, je ____________________ cartes postales!

12.23 Observation: *Pouvoir,* présent de l'indicatif

pouvoir	
je **peux** tu **peux** il **peut** ils **peuvent**	nous **pouvons** vous **pouvez**

Notez que le radical de l'infinitif est *pouv-* et la terminaison est *-oir.*

Le radical de l'infinitif se retrouve à la 1ère et à la 2ème personne du pluriel (*pouvons, pouvez*).

12.24 Activation écrite: *Pouvoir*

Complétez.

Tous à la manif!

—Alors, Marc, Catherine, vous venez à la manif?

—Non, nous ne ____________ pas; nous allons manger!

—Et Ousmane, il vient?

—Non, il ne __________ pas; il va travailler à la bibli!

—Et toi, Jean-Pierre, tu viens?

—Oh, non, non, je ne __________ pas. Je n'ai pas le temps; je vais au Luxembourg; on m'attend.

—Et Mireille et Colette, alors?

—Elles ne ____________ pas non plus. Elles vont voir s'il y a des jupes intéressantes à Prisunic.

Ah, là, là, les jeunes d'aujourd'hui ne sont plus politisés du tout!

12.25 Observation: *Suivre*, présent de l'indicatif

suivre	être
je **suis**	je **suis**
tu **suis**	tu **es**
il **suit**	il **est**
nous **suivons**	nous **sommes**
vous **suivez**	vous **êtes**
ils **suivent**	ils **sont**

Notez que, du point de vue de la prononciation, les trois personnes du singulier de *suivre* sont identiques. Les trois personnes du pluriel de *suivre* ont une consonne /v/ qui se trouve dans l'infinitif, mais qui est absente des trois personnes du singulier.

Par pure coïncidence, les premières personnes du singulier du présent de l'indicatif de *suivre* et de *être* sont identiques.

12.26 Activation écrite: *Suivre*, présent de l'indicatif

Complétez.

1. Qu'est-ce que Robert fait?
   Il __________ les manifestants.
2. Et vous deux, qu'est-ce que vous faites?
   Nous aussi, nous __________ les manifestants.
3. Et toi, alors? Qu'est-ce que tu fais?
   Moi, je __________ les manifestants, comme tout le monde!
4. Et les étudiants, qu'est-ce qu'ils font?
   Eux aussi, ils __________ les manifestants.

12.27 Activation: Dictée

Ecoutez et complétez. Vous entendrez le passage trois fois.

Le narrateur: Robert ____________________ les manifestants.

Le mime: Et moi, je ____________________ Robert. . . .

Robert: Mais non, c'est moi qui ____________________ Robert!

Le mime: Mais oui, vous ____________________ Robert, et moi je ____________________ ! Allez, allez, ____________________ les manifestants!

12.28 Observation: *Sortir* et *partir*, présent de l'indicatif

sortir		partir	
je **sors**	nous **sortons**	je **pars**	nous **partons**
tu **sors**	vous **sortez**	tu **pars**	vous **partez**
il **sort**	ils **sortent**	il **part**	ils **partent**

Notez que, du point de vue de la prononciation, les trois personnes du singulier sont identiques, et les trois personnes du pluriel ont une consonne /t/ qui est absente des trois personnes du singulier.

12.29 Activation orale: *Sortir*, présent de l'indicatif

Répondez selon l'exemple.

Exemple:
Vous entendez: 1. Tu restes à la maison?
Vous répondez: Non, je sors.

2. Robert reste à la maison?
3. Et vous deux, vous restez à la maison?
4. Mireille et Ghislaine restent à la maison?
5. Tu restes à la maison?

12.30 Activation orale: *Partir*, présent de l'indicatif

Répondez selon l'exemple.

Exemple:
Vous entendez: 1. Tu es pressé?
Vous répondez: Oui, je pars tout de suite.

2. Mireille est pressée?
3. Les Belleau sont pressés?
4. Vous êtes pressés, vous deux?
5. Tu es pressé?

12.31 Activation écrite: *Sortir, partir*

Complétez.

Métro, boulot, dodo

1. Mireille __________ de l'Institut d'Art et d'Archéologie tous les jours à 10 heures.
2. —Et toi, Marie-Laure, à quelle heure est-ce que tu __________ de l'école?
3. —Nous, nous __________ à 5 heures.
4. —Et tes parents, à quelle heure est-ce qu'ils __________ du bureau?
5. —Eux, ils __________ vers 6 ou 7 heures.
6. —Et à quelle heure est-ce qu'ils partent pour aller au travail?
   —Ils __________ vers 7 heures.
7. —Et toi, à quelle heure est-ce que tu __________ pour aller à l'école?
8. —Je __________ à 7 heures et demie.
9. —Et Mireille?
   —Oh, elle, elle ne __________ pas avant 8 heures!

12.32 Observation: *Prendre, apprendre, comprendre,* présent de l'indicatif

prendre	apprendre	comprendre
je **prends** tu **prends** il **prend** nous **prenons** vous **prenez** ils **prennent**	j'**apprends** tu **apprends** il **apprend** nous **apprenons** vous **apprenez** ils **apprennent**	je **comprends** tu **comprends** il **comprend** nous **comprenons** vous **comprenez** ils **comprennent**

Notez que, du point de vue de la prononciation, les trois personnes du singulier sont identiques; il y a, dans les trois personnes du pluriel, une consonne /n/ qui est absente des trois personnes du singulier.

12.33 Activation écrite: *Prendre*

Complétez.

Circuler dans Paris

1. Les manifestants __________ le boulevard Saint-Michel.
2. Pour aller à la Sorbonne, quelle rue est-ce que je __________ ?
3. Eh bien, __________ la rue de la Sorbonne!
4. Mireille, elle, __________ la rue des Ecoles.
5. Vous __________ un taxi pour rentrer chez vous?
6. Non, nous __________ le bus!

12.34 Activation écrite: *Comprendre*

Complétez.

Marie-Laure, cette incomprise!

—Comprends-moi!

—Mais je te __________ très bien!

—Mais non, tu ne me __________ pas du tout! Toi et Cécile, vous ne me __________ pas!

—Mais si, nous te __________ .

—Non! D'ailleurs, Colette non plus ne me __________ pas! Les gens ne me __________ pas!

12.35 Observation: Formes du présent de l'indicatif, 1ère, 2ème, et 3ème personnes du singulier

j 'entre tu entres il entre	je sors tu sors il sort	je dis tu dis il dit	je peux tu peux il peut
je fais tu fais il fait	je connais tu connais il connaît	je viens tu viens il vient	je prends tu prends il prend

Notez que, du point de vue de la prononciation, les trois personnes du singulier de ces verbes sont identiques. Cela est vrai du présent de l'indicatif de presque tous les verbes. Si vous savez dire une des trois personnes du singulier, vous pouvez dire les deux autres (évidemment *aller, être,* et *avoir* sont des exceptions).

🎧 12.36 Activation orale: Présent de l'indicatif, personnes du singulier

Répondez selon l'exemple.

Exemple:
Vous entendez: 1. Tu comprends?
Vous répondez: Oui, je comprends.

2. Tu sors?
3. Tu fais la sieste?
4. Tu connais la famille de Mireille?
5. Tu prends l'autobus?
6. Tu viens au cinéma?
7. Tu peux venir?
8. Tu apprends le français?

12.37 Activation écrite: Présent de l'indicatif

Complétez avec la forme convenable du verbe.

1. —Vous comprenez?
   —Oui, nous ________ très bien.
2. —Vous partez?
   —Oui, nous ________ .
3. —Et toi, tu pars aussi?
   —Oui, je ________ aussi.
4. —Vous prenez un café?
   —Non, nous ne ________ pas de café, merci. Nous sommes pressés.
5. —Tu sors?
   —Non, moi je ne ________ pas; mais eux, oui, ils ________ .
6. —Il peut venir au théâtre?
   —Non, il ne ________ pas venir; mais moi, je ________ si vous voulez.
7. —Tu connais les Belleau?
   —Non, je ne les ________ pas; mais ma sœur les ________ très bien.

🎧 12.38 Observation: Formes masculines et féminines (révision et extension)

masculin	élégant	ravissant	fascinant
féminin	élégante	ravissante	fascinante

🎧 12.39 Activation: Dictée; formes masculines et féminines

Complétez les phrases que vous entendez.

1. ____ est amusant____ !
2. ____ est fascinant____ !
3. ____ est méchant____ !
4. C'est ____ suivant____ .
5. ____ est blond____ .
6. ____ est bavard____ .
7. ____ est sourd____ ou idiot____ ?

🎧 12.40 Activation orale: Dialogue entre Ghislaine et Mireille

Vous allez entendre une conversation entre Ghislaine et Mireille. Ecoutez attentivement. Vous allez apprendre les réponses de Mireille.

Ghislaine: Le ciel est gris.
Mireille: **Le ciel est bleu.**
Ghislaine: Le temps est couvert.
Mireille: **Il n'y a pas un nuage.**

Ghislaine: Il pleut.
Mireille: **Il fait soleil!**
Ghislaine: Il fait froid.
Mireille: **Il fait chaud!**

Exercices-tests

🎧 12.41 Exercice-test: Impératif et pronoms

Complétez selon l'exemple.

Exemple:
Vous entendez: Je me lève?
Vous écrivez: Oui, lève-toi!

1. Oui, sors-______ .
2. Oui, levez-______ .
3. Oui, suis-______ .
4. Oui, suis-______ .
5. Oui, aide-______ .

Vérifiez. Si vous avez fait des fautes, travaillez les sections 12.15 et 12.17 dans votre cahier d'exercices.

🎧 12.42 Exercice-test: Impératif, pronoms, et négation

Complétez selon l'exemple.

Exemple:
Vous entendez: Je me lève?
Vous écrivez: Non, ne te lève pas.

1. Non, ________ suis pas!
2. Non, ________ accompagne pas.
3. Non, ________ appelle pas.
4. Non, ________ arrête pas!
5. Non, ________ arrêtez pas!

Vérifiez. Si vous avez fait des fautes, travaillez les sections 12.18 et 12.19 dans votre cahier d'exercices.

12.43 Exercice-test: Présent de l'indicatif

Complétez.

1. Si vous pouvez, je ________ sûrement moi aussi!
2. Si nous pouvons, ils ____________ aussi.
3. Si vous suivez les manifestants, je les ________ moi aussi.
4. Je suis prête; vous ________ prêts aussi?
5. J'apprends le français. Et vous, qu'est-ce que vous ____________ ?
6. Si vous sortez, je ________ aussi.
7. Si je pars, les enfants ____________ avec moi.

Vérifiez. Si vous avez fait des fautes, travaillez les sections 12.23 à 12.37 dans votre cahier d'exercices.

Libération de l'expression

12.44 Mise en question

Relisez le texte de la leçon; lisez les questions de la mise en question qui suit la mise en œuvre dans votre livre de textes. Réfléchissez à ces questions et essayez d'y répondre.

12.45 Mots en liberté

Qu'est-ce qu'on peut prendre?

On peut prendre des aspirines, des vacances, la rue Soufflot, un exemple, un sac, de l'argent. . . .

Trouvez encore au moins huit possibilités.

Qu'est-ce qu'on peut rendre?

On peut rendre un sourire, des skis loués, un service. . . .

Trouvez encore au moins cinq possibilités.

Où peut-on avoir mal?

On peut avoir mal à la tête, au doigt. . . .

Trouvez encore cinq exemples.

12.46 Réinvention de l'histoire

Imaginez que vous voulez engager la conversation avec un jeune homme ou une jeune fille que vous ne connaissez pas. Essayez toutes les possibilités. Par exemple: "Tiens, qu'est-ce que vous faites là? Vous n'êtes pas en Angleterre? Non? . . . Comment! . . . Vous n'êtes pas le prince Andrew?"

Ou bien: "Tiens! C'est vous! Qu'est-ce que vous faites là? Vous n'êtes pas à Monaco? . . . Comment vous n'êtes pas la princesse Stéphanie? Non? Vraiment? Ah ça, alors, c'est étonnant comme vous lui ressemblez!" etc.

12.47 Réinvention de l'histoire

Imaginez l'histoire de la vieille dame que Robert rencontre et aide. Quelle est sa vie, sa personnalité? Vous pouvez choisir parmi les possibilités suivantes. Vous pouvez aussi en inventer beaucoup d'autres.

Elle	a n'a pas	de un des de la —	72 ans. loisirs. 10 enfants. fortune. rhumatismes. rhume. petit ami anglais. sale caractère. moustache.

Elle s'appelle	Jeanne Belleau. Mireille. Chantal. Claire. Mme de Villehardouin du Fayet.

Elle est	brésilienne. célibataire. veuve. remariée. étudiante.

Elle	est travaille ne travaille pas	en grève ruinée — concierge comtesse	au à — dans chez	un restau-U Prisunic Panthéon Renault la fac un cinéma un théâtre	depuis	cinquante ans. deux jours. hier. un an. sa naissance.

Elle	est fait semblant a l'air se promène dans les rues	— d'être —	pauvre riche

		un	galettes bretonnes	
		deux	loisirs	
		d'	jeunes gens	énorme(s).
	s'ennuie	de	chien(s)	américain(e)(s).
mais elle	n'a pas	–	appartement	très gentil(le).
parce qu'elle	a	du	fille(s)	très riche(s).
	cherche	de la	mari(s)	qui s'habille chez Dior.
		des	restau-U	danois(e).
		son	fils	—.
		sa	patins à roulettes	
		ses	professeur de karaté	

		un sac avec beaucoup d'argent.
		un petit ami.
	trouver	un mari.
		un chien très gentil.
		du courrier.
		une carte postale de sa fille.
Elle va		
	être professeur à la Sorbonne.	
	épouser Robert.	
	suivre Robert.	
	tuer Robert.	
	faire la grève pendant encore 10 ans.	
	se reposer sur un banc.	
	se perdre dans le brouillard.	
	avoir beaucoup de chance.	

		se perdre dans les rues du Quartier Latin.	
		se ruiner en aspirine.	
		attraper un rhume.	
		choisir une jupe rouge chez Saint-Laurent.	
			un monsieur très riche.
Elle vient	de	rencontrer	le père de Mireille.
	d'		un grand explorateur.
			de l'Institut d'Art et d'Archéologie.
		sortir	d'un bar.
			de l'hôpital.
		manifester devant le Ministère.	

Préparation à la lecture et à l'écriture

12.48 Lecture et interprétation

Lisez le document 1 (livre de textes, leçon 12) et complétez le texte suivant.

Il y a deux sortes de rencontres: les rencontres importantes, celles qui comptent, et les rencontres sans importance, celles qui ne __________ pas. D'après Nathalie Sarraute, les rencontres qui comptent ne sont jamais dues au hasard, elles ne sont pas __________________ .

12.49 Entraînement à la lecture

Lisez le document 1. Puis relisez la section 7 du texte de l'histoire.

Maintenant, imaginez que vous êtes Saint-Exupéry. Quelle remarque allez-vous faire sur Mireille et Robert dans cette scène?

____

____

12.50 Entraînement à la lecture: Prévisions météorologiques

Etudiez la carte météorologique dans le livre de textes, leçon 12 (document 2) et répondez aux questions suivantes.

1. Quel temps va-t-il faire le 15 février à 13 heures sur la Méditerranée? Il va faire __________________ .
2. Quel temps va-t-il faire dans les montagnes du Jura?

   ____ .
3. Quel temps va-t-il faire dans le Massif Central?

   ____ .
4. Quel temps va-t-il faire en Bretagne?

   ____ .
5. Quel temps fait-il ici, aujourd'hui?

   ____ .
6. Quel temps va-t-il faire demain, d'après vous?

   ____ .
7. A votre avis, quel temps fait-il en Angleterre, en ce moment?

   ____ .

12.51 Entraînement à la lecture

A. Lisez le document 3A.

1. Pourquoi les étudiants manifestent-ils?

   ____
2. Qu'est-ce que les étudiants vont faire le 19 mars?

   ____
3. Est-ce que le journaliste Poirot-Delpech est pour ou contre le projet de réforme du ministre de l'Education nationale Lionel Jospin?

   ____

B. Lisez le document 4.

Il y a deux "suis" dans ces deux lignes. Est-ce que le premier "suis" est une forme du verbe *être* ou du verbe *suivre?*

__________ Et le second? __________

12.52 Lecture et interprétation

Relisez les sections 3 et 6 du texte de la leçon 12, puis examinez le document 5 et répondez aux questions suivantes.

1. Qu'est-ce que ce docteur est obligé de faire pour appeler ses clients?

   Il est obligé de ______________________________________ .
2. Pourquoi? Quel est le problème de ses clients?

   Ses clients ______________________________________ .

Leçon 13

Assimilation du texte

13.1 Mise en œuvre

Ecoutez le texte et la mise en œuvre dans l'enregistrement sonore. Répétez et répondez suivant les indications.

13.2 Compréhension auditive

Phase 1: Regardez les images et répétez les énoncés que vous entendez.

1. ___

2. ___

3. ___

4. ___

5. ___

6. ___

Phase 2: Ecrivez la lettre de chaque énoncé que vous entendez sous l'image qui lui correspond le mieux.

13.3 Compréhension auditive et production orale

Ecoutez les dialogues suivants. Après chaque dialogue, vous allez entendre une question. Répondez à la question.

1. Qu'est-ce que le jeune homme demande à la jeune fille?
2. Pourquoi la jeune fille n'a-t-elle pas de feu?
3. Pourquoi Jean-Luc a-t-il raison de faire du droit?
4. Pourquoi est-ce que toutes les filles font des maths, aujourd'hui, d'après Jean-Pierre?
5. Que fait la jeune fille rousse comme études?

13.4 Production orale

Ecoutez les dialogues suivants. Vous allez jouer le rôle du deuxième personnage. Vous entendrez le dialogue une fois, puis vous entendrez ce que dit le deuxième personnage trois fois. Puis vous entendrez ce que dit le premier personnage, et vous jouerez le rôle du deuxième.

1. Jean-Pierre: Pardon, Mademoiselle, vous avez du feu?
   Annick: (. . .)
2. Jean-Pierre: Qu'est-ce que tu fais comme études?
   Jean-Luc: (. . .)
3. Jean-Pierre: Je ne veux pas me décider trop jeune. C'est trop dangereux.
   Jean-Luc: (. . .)
4. Jean-Pierre: Eh bien, dites donc, ça ne va pas vite! Ça fait longtemps que vous attendez?
   Jean-Luc: (. . .)
5. Jean-Pierre: Je ne peux pas rester, moi! J'ai un rendez-vous avec une fille superbe à l'Escholier. Je me sauve!
   Annick: (. . .)

Préparation à la communication

13.5 Observation: Prononciation; la semi-voyelle /j/

xo
rien

Le mot *rien* a une syllabe. Le premier son est la consonne /r/, le dernier son est la voyelle /ɛ̃/ (représentée par *en*) et entre les deux il y a un troisième son /j/ (représenté par la lettre *i*) qui n'est pas vraiment une voyelle mais qui n'est pas vraiment une consonne non plus. C'est un son qui est à la fois voyelle et consonne. Disons que c'est une **semi-voyelle.**

Remarquez que dans *rien,* il n'y a pas de séparation entre la semi-voyelle /j/ et la voyelle /ɛ̃/. On passe directement du son /j/ au son /ɛ̃/.

13.6 Activation orale: Prononciation; la semi-voyelle /j/

Ecoutez et répétez.

rien	premier	hier
bien	dernier	ciel
Tiens!	escalier	violet
Viens!	chemisier	mieux
chien	courrier	

13.7 Observation: Protestations

Pour protester, vous pouvez dire:

Eh, là! Qu'est-ce que c'est que ça?	Attendez, comme tout le monde!	Si on ne peut plus fumer!
Pas de resquille!	(. . .), comme tout le monde!	Si on ne peut plus (. . .)!
Pas de ça!	Oh, là, là!	Où va-t-on!
Pas de (. . .)	Si on ne peut plus resquiller!	Où allons-nous?
A la queue, comme tout le monde!	Si on ne peut plus draguer!	

13.8 Activation orale: Protestations

Ecoutez et répétez en imitant le modèle aussi exactement que possible.

13.9 Observation: Décision et indécision

indécision	*décision*
Je ne sais pas. . . . Peut-être. . . . Ça dépend. . . . Il faut voir. . . . Je ne suis pas très fixé(e). . . . Je ne suis pas décidé(e). . . . Je ne veux pas me décider trop tôt!	Bon, eh bien. . . . Voilà! Ça y est! C'est décidé!

13.10 Activation orale: Indécision

Ecoutez et répétez en imitant le modèle aussi exactement que possible.

13.11 Observation: Accord, approbation

Pour approuver, vous pouvez dire:

C'est ça!
Bien sûr!
Très bien!
D'accord!

Tu as raison!
Tu as bien raison!
Certainement!
Absolument!

C'est une idée!
C'est une bonne idée!
C'est une excellente idée!
Parfait!

13.12 Activation orale: Accord, approbation

Répondez en indiquant votre approbation.

Exemple:
Un ami vous dit:
1. Moi, je ne fume pas!
Qu'est-ce que vous pouvez dire pour approuver?

2. Attends-moi là, je reviens tout de suite!
3. Allons passer l'été à Saint-Tropez!
4. Moi, je crois que je vais faire du droit, parce que le droit, ça mène à tout!
5. Bon, eh bien, je vais à la queue!

13.13 Observation: Le temps qui passe; *dernier, prochain*

passé			*présent*	*futur*		
1993	avril 1994	mercredi 8 mai 1994	mercredi 15 mai 1994	mercredi 22 mai 1994	juin 1994	1995
l'année **dernière**	le mois **dernier**	mercredi **dernier** la semaine **dernière**	**aujourd'hui** **cette** semaine **ce mois-ci** **cette année**	mercredi **prochain** la semaine **prochaine**	le mois **prochain**	l'année **prochaine**

13.14 Activation orale: Le temps qui passe; *prochain*

Répondez selon l'exemple.

Exemple:
Vous entendez: 1. C'est cet été que vous allez en Patagonie?
Vous répondez: Non, l'été prochain.

2. C'est cette semaine que vous allez à Saint-Tropez?
3. C'est cette année que tu commences ta médecine?
4. C'est ce mercredi que tu as rendez-vous avec Mireille?

13.15 Observation: Etudes

Quand on fait des études, on peut faire:

du droit	médecine
de la sociologie	HEC
de la psychologie	Polytechnique (l'X)
des mathématiques	les Langues-O.
de la médecine	Agro
de la physique	Normale Sup.
de l'astrophysique	l'ENA
de l'histoire de l'art	etc.
etc.	

Notez: HEC, l'X, Agro, Normale Sup. sont des "grandes écoles," des écoles d'enseignement supérieur où on entre par concours.

HEC = Hautes Etudes Commerciales
L'X = L'Ecole Polytechnique
Les Langues-O. = L'Ecole des Langues Orientales
Agro = L'Institute d'Agronomie
Normale Sup. = L'Ecole Normale Supérieure
L'ENA = L'Ecole Nationale d'Administration

13.16 Activation orale: Etudes

Répondez selon les exemples.

Exemples:
Vous entendez: 1. L'informatique, ça vous intéresse?
Vous répondez: Oui, je crois que je vais faire de l'informatique. (Parce que l'informatique est une matière.)

Vous entendez: 2. L'ENA, ça vous intéresse?
Vous répondez: Oui je crois que je vais faire l'ENA. (Parce que l'ENA est une institution, une "grande école.")

3. La sociologie, ça t'intéresse?
4. Le russe intéresse Colette?
5. Les Langues-O. intéressent Colette?
6. Les maths vous intéressent?
7. HEC, ça vous intéresse?

13.17 Observation: Absence et abondance; *manquer*

Regardez bien:

lundi mardi jeudi vendredi samedi dimanche

Il manque **un jour (mercredi).**

Et ici:

1 2 3 4 5 6 8 9 10

Il manque **un chiffre (le 7).**

présence	*absence*
Tout le monde est là: il ne manque personne. Tout est là: il ne manque rien.	Tout le monde n'est pas là: il manque quelqu'un. Tout n'est pas là: il manque quelque chose.
abondance	*manque*
Il y a assez de temps: le temps ne manque pas. Ce n'est pas le temps qui manque!	Il n'y a pas assez de temps: le temps manque. C'est le temps qui manque!

13.18 Activation orale: Absence et abondance

Répondez selon les exemples.

Exemples:
Vous entendez: 1. Il y a beaucoup de trucs!
Vous dites: Ce ne sont pas les trucs qui manquent.

Vous entendez: 2. On ne peut pas faire de ski; il n'y a pas de neige cet hiver.
Vous dites: C'est la neige qui manque.

3. Il y a beaucoup de fils à papa à Saint-Tropez.
4. Il y a beaucoup de soleil à Saint-Tropez.
5. Il y a beaucoup de cafés à Saint-Tropez.
6. Il y a beaucoup de dragueurs à Saint-Tropez.
7. On ne peut pas aller en vacances. On n'a pas assez de temps!
8. Moi, je veux bien aller à Saint-Tropez, mais on n'a pas assez d'argent!

13.19 Activation: Dictée

Ecoutez et complétez. Vous entendrez le texte deux fois.

En classe

1. —Alors, tout le monde est là? ____________________
____________________?
—Si, ____________________. Marie-Laure est absente. Elle a mal à la gorge.

2. —Alors, vous avez beaucoup de travail?
—Oh, là, là, oui! ____________________
____________________!

13.20 Activation: Dictée; *Il en reste; personne, une personne* (révision)

Ecoutez et complétez. Vous entendrez le texte deux fois.

A la fac

—Il y a trois ____________________ qui
____________________ devant un bureau.
____________________ entre dans le bureau.
Combien ____________________ devant le bureau?
—Eh bien, il ____________________ deux!
—Bon, maintenant, ces ____________________ entrent dans le bureau. Qui est-ce qu'il y a devant le bureau?
—Il ____________________!
Il ____________________!

13.21 Observation: Formes masculines et féminines (révision et extension)

féminin	*masculin*	*féminin*	*masculin*
russe sexiste impossible formidable drôle	russe sexiste impossible formidable drôle	puante passante élégante collante	puant passant élégant collant
violette	violet	resquilleuse dragueuse	resquilleur dragueur
bleue étonnée principale noire	bleu étonné principal noir	idiote verte couverte courte	idiot vert couvert court
mexicaine prochaine copine maline*	mexicain prochain copain malin	veuve neuve inoffensive	veuf neuf inoffensif
affreuse matheuse dangereuse	affreux matheux dangereux	sourde froide chaude	sourd froid chaud
première dernière chère	premier dernier cher	nouvelle belle	nouveau beau

*on dit aussi *maligne*

13.22 Activation orale: Formes masculines et féminines

Mettez au féminin selon l'exemple.

Exemple:
Vous entendez: 1. Nous allons avoir un nouveau garçon dans l'histoire.
Vous dites: Nous allons avoir une nouvelle fille dans l'histoire.

2. C'est un dragueur.
3. Il n'est pas très beau.
4. Il est puant, ce garçon!
5. Il est un peu resquilleur.
6. Je ne le trouve pas très malin.
7. On dit qu'il est dangereux.
8. En fait, il est assez inoffensif.
9. C'est un bon copain.

13.23 Observation: Discrimination; *lequel/celui*

Voici deux foulards. *Lequel* préférez-vous? *Celui-ci* ou *celui-là*?

	question	*réponse*
masculin singulier	Lequel?	Celui-ci!
féminin singulier	Laquelle?	Celle-ci!
masculin pluriel	Lesquels?	Ceux-ci!
féminin pluriel	Lesquelles?	Celles-ci!

13.24 Observation: Discrimination; *lequel/quel*

quel + *nom*
Quel foulard préférez-vous?
lequel = *pronom*
Lequel préférez-vous?

Remarquez que *quel* (*quelle, quels, quelles*) est utilisé avec un nom (ici, *foulard*). *Quel* fonctionne comme un adjectif ou un article. Remarquez que *lequel* (*laquelle, lesquels, lesquelles*) est utilisé sans nom. *Lequel* remplace un nom. *Lequel* fonctionne comme un pronom.

13.25 Observation: Discrimination; *celui/ce*

ce + *nom*
Tu préfères **ce** foulard?
celui-ci = *pronom*
Tu préfères **celui-ci?**

Remarquez que ce (*cet, cette, ces*) est utilisé avec un nom. *Ce* fonctionne comme un article ou un adjectif. Remarquez que *celui-ci* (*celle-ci, ceux-ci, celles-ci*) est utilisé sans nom. *Celui-ci* remplace un nom. *Celui-ci* fonctionne comme un pronom.

13.26 Observation: Discrimination; *celui-ci, celui-là, celui de, celui qui*

celui
Prends **celui-ci.** Prends **celui-là.** Prends **celui de** Mireille. Prends **celui qui** est bleu.

Remarquez que *celui* (*celle, ceux, celles*) n'est pas utilisé seul. *Celui* est suivi de *-ci, -là, de . . . , qui . . .* , etc.

13.27 Activation écrite: *Lequel, quel, celui*

Complétez les phrases suivantes en utilisant la forme convenable de *lequel* ou de *quel* pour la question, et la forme convenable de *celui* pour la réponse.

1. —__________ robe préférez-vous?

—Je préfère __________-ci.

—Et toi, __________ préfères-tu?

—__________-là!

2. —__________ chemisier va avec cette jupe?

—Je trouve que __________-ci va bien avec la rouge.

3. —Tiens, il y a des foulards, là, qui viennent sûrement de chez Dior.

—Ah, oui? __________ ?

—__________-là.

4. —Tu vois ces deux filles, là-bas?

—__________ ?

—__________ qui traversent la cour. Je crois que ce sont les sœurs de Mireille.

13.28 Activation écrite: *Lequel/celui*

Complétez le dialogue suivant avec la forme convenable de *lequel* et de *celui*.

—Je vois un garçon superbe!

—Où ça?

—Là-bas, dans la cour.

—__________ ? __________ qui porte le jean gris et le pull bleu?

—Non, pas __________-là, l'autre, à côté!

—Ah, le blond?

—Non, __________ à côté de la rousse avec la robe violette. Il n'est pas mal, hein?

13.29 Observation: Réalité et simulation

réalité	*simulation*
Il tombe **pour de vrai.** Il cherche **vraiment.**	Il **fait semblant** de tomber. Il **fait semblant** de chercher.

13.30 Observation: Apparence et simulation

apparence (C'est peut-être vrai.)	*simulation* (Ce n'est pas vrai.)
Il a l'air malade.	Il fait semblant d'être malade.
Il a l'air de comprendre.	Il fait semblant de comprendre.

13.31 Activation orale: Apparence et simulation

Complétez selon l'exemple.

Exemple:
Vous entendez: 1. Il n'est pas malade!
Vous dites: Mais il fait semblant d'être malade!

2. Ils ne comprennent pas.
3. Nous ne comprenons pas.
4. Il ne tombe pas vraiment.
5. Il ne la connaît pas.
6. Elle n'est pas vraiment pressée.

13.32 Observation: Attente; *attendre, faire la queue*, present de l'indicatif

	attendre		**faire**	**la queue**
j'	**attends**	je	**fais**	**la queue**
tu	**attends**	tu	**fais**	**la queue**
il	**attend**	il	**fait**	**la queue**
nous	**attendons**	nous	**faisons**	**la queue**
vous	**attendez**	vous	**faites**	**la queue**
ils	**attendent**	ils	**font**	**la queue**

13.33 Activation orale: *Attendre, faire la queue*

Répondez selon l'exemple.

Exemple:
Vous entendez: 1. Jean-Luc attend?
Vous répondez: Oui, il fait la queue.

2. Annick attend?
3. Les jeunes gens attendent?
4. Tu attends?
5. Vous attendez, tous les deux?

13.34 Activation orale: Dialogue entre le professeur et une jeune fille

Vous allez entendre une conversation entre le professeur et une jeune fille. Ecoutez attentivement. Vous allez apprendre les réponses de la jeune fille.

Le professeur: Quel âge avez-vous?
La jeune fille: **J'ai 21 ans.**
Le professeur: Vous êtes étudiante?
La jeune fille: **Oui, je suis à l'université.**
Le professeur: Qu'est-ce que vous faites comme études?
La jeune fille: **Je fais des lettres.**
Le professeur: Et que pensez-vous de la psychanalyse?
La jeune fille: **La psychanalyse? C'est intéressant.**

Exercices-tests

13.35 Exercice-test: Masculin et féminin des adjectifs

Déterminez si les phrases que vous entendez parlent d'un jeune homme ou d'une jeune fille. Cochez la case appropriée.

	1	2	3	4	5	6	7	8	9	10	11	12	13	14	15	16
un jeune homme																
une jeune fille																

Vérifiez. Si vous avez fait des fautes, travaillez les sections 13.21 et 13.22 dans votre cahier d'exercices.

13.36 Exercice-test: Formes de *ce (cette)*, *celui (celle)*, *quel (quelle)*, *lequel (laquelle)*

Complétez.

1. —Quand est-ce que vous allez à Saint-Tropez? La semaine prochaine?
   —Non, c'est ________ semaine que j'y vais.
2. —C'est le mois prochain que vous partez pour la Patagonie?
   —Non, non, c'est ________ mois-ci!
3. Il y a des rousses qui sont russes, mais ________ rousse-ci n'est pas russe, elle est roumaine.
4. Il y a des rousses qui sont russes, mais ________-ci n'est pas russe, elle est roumaine.
5. Il y a des garçons qui sont roux, mais ________-ci est blond.
6. Les yeux de Mireille sont bleu-gris. ________ de sa petite sœur sont bleus.
7. —Ah! Vous connaissez une des sœurs de Mireille?
   ________ connaissez-vous, la petite ou l'autre?
   —Je connais ________ qui est mariée, Cécile.
8. Vous connaissez les oncles de Mireille?
   ________ préférez-vous, Guillaume ou l'autre?
9. Vous aimez le cinéma? ________ films préférez-vous, les films japonais ou les films anglais?
10. Vous avez vu un film de Truffaut?
    ________ avez-vous vu? *Baisers volés* ou *Jules et Jim?*
11. —Vous connaissez ce truc?
    —________ truc?
12. —Vous connaissez cette histoire?
    —________ histoire?
13. —Vous connaissez ces Anglaises?
    —________ Anglaises? Je ne connais pas d'Anglaises, moi!
14. —Vous connaissez ces Japonais?
    —________ Japonais?
15. —Tu vois ces filles, là-bas?
    —________? Celles qui parlent au beau brun, dans la cour?

Vérifiez. Si vous avez fait des fautes, travaillez les sections 13.23 à 13.28 dans votre cahier d'exercices.

Libération de l'expression

13.37 Mise en question

Relisez le texte de la leçon; lisez les questions de la mise en question qui suit la mise en œuvre dans votre livre de textes. Réfléchissez à ces questions et essayez d'y répondre.

13.38 Mots en liberté

Qu'est-ce qu'on peut laisser tomber?

On peut laisser tomber des petits pains au chocolat, des Evian-Fruité, un bébé, de l'argent. . . .

Trouvez encore au moins cinq possibilités.

Qu'est-ce qu'on peut porter?

On peut porter un imper noir, une jupe, une veste, des lunettes. . . .

Trouvez encore au moins cinq possibilités.

13.39 Mise en scène et réinvention de l'histoire

Vous rencontrez une personne formidable. Mais vous ne la connaissez pas. Imaginez un dialogue entre vous et cette personne. Donnez au moins trois répliques pour vous et trois répliques pour l'autre personne. Par exemple:

Vous:
Vous venez souvent ici?
Vous avez du feu?
Est-ce que vous êtes riche?
Vous allez de quel côté? Est-ce que je peux vous accompagner?
Il fait beau, vous ne trouvez pas?
Tiens, c'est vous? Qu'est-ce que vous faites ici?
Je suis professeur à la Sorbonne. Et vous?
Je suis très riche, et célibataire. Et vous?

L'autre personne:
Oui, je viens souvent ici.
Je ne fume pas.
Je suis Ministre de la Santé, je déteste la fumée.
Oui, j'ai du feu.
Je connais ce truc, c'est un peu élémentaire!
Ça ne marche pas, votre truc!
J'attends quelqu'un (mon petit ami, mon père, ma femme . . .).
Je suis marié(e).
Ça ne mène à rien, votre truc.

13.40 Mise en scène et réinvention de l'histoire

Faites le portrait . . . physique et moral . . . de Jean-Pierre Bourdon. Comment le trouvez-vous? Est-ce qu'il est grand, beau, roux ou brun? Est-ce qu'il est modeste, poli, inoffensif? Qu'est-ce qu'il fait pour engager la conversation? Qu'est-ce qu'il va être?

13.41 Mise en scène et réinvention de l'histoire

Qui est l'homme en noir? D'où vient-il? Qu'est-ce qu'il fait à la Sorbonne?

C'est
- le ministre de la Santé.
- le père de Robert.
- le 2ème mari (argentin) de la mère de Robert.
- un étudiant.
- un terroriste suédois.
- un agent de police arménien.
- un détective anglais.

Il fait semblant d'être
- polonais.
- communiste.
- médecin.
- professeur de latin.
- gentil.
- idiot.
- sourd.
- inoffensif.

Mais il est
- psychiatre.
- basque.
- médecin.
- professeur de karaté.
- ingénieur.
- très dangereux.

Il a | 40 | 44 | 29 | 36 | ans.

Il vient
- du Brésil.
- d'Argentine.
- de Norvège.
- d'Italie.
- de Russie.
- des Etats-Unis.

Il est à Paris depuis
- une heure.
- la guerre.
- l'an dernier.
- 1917.
- la semaine dernière.

Il va
- faire son beurre.
- trouver une femme.
- faire des études à HEC.
- faire du droit.
- organiser des manifestations.
- faire une révolution.
- tuer
  - Robert.
  - le ministre.
  - Mireille.

Essayez de continuer l'invention.

Préparation à la lecture et à l'écriture

13.42 Lecture et déduction

Lisez attentivement le texte de la leçon 12 dans votre livre de textes. Etudiez le document 1 de la leçon 13 (La Sorbonne). Observez le plan de la Sorbonne et tracez l'itinéraire de Mireille et celui de Robert. Par quelle rue Mireille arrive-t-elle? Et Robert? Par où passe Mireille? Et Robert, par où entre-t-il dans la Sorbonne? Souvenez-vous que les deux itinéraires doivent se rencontrer dans la cour de la Sorbonne.

13.43 Entraînement à la lecture

Relisez la section 5 du texte de la leçon 13. Lisez le document 2.
Maintenant, imaginez un instant que vous êtes Jean-Pierre et que vous connaissez bien Alphonse Allais. Jean-Luc vous demande impertinemment votre âge. Qu'est-ce que vous pouvez lui répondre?

____

____

____

13.44 Entraînement à la lecture

Lisez le document 3, livre de textes, leçon 13, et essayez de deviner de quoi il s'agit.

Pour vous aider: C'est un article vestimentaire (pour homme). Les dames portent des chemisiers. Que portent les hommes?

___

13.45 Lecture et calcul

Lisez le document 5, "Entrer à l'X."

Vous avez votre baccalauréat; vous avez fait deux ans de "taupe" (classe préparatoire à Polytechnique) au lycée Henri-IV à Paris. Vous vous présentez au concours. Combien de chances avez-vous d'"intégrer" (d'entrer à Polytechnique)?

___

13.46 Entraînement à la lecture

Lisez le document 6, "La France sur le divan."

Vous commencez un traitement chez un psychanalyste parisien très connu. Le traitement va durer 6 mois. Combien d'argent vous faut-il?

___

13.47 Entraînement à la lecture et expansion du vocabulaire

Regardez le document 8B, puis lisez et complétez le texte suivant.

Sur ce dessin, vous voyez quatre personnages: un officier de marine et trois marins. Ils sont sur le pont d'un bateau. L'officier montre son doigt à un marin. Il n'est pas content; il dit qu'il a de la ______________ sur le doigt. Les marins trouvent qu'il exagère. Ils pensent qu'avec l'eau de la mer et la pluie, il ne peut pas y avoir de ______________ sur le pont du bateau!

Lisez le document 8C et complétez.

Je vais vous dire un secret; je vais vous confesser quelque chose; je vais vous avouer quelque chose: je vais vous faire un __________ .

Je n'aime pas être malade; je ne supporte pas la maladie. Je ne supporte pas qu'on parle de maladie: si on parle de maladie, je tombe malade: rien que d'en parler, ça me __________ .

13.48 Lecture et interprétation

Lisez le document 10. Essayez de comprendre l'essentiel et de répondre aux questions suivantes.

Le premier passage est écrit au passé. Tous les verbes sont au passé. Dans ce passage, Simone de Beauvoir raconte sa rencontre avec un jeune philosophe, Pierre Nodier.

1. Est-ce que Simone de Beauvoir trouve les étudiants qu'elle rencontre à la Sorbonne intéressants? Comment les trouve-t-elle?

___

2. Quel cours suit-elle à la Sorbonne?

___

3. Faites le portrait du jeune homme que Simone de Beauvoir rencontre.

___

___

4. D'après vous, qui est la jeune fille brune dont parle Simone de Beauvoir?

___

5. Qu'est-ce qui impressionne Simone de Beauvoir chez le jeune homme? Ses yeux bleus, son costume noir, son chapeau noir, son air d'autorité, son sourire?

___

6. Où est-ce qu'elle lui parle pour la première fois?

___

7. Où est-ce qu'elle se promène avec lui pour la première fois?

___

8. Est-ce que Simone de Beauvoir est fille unique?

___

9. Est-ce qu'elle est plus jeune ou plus âgée que le jeune homme?

___

13.49 Pratique de l'écriture

Faites le portrait de Jean-Pierre. Qui est-il? Que pensez-vous de lui? Ecrivez de 50 à 75 mots.

___

___

___

___

___

___

Leçon 14

Assimilation du texte

14.1 Mise en œuvre

Ecoutez le texte et la mise en œuvre dans l'enregistrement sonore. Répétez et répondez suivant les indications.

14.2 Compréhension auditive

Phase 1: Regardez les images et répétez les énoncés que vous entendez.

1. ___

2. ___

3. ___

4. ___

5. ___

6. ___

Phase 2: Ecrivez la lettre de chaque énoncé que vous entendez sous l'image qui lui correspond le mieux.

14.3 Production orale

Ecoutez les dialogues suivants. Vous allez jouer le rôle du deuxième personnage. Vous entendrez le dialogue une fois, puis vous entendrez ce que dit le deuxième personnage trois fois. Puis vous entendrez ce que dit le premier personnage, et vous jouerez le rôle du deuxième.

1. Robert: Il fait vraiment beau, vous ne trouvez pas?
   Mireille: (. . .)
2. Robert: Vous êtes étudiante?
   Mireille: (. . .)
3. Robert: Moi, je viens des Etats-Unis.
   Mireille: (. . .)
4. Mireille: Ah! votre mère est française?
   Robert: (. . .)
5. Mireille: Il y a longtemps que vous êtes en France?
   Robert: (. . .)
6. Mireille: Et vous habitez où? A la Cité-U?
   Robert: (. . .)
7. Mireille: Et vous venez souvent en France?
   Robert: (. . .)

Préparation à la communication

14.4 Observation: Prononciation; le son /i/

Ecoutez.

cérémonie gastronomie Il est midi à Paris.
sympathie psychologie Vive la vie!
astronomie Etats-Unis C'est gentil ici!

Notez que le son /i/ est fermé et long. C'est le même au début, au milieu, et à la fin d'un mot.

14.5 Activation orale: Prononciation; le son /i/

Ecoutez et répétez.

il matinée Paris
idée mérite petit
image Amérique midi
histoire président ici

Notez que le son /i/ est très nettement distinct du son /e/ et du son /ɛ/.

Ecoutez et répétez.

il elle / le Berry le béret / le ferry Léo Ferré / Annie année

Ecoutez et répétez.

le Berry le ferry la psychanalyse vas-*y*! Yvonne

Notez que le son /i/ est quelquefois représenté par la lettre *y*.

14.6 Observation: Evénements

—Il se passe quelque chose.
—Qu'est-ce qui se passe?
—Je ne sais pas ce qui se passe.

—Qu'est-ce qu'il y a?
—Je ne sais pas ce qu'il y a.
—De quoi s'agit-il?
—Je ne sais pas de quoi il s'agit.

14.7 Observation: Réactions à un compliment

C'est gentil, mais . . . tu exagères!
Tu es gentil, mais . . . tu dis ça pour me faire plaisir!
Tu es gentille, mais . . . je ne te crois pas!

Vous êtes bien gentil de dire ça, mais . . . je ne sais pas si je dois vous croire.
Vous êtes bien gentille de dire ça, mais . . . je n'ai aucun mérite.

14.8 Observation: Degrés de politesse

0	Je vous accompagne.
1	Je vous accompagne?
2	Est-ce que je peux vous accompagner?
3	Est-ce que vous me permettez de vous accompagner?
4	Est-ce que je peux me permettre de vous accompagner?
5	Est-ce que vous voudriez bien me permettre de vous accompagner?

Notez que la première phrase peut ne pas être polie du tout, suivant la situation et le ton de la voix. La dernière phrase est la quintessence de la politesse. Notez que, d'une façon générale, plus la formule est polie, plus elle est longue.

14.9 Observation: Le bien et le mal; approbation et désapprobation; le vrai et le faux; accord et désaccord; *avoir raison, avoir tort*

approbation/désapprobation	*accord/désaccord*
—Je fais du sport. —Vous **avez raison!** C'est bon pour la santé!	—Moi, je dis que Robert est stupide. —Oui, c'est vrai, il est stupide. Tu **as raison.**
—Je fume. —Vous **avez tort!** Ce n'est pas bon pour la santé!	—Moi, je dis que Robert est stupide. —Mais non! C'est faux! Tu **as tort!**

	avoir		**raison**		**avoir**		**tort**
J'	**ai**		**raison**, non?	J'	**ai**		**tort**, mais. . .
Tu	**as**	bien	**raison!**	Tu	**as**		**tort!**
Il	**a**	peut-être	**raison.**	Il	n'**a**	pas	**tort!**
Nous	**avons**	toujours	**raison.**	Nous	**avons**		**tort?**
Vous	**avez**	sûrement	**raison.**	Vous	n'**avez**	pas	**tort!**
Ils	**ont**		**raison.**	Ils	**ont**		**tort!**

Notez que, dans une discussion, vous *avez* toujours *raison*, et l'autre *a* toujours *tort*.

14.10 Activation orale: Approbation et désapprobation

Répondez affirmativement ou négativement selon les indications écrites.

Exemples:

Vous entendez: 1. Robert pense que Mireille est sympathique.
Vous voyez: C'est vrai; elle est sympathique.
Vous dites: Il a raison.

Vous entendez: 2. Mireille pense que Robert est étudiant.
Vous voyez: Ce n'est pas vrai.
Vous dites: Elle a tort!

3. Mais ce n'est pas vrai.
4. Ce n'est pas vrai non plus.
5. C'est vrai.
6. C'est vrai; elle est très gentille.

14.11 Activation: Dictée

Ecoutez et complétez.

1. Marie-Laure offre des bonbons à sa mère.

   Marie-Laure: Tu veux un bonbon?

   Mme Belleau: Non, merci.

   Marie-Laure: Tu ________________, ils sont très bons.

2. Marie-Laure annonce qu'elle va se coucher.

   Marie-Laure: Bon, je vais me coucher.

   Mme Belleau: Tu ________________. Bonsoir, ma puce.

14.12 Activation écrite: *Avoir raison, avoir tort*

Lisez les phrases suivantes et complétez-les en utilisant *avoir raison* ou *tort*.

1. Quand Robert voit Mireille, il pense tout de suite qu'elle est étudiante. Il ____________.
2. Mireille pense que Robert parle très bien français, qu'il n'a pas d'accent du tout. Elle ____________.
3. Elle pense qu'il habite à la Cité Universitaire. Elle ____________.
4. Elle pense que le père de Robert est peut-être mort. Elle ____________.
5. Le père de Robert fume de gros cigares. Il ____________ (parce que c'est très mauvais pour la santé).
6. La mère de Robert pensait qu'il n'y avait rien d'intéressant en Amérique Latine. Elle ____________.
7. Il y a des gens qui disent qu'être gardien de nuit est un sot métier. Ils ____________ (parce qu'il n'y a pas de sot métier!).
8. —Vous êtes remarquable! Extraordinaire!

   —Vous ____________. Je suis remarquable et extraordinaire. . . .

14.13 Observation: *Dire*

—Qu'est-ce que tu **dis**?
—Qui? Moi? Je ne **dis** rien!
—**Dis** quelque chose!
—Pourquoi? Je n'ai rien à **dire**!

—"Il n'y a pas de sot métier" comme **dit** Tante Georgette!
—Qu'est-ce que Tante Georgette **dit?**
—Elle **dit** qu'il n'y a pas de sot métier, que tous les métiers sont honorables.

—Oui, oui, je veux bien vous permettre de m'accompagner . . . comme vous **dites**!
—On ne **dit** pas ça? On ne peut pas **dire** ça? Ça ne se **dit** pas?
—Si, si, on **dit** ça! C'est très correct, mais c'est un peu cérémonieux.

—Vous êtes sympa . . . je veux **dire** "sympathique."
—"Sympa," ça veut **dire** "sympathique"?
—Ben, oui!
—Et "pétaouchnic," qu'est-ce que ça veut **dire?**
—Ça ne veut rien **dire**! Ça n'existe pas!

dire	
je **dis**	nous **disons**
tu **dis**	vous **dites**
il **dit**	ils **disent**

Comparez.

dire	vous **dites**
faire	vous **faites**
être	vous **êtes**

14.14 Activation: Dictée

Ecoutez et complétez. Vous entendrez le passage trois fois.

Robert: Vous ________________ étudiante?

Mireille: __________ .

Robert: Qu'est-ce que ________________ ?

Mireille: Je fais de l'histoire de l'art.

Robert: ________________ vous __________ ?

Mireille: ________________________________ .

14.15 Activation orale: *Dire*

Transformez selon les exemples.

Exemples:

Vous entendez: 1. Elle parle beaucoup!
Vous dites: Oui, mais elle dit des choses intéressantes.

Vous entendez: 2. Je parle beaucoup!
Vous dites: Oui, mais vous dites des choses intéressantes.

3. Robert parle beaucoup.
4. Nous parlons beaucoup, mon frère et moi.
5. Les sœurs de Mireille parlent beaucoup.
6. Et toi, tu parles beaucoup.
7. Mireille parle beaucoup?

14.16 Observation: Qu'est-ce que *parler* veut dire?

Comparez.

parler + *adverbe*	**dire** + *objet*
Parle!	Dis quelque chose!
Parlez français!	Dites quelque chose en français!
Il parle vite.	On ne comprend pas ce qu'il dit.
Elle parle peu.	Elle ne dit rien.
Il parle bien.	Oui, mais qu'est-ce qu'il dit?
Il ne parle pas beaucoup.	Mais il dit des choses intéressantes.
Il parle russe.	Alors, je ne comprends pas ce qu'il dit.

Notez que *dire* est utilisé avec *quelque chose* et *des choses intéressantes*, qui fonctionnent dans la phrase comme des objets (des compléments d'objet direct). Avec *parler*, on trouve *vite*, *peu*, *bien*, *français*, etc., qui indiquent des manières, des façons de parler. Ce ne sont pas des objets. Ce sont des adverbes.

14.17 Activation écrite: *Parler, dire*

Complétez avec la forme appropriée du verbe *parler* ou du verbe *dire*.

1. —Vous __________ français?

   —Bien sûr, je __________ français; très bien, même!

   —Alors, pourquoi est-ce que vous ne __________ pas?

   —Je ne __________ pas parce que je n'ai rien à __________ .

2. —Son père __________ très bien espagnol.

   —Qu'est-ce que vous __________ ?

   —Je __________ que son père __________ très bien espagnol.

3. Robert ne __________ pas beaucoup. Mais quand il __________ , il __________ des choses intéressantes.

4. Si vous avez quelque chose à __________ , __________-le tout de suite. Mais c'est inutile de __________ si c'est pour __________ des choses stupides!

14.18 Observation: Le temps qui passe; *c'est* + jour ou saison/*il est* + heure

C'est . . .		Il est . . .	
C'est le 29 mai.	C'est le matin.	Il est 10h 50.	Il est 3h.
C'est le printemps.	C'est le soir.	Il est 11h 10.	Il est 7h.
C'est l'été.	C'est lundi.	Il est midi.	Il est 8h.

14.19 Observation: Le temps qui passe; le jour et la nuit; matin, midi, et soir

le jour — *la nuit*

6h > > > > > 12h > > > > > 18h > > > > > 0h > > > > > 6h > >

le matin — *midi* — *l'après-midi* — *le soir* — *minuit* — *le matin*

14.20 Observation: Le temps qui passe; *jour/journée, matin/matinée, soir/soirée*

quand?	*combien de temps?*
Ousmane va à la bibli **le jour.** Il va à la bibli **le matin.** Il va à la bibli **le soir.**	Il passe **la journée** à la bibli. Il passe **la matinée** à la bibli. Il passe **la soirée** à la bibli.
Il va à la bibli **l'après-midi.** Il va à la bibli **la nuit.**	Il passe **l'après-midi** à la bibli. Il passe **la nuit** à la bibli.[1]

Notez que *le jour, le matin,* et *le soir* indiquent un **moment** de la journée, une heure. *La journée, la matinée,* et *la soirée* insistent sur la durée.

14.21 Activation orale: Le temps qui passe

Répondez selon l'exemple.

Exemple:
Vous entendez: 1. Mireille va à la fac le jour?
Vous répondez: Oui, elle passe la journée à la fac.

2. Robert va au cinéma le soir?
3. Les amis de Mireille vont au Luxembourg l'après-midi?
4. Ousmane va à la bibli le matin?
5. Robert va au Quartier Latin la nuit?

1. Il est gardien de nuit, sans doute!

14.22 Activation écrite: *Il est, c'est; matinée, soirée;* le jour et l'heure

Complétez.

1. Quand Robert arrive à Paris, ________ 28 mai. ________ le mois de mai. ________ printemps. Quand il arrive à l'aéroport Charles de Gaulle, ________ 8 heures du matin.
2. Il prend un taxi pour aller au Quartier Latin. Quand il arrive à l'hôtel, ________ 9 heures et quart, heure de Paris. ________ est le matin. Mais à New York ________ est 3 heures et quart du matin. ________ la nuit.
3. Quand Mireille rencontre Robert, dans la cour de la Sorbonne, ________ le 29 mai. ________ 11 heures moins le quart. ________ une belle ________ de printemps.
4. Quand Robert écrit une carte postale à sa mère, à la terrasse d'un café de la place Saint-Michel, ________ 6 heures. ________ soir. ________ une belle ________ de printemps.

14.23 Observation: *Vivre* et *habiter*

Le père de Robert n'est pas mort.
Il **vit** toujours.
Il est **vivant.**
Il est en **vie.**

Mireille **vit** à Paris.
Elle **vit** avec ses parents.
Elle **vit** chez ses parents.

Elle **habite** à Paris.
Elle **habite** avec ses parents.
Elle **habite** chez ses parents.
Elle **habite** rue de Vaugirard.
Elle **habite** au 18, rue de Vaugirard.

14.24 Observation: *Vivre,* présent de l'indicatif

vivre	
je **vis** tu **vis** il **vit**	nous **vivons** vous **vivez** ils **vivent**

14.25 Activation orale: *Vivre*

Répondez selon l'exemple.

Exemple:
Vous entendez: 1. Mireille est parisienne?
Vous répondez: Oui, elle vit à Paris.

2. Les parents de Mireille sont parisiens?
3. Vous êtes parisiens, vous deux?
4. Tu es parisien?
5. Mme Belleau est parisienne?

14.26 Observation: Habitude; *avoir l'habitude de* + infinitif

Elle va <u>souvent</u> au Luxembourg. Elle a l'habitude d'**aller** au Luxembourg.
Elle travaille <u>souvent</u> à la bibliothèque. Elle a l'habitude de **travailler** à la bibliothèque.

Mireille connaît bien Paris. Elle *a l'habitude de* Paris. (Bien sûr, puisqu'elle habite à Paris!)
Mireille prend souvent le métro. Elle *a l'habitude de* **prendre** le métro.

14.27 Activation orale: Habitude

Répondez selon l'exemple.

Exemple:
Vous entendez: 1. Tu travailles souvent à la bibliothèque?
Vous répondez: Oui, j'ai l'habitude de travailler à la bibliothèque.

2. Mireille va au cinéma le soir?
3. Robert prend souvent l'autobus?
4. Mireille rencontre souvent ses amis à la Sorbonne?
5. Vous étudiez le soir, vous deux?

🎧 14.28 Observation: Formes verbales; présent de l'indicatif, personnes du singulier et du pluriel

Rappelez-vous la conjugaison du verbe *travailler.*

travailler	
je **travaille** tu **travailles** il **travaille** ils **travaillent**	nous **travaillons** vous **travaillez**

Notez que, du point de vue de la prononciation, il y a une seule forme pour les trois personnes du singulier et la 3ème personne du pluriel. La lère et la 2ème personnes du pluriel sont constituées par la forme commune ci-contre plus le son /ɔ̃/ (*-ons*) pour la lère personne du pluriel et le son /e/ (-ez) pour la 2ème personne du pluriel. Si vous connaissez une de ces formes, vous pouvez prédire les cinq autres. Cela est vrai d'un très grand nombre de verbes (la majorité des verbes en *-er* et quelques autres).

🎧 14.29 Activation orale: Formes verbales

Répondez selon les exemples.

Exemples:
Vous entendez: 1. Qui est-ce qui travaille, ici?
Vous voyez: Nous!
Vous dites: Nous, nous travaillons!

Vous entendez: 2. Qui est-ce qui crie comme ça?
Vous voyez: Ce sont les manifestants!
Vous dites: Ce sont les manifestants qui crient!

3. Nous!
4. Vous!
5. Nous!
6. C'est vous!
7. C'est nous!
8. Vous!
9. C'est Mireille!
10. C'est vous!
11. Nous!

🎧 14.30 Observation: La temps qui passe; le temps passé, l'imparfait de l'indicatif

présent	*passé*
Maintenant, Robert **est** grand; il **a** 21 ans; il **passe** ses vacances en France.	Quand il **était** petit, quand il **avait** 7 ou 8 ans, il **passait** ses vacances aux Bermudes.

Il était, il avait, et *il passait* indiquent le passé. Ce sont des verbes à l'imparfait de l'indicatif.

🎧 14.31 Observation: Formation de l'imparfait; radical

présent	*imparfait*
nous **avons**	nous **avions** il **avait**

Les formes de l'imparfait (*avions, avait*) ont le même radical que la lère personne du pluriel du présent (*avons*). Cela est vrai de tous les verbes, à l'exception du verbe *être.* Si vous connaissez la lère personne du pluriel du présent d'un verbe, vous pouvez prédire toutes les personnes de l'imparfait . . . à condition de connaître les terminaisons de l'imparfait. Pour cela, voir ci-dessous.

14.32 Observation: Terminaisons de l'imparfait

Comparez.

imparfait		
avoir	**être**	**travailler**
j' av**ais**	j' ét**ais**	je travaill**ais**
tu av**ais**	tu ét**ais**	tu travaill**ais**
il av**ait**	il ét**ait**	il travaill**ait**
nous av**ions**	nous ét**ions**	nous travaill**ions**
vous av**iez**	vous ét**iez**	vous travaill**iez**
ils av**aient**	ils ét**aient**	ils travaill**aient**

Remarquez que les terminaisons sont les mêmes pour *avoir, être,* et *travailler.* Ce sont les mêmes pour tous les autres verbes. Donc, si vous connaissez les formes de l'imparfait du verbe *être* (ou *avoir,* ou *travailler*), et si vous vous rappelez que le radical de l'imparfait est le même que le radical de la lère personne du pluriel du présent, vous pouvez former toutes les personnes de l'imparfait de tous les verbes à condition de connaître le présent.

Exemples. Verbe *aller.* La lère personne du pluriel est *allons.* Le radical est *all-.* Vous ajoutez à ce radical les terminaisons de l'imparfait: *-ais, -ais, -ait, -ions, -iez,* et *-aient; j'allais, tu allais, il allait,* etc.

Verbe *comprendre.* La lère personne du pluriel du présent est *comprenons.* Le radical est *compren-.* Imparfait: *je comprenais, tu comprenais, il comprenait,* etc.

Notez le *-ons* et le *-ez* caractéristiques des lère et 2ème personnes du pluriel.

14.33 Activation: Discrimination auditive; terminaisons de l'imparfait

Ecoutez les phrases suivantes et déterminez si elles sont au présent ou au passé (imparfait). Cochez la case appropriée.

	1	2	3	4	5	6	7	8	9	10	11	12	13	14	15	16	17	18	19	20
présent																				
imparfait																				

14.34 Activation: Dictée; *avoir* et *être* à l'imparfait

Ecoutez et complétez.

1. Quand Robert __________ petit, il __________ l'habitude de passer ses vacances aux Bermudes ou en Amérique Latine, où son père __________ des intérêts.

2. Et vous? Quand vous __________ petit, où est-ce que vous __________ l'habitude de passer vos vacances?

3. Moi? Quand j'__________ petit, j'__________ l'habitude de passer mes vacances à la Martinique.

14.35 Activation écrite: Formes de l'imparfait

Complétez.

1. Nous savons tous que la terre est ronde. Autrefois, on ne le ______________ pas.
2. Aujourd'hui, nous n'écrivons plus; nous téléphonons. Mais autrefois, on ______________. On ne ______________ pas.
3. Aujourd'hui, nous faisons nos devoirs à l'ordinateur. Autrefois, on ______________ ses devoirs avec un stylo et du papier.
4. Aujourd'hui, nous vivons dans de grandes villes inhumaines. Autrefois, les gens ______________ plutôt dans de petits villages.
5. Aujourd'hui, nous apprenons le russe, l'italien, ou l'allemand. Autrefois, on ______________ plutôt le latin et le grec.
6. Mon mari et moi, nous ne faisons plus de sport, mais il y a quelques années, nous ______________ beaucoup de ski.
7. Maintenant nous avons le temps de lire. Avant, nous n'______________ pas le temps.
8. Nous allons au cinéma deux ou trois fois par semaine. Autrefois, nous y ______________ deux ou trois fois par an!
9. Maintenant, nous venons en France l'été. Autrefois, nous ______________ plutôt au printemps.
10. Nous connaissons tous Mireille. Mais il y a un an, vous ne la ______________ pas.
11. Nous savons qu'elle fait de l'histoire de l'art. Mais il y a un an, vous ne le ______________ pas! Robert non plus ne le ______________ pas.

14.36 Activation écrite: Formes de l'imparfait

Relisez le texte de la leçon 14 et les sections 6 et 7 du texte de la leçon 12 dans le livre de textes. Puis lisez et complétez le texte suivant qui parle, au passé, de la rencontre de Robert et de Mireille.

C'était une merveilleuse matinée de printemps. Il ______________ vraiment très beau. Il y ______________ une grève d'étudiants, évidemment. Des manifestants ______________ des phrases incompréhensibles dans les rues. Vers 11 heures moins 10, une jeune fille blonde ______________ dans la cour de la Sorbonne. Elle portait une jupe rouge et un pull blanc. Elle ______________ à un jeune homme brun. La jeune fille ______________ étudiante. Elle ______________ de l'histoire de l'art. (En fait, elle ______________ de sortir de l'Institut d'Art et d'Archéologie.) Le jeune homme ______________ des Etats-Unis . . . et, en fait, il ______________ américain. Mais il ______________ très bien français. Il n'______________ pas d'accent du tout! En fait, sa mère ______________ française et, quand il ______________ petit, sa mère et lui ______________ toujours français. Il ______________ à Paris depuis la veille. C'______________ la première fois qu'il ______________ en France, parce que son père, qui ______________ dans une banque, n'______________ pas beaucoup la France. Alors, ils ______________ leurs vacances aux Bermudes ou en Amérique Latine. Son père n'______________ pas mort; il ______________ toujours. Mais ses parents ______________ divorcés et sa mère ______________ remariée avec un Argentin. Alors, les Bermudes, les vacances en famille . . . tout ça . . . c'______________ le passé. . . .

14.37 Activation écrite: Formes de l'imparfait

Lisez et complétez le texte suivant.
(Attention: Souvenez-vous que vous êtes grands maintenant; vous n'êtes plus petits, donc tout ça, c'est au passé!)

1. Voyons . . . et vous, quand vous ______ petit ou petite, est-ce que vous ______ avec vos parents? Est-ce que vos parents ______ célibataires ou divorcés, comme les parents de Robert?
2. Est-ce que vous ______ à l'école, comme Marie-Laure?
3. Est-ce que vous ______ des sœurs, comme Mireille?
4. Dans quelle ville est-ce que vous ______?
5. Quelle langue est-ce que vous ______ avec vos parents?
6. Quel sport est-ce que vous ______?
7. A quels jeux est-ce que vous ______? Aux cartes, aux échecs, aux dames, aux portraits?

14.38 Activation écrite: Formes de l'imparfait

Parlez de votre passé, du temps où vous étiez enfant. Pour cela, vous pouvez répondre aux questions de l'exercice précédent.

Quand j'étais enfant, ______

______

______

______

______

______

14.39 Activation écrite: *Vivre, habiter;* imparfait; possessifs; pronoms (révision)

Complétez.

1. Quand Robert était un petit garçon, ses parents n'______ pas divorcés, et Robert ______ avec ______. Maintenant ses parents sont divorcés, Robert est un grand jeune homme, il ne ______ plus avec ______ parents. ______ père ______ aux Etats-Unis, mais ______ mère ______ en Argentine.
2. Les parents de Mireille ______ à Paris. Mireille ______ avec ______.
3. —Et vous, où ______-vous? En France? Aux Etats-Unis? Vous ______ avec ______ parents?
   —Je ______.

14.40 Observation: Formes masculines et féminines (révision et extension)

masculin	*féminin*	*masculin*	*féminin*
luxueux silencieux cérémonieux merveilleux	luxueuse silencieuse cérémonieuse merveilleuse	cher caissier banquier	chère caissière banquière
vivant président excellent	vivante présidente excellente	gardien parisien	gardienne parisienne
propre sale sympathique	propre sale sympathique	franc	franche
bon marché	bon marché		

14.41 Activation orale: Formes masculines et féminines

Mettez au féminin selon l'exemple.

Exemple:
Vous entendez: 1. Robert est un garçon cérémonieux.
Vous dites: Mireille est une fille cérémonieuse.

2. Son père est gardien.
3. Son frère est parisien.
4. Il est plutôt silencieux.
5. Mon oncle est caissier.
6. Il est président d'une banque.
7. Robert est un garçon très vivant.
8. Il est aussi très sympathique.
9. Il est franc.
10. Son cousin est italien.

14.42 Activation orale: Dialogue entre Robert et Mireille

Ecoutez cet échange entre Robert et Mireille. Vous allez apprendre les répliques de Mireille.

Robert: Il fait vraiment beau, vous ne trouvez pas?
Mireille: **Oui, c'est une belle matinée.**
Robert: Vous êtes étudiante?
Mireille: **Oui, je fais de l'histoire de l'art.**
Robert: Moi, je viens des Etats-Unis.
Mireille: **Ah, vous êtes américain!**
Robert: Oui.
Mireille: **Eh bien, vous n'avez pas d'accent du tout pour un Américain!**

Exercices-tests

14.43 Exercice-test: *Parler/dire*

Complétez.

1. Mireille est bavarde. Elle __________ beaucoup.
2. Je suis complètement sourd! Qu'est-ce que vous __________ ? __________ plus fort!
3. Nous commençons à __________ français!
4. Les Canadiens __________ "char" pour "voiture."

Vérifiez. Si vous avez fait des fautes, travaillez les sections 14.13 à 14.17 dans votre cahier d'exercices.

14.44 Exercice-test: Présent/imparfait

Déterminez si les phrases que vous entendez sont au présent ou au passé (imparfait). Cochez la case qui convient.

	1	2	3	4	5	6	7	8	9	10	11	12
présent												
passé												

Vérifiez. Si vous avez fait des fautes, travaillez les sections 14.30 à 14.34 dans votre cahier d'exercices.

14.45 Exercice-test: Formes de l'imparfait

Complétez.

1. Le père de Robert habite New York? Je croyais qu'il __________ Chicago.
2. La mère de Robert vit en Argentine? Je pensais qu'elle __________ au Brésil.
3. Les manifestants sont dans la cour de la Sorbonne? Je croyais qu'ils __________ dans la rue.
4. Vous travaillez chez Renault? Je croyais que vous __________ chez Citroën.
5. Tu vas en France? Je croyais que tu __________ aux Bermudes.
6. Vous avez deux sœurs? Je croyais que vous __________ un frère.
7. Mireille fait de l'histoire de l'art? Je croyais qu'elle __________ de l'informatique.
8. Vous êtes gardien de nuit? Je croyais que vous __________ caissier.
9. Vous habitez à l'hôtel? Je croyais que vous __________ à la Cité.
10. Vous venez du Luxembourg? Je croyais que vous __________ de la fac.

Vérifiez. Si vous avez fait des fautes, travaillez les sections 14.30 à 14.39 dans votre cahier d'exercices.

14.46 Exercice-test: Masculin et féminin des adjectifs

Déterminez si les phrases que vous allez entendre parlent d'un masculin ou d'un féminin. Cochez la case qui convient.

	1	2	3	4	5	6	7	8	9	10
masculin										
féminin										

Vérifiez. Si vous avez fait des fautes, travaillez les sections 14.40 et 14.41 dans votre cahier d'exercices.

Libération de l'expression

14.47 Mise en question

Relisez le texte de la leçon; lisez les questions de la mise en question qui suit la mise en œuvre dans votre livre de textes. Réfléchissez à ces questions et essayez d'y répondre.

14.48 Mots en liberté

Qu'est-ce qu'on peut avoir l'habitude de faire?

On peut avoir l'habitude de fumer, de jouer au tennis, de draguer, de se lever à midi. . . .

Trouvez encore cinq possibilités.

14.49 Mise en scène et réinvention de l'histoire

Vous êtes Robert. Vous venez de remarquer Mireille dans la cour de la Sorbonne. Vous avez engagé la conversation (c'était le plus difficile!). Maintenant, essayez de continuer.

Mireille: Quelle belle matinée!
Vous: (. . .)
Mireille: Vous êtes étudiant à la Sorbonne?
Vous: (. . .)
Mireille: Vous n'êtes pas français?
Vous: (. . .)
Mireille: Eh bien, vous n'avez pas d'accent du tout pour un étranger!
Vous: (. . .)
Mireille: Il y a longtemps que vous êtes en France?
Vous: (. . .)
Mireille: Où est-ce que vous habitez?
Vous: (. . .)
Mireille: Vous venez souvent en France?
Vous: (. . .)

14.50 Mise en scène et réinvention de l'histoire

Imaginez une conversation entre Jean-Pierre Bourdon et un psychiatre. Vous pouvez utiliser les possibilités suivantes, ou inventer, si vous préférez.

Le psychiatre:
C'est la première fois que vous venez voir un psychiatre?

Jean-Pierre:
Oui.
Non.
Oui et non.

Le psychiatre:
Pourquoi êtes-vous ici? De quoi s'agit-il?

Jean-Pierre:

Les jeunes filles	me trouve	formidable,
Ma mère	me trouvent	inoffensif,
Mon père		détestable,
Mes amis		sexiste,
		fascinant,
		trop bavard,

et je suis sûr qu'	elles	se trompe.
	ils	se trompent.
	il	
	elle	

Le psychiatre:
Pourquoi?

Jean-Pierre:

Parce que
je viens d'entrer à Polytechnique.
j'ai un chien qui m'adore.
j'ai bon caractère.
je me lève à 6h tous les matins.
je ne fume pas.
je suis sympa.
je suis inscrit au MLF.
je vis avec ma mère.
je suis très beau.

Le psychiatre:
Est-ce que vous avez des problèmes?

Jean-Pierre:

Non,	je n'ai pas de chance aux cartes;	à part ça, ça va.
	mes parents sont divorcés;	
	ma mère est remariée;	
	mon père ne m'aime pas;	
	mes cinq sœurs sont mortes;	
	je déteste les romans d'amour;	
	j'adore les boules de gomme;	

Le psychiatre:
Et alors?

Jean-Pierre:
Alors . . . je vous embête?

Le psychiatre:
Non.
Pas du tout.
Pour être franc, oui, beaucoup.
Un peu, mais c'est mon métier.

Quand vous étiez petit, vous aviez des problèmes?

Jean-Pierre:
J'oublie.

Le psychiatre:
Vous avez raison, il faut oublier.
Mais il ne faut pas oublier! Souvenez-vous!
Je vais vous dire: vous avez des complexes.
Bon, eh bien, ça suffit comme ça!
Ça fait une demi-heure que je vous écoute!
Ça fait 500F.

Revenez
la semaine prochaine.
mercredi prochain.
demain; c'est grave!

Ne revenez pas; ce n'est pas grave.

Préparation à la lecture et à l'écriture

14.51 Entraînement à la lecture et expansion du vocabulaire

Lisez le document 2B dans votre livre de textes, leçon 14, et complétez le texte suivant.

Ce sont trois vers d'un poème de ________________. Le poète est amoureux. Il trouve que le temps ____________ trop vite. Les beaux jours, les délices de l'amour, le bonheur ne durent pas longtemps. (Voyez Ronsard, leçon 11, document 3C.) Le poète veut arrêter le ____________. Les gens marchent, les autos roulent, les avions volent. Les oiseaux, les avions qui volent vont très vite. Le temps aussi ____________, parce qu'il va vite.

14.52 Entraînement à la lecture

Lisez le document 2C et complétez le texte suivant.

Il y a des gens qui se demandent s'il y a une vie après la mort. Coluche se demande s'il y a une vie ____________ la mort. (Quand on a des difficultés, quand on a trop de travail, quand on est fatigué, stressé, on dit "Ah! Ce n'est pas une ____________!")

14.53 Entraînement à la lecture et expansion du vocabulaire

Lisez le document 4 ("Evidemment" et "Très mémorable rencontre de Marie-Antoinette et d'Astérix dans les jardins élyséens par un beau jour de l'éternel printemps"). Puis lisez le texte suivant.

Cette rencontre se passe dans l'autre monde, c'est-à-dire dans le monde des morts, des morts vertueux, évidemment, ce qu'on appelle les Champs-Elysées dans la religion gréco-romaine, et le paradis dans la religion chrétienne.

Tous les Français connaissent Astérix; c'est le héros d'une série de bandes dessinées (voir leçon 7, documents 4, 5, et 6). Astérix habite en Gaule (la France d'aujourd'hui) au 1er siècle avant Jésus-Christ.

Marie-Antoinette est une des reines de France. C'est la femme de Louis XVI. Elle est autrichienne; elle est née à Vienne. Elle a la réputation d'être un peu frivole. Elle est toujours représentée avec des coiffures très compliquées et très hautes (c'est la mode de l'époque). Elle passe son temps au château de Versailles. Elle joue à la fermière dans le parc du château, où elle se promène avec son ami Fersen, un maréchal suédois. On ne l'aime pas beaucoup. Pendant la Révolution, elle est arrêtée, enfermée dans la prison de la Conciergerie, à Paris, et guillotinée en 1793, comme son mari, le roi Louis XVI (voir leçon 8), sur la place Royale (aujourd'hui place de la Concorde), à l'entrée de l'avenue des Champs-Elysées.

Le café Procope est le plus ancien café de Paris, dans le quartier de Saint-Germain-des-Prés. Il date du XVIIIe siècle. C'est aujourd'hui un restaurant.

Maintenant relisez le document 4 et répondez aux questions suivantes.

1. Dans la mythologie grecque, les héros, après leur mort, vont aux ________________________. Dans la religion chrétienne, les gens vertueux, après leur mort, vont au ____________________.
2. Quand il y a du soleil, on dit que le soleil ____________.
3. Les rois habitent dans des ____________________, comme le Louvre ou Versailles.
4. Les gens qui chantent des chansons sont des ________________.
5. Astérix voit une trace sur le cou de Marie-Antoinette; c'est une ________________ rouge. (C'est la trace de la guillotine. . . .)
6. Quand Robert et Mireille sont assis sur un banc, au jardin du Luxembourg, Mireille se lève et s'en va parce qu'elle se ______________ qu'elle devait amener sa petite sœur à son cours de danse. Quand Astérix voit une ligne rouge sur le cou de Marie-Antoinette, ça lui ______________ qu'elle a été guillotinée pendant la Révolution.

7. Même si on n'est pas royaliste, le souvenir de l'exécution de Marie-Antoinette et de Louis XVI n'est pas agréable. Cette exécution est un incident __________________ de l'histoire de France.
8. Louis XVI était roi de France et Marie-Antoinette était __________ de France.
9. Marie-Antoinette sait un peu le latin, mais pas très bien; son latin est un peu __________________ .
10. Le Président de la République gouverne; le roi __________ .
11. A Paris, il y a une grande allée plantée d'arbres qui s'appelle le __________ la Reine.
12. Je perds la tête! J'oublie tout! Je ne sais plus où j'ai __________________ .

14.54 Pratique de l'écriture

Relisez le texte de la leçon 14 dans votre livre de textes. Répondez aux questions suivantes pour en produire un petit résumé.

1. Où est Robert? Et Mireille? Quel temps fait-il?
2. De quoi parle Robert pour engager la conversation?
3. Quel compliment Mireille fait-elle à Robert sur son français? Pourquoi n'est-il pas étonnant que Robert parle bien français?
4. Depuis quand est-il en France? Où habite-t-il? Est-ce qu'il vient souvent en France? Où passait-il ses vacances quand il était petit?
5. Que fait son père?
6. Qu'est-ce que Robert propose à Mireille? Qu'est-ce que Mireille propose? Qu'est-ce qu'ils font au jardin du Luxembourg?
7. Pourquoi Mireille part-elle après quelques minutes? Où va-t-elle?
8. Où va Robert? Qu'est-ce qu'il fait?

14.55 Pratique de l'écriture

Dans la matinée du 29 mai, Mireille rencontre deux jeunes gens, Jean-Pierre et Robert. Comparez les deux rencontres et les deux jeunes gens. Ecrivez de 75 à 100 mots.

Leçon 15

Assimilation du texte

🎧 15.1 Mise en œuvre

Ecoutez le texte et la mise en œuvre dans l'enregistrement sonore. Répétez et répondez suivant les indications.

🎧 15.2 Compréhension auditive

Phase 1: Regardez les images et répétez les énoncés que vous entendez.

1. ___

2. ___

3. ___

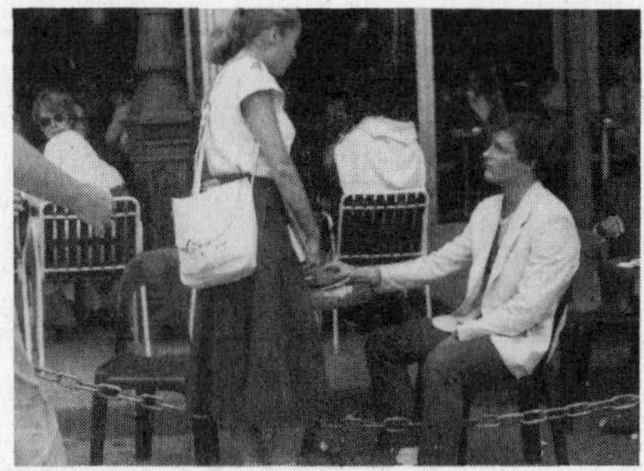

4. ___

5. ___

6. ___

Phase 2: Ecrivez la lettre de chaque énoncé que vous entendez sous l'image qui lui correspond le mieux.

🎧 15.3 Compréhension auditive et production orale

Ecoutez les dialogues suivants, et répondez aux questions.

1. Qu'est-ce que Mireille propose à Robert?
2. Que fait le père de Robert?
3. Est-ce que le père de Robert donne beaucoup d'argent à son fils?
4. Robert connaît-il beaucoup de gens à Paris?
5. Pourquoi Mireille dit-elle: "Quelle coïncidence!"
6. Que fait la mère de Mireille?
7. Quand Mireille fait-elle du karaté?

15.4 Production orale

Ecoutez les dialogues suivants. Vous allez jouer le rôle du deuxième personnage.

1. Mireille: Tiens, c'est vous? Qu'est-ce que vous faites là?
   Robert: (. . .)
2. Robert: Vous la connaissez?
   Mireille: (. . .)
3. Mireille: Mais dites-moi, si votre père est banquier, vous devez être riche. Alors pourquoi descendez-vous dans un petit hôtel minable?
   Robert: (. . .)
4. Marie-Laure: Vous êtes le petit ami de Mireille? Vous êtes anglais?
   Robert: (. . .)

Préparation à la communication

15.5 Activation orale: Prononciation; le son /r/ (révision)

Ecoutez et répétez.

un timbre
votre marraine
mercredi
par avion
mystère

une boîte aux lettres
leur chirurgien
leur meilleur ami
Ça alors!
Pas encore!

votre anniversaire
mardi
Je vais faire un tour.
C'est formidable!
derrière le Louvre

15.6 Observation: Degrés d'assentiment

	—Vous la connaissez?	—Vous aimez ça?
1.	—Oui, je la connais un peu.	—Oui, j'aime assez ça.
2.	—Oui, je la connais.	—Oui, j'aime ça.
3.	—Oui, je la connais très bien!	—Oui, j'aime beaucoup ça.
4.	—Si je la connais? Oh, là, là! Bien sûr que je la connais!	—Si j'aime ça? Oh, là, là! Bien sûr que j'aime ça!
5.	—Je ne connais qu'elle!	—J'adore ça!

15.7 Observation: Certitude et incertitude

certitude		*incertitude*	
Mais oui!	Evidemment!	Peut-être. . . .	On ne sait jamais!
Bien sûr!	C'est évident!	C'est possible.	On ne peut pas savoir!
C'est sûr et certain!	Sans aucun doute!	Ce n'est pas impossible!	Sans doute. . . .
Absolument!		Faut voir. . . .	

15.8 Activation: Compréhension auditive; degrés d'assentiment; certitude, incertitude

Choisissez la meilleure réponse aux questions que vous allez entendre en entourant *a, b,* ou *c* d'un cercle.

Exemple:
Vous entendez: 1. Mireille fait des études?
Vous voyez:
a. On ne peut pas savoir.
b. C'est possible.
ⓒ Mais oui!
Vous entourez *c* d'un cercle (puisque nous savons très bien que Mireille fait des études).

2. a. C'est sûr et certain.
b. On ne sait jamais.
c. Sans aucun doute.

3. a. Bien sûr qu'elle les connaît.
b. Elle les connaît un peu.
c. Peut-être.

4. a. Evidemment.
b. Sans doute.
c. Bien sûr que non.

5. a. Elle le connaît très bien.
b. Elle le connaît un peu.
c. Ce n'est pas impossible.

15.9 Observation: Calendrier (révision et extension)

—C'est quand, votre anniversaire?
—C'est **en** juillet, **au** mois de juillet, **le** 6 juillet.

en	au	le
en janvier	**au** mois de janvier	**le** dimanche 1er janvier
en février	**au** mois de février	**le** lundi 2 février
en mars	**au** mois de mars	**le** mardi 5 mars
en avril	**au** mois d' avril	**le** mercredi 9 avril
en mai	**au** mois de mai	**le** jeudi 10 mai
en juin	**au** mois de juin	**le** vendredi 22 juin
en juillet	**au** mois de juillet	**le** samedi 14 juillet
en août	**au** mois d' août	**le** dimanche 31 août
en septembre	**au** mois de septembre	**le** lundi 15 septembre
en octobre	**au** mois d' octobre	**le** mardi 6 octobre
en novembre	**au** mois de novembre	**le** mercredi 11 novembre
en décembre	**au** mois de décembre	**le** jeudi 25 décembre

à
à Noël
à Pâques
à mon anniversaire

15.10 Activation orale: Calendrier

Répondez selon l'exemple.

Exemple:
Vous entendez: 1. C'est quand, l'anniversaire de Robert?
Vous voyez: 23 octobre
Vous répondez: Son anniversaire est en octobre; c'est le 23 octobre.

2. 3 janvier
3. 21 juin
4. (?)
5. (?)

15.11 Observation: Comptes et dépenses; argent français

pièces	*billets*
une pièce de 5 centimes	un billet de 20 francs
une pièce de 10 centimes	un billet de 50 francs
une pièce de 20 centimes	un billet de 100 francs
une pièce de 50 centimes	un billet de 200 francs
une pièce de 1 franc	un billet de 500 francs
une pièce de 2 francs	
une pièce de 5 francs	
une pièce de 10 francs	

15.12 Observation: Achat

Dans un bureau de tabac

La cliente:
Je voudrais un timbre.
Est-ce que vous avez des timbres?
Est-ce que je pourrais avoir un timbre, s'il vous plaît?
Un timbre, s'il vous plaît.

Le buraliste:
Voilà.

La cliente:
C'est combien?
Ça fait combien?
Je vous dois combien?
Combien est-ce que je vous dois?

Le buraliste:
Quatre francs vingt.
C'est quatre francs vingt.
Ça fait quatre francs vingt.

15.13 Activation: Dictée; comptes et dépenses

Ecrivez en chiffres les prix que vous entendez.

1. —Elle fait combien, cette jupe?

   —_____ F.

2. —Il fait combien, ce pull?

   —_____ F _____ .

3. —C'est combien, une lettre pour les Etats-Unis, par avion?

   —_____ F _____ .

4. Un timbre pour la France, s'il vous plaît. C'est combien?

   —_____ F _____ .

5. —Vous avez des foulards Hermès?

   —Oui, vous en avez à _____ F et à _____ F.

15.14 Activation écrite: Comptes et dépenses; achat

Pour chacune des sommes de l'exercice 15.13, combien de billets et de pièces est-ce que vous allez donner pour votre achat?

Exemple:
1. 109F: Un billet de 100F, une pièce de 5F, et 4 pièces d'1F.

2. _____ : _______________

3. _____ : _______________

4. _____ : _______________

5. _____ : _______________

_____ : _______________

15.15 Observation: Approximation

Ça coûte quinze francs soixante . . .
une quinzaine de francs.
Ça coûte quarante-deux francs . . .
une quarantaine de francs.
Ça coûte mille cinquante francs . . .
un millier de francs.

nombre précis		*nombre approximatif*
10	dix	une dizaine
12	douze	une douzaine
15	quinze	une quinzaine
20	vingt	une vingtaine
30	trente	une trentaine
40	quarante	une quarantaine
50	cinquante	une cinquantaine
60	soixante	une soixantaine
100	cent	une centaine
1 000	mille	un millier

15.16 Activation orale: Approximation

Transformez selon les exemples.

Exemples:
Vous entendez: 1. Ça fait combien?
Vous voyez: 20F 40
Vous dites: Une vingtaine de francs.

Vous entendez: 2. Il y avait beaucoup de monde à votre anniversaire?
Vous voyez: 62 personnes.
Vous dites: Une soixantaine de personnes.

3. 1.020 francs
4. 43 francs
5. 15F 60
6. 54 personnes
7. 33 personnes
8. 102 personnes

15.17 Observation: Où? A quel endroit?

à Paris
à Saint-Tropez

au Quartier Latin
au jardin du Luxembourg
au Louvre
au Sénat
au bureau
au bureau de poste
à la maison
à l'école
à la fac
à la Sorbonne

dans la cour de la Sorbonne
dans la rue

sur la place
sur le pont
sur un banc

sous les arcades
sous le pont

au bout du pont
au bout de la rue

derrière le Louvre
devant le Louvre

en face du Louvre
en face de la Sorbonne

à droite du Louvre
à gauche du Louvre

à côté du Louvre
tout près du Louvre

là-bas
plus loin

en montant
en descendant

quai de Grenelle
rue de Vaugirard
59, quai de Grenelle
18, rue de Vaugirard

15.18 Activation orale et écrite: Où? A quel endroit?

Répondez selon l'exemple.

Exemple:

Vous voyez: 1. Vous en avez un ________ la rue des Ecoles.

Vous entendez: Est-ce qu'il y a un bureau de tabac près d'ici?

Vous répondez: Vous en avez un dans la rue des Ecoles.

Vous écrivez: dans

2. Vous en avez un à gauche ________ descendant la rue.
3. Tenez, il y en a un ________ la place là-bas.
4. Nous avons rendez-vous ________ jardin du Luxembourg, près ________ la fontaine Médicis.
5. Bien sûr qu'elle fait des études! Elle est étudiante ________ la Sorbonne.
6. Si je le connais? Bien sûr que je le connais. J'habite rue de Vaugirard, en face ________ Sénat.
7. Il est ________ Quartier Latin.
8. Elle le rencontre ________ la cour de la Sorbonne.

15.19 Observation: Promenades; *mener, amener, emmener, promener*

1. Tante Georgette et Fido au Luxembourg. Fido va devant, Tante Georgette le suit: C'est Fido qui **mène** Tante Georgette.
2. Tante Georgette va devant, Fido suit derrière: C'est Tante Georgette qui **mène** Fido.
3. Fido est malade. Tante Georgette l'**amène** chez le vétérinaire.
4. Tante Georgette va faire un voyage. Elle prend Fido avec elle. Elle l'**emmène**.
5. Fido veut sortir. Tante Georgette va le **promener** au Luxembourg. Tante Georgette et Fido **se promènent** au Luxembourg.

-mener
mener **amener** **emmener** promener se promener

Rappel: Elle aime se promener.
Elle se promène.

Il y a un changement de voyelle dans le radical, suivant que la dernière voyelle est dans une syllabe ouverte (promener) ou fermée (promène). Cela est vrai pour tous ces verbes.

15.20 Activation: Dictée; promenades

Ecoutez et complétez.

1. Fido a des complexes. Tante Georgette l'________ chez le psychiatre.
2. Il fait trop froid. Tante Georgette ne veut pas ________ Fido au Luxembourg.
3. Fido veut rentrer à la maison. C'est lui qui ________ Tante Georgette, et elle le suit.
4. Il fait beau. Tante Georgette et Fido ________ au Luxembourg par une belle matinée de printemps.
5. Tante Georgette doit partir en voyage. Elle ne veut pas laisser Fido seul. Elle l'________ avec elle aux Bermudes.

15.21 Observation: *Du, des;* contraction de *de* avec les articles *le* et *les* (révision et extension)

de + le = du	de + les = des
le Luxembourg le jardin **du** Luxembourg Elle vient **du** Luxembourg. **le** temps Elle a **du** temps. **le** sport Elle fait **du** sport.	**les** Etats-Unis Il vient **des** Etats-Unis. **les** timbres Il voudrait **des** timbres.

Notez que *du* remplace *de* suivi de l'article défini *le*, et *des* remplace *de* suivi de l'article défini *les*.

15.22 Observation: *Au, aux;* contraction de *à* avec les articles *le* et *les* (révision et extension)

à + le = au	à + les = aux
le bridge Elle joue **au** bridge. **le** Luxembourg Elle va **au** Luxembourg.	**les** échecs Elle joue **aux** échecs. **les** Etats-Unis Elle va **aux** Etats-Unis.

Notez que *au* remplace *à* suivi de l'article défini *le*, et *aux* remplace *à* suivi de l'article défini *les*.

15.23 Observation: Contractions avec *de* et *à* (tableau récapitulatif)

pas de contractions	*contractions*
de + article défini *la* = **de la** *de* + article défini *l'* = **de l'** *à* + article défini *la* = **à la** *à* + article défini *l'* = **à l'**	*de* + article défini *le* = **du** *de* + article défini *les* = **des** *à* + article défini *le* = **au** *à* + article défini *les* = **aux**

15.24 Activation orale: Contractions avec *à*

Répondez selon l'exemple.

Robert et Mireille vont se retrouver. C'est sûr et certain! Mais où est-ce qu'ils vont se retrouver?

Exemple:
Vous entendez: 1. Je préfère la bibliothèque.
Vous dites: Ils vont se retrouver à la bibliothèque.

2. Je préfère le Luxembourg.
3. Je préfère le Quartier Latin.
4. Je préfère la Sorbonne.
5. Je préfère le restaurant universitaire.
6. Je préfère la maison de Mireille.
7. Je préfère le cinéma.
8. Je préfère la terrasse d'un café.
9. Je préfère les Etats-Unis.

15.25 Activation orale: Contractions avec *de*

Répondez selon l'exemple.

Exemple:
Vous entendez: 1. Mais où étais-tu? Tu étais à l'hôtel?
Vous répondez: Oui, je viens de l'hôtel.

2. Tu étais au restaurant?
3. Tu étais au Quartier Latin?
4. Tu étais à la Cité Universitaire?
5. Tu étais au cinéma?
6. Tu étais à la banque?
7. Tu étais au bureau?
8. Tu étais à la maison?
9. Tu étais à la douane?
10. Tu étais aux Etats-Unis?

15.26 Activation écrite: Contractions avec *à* et *de; amener, emmener, promener*

Lisez et complétez.

Elémentaire, mon cher Watson!

1. —Tiens, regarde, c'est Tante Georgette! Qu'est-ce qu'elle fait? Elle se promène? Je me demande d'où elle vient. Qu'est-ce que tu crois, elle vient ________ restaurant? ________ bibliothèque? ________ Champs-Elysées? ________ Louvre? ________ Opéra? ________ Tour Eiffel? ________ Halles? ________ île Saint-Louis? ________ Quartier Latin? ________ bureau de tabac? ________ Institut d'Art et d'Archéologie? ________ aéroport?

—Mais non, elle sort de chez elle!

2. —Ah, oui? Et où va-t-elle? Elle va ________ restaurant? ________ bibli? ________ fac? Elle va voir Robert ________ hôtel du Home Latin? Elle va suivre un cours ________ Sorbonne? Elle va jouer ________ bridge avec Tonton Guillaume? ________ échecs avec Monsieur Belleau? ________ pelote basque avec le Professeur Irrigaray? Elle va faire ________ vélo? ________ cheval dans les allées ________ Luxembourg? ________ planche à voile sur le bassin? ________ deltaplane à la Tour Eiffel? ________ ski en Patagonie? Elle va faire ________ russe ________ Langues-O? Ou ________ italien ________ Sorbonne? Elle va faire ________ maths avec Monsieur Delapierre? Ou elle va voir *Le Genou de Claire* ________ ciné-club? Ou bien elle va passer quelques jours ________ Bermudes?

3. —Mais non, regarde: elle est avec Fido. Fido déteste les voyages; elle ne l'________ jamais en voyage.

—Ah, bon! Alors elle ________ Fido, tout simplement.

—Non, Fido est malade; elle l'________ chez le vétérinaire.

—J'espère que ce n'est pas grave!

15.27 Observation: *En* (révision et extension)

	en		*quantité*	
—Je voudrais des	timbres.			
—Combien	**en** voulez-vous?			
—J'	**en** voudrais		**deux.**	
—Il reste des	timbres?			
—Oui, il	**en** reste		**une dizaine.**	
—Elle fait du	sport?			
—Oui, elle	**en** fait.			
Elle	**en** fait		**beaucoup.**	
—Où y a-t-il une	boîte aux lettres?			
—Il y	**en** a		**une**	à droite.
Vous	**en** avez		**deux**	dans la rue.

		en	*verbe*	*quantité*	
Vous		**en**	avez	**une**	à droite.
Vous	allez	**en**	voir	**deux**	en montant.
Il	y	**en**	a	**deux**	là-bas.
Il	y	**en**	a	**quatre**	sur la place.
Il	y	**en**	a	**une dizaine**	dans la rue.
Il	y	**en**	a	**beaucoup**	dans le quartier.
Il n'	y	**en**	a	**pas**	ici.

15.28 Activation orale: *En*

Répondez selon les exemples.

Exemples:

Vous entendez: 1. Y a-t-il un bureau de poste dans le quartier?
Vous voyez: 0
Vous répondez: Non, il n'y en a pas dans le quartier.

Vous entendez: 2. Il reste des boules de gomme?
Vous voyez: beaucoup
Vous répondez: Oui, il en reste beaucoup.

3. 0
4. une centaine
5. beaucoup
6. quatre
7. une
8. un peu
9. une dizaine
10. deux ou trois

15.29 Activation écrite: *En*

Complétez.

1. —Y a-t-il un pilote dans l'avion?
—Mais oui, il y ________________ même deux! Pas de panique!
2. —Y a-t-il un médecin dans la salle?
—Non, mais à l'hôpital ________________ une dizaine en permanence.
3. —Où y a-t-il un bureau de poste?
—Vous ________________ avez ________________ en montant à droite.
4. —Vous avez des timbres à 2 francs? J'______ voudrais trois, s'il vous plaît.
5. —Où y a-t-il une boîte aux lettres?
—Vous ________________ en face.
6. —Je n'ai plus de boules de gomme! Je ________________ acheter.

15.30 Observation: Formes verbales; présent de l'indicatif (révision et extension)

sourire	étudier	s' ennuyer	croire	voir
je **souris**	j' **étudie**	je m' **ennuie**	je **crois**	je **vois**
tu **souris**	tu **étudies**	tu t' **ennuies**	tu **crois**	tu **vois**
il **sourit**	il **étudie**	il s' **ennuie**	il **croit**	il **voit**
ils **sourient**	ils **étudient**	ils s' **ennuient**	ils **croient**	ils **voient**
nous **sourions**	nous **étudions**	nous nous **ennuyons**	nous **croyons**	nous **voyons**
vous **souriez**	vous **étudiez**	vous vous **ennuyez**	vous **croyez**	vous **voyez**

Dans tous ces verbes, il y a, au point de vue du son, une seule forme pour les trois personnes du singulier et la 3ème personne du pluriel. Les 1ère et 2ème personnes du pluriel sont formées par l'addition de /ɔ̃/ (*-ons*) et de /e/ (-ez) à cette forme commune, mais ici ces terminaisons sont précédées d'une semi-voyelle /j/.

15.31 Activation orale et écrite: Formes verbales

Ecoutez et complétez les phrases suivantes selon l'exemple.

Exemple:

Vous entendez: 1. —Mireille sourit.
—Ah? A qui?

Vous voyez: Elle ________ à Robert.

Vous dites: Elle sourit à Robert.

Et vous écrivez: sourit.

2. Robert ________, lui aussi.
3. Bien sûr, nous ________ tout le temps.
4. Oui, nous ________ à la Sorbonne, nous aussi.
5. Oui, ils ________ à la Sorbonne, eux aussi.
6. Qui est-ce que vous ________?
7. Vraiment? Vous ________ que c'est elle?
8. Tous les jeunes gens s'________ aujourd'hui!
9. Vous vous ________, vous?

15.32 Observation: Consonne supplémentaire aux personnes du pluriel

sortir	connaître	choisir
je **sors**	je **connais**	je **choisis**
tu **sors**	tu **connais**	tu **choisis**
il **sort**	il **connaît**	il **choisit**
nous **sortons**	nous **connaissons**	nous **choisissons**
vous **sortez**	vous **connaissez**	vous **choisissez**
ils **sortent**	ils **connaissent**	ils **choisissent**

15.33 Activation orale et écrite: Formes verbales; consonne supplémentaire aux personnes du pluriel

Ecoutez, répondez, et complétez selon l'exemple.

Exemple:

Vous entendez: 1. Vous savez où est la place Saint-Michel?

Vous voyez: Mais oui, bien sûr que je ________ où est la place Saint-Michel. Vous ne ________ pas où c'est?

Vous dites: Mais oui, bien sûr que je sais où est la place Saint-Michel. Vous ne savez pas où c'est?

Vous écrivez: sais, savez

2. Mais si, vous la ________! C'est la petite blonde qui fait de l'histoire de l'art! Tout le monde la ________ au Quartier! Ousmane et Hubert la ________ très bien!
3. A quelle heure vous ________, vous? Mireille ________ vers 5 heures. Colette et Ousmane ________ à 6 heures.
4. Moi aussi, je ________. Eux aussi, ils ________. Allez, on ________ tous!

15.34 Activation: Dictée; formes de l'imparfait (révision)

Ecoutez et complétez. Vous entendrez le texte deux fois.

Spleen

—Qu'est-ce que vous ________ hier soir à la terrasse de l'Escholier? Vous ________ quelqu'un? Vous ________ l'air si triste!

—Je ne ________ rien. Je m'________. Je ________ à vous. Je vous ________. J'________ envie de vous voir. Je ________ les gens qui ________. Je me ________ si vous alliez passer. Il y ________ une jeune fille qui vous ________, à la table à côté. Elle ________ un peu comme vous. Mais ce n'________ pas vous. J'________ l'air triste parce que j'________ triste!

15.35 Activation écrite: Formes du présent et de l'imparfait (révision)

Complétez.

1. —Vous allez souvent à l'Escholier?

   —Non, je n'y ________ presque jamais. Mais quand j'________ étudiant, j'y ________ presque tous les jours.

2. —Vous connaissez Marc et Catherine?

   —Oui, je les ________ depuis longtemps. Nous nous ________ déjà quand nous ________ enfants. Ce ________ des amis d'enfance. Nous habitions au 18, rue de Vaugirard, et eux, ils ________ au 36. Nous jouions aux échecs ensemble.

   —Ah, vous savez jouer aux échecs?

   —Oui, bien sûr, je ________ jouer aux échecs. Je ________ déjà jouer aux échecs quand j'________ cinq ans!

3. —Vous écrivez souvent à votre mère?

   —Non, je lui ________ quand j'________ quelque chose d'important à dire. Mais quand j'________ étudiant à l'université l'année dernière, je lui ________ presque tous les jours.

4. —Qu'est-ce que vous voulez faire?

   —Maintenant, je ________ faire médecine. Mais quand j'________ petite, je ________ être astronaute.

5. —Vous croyiez au Père Noël quand vous ________ petit?

   —Mais oui, bien sûr que j'y ________! Et j'y ________ toujours!

6. —Excusez-moi, je dois amener ma petite sœur à sa leçon de danse.

   —Je croyais que c'était hier que vous ________ l'y amener!

7. —Votre sœur Cécile est blonde, n'est-ce pas?

   —Oui, mais l'année dernière elle ________ brune!

15.36 Dialogue entre Marie-Laure et Robert

Vous allez entendre un dialogue entre Marie-Laure et Robert. Ecoutez bien. Vous allez apprendre les répliques de Robert.

Marie-Laure: Vous êtes le petit ami de Mireille? Vous êtes anglais?

Robert: **Pourquoi, j'ai l'air anglais?**

Marie-Laure: Non.

Robert: **Alors qu'est-ce que je suis? Japonais, espagnol, italien?**

Marie-Laure: Américain.

Robert: **Comment t'appelles-tu?**

Marie-Laure: Marie-Laure. Et vous, vous vous appelez comment?

Robert: **Robert.**

Exercices-tests

15.37 Exercice-test: Calendrier

Complétez.

1. —C'est quand, la fête nationale, en France?

   —Eh bien, c'est _____ juillet; _____ mois _____ juillet; _____ 14 juillet.

2. —Et qu'est-ce que vous avez comme vacances _____ Noël?

   —On a une semaine _____ décembre, et quelques jours _____ janvier.

Vérifiez. Si vous avez fait des fautes, travaillez les sections 15.9 et 15.10 dans votre cahier d'exercices.

15.38 Exercice-test: Où? A quel endroit?

Complétez.

1. —Où vas-tu?

   —D'abord _________ bibliothèque, et puis _________ bureau de poste, et enfin _________ Mireille, _________ de Vaugirard.

2. —Bon, alors, rendez-vous dans une heure et demie _________ la place devant _________ Louvre.

   —En face _________ la porte?

   —Oui, _________ droite _________ la statue.

Vérifiez. Si vous avez fait des fautes, travaillez les sections 15.17 et 15.18 dans votre cahier d'exercices.

15.39 Exercice-test: Contractions

Complétez avec la forme appropriée de *du, de la, de l', des; au, à la, à l',* ou *aux*.

1. Je viens _________ fac.
2. Il vient _________ Etats-Unis?
3. Je vais _________ Luxembourg.
4. Tu veux jouer _________ cartes?
5. Je vais _________ hôtel?
6. Tu viens _________ hôtel?
7. Tu viens _________ Luxembourg?
8. Tu vas _________ fac?

Vérifiez. Si vous avez fait des fautes, travaillez les sections 15.21 à 15.25 dans votre cahier d'exercices.

15.40 Exercice-test: Formes verbales; personnes du singulier et du pluriel

Complétez selon l'exemple.

Exemple:
Vous entendez: Vous souriez?
Vous écrivez: Non, je ne souris pas!

1. Non, je n'____________ pas.
2. Non, je ne m'____________ pas.
3. Non, je ne ____________ pas.
4. Non, je ne le ____________ pas.
5. Non, je ne ____________ pas.
6. Non, je ne ____________ pas.
7. Non, je ne ____________ pas.
8. Non, je ne ____________ pas.

Vérifiez. Si vous avez fait des fautes, travaillez les sections 15.30 à 15.33 dans votre cahier d'exercices.

Libération de l'expression

15.41 Mise en question

Relisez le texte de la leçon; lisez les questions de la mise en question qui suit la mise en œuvre dans votre livre de textes. Réfléchissez à ces questions et essayez d'y répondre.

15.42 Mots en liberté

Imaginez que vous êtes en France. Où pouvez-vous être?

Par exemple, vous pouvez être à la Sorbonne, chez Dior, à Prisunic, au bureau de poste, à la Tour Eiffel, chez le chirurgien. . . .

Trouvez encore au moins six possibilités.

Qu'est-ce qu'on peut faire avec quelqu'un?

Par exemple, on peut amener quelqu'un chez le médecin, faire un tour avec quelqu'un, dépenser de l'argent pour quelqu'un. . . .

Trouvez encore au moins six possibilités.

15.43 Mise en scène et réinvention de l'histoire

Décrivez une fête d'anniversaire.

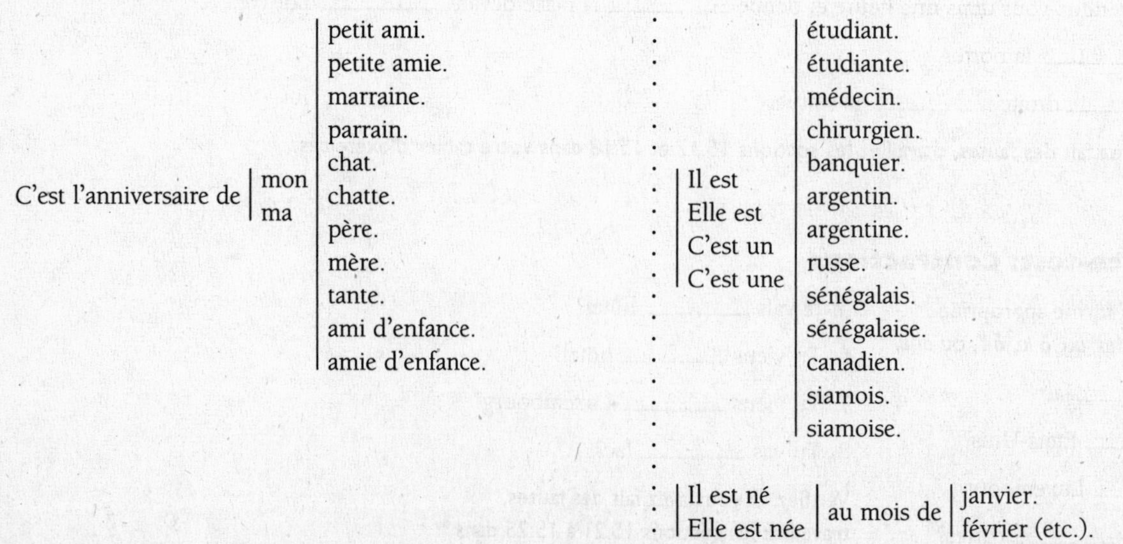

C'est l'anniversaire de | mon / ma | petit ami. / petite amie. / marraine. / parrain. / chat. / chatte. / père. / mère. / tante. / ami d'enfance. / amie d'enfance.

Il est / Elle est / C'est un / C'est une | étudiant. / étudiante. / médecin. / chirurgien. / banquier. / argentin. / argentine. / russe. / sénégalais. / sénégalaise. / canadien. / siamois. / siamoise.

Il est né / Elle est née | au mois de | janvier. / février (etc.).

Il Elle	va avoir	98 40 12 2	ans.

Il va y avoir	un une	dizaine vingtaine soixantaine millier	d'invités.

Je ne vais pas y aller	tout seul. toute seule.

Je vais emmener	mon ma	psychiatre. papa. petit ami. petite amie. femme. mari. chirurgien. chien.

Comme cadeau, je vais apporter	un une des	briquet. galettes (bretonnes). livre. chat. planche à voile. moto. timbres (rares). boules de gomme. robe. foulard. pull.

Je vais dépenser	le moins possible. 25 francs. 50 francs. 100 francs. 200 francs. 2.000 francs. 20.000 francs. une fortune.

15.44 Mise en scène et réinvention de l'histoire

La mère de Robert arrive à Paris au moment où Robert et Mireille se rencontrent. Quelle coïncidence! Elle se promène au jardin du Luxembourg, avec son amie d'enfance, Mme Courtois, et les deux femmes rencontrent Robert et Mireille. Imaginez leur conversation.

Robert:
Maman! Qu'est-ce que tu fais ici? Quelle coïncidence!

Mme Bellarosa:

Je	viens faire des études d'histoire de l'art. déteste l'Argentine. ne peux rien te dire: mystère et boule de gomme. ne sais pas, je me cherche. . . . veux être indépendante. fais un tour. viens acheter quelques robes. ne veux pas que tu parles à cette jeune fille. veux absolument te parler.

Mme Courtois:
Robert! Qu'est-ce que vous faites avec Mireille?

Robert:

Je	viens de faire sa connaissance. l'adore. la trouve	 très bien. minable. bête comme ses pieds.
	me promène avec elle, c'est tout! l'amène chez vous. vais l'épouser. viens de l'épouser.	

Mme Courtois:

Quelle	coïncidence! horreur!

Mme Bellarosa:

C'est	idiot. une bonne idée. magnifique. horrible. affreux. impossible. classique.

Vous êtes	un joli couple, c'est très bien! frère et sœur, c'est une longue histoire. . . .

Vous pouvez continuer l'invention de l'histoire, si vous voulez. . . .

Préparation à la lecture et à l'écriture

15.45 Entraînement à la lecture

Lisez le texte du document 1 (livre de textes, leçon 15) sur le Quartier Latin. Observez le plan du Quartier Latin.

Cherchez: la Seine, l'île de la Cité, Notre-Dame, le boulevard Saint-Michel, la place Saint-Michel, la Sorbonne, la rue Soufflot, le Panthéon, les arènes de Lutèce, Paris VI, et Paris VII.

Revoyez la vidéo de la leçon 2.

Tracez, sur le plan du Quartier Latin, l'itinéraire de Mireille: Elle sort de chez elle, rue de Vaugirard. Elle achète un journal au kiosque de Mme Rosa, entre la rue de Vaugirard et la rue Racine. Elle achète un livre italien (*La Divine Comédie*) chez Gibert, place Saint-Michel. Elle remonte le boulevard Saint-Michel. Elle prend la rue des Ecoles. Elle entre dans la Sorbonne par la porte de la rue des Ecoles.

15.46 Lecture et interprétation

Lisez les documents 2A et 2J.

Comparez ces deux textes. D'après Marcel Aymé, quand est-ce que l'argent n'a pas d'odeur?

____

Quand est-ce qu'il a une mauvaise odeur?

____

15.47 Lecture et interprétation

Lisez les documents 2B et 2C. Relisez le texte de la leçon 15, sections 5 et 6. Complétez et répondez.

Sacha Guitry et Alexandre Dumas semblent d'accord pour dire, cyniquement, qu'il faut vivre avec l'argent ____________________. Est-ce que Robert est d'accord?

Qu'est-ce qu'il en pense? Qu'est-ce qu'il fait, lui-même?

____

____

____

Et vous, qu'est-ce que vous en pensez? Avec quel argent vivez-vous? ______________________________

____

____

____

15.48 Entraînement à la lecture

Relisez les documents 2C et 2M.

Comparez Sacha Guitry et Molière. Qu'est-ce qu'ils ont de commun?

____

____

____

15.49 Entraînement à la lecture

A. Lisez les documents 2D, 2E, et 2G.

Etudiez les opinions de Tante Georgette, Jules Renard, et Henri de Régnier sur l'argent et le bonheur, et dites qui est d'accord avec qui, et qui n'est pas d'accord.

B. Relisez les documents 2A à 2L.

Qui est-ce qui est contre l'argent? Qui est-ce qui est pour? Qui critique l'argent comme un mal, quelque chose de mauvais, et qui l'accepte?

15.50 Lecture et interprétation

Relisez l'ensemble du document 2.

De toutes ces opinions sur l'argent, laquelle vous semble la plus vraie, la plus juste, la plus incontestable? Pourquoi?

15.51 Lecture et interprétation

Lisez le document 4 dans votre livre de textes, leçon 15. C'est un petit poème de Jean Tardieu, un poète contemporain. Lisez le texte suivant. Essayez de comprendre et complétez.

1. Le titre de ce poème est "Récatonpilu."

   Il y a, en français, un nom, un substantif, qui est la récapitulation.

   Il y a aussi un verbe: récapituler (je récapitule, récapitulons, etc.).

   D'après vous, est-ce que récatonpilu est un mot qui existe, ou est-ce que c'est un mot inventé?

2. Le sous-titre du poème est "le jeu du poulet."

   C'est un jeu! Le poète parle d'un jeu, il invente des mots. . . .

   D'après vous, est-ce que ça va être un poème entièrement sérieux, en partie sérieux ou pas du tout sérieux?

   Ça va être ____________.

3. Le poème a été écrit pour un certain Nicolas; il est dédié à un certain Nicolas.

   D'après vous, ce Nicolas est un monsieur, un petit garçon, une dame, un chien?

   C'est probablement ____________.

4. Qu'est-ce que c'est qu'un jeu imprévu?

   Observez ce petit dialogue, et complétez:

   —On joue aux portraits, aux échecs, aux dames, aux cartes?

   —Jouons à locomotivu!

   —Locomotivu?!!?! C'est un jeu ____________! Qu'est-ce que c'est que ça? Je ne connais pas! C'est curieux!

Notez que s'il est vrai que locomotivu est un mot qui n'existe pas, un mot bizarre, un mot ______________ , les enfants aiment bien jouer à la locomotive, au train.

5. Un coq est un oiseau fier et combatif qui fait "cocorico!" Dans la famille Coq, le coq est le papa, la poule est la maman, et le fils est le ______________ .

6. Le renard est un animal qui aime bien manger les poulets. Il court après les poulets, il chasse les poulets pour les manger. (Le poulet ____________ aussi!)

7. Quand on n'est pas pressé, on marche; on ne va pas très vite. Mais quand on est pressé, on ____________ et on va plus ____________ . Quand on est pressé, il vaut mieux courir.

8. Quand on court très vite, beaucoup, longtemps, on s'essouffle; on a des problèmes de respiration! Quand on respire avec difficulté, quand on s'______________ , il ne faut pas continuer à ______________ , il faut s'arrêter.

Leçon 16

Assimilation du texte

16.1 Mise en œuvre

Ecoutez le texte et la mise en œuvre dans l'enregistrement sonore. Répétez et répondez suivant les indications.

16.2 Compréhension auditive

Phase 1: Regardez les images et répétez les énoncés que vous entendez.

Phase 2: Ecrivez la lettre de chaque énoncé que vous entendez sous l'image qui lui correspond le mieux.

1. ___

2. ___

3. ___

4. ___

5. ___

6. ___

16.3 Production orale

Ecoutez les dialogues suivants. Vous allez jouer le rôle du deuxième personnage.

1. Mireille: Où est Marie-Laure?
   Robert: (. . .)
2. Robert: Est-ce que vous connaissez le Pays Basque?
   Mireille: (. . .)
3. Mireille: Pourquoi vous me demandez ça?
   Robert: (. . .)
4. Mireille: Et vos grands-parents, où sont-ils maintenant?
   Robert: (. . .)
5. Robert: Je vais aller chez les Courtois demain. Vous n'avez pas envie d'aller les voir demain, par hasard?
   Mireille: (. . .)
6. Mireille: Mais dites-moi, avec tout ça, comment vous appelez-vous?
   Robert: (. . .)

Préparation à la communication

16.4 Observation: Prononciation; /s/ et /z/

Ecoutez.

/s/

gosse	sous	question	célèbre
tissu	siècle	poste	c'est tout
bassin	sale	rester	en face

Ils sont deux garçons.

/z/

oiseau	profitez-en!	aux Etats-Unis
magasin	allez-y!	aux Antilles
allusion	des étudiants	de faux amis
visiter	les enfants	de beaux idiots

Ils *o*nt deux garçons.

16.5 Activation orale: Prononciation; /s/ et /z/

Ecoutez et répétez.

assis	sympa	mystère	agaçant
passé	souvent	juste	tout ça

Ils sont deux garçons.

hasard	leurs amis	six ans
choisir	vos histoires	dix ans

Ils *o*nt deux garçons.

16.6 Observation: Absence; aucun, aucune

	masculin	*féminin*
1	Il y a un rapport.	Il y a une ressemblance.
0	Il n'y a **pas** **de** rapport.	Il n'y a **pas** **de** ressemblance.
−1	Il n'y a **aucun** rapport.	Il n'y a **aucune** ressemblance.
−2	Il n'y a **absolument** **aucun** rapport.	Il n'y a **absolument** **aucune** ressemblance.

Notez que *aucun* est un mot négatif qui s'accorde en genre avec le nom auquel il se rapporte (masculin: *aucun;* féminin: *aucune*).

16.7 Observation: Pour parler d'un endroit; *on y va, on y est, y*

—Vous connaissez **le Pays Basque?**
—Oui, nous **y** allons tous les étés.
—Et **Chartres**, vous connaissez?
—Oui. Il **y** a une très belle cathédrale.
—Vous n'allez pas **chez les Courtois?**
—Je peux **y** aller un autre jour.

y = *un endroit où on va*	y = *un endroit où on est*
—Je vais aller à Chartres. —Moi aussi, je veux y aller.	—Il y a longtemps que vous êtes en France? —Ben, non; ça fait deux jours que j'y suis.

Notez que *y* est placé devant le verbe.

16.8 Activation orale: Pour parler d'un endroit

Répondez selon l'exemple.

Exemple:
Vous entendez: 1. Mireille va au Pays Basque?
Vous répondez: Oui, elle y va.

2. Robert va en France?
3. Robert et Mireille vont au Luxembourg?
4. Et Marie-Laure, elle va aussi au Luxembourg?
5. Vous allez à Chartres, vous deux?
6. Les parents de Robert vont en Amérique Latine?
7. Tu vas au cinéma quelquefois?
8. Robert va aller chez les Courtois?
9. Mireille doit aller au musée de Chartres?
10. Robert veut aller à Chartres aussi?

16.9 Observation: Obligation et supposition; *devoir* au présent

devoir = *obligation*
—Je **dois** aller à Chartres demain. Mireille **doit** aller à Chartres. Il lui faut aller à Chartres. (C'est utile pour ses études.) C'est une obligation, une nécessité. On **doit** travailler pour apprendre le français. Pour apprendre le français, il faut travailler. C'est une nécessité.

devoir = *supposition*
—Si votre père est banquier, vous **devez** être riche! Mireille suppose que Robert **doit** être riche puisque son père est banquier. C'est une supposition.

Notez que *dois, doit*, et *devez* sont des formes du verbe *devoir.*

devoir	
je **dois** tu **dois** il **doit** ils **doivent**	nous **devons** vous **devez**

Le verbe *devoir* indique une obligation, une nécessité: Je *dois* aller à Chartres. Il peut aussi indiquer une supposition, une probabilité: Robert *doit* être riche!

16.10 Activation orale: *Devoir*

Répondez selon l'exemple.

Exemple:
Vous entendez: 1. Tu crois que j'ai envie de rentrer?
Vous répondez: Non, mais tu dois rentrer!

2. Vous croyez que nous avons envie de rentrer?
3. Il a envie d'aller à la bibli?
4. Elle a envie d'y aller?
5. Ils ont envie d'aller au cours?
6. Tu as envie de travailler?
7. Vous avez envie de partir, vous deux?

16.11 Observation: Le temps qui passe

passé	*présent*		*futur*	
> > > > > > > > > > > > >	• > > > > > > > >	> > > > > > > >	> > > > > > > >	> > > > > >
tout à l'heure	maintenant	tout de suite	**tout à l'heure**	plus tard

Notez que *tout à l'heure* se réfère au futur mais aussi au passé.

16.12 Observation: Le temps qui passe; *après-demain, avant-hier*

passé		*présent*	*futur*	
(mardi)	(mercredi)	(jeudi)	(vendredi)	(samedi)
> > > > > > > >	> > > > > > > > >	• > > > > > > >	> > > > > > > >	> > > > > >
avant-hier	hier	aujourd'hui	demain	**après-demain**

16.13 Activation: Dictée

Ecoutez et complétez le texte ci-dessous. C'est une carte postale de Robert à sa mère.

Ma chère maman,

Je suis arrivé à Paris __________ . ____________________ j'ai rencontré une étudiante en histoire de l'art à la Sorbonne.

J'espère aller à Chartres avec elle ____________________ ou ____________________ .

Bons baisers, Robert

16.14 Observation: Le temps qui passe; les années et les siècles

années	*siècles*	**au** + *siècle*
De 1900 à 1999, c'est **le**	XXème siècle.	**au** XXème siècle
De 1800 à 1899, c'est **le**	XIXème siècle.	**au** XIXème siècle
De 1700 à 1799, c'est **le**	XVIIIème siècle.	**au** XVIIIème siècle
De 1600 à 1699, c'est **le**	XVIIème siècle.	**au** XVIIème siècle
De 1500 à 1599, c'est **le**	XVIème siècle, etc. . . .	**au** XVIème siècle, etc. . . .

16.15 Observation: Le temps qui passe; imparfait et passé composé

Considérez cette phrase:

Autrefois, nous *allions* à Belle-Ile-en-Mer;
mais l'été dernier, nous *sommes allés* à Saint-Jean-de-Luz.

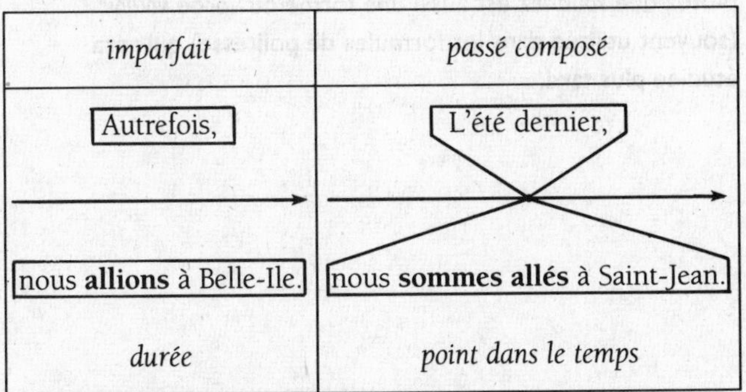

imparfait
passé composé
Autrefois,
L'été dernier,
nous **allions** à Belle-Ile.
nous **sommes allés** à Saint-Jean.
durée
point dans le temps

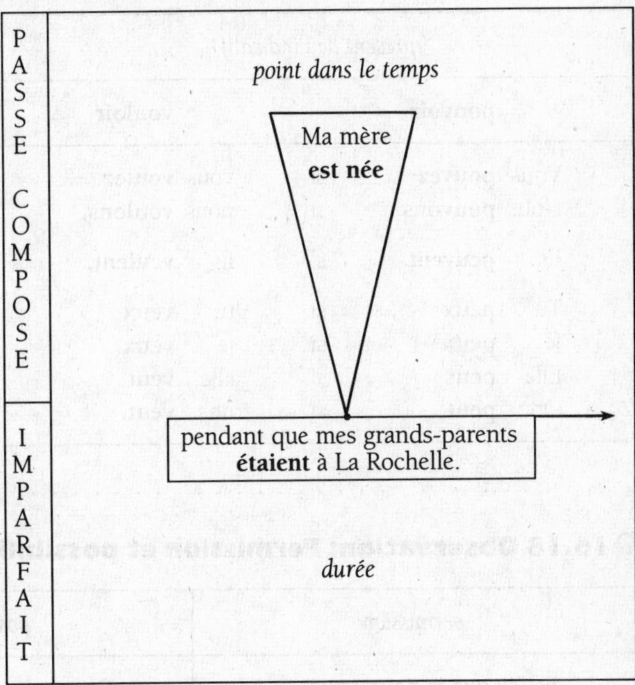

Nous allions est à l'imparfait. Nous sommes allés est au passé composé. Nous allions est considéré comme une action étendue sur une période de temps, une action qui a duré, qui a continué pendant toute la période de temps en question (autrefois = le passé, l'enfance de Mireille, toute la période où Mireille était petite). C'est une action qui est considérée dans son extension, dans sa durée.

Nous sommes allés est présenté comme un événement nouveau, qui s'est passé l'été dernier et qui est considéré comme un point dans le temps et non comme une durée.

Autres exemples:

1. Ma mère *est née* pendant que mes grands-parents *étaient* à La Rochelle.
2. Ma mère *a rencontré* Mme Courtois (point) pendant que mes grands-parents *étaient* (durée) à Bayonne.
3. Mes grands-parents *sont morts* (point) quand j'*avais* quatre ou cinq ans. (durée)
4. Mon bateau *était* au milieu du bassin (durée) tout à l'heure, et puis il *est revenu*. (point)

La distinction entre imparfait et passé composé est difficile à faire. Nous étudierons ce problème plus tard (leçon 32).

16.16 Activation écrite: Imparfait et passé composé

Relisez le texte de la leçon 16. Lisez le texte ci-dessous. Les verbes soulignés sont au passé composé. Complétez avec des verbes à l'imparfait.

1. Marie-Laure a dit à Mireille que sa mère la ____________. Mais ce n' ____________ pas vrai. Mireille est allée chez elle, mais il n'y ____________ personne à la maison. Sa mère ____________ à son bureau, comme d'habitude.

2. Marie-Laure est allée jouer avec son bateau parce qu'il ____________ du vent.

3. Quand Mireille ____________ petite, les Belleau ____________ toujours en Bretagne, en été. C'________ leur habitude. Mais l'été dernier ils sont allés au Pays Basque.

4. En Bretagne, ils ____________ de la voile; ils ____________ des crabes. Et quand il ____________, ils ____________ aux portraits ou ils ____________ voir de vieux films au ciné-club.

16.17 Observation: Volonté; *vouloir* et *pouvoir* (révision et extension)

présent de l'indicatif			
pouvoir			**vouloir**
Vous **pouvez**	si	vous **voulez.**	
Nous **pouvons**	si	nous **voulons.**	
Ils **peuvent**	s'	ils **veulent.**	
Tu **peux**	si	tu **veux.**	
Je **peux**	si	je **veux.**	
Elle **peut**	si	elle **veut.**	
On **peut**	si	on **veut.**	

Pour les esprits curieux et exigeants: *vouloir bien.*

Est-ce que vous *voulez bien* me permettre. . . .
Est-ce que vous *voudriez bien* me permettre. . . .

Notez que *voudriez* est aussi une forme du verbe *vouloir* (souvent utilisée dans les formules de politesse) qui sera étudiée plus tard.

16.18 Observation: Permission et possibilité; *pouvoir*

permission	*possibilité*
—Est-ce que je **peux** vous accompagner? —Oui, bien sûr, vous **pouvez**. . . je vous **permets.**	—Tu **peux** travailler, toi, avec ce bruit? —Non, ce n'est pas **possible!**

16.19 Activation orale: *Vouloir,* présent de l'indicatif

Répondez selon l'exemple.

Exemple:
Vous entendez: 1. Vos parents ont de l'argent?
Vous dites: Oui, mais nous voulons être indépendants.

2. Tes parents ont de l'argent?
3. Les parents de Robert ont de l'argent?
4. Les parents de Mireille ont de l'argent?

16.20 Activation orale: *Pouvoir,* présent de l'indicatif

Répondez selon l'exemple.

Exemple:
Vous entendez: 1. Vous m'accompagnez, tous les deux?
Vous répondez: Non, nous ne pouvons pas.

2. Tu m'accompagnes?
3. Robert t'accompagne?
4. Votre sœur vous accompagne?
5. Vos amis nous accompagnent?

16.21 Activation orale: *Vouloir, pouvoir*

Répondez selon l'exemple.

Exemple:
Vous entendez: 1. Nous pouvons vous accompagner?
Vous répondez: Oui, si vous voulez, vous pouvez!

2. Je peux t'accompagner?
3. Robert peut nous accompagner?
4. Nous pouvons venir à Chartres avec vous?
5. Mes amis peuvent venir, eux aussi?

16.22 Observation: Envies

		avoir	envie	+ de +	*infinitif*	
Marie-Laure		a	envie	d'	aller	jouer.
Elle		a	envie	de	jouer	aux portraits.
Elle		a	envie	de	faire	du karaté.
Elle	n'	a pas	envie	de	travailler.	
Elle		a	envie	de	manger	du chocolat.

		avoir	envie	+ de +	*nom*
Elle		a	envie	de	chocolat.

	en				
Elle	n'	a pas	envie	de	travailler.
Elle	n' en	a pas	envie.		

Notez que *avoir envie* peut être suivi de *de* + un verbe à l'infinitif, ou de *de* + un nom. *Avoir envie* peut être précédé de *en*.

16.23 Activation orale: *Avoir envie de*

Répondez selon l'exemple.

Exemple:
Vous entendez: 1. Tu viens avec nous?
Vous dites: Oui, j'ai envie de venir.

2. Robert va à Chartres?
3. Tu pars?
4. Tu restes?
5. Les parents de Mireille vont au Pays Basque cet été?
6. Et vous deux, vous y allez aussi?
7. Et toi, tu restes à Paris?

16.24 Activation orale: *Avoir envie de*

Répondez selon l'exemple.

Exemple:
Vous entendez: 1. Tu viens?
Vous dites: Non, je n'ai pas envie de venir.

2. Robert va au Louvre cet après-midi?
3. Vous jouez aux portraits, tous les trois?
4. Tes sœurs viennent avec nous?
5. Marie-Laure travaille?

16.25 Observation: Profiter des circonstances

Il fait beau.

Tante Georgette	profite **du beau temps**	pour promener Fido.
Tante Georgette **en**	profite	pour promener Fido.

Notez que *profiter* est suivi de *de* ou précédé de *en*.

16.26 Activation orale: *Profiter de . . . pour*

Répondez selon l'exemple.

Exemple:
Vous entendez: 1. Il y a du vent. Allons faire du bateau.
Vous dites: Profitons du vent pour aller faire du bateau.

2. Il y a du soleil. Allons faire du bateau.
3. Il y a de la neige. Allons faire du ski.
4. Il fait beau. Allons à Chartres.
5. Nous avons des vacances. Allons au Pays Basque.
6. Il y a du vent. Allons faire de la voile.

16.27 Activation orale: *En profiter pour*

Répondez selon l'exemple.

Exemple:
Vous entendez: 1. Il fait beau. Robert va se promener.
Vous dites: Il en profite pour aller se promener.

2. Il fait beau. Mireille fait du bateau.
3. Il fait mauvais. Ils vont au cinéma.
4. Il fait mauvais. Je travaille.
5. Il y a de la neige. Mireille lit Tolstoï.

16.28 Observation: Connaissance; *connaître* et *savoir* (révision)

	connaître	
—Vous	**connaissez**	le Pays Basque?
—Oui, je le	**connais**	très bien. J'y vais tous les étés.
—Vous	**connaissez**	la tante de Mireille?
—Oui, je la	**connais**	très bien. Je la vois très souvent.
—Vous	**connaissez**	Rémy Belleau?
—Non . . . je	**connais**	son nom, c'est tout.
—Vous	**connaissez**	Paris?
—Oui, je	**connais**	très bien. Ça fait 20 ans que j'y habite.

	savoir	
—Vous	**savez**	où est le Pays Basque? —Oui, c'est dans le Sud-Ouest de la France.
—Vous	**savez**	comment s'appelle la tante de Mireille? —Oui, elle s'appelle Georgette.
—Vous	**savez**	qui est Rémy Belleau? —Oui, c'est un poète du XVIème siècle.
—Vous	**savez**	combien font 12 fois 12? —Oui, ça fait 144.

16.29 Observation: *Connaître* et *savoir,* présent de l'indicatif (récapitulation)

connaître		savoir	
je **connais**	nous **connaissons**	je **sais**	nous **savons**
tu **connais**	vous **connaissez**	tu **sais**	vous **savez**
il **connaît**	ils **connaissent**	il **sait**	ils **savent**

16.30 Activation écrite: *Connaître* et *savoir*

Complétez.

1. —Vous connaissez le Quartier Latin?

   —Oui, je le ______________ très bien. Tous les étudiants le ______________ .

2. —Vous savez où se trouve la Sorbonne?

   —Bien sûr, je __________ où c'est!

3. —Vous savez où habite Mireille?

   —Non, moi, je ne __________ pas. Robert le __________ peut-être. Hubert et Colette le __________ sûrement. Demandez-leur.

4. —Robert connaît Mme Courtois?

   —Non, il ne la __________ pas. Les parents de Mireille la ______________ très bien. Nous, nous ne la ______________ pas du tout.

16.31 Observation: *Voir, croire, essayer,* présent de l'indicatif

voir	croire	essayer
je **vois** tu **vois** il **voit** ils **voient** nous **voyons** vous **voyez**	je **crois** tu **crois** il **croit** ils **croient** nous **croyons** vous **croyez**	j' **essaie** tu **essaies** il **essaie** ils **essaient** nous **essayons** vous **essayez**

Remarquez que les infinitifs de *voir* et *croire* ont des terminaisons différentes, mais les deux verbes ont des conjugaisons identiques au présent de l'indicatif. Notez que, au point de vue de la prononciation, les trois personnes du singulier et la 3ème personne du pluriel sont identiques. Notez qu'il y a une semi-voyelle /j/ additionnelle à la 1ère et à la 2ème personne du pluriel.

16.32 Observation: *Venir, tenir, comprendre,* présent de l'indicatif; trois voyelles différentes au radical

Comparez.

venir		
je **viens** tu **viens** il **vient**	ils **viennent**	nous **venons** vous **venez**
tenir		
je **tiens** tu **tiens** il **tient**	ils **tiennent**	nous **tenons** vous **tenez**
comprendre		
je **comprends** tu **comprends** il **comprend**	ils **comprennent**	nous **comprenons** vous **comprenez**

Notez que dans *je viens, tu viens,* et *il vient,* la voyelle du radical est la même. Mais la voyelle du radical est différente dans *ils viennent.* (La voyelle est nasale dans *je viens, tu viens,* et *il vient,* dénasalisée dans *ils viennent.*) Dans *nous venons* et *vous venez,* la voyelle du radical est encore différente. Au total il y a donc trois voyelles différentes dans le radical de ce verbe au présent de l'indicatif.

Cela est vrai pour *tenir* et aussi pour *comprendre,* et évidemment pour tous les verbes formés sur *venir* (*revenir, se souvenir, devenir,* etc.), sur *tenir* (*soutenir, appartenir, retenir, contenir,* etc.), et sur *prendre* (*surprendre, reprendre, apprendre,* etc.).

16.33 Activation orale: Formes verbales; présent de l'indicatif

Répondez selon l'exemple.

Exemple:
Vous entendez: 1. Vous me croyez?
Vous voyez: Mais oui!
Je . . .
Les autres aussi . . .
Nous . . . tous!
Vous dites: Mais oui! Je vous crois! Les autres aussi vous croient! Nous vous croyons tous!

2. Vous essayez?
3. Vous venez?
4. Vous comprenez?

16.34 Activation écrite: *Croire, comprendre, essayer,* présent de l'indicatif

Complétez.

La vie est dure, ma pauvre Marie-Laure!

1. Marie-Laure: Tu ne me crois pas! Papa et Maman ne me ________ pas! Cécile non plus ne me ________ pas! Pourquoi est-ce que vous ne me ________ pas?

Mireille: Tu sais pourquoi nous ne te ________ pas? Eh bien, c'est parce que tu racontes des ________ !

2. Marie-Laure: Vous ne me comprenez pas! Tu ne me ________ pas! Papa et Maman ne me ________ pas! Personne ne me ________ . . . sauf Robert!

Mireille: Mais si, nous te ________ !

3. Marie-Laure: Non, vous n'essayez même pas!

Mireille: Mais si, nous ________ ! Papa et Maman ________ ! Moi aussi, j'________ ! Mais c'est difficile, tu sais!

16.35 Activation écrite: Contractions (révision)

Complétez avec la forme appropriée de *à la, à l', au, aux, de la, de l', du,* ou *des.*

1. —Qui est Madame Courtois? Vous la connaissez?

—C'est une amie d'enfance ________ mère de Mireille.

2. —Le Home Latin? Qu'est-ce que c'est que ça?

—C'est le nom d'un hôtel près ________ Sorbonne.

3. Mireille est dans la cour ________ Sorbonne.

Elle venait ________ Luxembourg.

Robert, lui, venait ________ boulevard Saint-Michel.

4. Vous avez l'adresse ________ marraine de Mireille?

Vous avez le numéro de téléphone ________ parents de Mireille?

Vous avez le numéro de téléphone ________ père de Robert?

Vous avez le nom ________ ami brésilien de Robert?

5. Robert a envie d'aller ________ Pays Basque.

Mireille a envie d'aller ________ Etats-Unis.

—Vous allez ________ hôtel?

—Non, je vais ________ banque. Vous m'accompagnez?

—Non, je ne peux pas. Je vais ________ Institut.

16.36 Activation: Dictée

Invitation au voyage

—Vous avez vu beaucoup de cathédrales?

—Je ________ que j' ________ ai vu deux ou trois.

—Chartres, vous ________________ ?

—Oui, enfin. . . . Je ____________ le nom. . . . Je ________ qu'il y a une très belle cathédrale, mais je n'_____ suis jamais allé. Vous n'__________ pas ________ d' ________ aller avec moi, par hasard?

—Oh, oui! J' ____________________ !

—Eh bien, alors, allons-_____ lundi! Vous __________ bien?

—Lundi, je ne ________ pas. Je ________ finir un travail pour mon cours d'histoire de l'art. Mais ________________ tout seul!

—Oh, non! Je n' ________________________ tout seul. Si ____________ tout seul, je ________________________ . ____________ donc de finir votre travail pendant le week-end!

16.37 Activation écrite: Formes verbales, vocabulaire (récapitulation)

Relisez le texte de la leçon 16 et le texte de la leçon 9 (section 8) et essayez de compléter le dialogue suivant. Notez que les verbes soulignés sont au passé composé.

Les hasards de la navigation

Mireille: Qu'est-ce que c'est que ça? "Mon bateau est en ________ ! Il est au milieu du bassin, il ne ________ pas revenir!"

Marie-Laure: Ce n'est pas de ma ________ s'il n'est plus au milieu du bassin! Maintenant, il n'est plus au milieu du bassin, mais tout à l'heure, il ____________________ !

C'est vrai! Ce n'est pas une ________ ! Tout à l'heure, il n'y ________ pas de vent, alors il ne ________ pas revenir! Maintenant, le vent <u>est revenu</u>, et le bateau aussi!

Mireille: Alors, pourquoi est-ce que tu <u>es venue</u> nous chercher, puisque le bateau <u>est revenu</u>?

Marie-Laure: Parce que je ne ________ pas qu'il était revenu! Je ________ qu'il était encore au milieu du bassin. Je ne ________ pas savoir qu'il allait revenir tout seul!

16.38 Activation orale: Dialogue entre Marie-Laure et Mireille

Vous allez entendre un dialogue entre Marie-Laure et Mireille. Ecoutez bien. Vous allez apprendre les répliques de Mireille.

Marie-Laure: Mireille!
Mireille: **Quoi? Qu'est-ce qu'il y a encore?**
Marie-Laure: Je suis en panne. . .
Mireille: **Tu es en panne?**
Marie-Laure: Oui, mon bateau n'avance plus. Il n'y a plus de vent, et il est au milieu du bassin, il ne revient pas! . . . Viens!
Mireille: **Oh, écoute, tu m'embêtes! Débrouille-toi!**

Exercices-tests

16.39 Exercice-test: Les pronoms *y* et *en*

Complétez.

1. —Marie-Laure est au Luxembourg?
   —Oui, elle _____ est en ce moment.
2. —Vous allez en Bretagne, l'été prochain?
   —Non, nous n' _____ allons pas.
3. —Vous avez envie d'aller chercher mon bateau au milieu du bassin?
   —Non, je n' _____ ai pas envie du tout!
4. —Profitez du beau temps pour aller à Chartres!
   —Oui, bonne idée! Je vais _____ profiter pour _____ aller!

Vérifiez. Si vous avez fait des fautes, travaillez les sections 16.7, 16.8, et 16.22 à 16.27 dans votre cahier d'exercices.

16.40 Exercice-test: Formes verbales

Répondez selon l'exemple.

Exemple:
Vous entendez: Vous allez à Chartres?
Vous écrivez: Oui, je vais à Chartres.

1. Oui, je ______________.
2. Oui, je ______________ venir.
3. Oui, je ______________ venir.
4. Oui, je ______________ venir.
5. Oui, je ______________ l'heure qu'il est.
6. Oui, je ______________ !
7. Oui, je ______________ Marie-Laure.
8. Oui, je ______________ !
9. Oui, je ______________ le bateau!
10. Oui, j'______________ !

Vérifiez. Si vous avez fait des fautes, travaillez les sections 16.9, 16.10, 16.17 à 16.21, et 16.28 à 16.34 dans votre cahier d'exercices.

16.41 Exercice-test: Formes verbales

Répondez selon l'exemple.

Exemple:
Vous entendez: Tu vas à Chartres?
Vous écrivez: Non! Vous allez à Chartres, vous?

1. Non! Vous ______________, vous?
2. Non! Vous ______________ venir, vous?
3. Non! Vous ______________ venir, vous?
4. Non! Vous ______________ venir, vous?
5. Non! Vous ______________ l'heure qu'il est, vous?
6. Non! Vous ______________, vous?
7. Non! Vous ______________ Marie-Laure, vous?
8. Non! Vous ______________, vous?
9. Non! Vous ______________ le bateau, vous?
10. Non! Vous ______________, vous?

Vérifiez. Si vous avez fait des fautes, travaillez les sections 16.9, 16.17 à 16.21, et 16.28 à 16.34 dans votre cahier d'exercices.

Libération de l'expression

16.42 Mise en question

Relisez le texte de la leçon; lisez les questions de la mise en question qui suit la mise en œuvre dans votre livre de textes. Réfléchissez à ces questions et essayez d'y répondre.

16.43 Mots en liberté

De quoi peut-on profiter?

On peut profiter du mauvais temps pour aller au musée. . . .

Trouvez encore au moins quatre possibilités.

Qu'est-ce qui peut être en panne?

Une moto peut être en panne. . . .

Trouvez encore au moins trois possibilités.

16.44 Mise en scène et réinvention de l'histoire

Imaginez que vous êtes Robert. Vous rencontrez Marie-Laure près du bassin du Luxembourg. Inventez une conversation entre vous et Marie-Laure.

1. Vous lui demandez comment elle s'appelle.
   Elle vous répond.
2. Vous lui demandez quel âge elle a.
   Elle vous répond (elle vous dit son âge vrai . . . ou elle invente . . .).
3. Elle veut savoir quelle est votre nationalité.
   Vous lui répondez, peut-être en inventant une fausse nationalité.
   Elle est étonnée, elle trouve ça bizarre, parce que vous n'avez pas l'air. . . .
4. Vous lui demandez ce qu'elle fait, si elle joue à . . . (cherchez plusieurs possibilités).
5. Elle vous dit qu'elle joue avec son bateau.
6. Vous admirez le bateau. Vous lui demandez si elle l'a depuis longtemps.
   Elle vous répond. (C'est peut-être un cadeau de Tante Georgette . . .).
7. Vous parlez du temps qu'il fait, en particulier du vent:

Il y en a Il n'y en a pas	un peu. beaucoup. assez. trop.

8. Elle dit qu'elle va

	rentrer chez elle. profiter du vent. aller à l'école. aller à son cours de danse.

   Vous lui répondez.
9. Elle vous appelle parce que son bateau est en panne.
10. Vous lui dites

	que c'est dommage. que ça ne vous intéresse pas. que le vent va revenir. que vous venez. que vous allez arranger ça. de se débrouiller. d'aller chercher sa sœur. qu'elle vous embête. qu'elle est agaçante. qu'elle se moque de vous.

Préparation à la lecture et à l'écriture

16.45 Entraînement à la lecture

Lisez les documents 1A et 1B. Répondez aux questions suivantes.

1. D'après le document 1B, est-ce que le roseau est un arbre solide, robuste ou, au contraire, une plante plutôt fragile?
C'est ______________________.

2. D'après Pascal, est-ce que l'homme est supérieur ou inférieur au roseau? Pourquoi?
Il est ______________ parce qu'il
______________________.

3. D'après ces deux textes, quelle est la caractéristique essentielle de l'homme?
C'est un être qui ______________.

16.46 Entraînement à la lecture et expansion du vocabulaire

Lisez le document 3, "Bretagne ou Pays Basque?" Puis répondez et complétez.

1. A l'époque de cette conversation téléphonique, est-ce que Mireille connaît le Pays Basque? Pourquoi? (Voyez le texte de la leçon 16, section 4.)
____
______________________.
Est-ce que Mme Courtois connaît Belle-Ile? Pourquoi? (Voyez la section 2.)
____
______________________.
Pourquoi Mme Courtois connaît-elle bien le Pays Basque? (Voyez les sections 3 et 8, et aussi le texte de la leçon, section 5.)
____
______________________.

2. Où est le Pays Basque? (Voyez la section 2.)
____
Qu'est-ce qu'on dit de quelqu'un qui parle très mal français? (Voyez la section 3.)
____

3. Qui est Maurice Ravel? Un joueur de pelote basque, un compositeur, ou un danseur? (Voyez la section 5.)
____

4. Qu'est-ce qu'on pêche aujourd'hui au Pays Basque?
____
Quels personnages pittoresques est-ce qu'on peut rencontrer dans les montagnes du Pays Basque? (Voyez la section 6.)
____
____

5. Pourquoi le berger basque voulait-il épouser Mme Courtois? (Voyez la section 7.)
____

6. Qui est-ce qui s'est marié à Saint-Jean-de-Luz? (Voyez la section 7.)
____
Pourquoi ce mariage a-t-il eu lieu à Saint-Jean-de-Luz plutôt qu'ailleurs? (Voyez la section 2.)
____

7. Pourquoi les "baïonnettes" s'appellent-elles comme ça? (Voyez la section 8.)
____

8. A votre avis, pourquoi Mireille va-t-elle accepter l'idée d'aller passer ses vacances au Pays Basque? A cause de quoi? Qu'est-ce qui l'intéresse?
____
____
____

9. **Regardez le document 2.**

Sur quelles photos voyez-vous des maisons basques?

____

Sur quelles photos voyez-vous un fronton?

____

Qui sont les deux Basques de la deuxième photo de la colonne de gauche: des bergers, des pêcheurs, des contrebandiers?

____

Observez les joueurs de pelote et l'annonce du tournoi. Les joueurs de pelote jouent à la chistera. Quelles sont les trois façons de jouer à la pelote basque?

____

10. **Vocabulaire: Relisez la section 3 et complétez.**

En Hongrie, on parle ______________________________.

En Finlande, on parle ______________________________.

En Suède, on parle ______________________________.

En Chine, on parle ______________________________.

Et au Danemark, ______________________________.

Leçon 17

Assimilation du texte

17.1 Mise en œuvre

Ecoutez le texte et la mise en œuvre dans l'enregistrement sonore. Répétez et répondez suivant les indications.

17.2 Compréhension auditive

Phase 1: Regardez les images ci-dessous. Ecoutez et répétez les énoncés qui leur correspondent.

Phase 2: Ecrivez la lettre qui identifie chaque passage que vous entendez sous l'image qui lui correspond.

1. ___

2. ___

3. ___

4. ___

5. ___

6. ___

17.3 Compréhension auditive et production orale

Ecoutez les passages suivants, et répondez aux questions.

1. Comment s'écrit le nom de Robert? Avec un *y* ou avec un *i*?
2. D'après Mireille, est-ce que l'orthographe est importante?
3. Pourquoi Robert remarque-t-il le nom de Bouvier?
4. Qu'est-ce que Mireille voulait être quand elle était petite?
5. Et Robert, qu'est-ce qu'il voulait être quand il avait huit ou neuf ans?
6. Qu'est-ce qu'ils pensent de ces idées, maintenant?

17.4 Production orale

Ecoutez les dialogues suivants. Vous allez jouer le rôle du deuxième personnage.

1. Mireille: Vous vous appelez Taylor? Mais ça veut dire "tailleur" ça, en anglais.
   Robert: (. . .)
2. Mireille: Et puis, il y a aussi Berger, comme celui qui s'occupe des moutons, et puis Mineur, Marin. . . .
   Robert: (. . .)
3. Mireille: Cette gamine est insupportable! Heureusement qu'elle sait nager!
   Robert: (. . .)
4. Robert: Ou bien, elle va faire de l'exploration sous-marine avec l'équipe de Cousteau!
   Mireille: (. . .)

Préparation à la communication

17.5 Activation orale: Prononciation; accent tonique (révision)

Ecoutez et répétez. (Rappelez-vous qu'il n'y a pas d'accent tonique à l'intérieur des mots. Il y a un léger accent tonique sur la dernière syllabe d'un groupe rythmique—ou d'un mot isolé.)

un message	un portrait	un poète	pendant	une profession	possible
un bassin	un enfant	un pédant	stupide	une allusion	impossible
un champion	un acteur	un service	profiter	une cathédrale	
une question	une personne	une terrasse	la médecine	indépendant	

17.6 Observation: Métiers au masculin et au féminin

masculin	*féminin*	*masculin*	*féminin*
un berg**er**	une berg**ère**	un infirm**ier**	une infirm**ière**
un boulang**er**	une boulang**ère**	un ferm**ier**	une ferm**ière**
un bouch**er**	une bouch**ère**	un ouvr**ier**	une ouvr**ière**

Comparez avec *cher/chère* et *premier/première.*

Notez que certains noms de métier masculins qui se terminent en *-er* ou *-ier* n'ont pas de forme féminine courante. C'est le cas, par exemple, de *charpentier, charbonnier, bouvier, chevrier, forestier,* et *pompier.*

Pour les esprits curieux et exigeants:

Notez que le féminin *couturière* correspond au masculin *couturier,* mais couturier et couturière sont deux métiers assez différents. Un couturier crée des vêtements pour femmes, très chers; Christian Dior, Yves Saint-Laurent, et Sonia Rykiel sont des couturiers. Une couturière est une ouvrière qui fait ou modifie des vêtements.

Couturier est une profession plus prestigieuse que couturière: On parle en général de *grands couturiers* et de *petites couturières.* Coco Chanel, Schiaparelli, Sonia Rykiel, Agnès B., et Madame Grès, qui sont des femmes, ne sont pas des couturières, mais de grands couturiers.

17.7 Activation orale: Métiers au masculin et au féminin

Répondez selon l'exemple.

Exemple:
Vous entendez: 1. Il est fermier.
Vous dites: Elle est fermière.

2. Il est ouvrier.
3. Il est berger.
4. Il est boucher.
5. Il est infirmier.
6. Il est boulanger.
7. C'est un couturier.

17.8 Observation: Métiers au masculin et au féminin

masculin	*féminin*
un pharmacien	une pharmacie**nne**
un technicien	une technicie**nne**
un esthéticien	une esthéticie**nne**
un informaticien	une informaticie**nne**
un musicien	une musicie**nne**

Comparez avec *canadien/canadienne*.

Notez que beaucoup de noms de profession en *-cien* sont récents. Ils ont généralement un équivalent féminin.

17.9 Activation orale: Métiers au masculin et au féminin

Répondez selon l'exemple.

Exemple:
Vous entendez: 1. Il est technicien.
Vous dites: Elle est technicienne.

2. Il est acteur.
3. Il est musicien.
4. Il est informaticien.
5. Il est pharmacien.
6. Il est conducteur de tracteur.
7. C'est un aviateur.
8. C'est un grand explorateur.

17.10 Observation: Métiers au masculin et au féminin

masculin	*féminin*
Il est pompier. Il est chirurgien. Il est médecin.	Elle est pompier. Elle est chirurgien. Elle est médecin.

Pour un certain nombre de professions, on emploie la forme masculine, même en parlant d'une femme. Les noms de profession employés dans l'exercice suivant appartiennent à cette catégorie.

Pour les esprits curieux et exigeants:

Notez que *la médecine*, nom féminin, n'est pas une femme mais la discipline, la profession. Pour être médecin, il faut étudier la médecine; il faut aller à la Faculté de Médecine; il faut faire médecine; il faut faire des études de médecine.

17.11 Activation orale: Métiers au masculin et au féminin

Répondez selon l'exemple.

Exemple:
Vous entendez: 1. Il est pompier.
Vous dites: Elle est pompier.

2. Il est ingénieur (chez Renault).
3. Il est chef de service (au Ministère).
4. Il est médecin.
5. Il est agent de police.

17.12 Activation écrite: Métiers (révision et extension); indicatif présent

Il n'y a pas de sot métier!

A. Lisez le texte suivant. Essayez de deviner de quels métiers il s'agit.

Il y a des gens qui ont un restaurant.
Il y en d'autres qui font de la recherche au Centre National de la Recherche Scientifique.
Il y a des gens qui louent des voitures.
Autrefois, il y avait des gens qui louaient des chaises au Luxembourg ou dans d'autres jardins publics.
Il y en a d'autres qui décorent les appartements et les maisons.
Il y a des gens qui conduisent des tracteurs.
Il y a des gens qui produisent des melons ou des tomates.
Il y en a qui dirigent une entreprise.
Il y a des gens qui composent de la musique.
Il y en a qui travaillent dans une mine pour extraire du charbon.
D'autres transportent des marchandises.
Il y a des gens qui cultivent la terre.
Il y a des gens qui cultivent la vigne pour faire du vin.
Il y a des gens qui cultivent des fleurs.
Il y a des gens qui conduisent des camions.
Il y en a qui assurent contre les incendies, les accidents, la maladie.
Il y en a qui chantent dans les rues ou à l'Opéra.
Il y en a qui naviguent sur des bateaux.
D'autres élèvent des chiens ou des chevaux.
Il y a des hommes et des femmes qui font des massages aux gens qui ont mal au dos.
Il y a des gens qui construisent des avions.

B. Maintenant, répondez aux questions suivantes.

1. —Qu'est-ce que c'est qu'une productrice de melons?

   —C'est une femme qui ______________________.

2. —Qu'est-ce que c'est qu'un chercheur?

   —C'est quelqu'un qui ______________________.

3. —Qu'est-ce que c'est qu'un conducteur de tracteur?

   —C'est un homme qui ______________________.

4. —Qu'est-ce que c'est qu'une décoratrice?

   —______________________.

5. —Qu'est-ce que c'est qu'une loueuse de chaises?

   —______________________.

6. —Qu'est-ce que c'est qu'une directrice d'école?

   —______________________.

7. —Qu'est-ce que c'est qu'un restaurateur?

   —______________________.

8. —Et un compositeur?

   —______________________.

9. —Et un éleveur de chiens?

   —______________________.

10. —Qu'est-ce que c'est qu'un navigateur?

    —______________________.

11. —Qu'est-ce que c'est qu'une chanteuse d'opéra?

    —______________________.

12. —Qu'est-ce que c'est qu'un masseur?

    —______________________.

13. —Qu'est-ce que c'est qu'un assureur?

    —______________________.

14. —Qu'est-ce que c'est qu'un viticulteur?

    —______________________.

15. —Qu'est-ce que c'est qu'un horticulteur?

    —______________________.

16. —Qu'est-ce que c'est qu'un transporteur?

    —______________________.

17. —Qu'est-ce que c'est qu'un mineur?

    —______________________.

18. —Et un constructeur d'avions?

    —______________________.

17.13 Activation écrite: Métiers (révision et extension); présent de l'indicatif

A. Lisez le texte suivant. Essayez de deviner de quoi il s'agit.

Il y a des hommes et des femmes qui s'occupent des malades dans un hôpital ou une infirmerie.
Il y a des gens qui font et qui vendent des fromages.
Il y a des gens qui travaillent dans la police.
Et d'autres dans une banque.
Il y a des gens qui vendent des épices, du sucre, du chocolat, des conserves, et d'autres produits alimentaires dans une épicerie.
Il y en a qui vendent des bijoux dans une bijouterie.
Il y en a qui vendent de la viande de porc, du saucisson, du pâté, du jambon dans une charcuterie.
Il y en a aussi qui vendent des tripes, des cervelles, des rognons et d'autres abats.
Il y en a qui combattent les incendies.
Il y en a qui ont un hôtel.
D'autres travaillent à la poste.
Il y en a qui font et vendent du pain dans une boulangerie.
D'autres vendent de la viande de bœuf ou d'agneau dans une boucherie.
D'autres vendent du charbon.
D'autres, du lait.
D'autres font et vendent du chocolat.
D'autres vendent de la crème.
D'autres, des fruits.
Et d'autres encore, du poisson.
D'autres font et vendent de la pâtisserie.
Et d'autres, des glaces à la vanille, au chocolat, au café.
Et puis il y en a qui s'occupent des moutons.
D'autres, des vaches.
Et d'autres, des chèvres.

B. Maintenant, répondez aux questions suivantes.

1. —Qu'est-ce que c'est qu'une bergère?
   —C'est une femme qui ______________________.
2. —Qu'est-ce que c'est qu'un vacher?
   —______________________.
3. —Qu'est-ce que c'est qu'un boucher?
   —______________________.
4. —Et un boulanger?
   —______________________.
5. —Qu'est-ce que c'est qu'un fromager?
   —______________________.
6. —Qu'est-ce que c'est qu'un crémier?
   —______________________.
7. —Et un chocolatier?
   —______________________.
8. —Un laitier?
   —______________________.
9. —Un épicier?
   —______________________.
10. —Un policier?
    —______________________.
11. —Un infirmier?
    —______________________.
12. —Un tripier?
    —______________________.
13. —Qu'est-ce que c'est qu'un postier?
    —______________________.
14. —Qu'est-ce que c'est qu'un hôtelier?
    —______________________.
15. —Qu'est-ce que c'est qu'un charcutier?
    —______________________.
16. —Et un bijoutier?
    —______________________.

17.14 Observation: Identification et description

identification	description
—Tu connais ce monsieur là-bas? —C'est un chirurgien. C'est un ami des parents de Mireille.	—Il est sympathique. —Il est chirurgien. —Il est célibataire. —Il est grand. —Il est fils unique. —Il est comte. —Il est blond.

17.15 Observation: Identification et description

identification (nom)	*description (adjectif)*
—Qui est-ce? —**C'est** ma cousine.	—Comment est-elle? —**Elle est** sympathique.
—Qui est-ce? —**C'est** un ami de Papa.	—Comment est-il? —**Il est** très gentil.
—Qui est-ce? —**C'est** un ingénieur.	—Qu'est-ce qu'il fait? —**Il est** ingénieur.
—**C'est** ton frère? —Non, **c'est** le frère de Marc.	—**Il est** marié? —Non, **il est** célibataire.
—**C'est** ton frère? —Non, **c'est** un ami.	—Il a des frères? —Non, **il est** fils unique.

Notez que dans la première colonne, nous avons *c'est* suivi d'un déterminant (*un, ma*). Dans la deuxième colonne, nous avons *il* (*elle*) *est*, et pas de déterminant.

Pour les esprits curieux et exigeants:
Notez que dans la première colonne, *c'est* est suivi d'un nom (avec un déterminant). Dans la deuxième colonne, *il* (*elle*) est est suivi d'un adjectif ou d'un nom qui fonctionne comme un adjectif: *ingénieur, fils unique* sans déterminants fonctionnent comme des adjectifs.

17.16 Activation orale: Identification et description; *c'est/il est*

Choisissez la question qui correspond à la réponse que vous entendez.

Exemples:
Vous entendez: 1. C'est un grand chirurgien.
Vous dites: Qui est-ce?
Et vous cochez la case correspondante.

Vous entendez: 2. Il est chirurgien.
Vous dites: Qu'est-ce qu'il fait?
Et vous cochez la case correspondante.

Vous entendez: 3. Il est sympathique.
Vous dites: Comment est-il?
Et vous cochez la case correspondante.

	1	2	3	4	5	6	7	8	9	10	11	12	13	14
Qui est-ce?	X													
Qu'est-ce qu'il fait?		X												
Comment est-il?			X											

🎧 17.17 Activation orale et écrite: Identification et description

Ecoutez les questions, puis complétez les réponses suivantes en employant *c'est un (une)* ou bien *il (elle) est.*

1. ____________ cousin.
2. ____________ médecin.
3. Non, ____________ célibataire.
4. ____________ amie de ma mère.
5. Oui, ____________ informaticienne.
6. Non, ____________ divorcée.

17.18 Activation écrite: Identification et description; *c'est/elle est*

Complétez.

1. —Vous connaissez Mireille?

   —Oui, je la connais très bien. ________ est la meilleure amie de ma sœur.

2. —Comment est-elle?

   —________ est vraiment très sympathique.

3. —Et au physique?

   —________ est blonde et plutôt petite. ________ est une belle blonde aux yeux bleus, bleu-gris plutôt.

4. —Et cette petite fille, vous la connaissez?

   —Marie-Laure? Bien sûr que je la connais!

   ________ est la petite sœur de Mireille.

   ________ est insupportable!

🎧 17.19 Observation: Connaissance et savoir (révision et extension)

	connaître			**savoir**	
Vous ne devez	**connaître**	personne à Paris!	—Pourquoi me demandez-vous ça?		
Robert	**connaît**	Mireille, c'est tout.	—Oh, pour	**savoir.**	
Vous	**connaissez**	Mme Courtois?	C'est intéressant, vous	**savez!**	
Si je la	**connais!**	C'est ma marraine!	Oui, je	**sais,**	
Je la	**connais,**	cette rousse.	je	**sais**	que c'est intéressant.
Jean-Pierre	**connaît**	tous les grands couturiers de Paris.	Tout le monde	**sait**	que *tailleur* s'écrit avec deux *l.*
Robert ne	**connaît**	pas bien Paris: il vient d'arriver.	Je ne	**sais**	pas ce qu'il y a.
			Je ne	**sais**	pas ce qui se passe.
Mireille	**connaît**	Paris; elle y habite depuis longtemps.	Je ne	**sais**	pas ce qu'ils disent.
			Je ne	**sais**	pas pourquoi ils manifestent.
Je	**connais**	ça!			
Je le	**connais,**	ce truc!	Je ne	**sais**	pas ce que je vais faire.
			Je ne	**sais**	pas si elle fait du russe ou de l'anthropologie.
			Yvonne ne	**sait**	pas jouer aux portraits.
			Tu ne	**sais**	pas lire!
			Marie-Laure	**sait**	compter jusqu'à 9 999.
			Non, je ne	**sais**	pas le français . . . pas encore; mais je l'apprends.

17.20 Observation: Connaissance et savoir

Comparez.

connaître	objet	savoir	objet
Vous connaissez	**ces jeunes gens?**	Non, je ne sais pas Je ne sais pas	**qui ils sont.** **pourquoi ils manifestent.**
Elle connaît	**Mme Courtois.**	Elle sait Elle sait	**qui c'est.** **où elle habite.**
Je connais	**cette fille.**	Mais je ne sais pas	**si elle fait du russe.**
Vous connaissez	**Chartres?**	Non. Mais je sais	**qu'il y a une cathédrale.**
Elle connaît	**le Pays Basque.**	Mais elle ne sait pas	**le basque.**

Comparez les objets de *connaître* et de *savoir.* Notez que les objets de *connaître* sont des noms (*jeunes gens, Chartres*). Les objets de *savoir* sont souvent des propositions avec un verbe (*qui ils sont*, *écrire, lire*). Quand l'objet de *savoir* est un nom, ce nom représente quelque chose qu'on peut apprendre (par exemple une langue: *le basque, le français*).

Pour les esprits curieux et exigeants:

Remarquez qu'on connaît des personnes (*Mme Courtois*) et des endroits (*le Pays Basque*). *Connaître* suggère une simple familiarité; c'est le résultat d'une expérience, d'un contact. Il n'est pas nécessaire d'apprendre, d'étudier pour connaître.

Savoir implique une opération intellectuelle; on sait ce qu'on a appris. On sait lire, écrire, et compter parce qu'on a appris à lire, à écrire, et à compter. On sait une langue, le basque, le français. Pour savoir lire, il faut apprendre à lire; pour savoir le français, il faut apprendre le français. Je sais qu'il y a une cathédrale à Chartres parce que je l'ai appris: je l'ai lu, on me l'a dit, ou j'ai remarqué son existence.

17.21 Activation écrite: Connaissance et savoir

Complétez les phrases suivantes avec les formes convenables de *savoir* ou *connaître.*

1. —Vous ______________ Belle-Ile-en-Mer?
   —Non, je n'y suis jamais allé, mais je ______________ que c'est en Bretagne.
2. —Est-ce que Robert ______________ Madame Courtois?
   —Non, mais il ______________ où elle habite.
3. —Robert ______________ bien le français!
   —C'est normal, sa mère est française.
   —Vous la ______________, sa mère?
   —Non, mais je ______________ qu'elle est remariée avec un Argentin.
4. —Vous ______________ la mère de Mireille?
   —Non, mais je ______________ son père.
   —Et sa sœur Cécile, vous la ______________?
   —Non, mais je ______________ qu'elle est mariée.

17.22 Observation: Les uns et les autres; *on* (révision et extension)

En France,	les gens	parlent	français.
En France,	tout le monde	parle	français.
En France,	**on**	parle	français.
. . . les idées qu'	**on**	a	
quand	**on**	est	petit.
	On	ne dit	pas ça.

On est un équivalent de *tout le monde, les gens* en général. C'est un pronom sujet de la 3ème personne du singulier.

Mon frère et moi, nous habitons au Quartier Latin.
Mon frère et moi, **on** habite au Quartier Latin.

Dans le style familier, *on* peut être un équivalent de *nous.*

17.23 Activation orale: *On*

Transformez les stéréotypes suivants selon l'exemple.

Exemple:
Vous entendez: 1. Les Français aiment bien manger.
Vous dites: En France, on aime bien manger.

2. Les Français ne voyagent pas beaucoup.
3. Les Français ont mauvais caractère.
4. Les Français vont souvent en vacances.
5. Les Français ne font pas de sport.
6. Les Français sont moqueurs.
7. Les Français ne travaillent pas beaucoup.

17.24 Observation: Ce qui se dit, ce qui se fait; verbes réfléchis à sens passif

	objet		sujet	
1. On dit	**ça.**	2. **Ça**	se dit.
3. On fait	**ça.**	4. **Ça**	se fait.
5. On mange	**les crevettes.**	6. **Les crevettes**	se mangent.[1]

[1] C'est même très bon!

Les phrases 2, 4, et 6 sont équivalentes aux phrases 1, 3, et 5. Notez que, dans les phrases 2, 4, et 6, le verbe est employé avec un pronom réfléchi (se).

De même:

Ça ne s'écrit pas de la même façon* est équivalent à *On n'écrit pas ça de la même façon. Ça ne se fait plus* est équivalent à *On ne fait plus ça.

17.25 Activation orale: Ce qui se dit, ce qui se fait; verbes réfléchis à sens passif

Répondez selon l'exemple.

Exemple:
Vous entendez: 1. On trouve encore des bergères?
Vous dites: Oui, ça se trouve!

2. On dit ça?
3. On ne dit pas ça?
4. On fait ça?
5. On écrit ça avec un *y?*
6. On écrit Taylor avec un *y?*
7. On écrit tailleur avec deux *l?*
8. On voit ça?

17.26 Activation écrite: Ce qui se fait, ce qui se dit; verbes réfléchis à sens passif

Lisez, essayez de comprendre et complétez selon l'exemple.

Exemple:
Vous voyez: On écrit *Papa* comme ça se prononce.
Vous écrivez: *Papa* s'écrit comme ça se prononce.

1. On écrit *tailleur* avec deux *l.*

   Tailleur ____________ avec deux *l.*

2. Dans *un bœuf,* au singulier, on prononce le *f;* mais dans *des bœufs,* au pluriel, le *f* ____________ .

3. On achète le pain chez le boulanger.

   ____________ .

4. Aujourd'hui on ne dit plus *aviateur.*

   Aviateur ____________ beaucoup. (On dit plutôt "pilote.")

5. On fait des rencontres intéressantes au jardin du Luxembourg. Les rencontres intéressantes ____________ au Luxembourg (ou dans la cour de la Sorbonne!).

6. On pêche les crevettes à marée basse. Les crevettes ____________ à marée basse.

7. Autrefois, les dames portaient des crinolines. C'était la mode. Aujourd'hui, la crinoline ____________ ; ce n'est plus la mode.

8. Vous ne voulez pas vous décider trop jeune? Oui, on comprend ça; ____________ . . . c'est trop dangereux!

9. Vous êtes très intelligents! On voit ça tout de suite!

   ____________ tout de suite!

17.27 Observation: Autrefois et maintenant; imparfait (révision)

imparfait	*présent*
Autrefois, il y **avait** des bouviers.	Maintenant, il n'y **a** plus de bouviers.
Autrefois, nous **allions** en Bretagne.	Maintenant, nous n'**allons** plus en Bretagne.
Quand j'**étais** petit, je **voulais** être pompier.	Maintenant, je ne **veux** plus être pompier.
Autrefois, on **faisait** ça.	Maintenant, on ne **fait** plus ça.

Avait, allions, étais, voulais, et *faisait* sont des verbes qui se réfèrent au passé. Ces verbes sont à l'imparfait. Vous vous rappelez que l'imparfait est formé sur le radical de la 1ère personne du pluriel du présent:

présent: nous allons
nous faisons
imparfait: nous allions
on faisait

17.28 Observation: Comment c'était autrefois; imparfait du verbe *être*

Comparez.

faire		être	
présent	*imparfait*	*présent*	*imparfait*
nous **fais**ons	nous **fais**ions	nous sommes	nous **ét**ions
vous faites	vous **fais**iez	vous **êt**es	vous **ét**iez
	ils **fais**aient		ils **ét**aient
	il **fais**ait		il **ét**ait
	tu **fais**ais		tu **ét**ais
	je **fais**ais		j' **ét**ais

Pour les esprits curieux et exigeants: Notez le changement de voyelle. Au présent, la première syllabe est fermée:

êtes

La voyelle est ouverte. Elle est représentée par ê.

A l'imparfait la première syllabe est ouverte:

é tiez

La voyelle est fermée. Elle est représentée par é.

Les terminaisons de l'imparfait du verbe *être* sont les mêmes que pour tous les autres verbes. Mais l'imparfait du verbe *être* n'est pas formé sur le radical de la 1ère personne du pluriel du présent. Il est formé sur le radical de la 2ème personne du pluriel du présent.

17.29 Observation: Autrefois et maintenant; imparfait et présent

Observez les différences de prononciation entre le présent et l'imparfait du verbe *parler.*

présent	je parle	tu parles	il parle	ils parlent
imparfait	je parlais	tu parlais	il parlait	ils parlaient

Pour les personnes du singulier et la 3ème personne du pluriel, nous avons le son /ə/ au présent et le son /ɛ/ à l'imparfait.

présent	nous parlons	vous parlez
imparfait	nous parlions	vous parliez

Notez que pour la 1ère et la 2ème personne du pluriel, il y a une semi-voyelle /j/ additionnelle à l'imparfait.

Observez maintenant la différence de prononciation des terminaisons des 2èmes personnes.

imparfait	*présent*	*imparfait*
tu parlais tu voulais	vous parlez vous voulez	vous parliez vous vouliez

17.30 Activation orale: Formes de l'imparfait

Répondez selon l'exemple.

Exemple:
Vous entendez: 1. C'est ce que nous voulons.
Vous dites: Et c'est ce qu'il voulait lui aussi.

2. C'est ce que nous attendons.
3. C'est ce que nous cherchons.
4. C'est ce que nous préférons.
5. C'est ce que nous croyons.
6. C'est ce que nous disons.
7. C'est ce que nous faisons.
8. C'est ce que nous voulons.

17.31 Activation orale: Formes de l'imparfait

Répondez selon l'exemple.

Exemple:
Vous entendez: 1. Maintenant, je ne veux plus être pompier.
Vous dites: Mais quand j'étais petit(e), je voulais être pompier.

2. Maintenant, ça ne m'intéresse plus.
3. Maintenant, nous n'allons plus en Bretagne.
4. Maintenant, ce n'est plus à la mode.
5. Maintenant, je n'aime plus la Bretagne.
6. Maintenant, je n'ai plus envie d'y aller.
7. Maintenant, nous n'habitons plus à Paris.
8. Maintenant, mon père ne travaille plus à Paris.
9. Maintenant, on ne fait plus ça.
10. Maintenant, l'ami de Robert ne croit plus en Dieu.

17.32 Activation orale: Formes de l'imparfait

Répondez selon l'exemple.

Exemple:
Vous entendez: 1. Vous étiez à Saint-Tropez l'année dernière?
Vous répondez: Non, je n'étais pas à Saint-Tropez.

2. Est-ce que vous étiez en France l'année dernière?
3. Est-ce que Robert était en France l'année dernière?
4. Est-ce que vous connaissiez Mireille l'année dernière?
5. Est-ce que Robert connaissait Mireille l'année dernière?
6. Est-ce que Robert était à l'Université l'année dernière?
7. Est-ce que vous étudiiez le français l'année dernière?
8. Est-ce que vous saviez beaucoup de français l'année dernière?
9. Est-ce que vous faisiez du russe l'année dernière?
10. Est-ce que vous étiez marié l'année dernière?
11. Est-ce que nous étions en France l'année dernière?
12. Est-ce que nous connaissions Mireille l'année dernière?
13. Est-ce que Robert et Mireille étaient à Saint-Tropez l'année dernière?
14. Est-ce que Robert et Mireille se connaissaient l'année dernière?

17.33 Observation: Négation; *ne . . . plus*

1.	Robert	**ne passe**	**pas**	ses vacances en Bretagne.
2.	Autrefois, Mireille	**passait**		ses vacances en Bretagne.
	Maintenant, elle	**ne passe**	**plus**	ses vacances en Bretagne.
	C'est fini.			

***Robert ne passe pas* et *elle ne passe plus* sont deux expressions négatives.**

La négation 1 est une négation simple. Elle n'indique pas de changement. La négation 2 indique un changement: Autrefois, elle passait ses vacances en Bretagne, maintenant, elle ne les y passe plus.

	ne		*verbe*	**pas** / **plus**	
On			dit		ça.
On	**ne**		dit	**pas**	ça.
On	**ne**		dit	**plus**	ça.
Elle		y	passe		ses vacances.
Elle	**n'**	y	passe	**pas**	ses vacances.
Elle	**n'**	y	passe	**plus**	ses vacances.

Notez que *plus* occupe la même place que *pas*.

17.34 Activation orale: Négation; *ne . . . plus*

Répondez selon l'exemple.

Exemple:
Vous entendez: 1. Vous n'alliez pas aux Bermudes autrefois?
Vous répondez: Si, mais nous n'y allons plus.

2. Vous n'alliez pas en Bretagne autrefois?
3. Vous n'habitiez pas à Chartres autrefois?
4. Vous n'étiez pas à la fac autrefois?
5. Vous n'étiez pas à la Cité Universitaire autrefois?
6. Vous ne mangiez pas au restau-U autrefois?
7. Vous ne descendiez pas au Home Latin autrefois?

17.35 Activation orale: Négation; *ne . . . plus*

Répondez selon l'exemple.

Exemple:
Vous entendez: 1. Elle faisait du karaté autrefois?
Vous répondez: Oui, mais elle n'en fait plus.

2. Il y avait un boulanger ici autrefois?
3. Il y avait un boucher ici autrefois, non?
4. Il y avait un charbonnier ici autrefois?
5. Il y avait un pharmacien ici autrefois?
6. Il y avait un tailleur ici autrefois?

17.36 Activation orale: Négation; *ne . . . plus*

Répondez selon l'exemple.

Exemple:
Vous entendez: 1. Quand il était petit, il voulait être pompier.
Vous dites: Mais maintenant, il ne veut plus être pompier.

2. Quand elle était petite, elle voulait être infirmière.
3. Quand elle était petite, elle voulait être actrice.
4. Quand il était petit, il voulait être marin.
5. Quand nous étions petits, nous voulions être peintres (comme Boucher!).
6. Quand elles étaient petites, elles voulaient être aviatrices (comme Hélène Boucher).

17.37 Activation: Dictée

Ecoutez et complétez. Vous entendrez le passage trois fois.

—Oh, là, là, ____________________-moi ça! Allez, ______________________________; va ____________
________________; ________________ attraper ____________________!

17.38 Activation orale: Dialogue entre Mireille et Robert

Vous allez entendre un dialogue entre Mireille et Robert. Ecoutez bien. Vous allez apprendre les répliques de Robert.

Mireille: Vous vous appelez Taylor? Mais ça veut dire tailleur, ça, en anglais.
Robert: **Euh . . . je ne sais pas . . .**
Mireille: Mais si! *Tailor*, ça veut dire tailleur en anglais.
Robert: **Oui . . . euh, non! . . . Bien sûr, mais je veux dire . . . mon nom s'écrit avec un *y*, et le mot anglais pour tailleur s'écrit avec un *i*.**

Exercices-tests

17.39 Exercice-test: Métiers au masculin et au féminin

Répondez selon l'exemple.

Exemple:
Vous voyez: Il est berger.
Vous écrivez: Elle est bergère.

1. Il est fermier. Elle est ______________ .
2. Il est boulanger. Elle est ______________ .
3. Il est pharmacien. Elle est ______________ .
4. Il est aviateur. Elle est ______________ .
5. Il est médecin. Elle est ______________ .

Vérifiez. Si vous avez fait des fautes, travaillez les sections 17.6 à 17.13 dans votre cahier d'exercices.

17.40 Exercice-test: Identification et description

Complétez en utilisant *c'est* ou *il/elle est* suivant le cas.

1. __________ un Américain.
2. __________ française.
3. __________ brun.
4. __________ une belle blonde.
5. __________ la sœur de Marie-Laure.

Vérifiez. Si vous avez fait des fautes, travaillez les sections 17.14 à 17.18 dans votre cahier d'exercices.

17.41 Exercice-test: *Connaître* et *savoir*

Complétez.

1. Vous __________ où est Marie-Laure?
2. Marie-Laure? Je ne __________ pas Marie-Laure.
3. Robert ne __________ personne à Paris.
4. Mais il __________ le français.
5. Elles ne __________ pas si elles vont pouvoir venir.

Vérifiez. Si vous avez fait des fautes, travaillez les sections 17.19 à 17.21 dans votre cahier d'exercices.

17.42 Exercice-test: Formes de l'imparfait

Complétez selon l'exemple.

Exemple:
Vous voyez: Tu ne joues plus?
Vous écrivez: Tu jouais tout à l'heure!

1. Robert et Mireille ne discutent plus? Ils __________ tout à l'heure!
2. Mireille n'est plus au Luxembourg? Elle __________ au Luxembourg tout à l'heure!
3. Vous ne le savez plus? Vous le __________ tout à l'heure!
4. Elle n'a plus de boules de gomme? Elle __________ des boules de gomme tout à l'heure!
5. Tu ne veux plus rentrer? Tu __________ rentrer tout à l'heure!
6. Vous ne travaillez plus? Vous __________ tout à l'heure!
7. Vous ne faites rien? Vous __________ quelque chose tout à l'heure!
8. Robert ne va pas explorer le Quartier Latin? Il __________ explorer le Quartier Latin tout à l'heure!

Vérifiez. Si vous avez fait des fautes, travaillez les sections 17.27 à 17.32 dans votre cahier d'exercices.

Libération de l'expression

17.43 Mise en question

Relisez le texte de la leçon; lisez les questions de la mise en question qui suit la mise en œuvre dans votre livre de textes. Réfléchissez à ces questions et essayez d'y répondre.

17.44 Mots en liberté

Qu'est-ce qu'on peut être?
On peut être informaticien, pharmacienne, professeur, actrice. . . .

Trouvez encore au moins dix possibilités.

Qu'est-ce qu'on peut savoir?
On peut savoir le grec, la table de multiplication, quel jour on est, que Marie-Laure a dix ans, que les psychiatres font leur beurre. . . .

Trouvez encore au moins huit possibilités.

Qu'est-ce qu'on peut connaître?
On peut connaître la Cité Universitaire, Marienbad, Tonton Guillaume. . . .

Trouvez encore au moins cinq possibilités.

Variantes:
Qui ou qu'est-ce que Robert connaît? Qu'est-ce que Robert sait?
Qui ou qu'est-ce que Mireille connaît? Qu'est-ce que Mireille sait?
Qui ou qu'est-ce que vous connaissez? Qu'est-ce que vous savez? (Ne dites pas tout ce que vous pouvez dire. Choisissez. Ne dites que ce que vous voulez bien dire.)

17.45 Mise en scène et réinvention de l'histoire

Imaginez une conversation entre Robert et Mireille. Notez que vous allez changer leurs noms de famille; ils ne vont plus s'appeler Belleau et Taylor.

Mireille:
Quand vous étiez petit, qu'est-ce que vous aimiez faire?

Robert:

J'aimais	lire des livres de philosophie. écrire des romans. plonger. nager. faire des blagues à mes cousines. raconter des histoires bizarres. manger. m'amuser. travailler.	Et vous?

Mireille:
Moi, j'aimais (. . .). Et qu'est-ce que vous vouliez être?

Robert:

Je voulais être	informaticien. mathématicien. ingénieur. astronome. gastronome. paranoïaque. infirmier. cuisinier.	Et vous?

Mireille:
Moi, je voulais être (. . .).

Robert:
Et vous voulez toujours être (. . .)?

Mireille:

Oui. (. . .) Non. (. . .)	Mais, dites-moi, avec tout ça, comment vous appelez-vous?

Robert:

Je m'appelle Robert | Charbonnier. / Mineur. / Bouvier. / Charpentier. / Boulanger. / Chevrier. / Berger. / Marin. / Marchand. / Messager. / Boucher.

Mireille:
Ah, mais c'est un nom de métier, ça!

Un (. . .), c'est quelqu'un qui | fait des charpentes. / vend du charbon. / porte des messages. / fait du commerce. / travaille sur un bateau. / s'occupe | des bœufs. / des moutons. / des chèvres. | / fait du pain. / vend de la viande. / travaille dans une mine.

Robert:
Oui, c'est peut-être que mon arrière-arrière-arrière-grand-père était (. . .). Et vous, comment vous appelez-vous?

Mireille:
Moi, je m'appelle (. . .).

Robert:
Ah, quelle coïncidence! Vous aussi, vous avez un nom de famille qui est aussi un nom de métier! Le (. . .), c'est celui qui (. . .).

Mireille:
Oui, c'est vrai, mais je crois que mon arrière-arrière-arrière-grand-père n'était pas (. . .).

Il était plutôt | banquier. / pharmacien. / médecin. / chirurgien. / professeur. / peintre. / compositeur. / coiffeur.

Robert:
Ah, oui? Alors, je vais vous appeler Mireille (. . .).

Préparation à la lecture et à l'écriture

17.46 Entraînement à la lecture

Lisez d'abord le document 1 dans le livre de textes, leçon 17, "Mon Ministre des finances." Lisez ensuite le texte suivant.

Si vous voulez être riche, si vous voulez vivre richement, c'est facile: Vous volez le camion des pompiers. Vous ne l'achetez pas (c'est trop cher), vous le prenez (quand les pompiers ne regardent pas).

Vous achetez un petit singe (un petit macaque, un petit babouin). Personne ne se doute à qui ça sert, personne ne sait qui peut utiliser ce camion et ce singe, personne n'a de soupçons, personne ne vous soupçonne, vous n'êtes pas suspect, vous ne causez pas de suspicion.

Vous circulez en ville (avec votre camion et votre singe). Quand vous voyez une fenêtre ouverte, vous dressez l'échelle, le petit singe monte à l'échelle. Il arrive à la fenêtre ouverte. Il y a une barre d'appui à la fenêtre, une barre horizontale, pour s'appuyer quand on regarde par la fenêtre.

Le petit singe enjambe la barre d'appui, il passe la jambe par-dessus la barre, et il entre dans la pièce. Il rafle ce qu'il trouve, il vole ce qu'il trouve, il prend ce qu'il voit.

Depuis que nous utilisons le camion des pompiers, le petit singe et moi vivons richement . . . et discrètement, comme il sied à des gentlemen. Les gentlemen doivent être discrets; la discrétion sied aux gentlemen. Nous sommes discrets, nous ne faisons pas de bruit, sauf quand je dresse l'échelle (le moteur fait un peu de bruit). C'est une idée géniale, une idée de génie, une idée remarquable!

Maintenant relisez le document 1 et répondez aux questions suivantes.

1. Quelle est l'idée géniale que Boris Vian a eue?
____
____

2. Comment les rôles sont-ils distribués dans l'équipe? Qui est-ce qui dresse l'échelle? _______________
Qui est-ce qui monte à l'échelle? _______________

3. Comment les gentlemen vivent-ils? _______________
____

17.47 Entraînement à la lecture et expansion du vocabulaire

Regardez le document 2. Observez les dessins, répondez, et complétez.

1. Dessin A. Où est le pompier? ____________________

____________________. Il y a une maison qui brûle. C'est un incendie. Le pompier tient un grand tuyau. Il essaie d'éteindre l'incendie. Mais il y a un problème: la maison est en flammes, elle brûle, et l'échelle ____________ aussi.

2. Dessin B. Il y a un incendie. La maison brûle. Il y a le feu. De la fumée et des flammes sortent des fenêtres. Mais les pompiers n'essaient pas d'éteindre l'____________________.
Pourquoi n'essaient-ils pas? Quel temps fait-il?
____

3. Dessin C. Qu'est-ce que le pompier fait?
____

4. Et que fait la dame?
Elle en ____________________ pour ____________ le portefeuille du pompier. (Relisez les sections 2 et 3 de la leçon 16 dans le livre de textes.)

5. Dessin D. Regardez cette fenêtre qui crache des flammes et de la fumée: il y a un incendie. Que fait le pompier?
____________________.

Lisez le document 3.

6. Qu'est-ce qu'on crie quand il y a un incendie?
____

17.48 Entraînement à la lecture et expansion du vocabulaire

1. Lisez le document 4. Répondez et complétez.

Je vois mal, je suis myope; j'ai une mauvaise ____________.
Les conducteurs de camions de pompiers ont l'habitude de conduire à toute vitesse.
Il n'est pas prudent de ____________________ quand on a une mauvaise ____________; on risque d'avoir un accident. Le nombre des conducteurs qui ont mauvaise vue ____________ parce qu'ils sont tués dans des accidents.

2. Lisez le document 5. Répondez et complétez.

Pour savoir quelles étaient les dix personnalités les plus en vue, on a fait, en 1992, un ____________________.
Que fait l'organisation "Médecins sans frontières"?
____
____

Les Etats-Unis et le Canada ont une ____________________ commune.
Les Etats-Unis et le Mexique ont aussi une ____________ ____________________ commune.

Quel sport fait Florence Arthaud? (Voyez le texte de la leçon 6, section 3.)
____

17.49 Lecture de la lecture

Lisez le document 6, "Les Baleines." Puis lisez le texte suivant et complétez.

Autrefois on pêchait les baleines, on allait à la chasse à la baleine. Moby Dick était une baleine.

—Est-ce qu'on chassait les baleines près des côtes de Bretagne?

—Non, il fallait aller très ______________________ .

—Qui est-ce qui partait sur les bateaux pour aller chasser les baleines?

—Les ______________________ .

—Quand les matelots partaient si loin, qui est-ce que ça faisait pleurer, les matelots ou leurs fiancées?

—______________________ (et peut-être aussi les matelots . . .).

—Les marquis, les comtes, les vicomtes, les ducs sont de grands ______________________

—Les grands seigneurs portaient des vêtements très élaborés, décorés avec des ______________________ .

—Mais beaucoup de grands seigneurs ne respectaient pas la religion; ils ______________________ sur elle.

—Dans la religion catholique on appelle la mère de Jésus la ______________________

—Les marins, les matelots bretons étaient très religieux; ils croyaient en Dieu, ils avaient la ______________________ .

—Maintenant, on ne parle plus de Jésus et des grands seigneurs, ils ne sont plus importants. Il n'y a plus de Jésus ni de grands seigneurs qui ______________________ .

—Maintenant, il n'y a plus de roi en France, il y a un ______________________ de la République.

17.50 Entraînement à la lecture et expansion du vocabulaire

Lisez le document 7, "Arthur tombe dans le bassin." Répondez et complétez.

1. Qui est Hélène?

____

2. Arthur a <u>commencé</u> à faire glou-glou: il s'est ____________ faire glou-glou, parce qu'il commençait à se noyer.

3. Les éclairs, les choux à la crème, les tartes sont des ______________________ . On achète les ______________________ dans les pâtisseries.

4. En été, le soleil se ______________________ vers 9 heures du soir. Je suis fatigué; je vais me ______________________ .

5. C'est bien d'avoir dit ça; c'est gentil; c'est ____________ .

—Je vais dire à Maman que c'est toi qui as poussé Arthur dans le bassin!

—Oh! Ce n'est pas bien de <u>rapporter</u>! Ce n'est pas beau! Et Maman a horreur des ______________________ .

—Si tu pousses ton petit frère dans le bassin, tu vas avoir une ______________________ terrible!

—J'ai mal au derrière parce que papa m'a donné une ______________________ terrible!

—Je suis très en colère contre ma petite sœur parce qu'elle m'a serré le cou avec sa corde à sauter. Elle m'a fait très mal, alors je lui en ______________________ . Je la pousserai dans le bassin à la prochaine occasion!

17.51 Entraînement à la lecture et interprétation

Etudiez le document 8, "Agrippine," et répondez ou complétez.

1. Sur la première image, il y a une jeune fille ou une jeune femme et un petit ________________. Il travaille. Il fait une dictée.
2. Qui est la jeune fille ou jeune femme? C'est sa mère ou sa sœur? (Observez les images 7 à 12 avant de répondre.)
________________________________.
3. Comment s'appelle-t-elle? ________________
4. D'après le petit garçon, qui a dit que girafe s'écrivait avec ph, une amie ou un professeur? ________________
5. Observez l'image 6. Agrippine veut donner une gifle au petit garçon. Elle le menace. Elle parle très mal. Elle est très vulgaire. Elle ne dit pas "une gifle"; elle dit "un pain." Elle ne dit pas "sur la figure"; mais "sur la gue," ce qui veut dire "sur la gueule." C'est très vulgaire. (Les animaux ont une "gueule," mais les personnes ont un "visage," une "figure.")
6. Lisez le texte de l'image 7. La mère paie Agrippine; elle lui donne de l'argent. Pourquoi est-ce qu'elle la paie?
Elle la paie pour ________________________.
7. Maintenant regardez l'image 6. Qu'est-ce qu'Agrippine fait (ou qu'est-ce qu'elle va faire)?
Elle va ________________ son petit frère.
8. Revenez à l'image 7. Qu'est-ce qu'Agrippine dit? Est-ce qu'elle dit que son petit frère a l'esprit vif ou qu'il est stupide? ________________________.
9. Dans l'image 8, la mère continue la dictée. La dictée parle d'un éléphant. Qu'est-ce que l'éléphant fait? Marie-Laure chante ou crie, le chien aboie, le loup hurle, et l'éléphant ________.
10. Dans l'image 10, Agrippine dit que son petit frère est un menteur, qu'il ment, qu'il ne dit pas la vérité. Elle est furieuse; elle dit qu'elle va le tuer. Mais elle parle argot, elle parle vulgairement: elle dit qu'elle va le
________________.
11. Observez l'image 11. Dans son argot, dans son langage vulgaire, Agrippine ne dit pas "un enfant," elle dit:
"________________." La mère fait une petite rectification: Elle n'a pas un enfant stupide, elle en a
________________.
12. Image 12: d'après le petit garçon, qui est responsable?
________________.

17.52 Pratique de l'écriture

Relisez le petit texte de Boris Vian, "Mon Ministre des finances" (document 1) et imitez ce texte pour imaginer une réponse de Robert à la question de Mireille:

Mireille: Votre père ne vous donne pas d'argent? Mais alors comment faites-vous? De quoi vivez-vous?

Robert: Eh bien, vous voyez, j'ai un vieux camion des pompiers, alors, je ________________________________

____

____

____

____.

(Faites autant de petites variantes que possible; supprimez le petit singe. . . .)

Leçon 18

Assimilation du texte

18.1 Mise en œuvre

Ecoutez le texte et la mise en œuvre dans l'enregistrement sonore. Répétez et répondez suivant les indications.

18.2 Compréhension auditive

Phase 1: Regardez les images et répétez les phrases que vous entendez.

Phase 2: Ecrivez la lettre de chaque phrase que vous entendez sous l'image qui lui correspond le mieux.

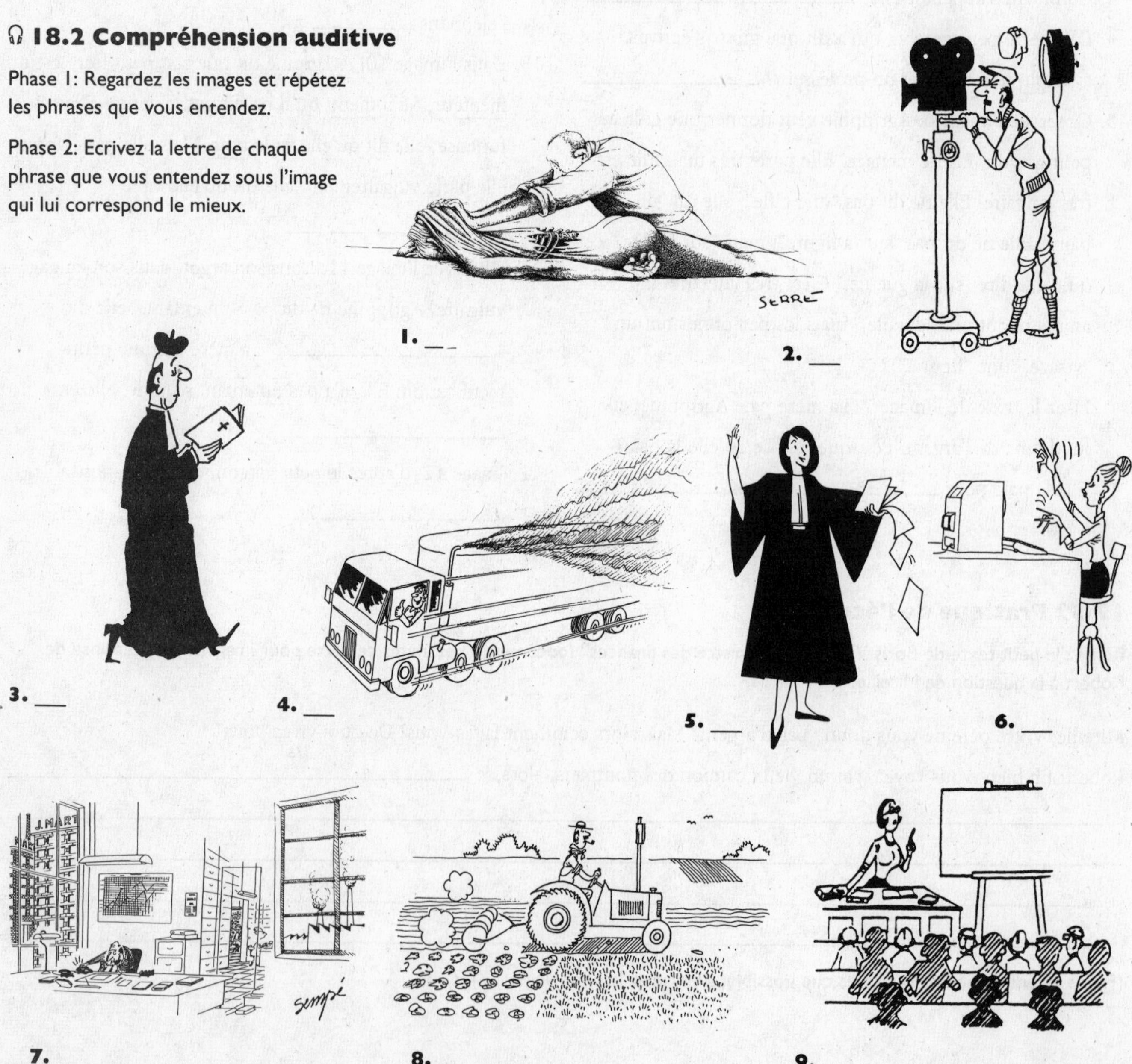

18.3 Compréhension auditive et production orale

Ecoutez les phrases suivantes. Après chaque phrase vous allez entendre une question. Répondez à la question.

1. Est-ce que c'est facile d'aller à Rome?
2. Est-ce que c'est bien, le sport? Est-ce que c'est utile?
3. Est-ce qu'on sait toujours comment les choses vont tourner?
4. Est-ce qu'on sait toujours ce qui va se passer?
5. Est-ce qu'on peut toujours être sûr de tout?
6. Est-ce qu'on peut toujours faire ce qu'on veut dans la vie?

Préparation à la communication

18.4 Observation: Prononciation; voyelles non-diphtonguées

Ecoutez.

idée

Vous remarquez que dans le mot *idée* il y a deux voyelles, /i/ et /e/. Chacune de ces voyelles est "pure"; il n'y a pas de "mélange," de passage d'un son de voyelle à un autre. Chaque son de voyelle est court, net, et pur.

18.5 Activation: Prononciation; voyelles non-diphtonguées

Ecoutez et répétez les mots et expressions suivants. Faites attention aux parties en italiques; prononcez un son de voyelle court et net.

id*ée*	*été*	m*ou*ton	p*o*rte	p*o*ste	biz*a*rre
b*é*b*é*	caf*é*	j*ou*rn*ée*	rapp*o*rt	m*o*t	br*a*s

Ça ne veut rien dire.
C'est le nom de ma mère.

Qu'est-ce que vous allez f*ai*re?
C'est une femme d'aff*ai*res.

Il fabrique des *au*t*o*s.
Sur les grandes r*ou*tes.

18.6 Observation: Les personnes et leurs professions

Il vend	des	**bijoux.**
Il est		**bijoutier.**
Il a	une	**bijouterie.**
Il vend	de la	viande.
Il est		**boucher.**
Il a	une	**boucherie.**
Il vend	du	pain.
Il est		**boulanger.**
Il a	une	**boulangerie.**

personne	**être**	**dans**	*profession*
Les industriels	**sont**	**dans** l'	industrie.
Les hommes et les femmes d'affaires	**sont**	**dans** les	affaires.
Les commerçants	**sont**	**dans** le	commerce.
Les agriculteurs	**sont**	**dans** l'	agriculture.
Les enseignants	**sont**	**dans** l'	enseignement.
Les magistrats	**sont**	**dans** la	magistrature.
Les militaires	**sont**	**dans** l'	armée.
Les marins	**sont**	**dans** la	marine.
Les ambassadeurs	**sont**	**dans** la	diplomatie.
Les agents d'assurances	**sont**	**dans** les	assurances.
Les cinéastes	**sont**	**dans** le	cinéma.

Notez que le nom de la profession est précédé de l'article défini.

18.7 Activation orale: Les personnes et leurs professions

Répondez selon l'exemple.

Exemple:
Vous entendez: 1. Quand on est marin. . .
Vous dites: . . . on est dans la marine.

2. Quand on est cinéaste. . .
3. Quand on est militaire. . .
4. Quand on est enseignant. . .
5. Quand on est ambassadeur. . .
6. Quand on est magistrat. . .

18.8 Observation: Professions; ce qu'on peut faire

personne	**faire de** + *article*	*profession*
Les hommes et les femmes d'affaires	**font des**	affaires.
Les commerçants	**font du**	commerce.
Les enseignants	**font de l'**	enseignement.
Les cinéastes	**font du**	cinéma.
Les hommes politiques	**font de la**	politique.
Les peintres	**font de la**	peinture.
Les étudiants	**font des**	études.

Notez que le nom de la profession est précédé de *de* + l'article défini. Comparez avec *faire du sport, de la voile,* etc. Notez que *faire de* . . . n'est pas utilisé avec tous les noms de professions.

18.9 Observation: Professionnels et amateurs

amateur		*professionnel*	
Elle **joue du**	violon.	Elle **est**	violoniste.
Il **joue du**	piano.	Il **est**	pianiste.
Elle **joue de la**	flûte.	Elle **est**	flûtiste.
Il **joue de la**	trompette.	Il **est**	trompettiste.
Elle **fait de la**	photo.	Elle **est**	photographe.
Il **fait de la**	peinture.	Il **est**	peintre.
Il **fait de la**	boxe.	Il **est**	boxeur.

Pour les esprits curieux et exigeants:
Notez qu'un violoniste professionnel joue forcément du violon. Mais quelqu'un qui joue du violon n'est pas forcément un violoniste professionnel. C'est peut-être un simple amateur. Si on vous dit, "Il joue du violon," il est probable qu'il s'agit d'un amateur. Si on vous dit, "Il est violoniste," il est sûr et certain que c'est un professionnel.

18.10 Activation: Compréhension auditive; professionnels et amateurs

Déterminez si les phrases que vous allez entendre parlent de professionnels ou d'amateurs. Cochez la case appropriée.

	1	2	3	4	5	6	7	8
professionnel								
amateur								

18.11 Observation: Professions; masculin et féminin

masculin	*féminin*	
Il est violoniste. Il est pianiste. Il est flûtiste. Il est photographe. Il est cinéaste.	Elle est violoniste. Elle est pianiste. Elle est flûtiste. Elle est photographe. Elle est cinéaste.	C'est une violoniste. C'est une pianiste. C'est une flûtiste. C'est une photographe. C'est une cinéaste.
Il est enseignant. Il est commerçant. Il est avocat. Il est masseur.	Elle est enseignante. Elle est commerçante. Elle est avocate. Elle est masseuse.	C'est une enseignante. C'est une commerçante. C'est une avocate. C'est une masseuse.
Il est peintre. Il est magistrat. Il est juge.	Elle est peintre. Elle est magistrat. Elle est juge.	C'est une femme peintre. C'est une femme magistrat. C'est une femme juge.

Notez que *elle est* peut être suivi de tous les noms de profession (à la forme féminine, quand il y a une forme féminine différente de la forme masculine). Les choses sont plus compliquées avec *c'est une*. Pour simplifier les choses vous pouvez éviter *c'est une* et utiliser *elle est*.

18.12 Activation orale: Professions; masculin et féminin

Répondez selon les exemples.

Exemples:
Vous entendez: 1. Elle est masseuse.
Vous dites: Son mari est masseur.

Vous entendez: 2. Il est enseignant.
Vous dites: Sa femme est enseignante.

3. Il est magistrat.
4. Il est commerçant.
5. Il est cinéaste.
6. Il est avocat.
7. Elle est violoniste.
8. Elle est enseignante.
9. Elle est femme d'affaires.

18.13 Activation écrite: Métiers; présent de l'indicatif

Il n'y a pas de sot métier!

A. Lisez et essayez de comprendre de quoi il s'agit:

Il y a des gens qui écrivent des articles pour des journaux.
Il y en a qui tiennent un bureau de tabac.
Il y a des hommes et des femmes qui anesthésient les patients avant une opération chirurgicale.
Il y en a qui font du trapèze dans un cirque.
Il y en a qui examinent les yeux.
Il y a des hommes et des femmes qui jouent du piano.
D'autres jouent du violon ou du violoncelle.
D'autres, de la flûte ou de la trompette.
D'autres soignent les dents.
D'autres font de la recherche en biologie.

B. Maintenant, répondez aux questions:

1. Qu'est-ce que c'est qu'une buraliste?

___

2. Qu'est-ce que c'est qu'une anesthésiste?

___

3. Qu'est-ce que c'est qu'un oculiste?

___

4. Qu'est-ce que c'est qu'une trapéziste?

___

5. Qu'est-ce que c'est qu'une biologiste?

___

6. Qu'est-ce que c'est qu'une dentiste?

___

7. Qu'est-ce que c'est qu'une journaliste?

___

18.14 Activation écrite: Métiers; présent de l'indicatif

A. Lisez et essayez de comprendre:

Il y a des hommes et des femmes qui jouent de la musique.
D'autres travaillent dans l'informatique, avec des ordinateurs.
Il y a des gens qui font des opérations chirurgicales.
D'autres font de la recherche en physique.
Il y en a qui font de la mécanique.
Il y en a qui font des installations électriques.
D'autres vendent des produits pharmaceutiques.
Il y a des gens qui font de la politique.
D'autres s'occupent de l'esthétique des visages.

B. Maintenant, répondez:

1. Qu'est-ce que c'est qu'une informaticienne?

____

2. Qu'est-ce que c'est qu'une musicienne?

____

3. Qu'est-ce que c'est qu'un mécanicien?

____

4. Qu'est-ce que c'est qu'un chirurgien?

____

5. Qu'est-ce que c'est qu'une esthéticienne?

____

6. Qu'est-ce que c'est qu'une pharmacienne?

____

7. Qu'est-ce que c'est qu'un physicien?

____

8. Qu'est-ce que c'est qu'un électricien?

____

9. Qu'est-ce que c'est qu'un politicien?

____

18.15 Activation écrite: Métiers; présent de l'indicatif

A. Lisez:

Il y a des hommes et des femmes qui écrivent des livres.
Il y en a qui écrivent spécialement des romans.
D'autres s'occupent des livres dans une bibliothèque.
Et d'autres vendent des livres dans une librairie.
Il y en a qui font du commerce.
D'autres font la cuisine dans un restaurant.
D'autres conduisent un taxi.

B. Maintenant, répondez:

1. Qu'est-ce que c'est qu'un écrivain?

____

2. Qu'est-ce que c'est qu'une romancière?

____

3. Qu'est-ce que c'est qu'une libraire?

____

4. Qu'est-ce que c'est qu'une bibliothécaire?

____

5. Qu'est-ce que c'est qu'un chauffeur de taxi?

____

6. Qu'est-ce que c'est qu'une commerçante?

____

7. Qu'est-ce que c'est qu'un cuisinier?

____

18.16 Observation: *A la maison, chez soi*

Quand il pleut,	on	reste	à la maison.
			pronom
	On	reste	chez **soi.**
	Je	reste	chez **moi.**
	Tu	restes	chez **toi.**
	Il	reste	chez **lui.**
	Elle	reste	chez **elle.**
	Nous	restons	chez **nous.**
	Vous	restez	chez **vous.**
	Ils	restent	chez **eux.**
	Elles	restent	chez **elles.**

Pour les esprits curieux et exigeants:

Notez que *à la maison* veut dire en général *chez nous.* Par exemple, si Marie-Laure dit: "Tante Georgette est à la maison," il est probable que Tante Georgette n'est pas chez elle mais chez Marie-Laure, c'est-à-dire chez les Belleau.

18.17 Activation orale: Pronoms accentués (révision)

Répondez selon l'exemple.

Exemple:
Vous entendez: 1. Où vas-tu?
Vous dites: Ben, chez moi!

2. Où va Jean-Pierre?
3. Où vont-elles?
4. Où allez-vous, tous les deux?
5. Où vont-ils?
6. Où vas-tu?

18.18 Observation: Pour répondre aux gens qui vous embêtent

Marie-Laure dérange Mireille	*réponse de Mireille*
Elle **la** dérange.	Tu **me** déranges! Ne **me** dérange pas!
Elle **l'** ennuie.	Tu **m'** ennuies! Ne **m'** ennuie pas!
Elle **l'** agace.	Tu **m'** agaces! Ne **m'** agace pas!
Elle **l'** embête.	Tu **m'** embêtes! Ne **m'** embête pas!
Elle ne **la** laisse pas tranquille.	Tu ne **me** laisses pas tranquille! Laisse-**moi** tranquille!

18.19 Observation: Ordres; impératifs positifs et négatifs

Ne m'embête pas!
Laisse-moi tranquille!

Ces phrases sont des ordres. Ces ordres sont exprimés par des verbes à l'impératif. *Ne m'embête pas!* est un ordre négatif. L'aspect négatif est exprimé par *ne . . . pas.*

18.20 Activation: Dictée

Ecoutez et complétez. Vous entendrez le texte deux fois.

Mireille: Arrête, ________________ ! Mais ce que tu ________________ agaçante! Je ________________ , si tu ________________ , ça va mal finir! Arrête, tu m'________________ ? ________________ , tu m'________________ !

18.21 Observation: Ordres; impératifs et pronoms personnels

	objet	
1. Tu embêtes ta sœur.		
2. Tu	**l'**	embêtes.
3. Ne	**l'**	embête pas!
4. Laisse-**la**		tranquille.

Dans les phrases 2, 3, et 4, *l'* ou *la* est un pronom personnel qui représente Mireille. Le pronom personnel est généralement placé devant le verbe (phrases 2 et 3), mais il est placé après le verbe dans le cas d'un impératif positif (phrase 4).

18.22 Observation: Impératifs et pronoms

négatif			*positif*		
pronom	*verbe*		*verbe*	*pronom*	
1. Ne **me**	dérange	pas!	Laisse-	**moi**	tranquille!
2. Ne **le**	dérange	pas!	Laisse-	**le**	tranquille!
3. Ne **la**	dérange	pas!	Laisse-	**la**	tranquille!
4. Ne **les**	dérange	pas!	Laisse-	**les**	tranquilles!
5. Ne **nous**	dérange	pas!	Laisse-	**nous**	tranquilles!
6. Ne **vous**	dérangez	pas!	Dérangez-	**vous!**	
7. Ne **te**	dérange	pas!	Dérange-	**toi!**	

Notez que, dans le cas d'un impératif positif, le pronom personnel est placé après le verbe; *me* est remplacé par *moi* et *te* par *toi.*

Pour les esprits curieux et exigeants: Notez que, dans les phrases 6 et 7, *te, toi,* et *vous* sont des pronoms réfléchis. Le sens de *déranger* est différent: "Dérange-toi!" veut dire: "Lève-toi et va ouvrir la porte!" par exemple.

18.23 Activation: Dictée

Ecoutez et complétez. Vous entendrez le passage deux fois.

Marie-Laure (dans un arbre): Aide-moi, je ne ________________ descendre.

Mireille: Tu t'es débrouillée pour monter, ________________ pour ________________ .

Marie-Laure: ________________ !

Mireille: ________________ toute seule.

Marie-Laure: Vieux chameau!

18.24 Activation orale: Impératif négatif et pronoms

Répondez selon l'exemple.

Exemple:
Vous entendez: 1. Tu me déranges!
Vous dites: Ne me dérange pas!

2. Tu ennuies Mireille!
3. Tu ennuies tes sœurs!
4. Tu nous embêtes!
5. Tu m'embêtes!
6. Tu déranges ton père.

18.25 Activation orale: Impératif positif et pronoms

Répondez selon l'exemple.

Exemple:
Vous entendez: 1. Ne la dérange pas!
Vous dites: Laisse-la tranquille!

2. Ne dérange pas tes sœurs!
3. Ne dérange pas Robert!
4. Ne me dérange pas!
5. Ne nous dérange pas!
6. Ne dérange pas Mireille!

18.26 Activation écrite: Impératif et pronoms

Complétez en utilisant les verbes soulignés à l'impératif avec les pronoms qui conviennent.

Cette gamine est impossible!

Mireille: Marie-Laure, qu'est-ce que tu fais?

Marie-Laure: . . .

Mireille: Marie-Laure, tu vas me répondre? ____________________ tout de suite!

Marie-Laure: Tu m'embêtes! Ne ____________________ pas! Je suis occupée. Tu ne me laisses jamais tranquille! ____________________ tranquille, pour une fois!

Mireille: Marie-Laure, je te demande de m'écouter! ____________________! Marie-Laure, je te dis de t'approcher! ____________________! Je veux te voir! Oh, mais tu es trempée! Il faut te changer. Allez, ____________________ tout de suite, s'il te plaît. Tu vas attraper froid! Je vais appeler le docteur.

Marie-Laure: Non, ne ____________________ pas. Ce n'est rien.

Mireille: Mais qu'est-ce qui t'est arrivé? Tu vas le dire?

Marie-Laure: . . .

Mireille: Eh bien, ____________________!

Marie-Laure: Je vais te le dire, mais ne ____________________ pas à Papa et Maman. Je suis tombée dans le bassin.

Mireille: C'est malin! Tu as fini tes devoirs?

Marie-Laure: Pas tout à fait.

Mireille: Alors, ____________________ tout de suite.

Marie-Laure: J'ai une fable à apprendre.

Mireille: Eh bien, ____________________!

Marie-Laure: Elle est difficile!

Mireille: Tu veux que je t'aide?

Marie-Laure: Oui, ____________________.

Mireille: Bon, je vais t'aider, mais tu vas me donner tes chocolats!

Marie-Laure: Tous?

Mireille: Oui!

Marie-Laure: Alors, ne ____________________ pas! Je préfère apprendre ma fable toute seule!

18.27 Observation: Expression de la propriété; *être à, appartenir à,* possessifs

Le bateau est à Marie-Laure.	C'est le bateau de Marie-Laure.	Il appartient à Marie-Laure.
Le bateau est à **elle.**	C'est **son** bateau.	Il **lui** appartient.
Le bateau est à **lui.**	C'est **son** bateau.	Il **lui** appartient.
Le bateau est à **moi.**	C'est **mon** bateau.	Il **m'** appartient.
Le bateau est à **toi.**	C'est **ton** bateau.	Il **t'** appartient.
Le bateau est à **elles.**	C'est **leur** bateau.	Il **leur** appartient.
Le bateau est à **eux.**	C'est **leur** bateau.	Il **leur** appartient.
Le bateau est à **nous.**	C'est **notre** bateau.	Il **nous** appartient.
Le bateau est à **vous.**	C'est **votre** bateau.	Il **vous** appartient.

18.28 Activation orale: Possessifs (révision)

Répondez selon l'exemple.

Exemple:
Vous entendez: 1. Ce bateau est à vous?
Vous dites: Oui, c'est notre bateau.

2. Ce bateau est à Marie-Laure?
3. Ce banc est à Robert et Mireille?
4. Ce livre est à Robert?
5. Ce briquet est à toi?
6. Ces cigarettes sont à toi?
7. Ces cigarettes sont à Jean-Pierre?
8. Ces bateaux sont aux enfants?

18.29 Observation: Compléments d'objet indirect

Mireille	regarde		Robert.
(*sujet*)	(*verbe*) →		(*objet direct*)
Mireille	sourit	**à**	Robert.
(*sujet*)	(*verbe*) →		(*objet indirect*)

Notez qu'il n'y a rien entre *regarde* et son objet (*Robert*), mais qu'il y a un *à* entre *sourit* et son objet (*Robert*).

Pour les esprits curieux et exigeants:

On peut dire que l'action du verbe *regarde* s'exerce directement sur son objet. Il s'agit d'une action directe sur l'objet. L'objet répond à la question "quoi?" Elle regarde quoi? Qu'est-ce qu'elle regarde? Robert.

Dans la deuxième phrase, il y a un rapport différent entre le verbe et l'objet. Il s'agit d'un autre genre d'action qui est indiqué par *à*. L'objet répond à la question "à qui?" Elle sourit à qui? A Robert.

18.30 Observation: Pronoms compléments d'objet indirect

	pronom	*verbe*	*nom objet indirect*
Le bateau		appartient	**à Marie-Laure.**
Il	**lui**	appartient.	
Il		demande du feu	**à la jeune fille.**
Il	**lui**	demande du feu.	
Elle		sourit	**à Robert.**
Elle	**lui**	sourit.	

	pronom	*verbe*	*nom objet indirect*
Tu		ressembles	**à ta sœur.**
Tu	**lui**	ressembles.	
Je vais		téléphoner	**à ces gens.**
Je vais	**leur**	téléphoner.	

Lui et *leur* sont des compléments d'objet indirect des verbes *appartenir, demander, sourire, ressembler,* et *téléphoner.* Notez qu'ils sont placés devant ces verbes.

18.31 Observation: Pronoms objets directs et indirects

Comparez.

objets directs	*objets indirects*
Elle **la** regarde.	Elle **lui** sourit.
Elle **le** regarde.	Elle **lui** sourit.
Elle **les** regarde.	Elle **leur** sourit.
Elle **me** regarde.	Elle **me** sourit.
Elle **te** regarde.	Elle **te** sourit.
Elle **nous** regarde.	Elle **nous** sourit.
Elle **vous** regarde.	Elle **vous** sourit.

Notez que les pronoms objets directs et indirects sont différents aux 3èmes personnes, mais identiques aux 1ères et 2èmes personnes.

18.32 Activation orale: Pronoms objets indirects

Répondez selon l'exemple.

Exemple:
Vous entendez: 1. C'est votre banc?
Vous dites: Non! Il ne nous appartient pas!

2. C'est le banc de Mireille?
3. C'est le banc de Robert?
4. C'est ton bateau?
5. C'est mon banc!
6. C'est notre banc!

18.33 Activation écrite: Pronoms objets directs et indirects

Complétez.

1. Est-ce que Mireille répond à Jean-Pierre?
   Non, elle ne ________ répond pas.
2. Est-ce que Robert parle à Mireille?
   Oui, il ________ parle.
3. Est-ce que Marie-Laure dérange Mireille?
   Eh oui, elle ________ dérange!
4. Je te dérange?
   Oui! Tu ________ déranges!
5. Est-ce que le banc appartient à Mireille?
   Non, il ne ________ appartient pas.
6. Est-ce que la politique intéresse Marie-Laure?
   Non, ça ne ________ intéresse pas.
7. Les autos supportent les mains froides?
   Oui, elles ________ supportent très bien!
8. Est-ce que Jean-Pierre parle aux jeunes filles?
   Oui, il ________ parle.

18.34 Activation écrite: Pronoms objets directs et indirects

Lisez et complétez.

Un Tonton gâteau

1. Tonton Guillaume est très gentil avec Marie-Laure. Il ________ adore! Il ________ écoute toujours avec plaisir; il ________ trouve très intelligente. Il ________ parle gentiment. Il ________ sourit. Il ________ répond toujours quand elle ________ pose des questions.
2. Il ________ défend quand Mireille ________ embête. Il ________ téléphone souvent pour ________ inviter à prendre le thé chez Angelina. Il ________ amène au Guignol. Il ________ accompagne à son cours de danse. Il vient ________ chercher pour faire des promenades en voiture.
3. Il ________ aide à faire des puzzles. Il ________ raconte des histoires. Il ________ fait beaucoup de cadeaux. Il ________ donne des bateaux. Il ________ apporte des chocolats.
4. Quand il est en voyage, il ________ écrit, il ________ envoie des cartes postales. Quelquefois, il ________ emmène avec ________ quand il part en voyage.

18.35 Observation: *Toujours, quelquefois, jamais*

Quand on a du talent,	on ne	réussit pas	**toujours.**
Mais	on	réussit	**quelquefois.**
Sans talent,	on ne	réussit	**jamais.**
—Ça		marche	**quelquefois?**
—Oui,	ça	marche	**toujours.**
—Non,	ça ne	marche pas	**toujours.**
—Non,	ça ne	marche	**jamais!**

Notez que *jamais* est un mot négatif. C'est le contraire de *toujours* et de *quelquefois.*

ne	*verbe*	
Ça	marche.	
Ça **ne**	marche	**pas.**
Ça **ne**	marche	**plus.**
Ça **ne**	marche	**jamais.**

Notez que *jamais* occupe la même place que *pas* et *plus.*

18.36 Activation: Dictée

Ecoutez et complétez. Vous entendrez le passage deux fois.

Mireille: Mais où vas-tu comme ça?

Hubert: Eh, tu vois. . .

Mireille: Tu ______________ à la fac?

Hubert: ______________ . Mais ______________ aujourd'hui.

18.37 Activation orale: Négation; *pas, plus, jamais*

Répondez selon les exemples.

Exemples:

Vous entendez: 1. Marie-Laure est là?
Vous dites: Non, elle n'est pas là.

Vous entendez: 2. Marie-Laure est encore là?
Vous dites: Non, elle n'est plus là.

Vous entendez: 3. Marie-Laure est là, quelquefois?
Vous dites: Non, elle n'est jamais là!

4. Vous sortez quelquefois?
5. Ça marche encore?
6. Tu travailles encore?
7. Vous acceptez?
8. Tu comprends?
9. Elle comprend quelquefois?
10. Tu sors encore?
11. Tu viens?
12. Vous allez à la Closerie des Lilas, quelquefois?

18.38 Activation écrite: Formes de l'imparfait (révision)

Relisez les textes des leçons 17 et 18, puis lisez le texte suivant. Essayez de trouver les verbes qui conviennent pour le compléter. Ecrivez ces verbes à l'imparfait.

Un rêve de Marie-Laure

La nuit dernière, j'ai fait un rêve. J'ai rêvé que j'______________ à la fac. Je n'______________ jamais mes leçons, mais je les ______________ toujours. Mireille, elle, ______________ à la petite école. Elle ne ______________ jamais ses leçons. Elle ______________ toujours des zéros! Papa et Maman ______________ à Chicago (ils ______________ de la saucisse aux abattoirs). Mireille, Cécile, et moi, nous ______________ seules à la maison. Pour manger, nous ______________ des macaronis au chocolat tous les jours. (J'adore le chocolat!) Quand il ______________ beau, nous ______________ au jardin du Luxembourg pour nager dans le bassin. A marée basse, nous ______________ des crevettes et quelquefois, même, nous ______________ des crabes énormes, gros comme ça! Mais on ne les

_____________ pas, parce que les crabes du jardin du Luxembourg ne sont pas bons à manger. Dans mon rêve, Tante Georgette _____________ pompier. Elle _____________ un énorme camion des pompiers qui _____________ à toute vitesse dans les rues et qui _____________ un bruit terrible. Elle _____________ en haut d'échelles immenses, elle _____________ dans des fenêtres ouvertes qui _____________ des nuages de fumée, et elle _____________ des tas de bébés endormis. Tonton Guillaume _____________ du violon dans les rues pour gagner un peu d'argent. Robert _____________ masseur. Il _____________ les gens qui _____________ mal au dos. Mais il ne _____________ pas très bien parce qu'il _____________ les mains froides, comme Papa, et les clients n'_____________ pas ça. Plus tard, dans mon rêve, j'_____________ plombier. Je _____________ très bien. Je _____________ beaucoup d'argent. Si je n'_____________ pas envie de travailler, quand des clients m'_____________, je _____________ que j'_____________ trop occupée et je _____________ tranquillement chez moi. Je _____________ des chocolats en lisant des romans d'aventures. La belle vie, quoi!

18.39 Activation orale: Dialogue entre Mireille et Marie-Laure

Ecoutez cet échange entre Mireille et Marie-Laure. Apprenez les répliques de Marie-Laure.

Mireille: Mais tu es encore là, toi? Qu'est-ce que tu fais là? Tu sais tes leçons pour demain?
Marie-Laure: **Ouais . . .**
Mireille: Et tu as fait tes devoirs?
Marie-Laure: **Ouais . . .**
Mireille: Et tu les as finis?
Marie-Laure: **Presque.**
Mireille: Alors, va les finir. Tout de suite.
Marie-Laure: **Oh, ce que tu peux être embêtante, toi!**

Exercices-tests

18.40 Exercice-test: Pronoms accentués

Complétez.

1. Je rentre chez _______ .
2. Vous rentrez chez _______ ?
3. Robert est rentré chez _______ .
4. Les manifestants sont rentrés chez _______ .
5. Mireille et Marie-Laure sont rentrées chez _______ .

Vérifiez. Si vous avez fait des fautes, travaillez les sections 18.16 et 18.17 dans votre cahier d'exercices.

18.41 Exercice-test: Impératif négatif et pronoms objets directs

Complétez selon l'exemple.

Exemple:
Vous entendez: Tu m'embêtes!
Vous écrivez: Ne m' embête pas!

1. Ne _____ dérange pas!
2. Ne _____ dérange pas!
3. Ne _____ embête pas!
4. Ne _____ suis pas!
5. Ne _____ suis pas!

Vérifiez. Si vous avez fait des fautes, travaillez les sections 18.18 à 18.24 dans votre cahier d'exercices.

18.42 Exercice-test: Impératif positif et pronoms objets directs et indirects

Complétez.

1. Tu ne me regardes pas! Regarde-______ !
2. Tu ne parles pas à Robert? Parle-______ !
3. Tu ne téléphones pas à tes parents?
   Téléphone-______ !
4. Tu ne nous téléphones jamais! Téléphone-______ !
5. Tu ne souris pas à Mireille? Souris-______ !
6. Tu ne laisses jamais tes sœurs tranquilles!
   Laisse-______ tranquilles!

Vérifiez. Si vous avez fait des fautes, travaillez les sections 18.25 à 18.33 dans votre cahier d'exercices.

Libération de l'expression

18.43 Mise en question

Relisez le texte de la leçon; lisez les questions de la mise en question qui suit la mise en œuvre dans votre livre de textes. Réfléchissez à ces questions et essayez d'y répondre.

18.44 Mots en liberté

Qu'est-ce qu'on peut devenir?

On peut devenir Président de la République, avocate, gangster. . . .

Trouvez encore au moins huit possibilités.

Qu'est-ce qu'on peut faire?

On peut faire de la saucisse, du cinéma, des jupes, du karaté. . . .

Trouvez encore au moins huit possibilités.

18.45 Mise en scène et réinvention de l'histoire

Vous êtes Robert (ou Mireille, ou les deux). Vous êtes sur un banc au jardin du Luxembourg et vous bavardez.

Vous parlez du nom de famille de Robert.

Vous jouez à trouver le plus grand nombre possible de noms de famille qui sont aussi des noms de métiers.

Vous parlez de ce que vos amis et vos parents voulaient faire quand ils étaient petits, et de ce qu'ils font maintenant.

Marie-Laure, ou un passant, intervient pour donner d'autres exemples.

Vous dites ce que vous allez faire.

Vous invitez Mireille (ou Marie-Laure, ou le passant) à la Closerie des Lilas.

18.46 Mise en scène et réinvention de l'histoire

Imaginez une conversation entre Robert et Marie-Laure. Marie-Laure dit ce qu'elle veut être, et explique pourquoi.

1. Robert demande à Marie-Laure ce qu'elle veut être.
2. Marie-Laure dit qu'elle veut être plombier, et explique pourquoi.
3. Robert demande si elle veut être avocate.
4. Marie-Laure dit oui . . . avocate, ce n'est pas mal . . . mais. . . .
5. Marie-Laure explique que sénateur, ce n'est pas mal non plus, parce que. . . .

18.47 Mise en scène et réinvention de l'histoire

Imaginez une conversation entre Mireille et Robert.

Dites où ils sont (à la bibliothèque, à la terrasse d'un café, dans la cour de la Sorbonne, au Home Latin, chez Mireille, à Prisunic, à l'Escholier, au cinéma, dans une voiture de police . . .).

Dites ce qu'ils font (Robert est étudiant, militaire, agent de police, marin, masseur. . . . Mireille est étudiante en médecine, infirmière, conductrice d'autobus. . .).

Imaginez ce que Robert voulait être quand il était petit (pompier, professeur, magistrat, masseur, mineur, explorateur . . .).

Imaginez ce que Mireille voulait faire quand elle était petite (être dans les affaires, l'armée, la couture, la magistrature, l'industrie . . .).

Et vous, qu'est-ce que vous voulez faire?

18.48 Mise en scène et réinvention de l'histoire

Apportez quelques détails supplémentaires à l'histoire de Robert et Mireille. Racontez:

Robert et Mireille vont prendre quelque chose à la Closerie des Lilas. L'ennui, c'est qu'ils ne savent pas qu'un gangster les attend.

Ce gangster est | américain. / français. / chinois. / allemand.

Il vient d'arriver de | Pékin. / Bonn. / Chicago. / Marseille.

Il est | petit / moyen / grand | et | très costaud. / très maigre. / ni gros ni mince. / très méchant. / très sympa.

C'est le représentant | d'un grand industriel belge. / du chef des gangsters américains. / du Président de la République de Pétaouchnoc. / d'un chirurgien mexicain.

Il fait semblant d'être | boucher. / magistrat. / masseur. / garçon de café. / sénateur. / prêtre. / charpentier.

Tout le monde le prend pour un | pianiste. / industriel. / gangster. / violoniste. / professeur de karaté.

Il cherche | Robert / Marie-Laure / Mireille | pour | le / lui / la / l' / en | ennuyer. / tuer. / donner un message. / faire un massage. / proposer une affaire. / faire de la saucisse. / donner de l'argent. / prendre son argent.

Préparation à la lecture et à l'écriture

18.49 Entraînement à la lecture

Lisez d'abord le document 1, "Nationale Sept." Puis lisez le texte suivant et complétez.

1. La route nationale N° 7 est une des grandes routes de France. Elle va de Paris à Marseille, Cannes, et Nice (dans le Midi) par la vallée du Rhône. Elle est parallèle à l'autoroute A7. Les routes françaises sont souvent bordées d'arbres, qui sont très souvent des ________________, surtout dans le Midi.
2. C'est un routier qui parle, un conducteur de gros camions. Il conduit un poids-________________, un gros camion de vingt ________________ (et aussi vingt pneus).
3. Il ne s'intéresse pas aux coqs, aux poules, aux poulets qui traversent la route; les poulets n'ont pas d'importance pour lui: il se moque des poulets, il se "________________" des poulets! (Il parle argot, il est vulgaire!)
4. Les poulets, les petits oiseaux dans les arbres, ce n'est pas ça qui l'intéresse; ce n'est pas ça qu'il aime: ce n'est pas ça qui lui ________________ .
5. Ce qui l'intéresse, ce qu'il aime, c'est un vingt-tonnes, un poids-lourd, un gros camion qui ________________ de la fumée et du feu; un gros camion qui fait beaucoup de bruit, des bruits d'explosion: un gros camion qui ________________ .
6. Il aime ça parce que ça lui confère un certain prestige; ça lui donne de l'importance: ça le ________________ quand une fille le regarde passer.
7. Quelquefois, un des vingt pneus crève, il explose: il ________________ . Il faut changer le pneu qui a sauté.
8. Quand le routier change un pneu, les gens le regardent. Il est fier, il aime ça; ça le pose. Il montre ses bras robustes avec des poils noirs. Il crache son bout de cigarette: son ________________ . Il pose pour les gens qui le regardent; il prend des attitudes. Il montre aux gens qu'il est très fort, que c'est lui qui commande, qu'il contrôle cet énorme camion, les gros pneus, et même le feu, le feu de sa cigarette et le feu que le camion crache.

18.50 Entraînement à la lecture

Lisez le document 2, "Les bancs publics." Lisez le texte suivant et complétez.

Les amoureux s'embrassent sur les bancs publics: ils se ________________ . (C'est du langage familier.) Ça choque un peu les passants; les passants regardent les amoureux qui s'embrassent d'un ________________ oblique.

Les amoureux parlent du futur, de l'avenir. Plus tard, dans le futur, quand ils seront mariés, ils auront un appartement, avec une chambre bleue. Ils seront bien dans cet appartement. Le soir, elle va faire de la couture, elle va faire une jupe ou une robe, ou elle va coudre un bouton.

18.51 Lecture et expansion du vocabulaire

Etudiez le document 3, "Prénoms et professions," dans votre livre de textes, et complétez les réponses aux questions suivantes.

A.

1. Est-ce qu'il y avait des bouviers à l'époque de Victor Hugo? ________

2. A l'époque de Victor Hugo, est-ce qu' *Arthur, Alfred,* et *Alphonse* étaient considérés comme des prénoms traditionnellement aristocratiques ou plébéiens?

   ____

3. Toujours à l'époque de Victor Hugo, est-ce que *Thomas, Pierre,* ou *Jacques* étaient des prénoms traditionnellement campagnards et populaires, ou élégants et aristocratiques?

   ____

4. Quel est le phénomène de "déplacement" dont parle Victor Hugo? C'est que des prénoms comme Thomas, Pierre, et Jacques deviennent des prénoms ________________.

5. —Son nom est Frédéric?

   —Oui, il se ________ Frédéric.

B.

1. Quelles sont les professions qui adoptent le plus vite les nouveaux prénoms à la mode? Ce sont ________________.

2. Quels sont les Français qui adoptent les prénoms à la mode avec le plus de retard?

   ____

3. Pourquoi peut-on dire que Monsieur et Madame Belleau font partie de la population active? (Voyez la leçon 5.)

   ____

4. Est-ce que les Belleau sont à leur compte ou salariés?

   ____

5. Qu'est-ce qui caractérise les "cadres et professions intellectuelles supérieures?" Est-ce que leurs membres gagnent, en moyenne, plus ou moins que l'ensemble des actifs? ________________

   Qu'est-ce qu'il faut faire, en général, pour pouvoir accéder á ces professions?

   ____

6. Dans quelle catégorie professionnelle classe-t-on les médecins et les avocats?

   Les médecins et avocats appartiennent aux professions ________________.

7. Qui classe-t-on parmi les professions de la santé?

   ____

   ____

8. Comment peut-on définir un chef d'entreprise? C'est quelqu'un qui ________________

   ________________.

9. Dans quelle catégorie peut-on classer les détaillants en vêtements, en alimentation, etc.?

   ____

10. Qu'est-ce qui caractérise les artisans? Est-ce qu'ils sont, en général, salariés ou indépendants?

    ____

    Est-ce qu'ils font un travail plutôt manuel ou plutôt intellectuel? ________________

11. Citez cinq ou six catégories d'artisans.

    ____

    ____

12. Est-ce que les vendeurs, ou les vendeuses, dans un magasin, sont considérés comme des commerçants ou des employés de commerce? Pourquoi? Est-ce que ce sont des indépendants ou des salariés?

    ____

13. Dans quelle catégorie peut-on classer un domestique ou une bonne?

    Dans la catégorie des ________________.

14. Quelle différence y a-t-il entre un boucher et un garçon boucher, entre un coiffeur et un garçon coiffeur, entre un garçon de café et un patron de café? Qui est indépendant et qui est salarié?

    ____

    ____

18.52 Entraînement à la lecture

Lisez le document 4. Utilisez les données de ce document pour expliquer certaines attitudes de Mireille et de Marie-Laure.

1. Pourquoi est-ce que Mireille voulait être infirmière?

____

2. Pourquoi est-ce que le Sénat n'intéresse pas beaucoup Marie-Laure (si ce n'est parce que c'est en face de chez elle . . .)?

____

3. Pourquoi Marie-Laure envisage-t-elle d'être plombier?

____

4. Pourquoi Monsieur Belleau voulait-il être masseur?

____

18.53 Lecture et interprétation

Lisez le document 5, "Il n'y a pas de sous-métier." Puis lisez et complétez le texte suivant.

1. a. Vous vous rappelez ce que dit Mireille, quand Robert lui dit que son père est vice-président d'une banque? (Leçon 14) Elle dit: "Ah! Il n'y a pas de ________ métier!" Elle veut dire que tous les métiers sont aussi respectables les uns que les autres. Il n'y a pas de métiers supérieurs ou inférieurs aux autres.

Dans l'armée française, il y a des lieutenants et des sous-lieutenants. Qui est le supérieur et qui est l'inférieur? Le sous-lieutenant est ____________ au lieutenant. Un sous-métier serait un métier ____________ aux autres.

b. Les Bali ont déjà rencontré des vendeurs. Ils ont un peu d'expérience des vendeurs. Ils ont déjà approché des vendeurs. Ce n'est pas la première fois qu'ils ________ un vendeur.

c. Le vendeur a dit que c'était sûr que les enfants allaient faire des progrès, apprendre beaucoup de choses. Il l'a assuré. Il l'a promis. Il l'a ________ .

2. a. Djuliane a été très content de rencontrer un monsieur qui avait une si bonne éducation, il a été ________ .

b. Quand vous parlez, les gens ne font pas attention . . . ils s'en ________ !

c. Les gens ne fonctionnent pas très bien. Ils sont ________ .

3. a. Dans l'encyclopédie, il y a des dessins explicatifs très simples; ce sont des ________ .

b. Le vendeur assure, promet, jure qu'il dit la vérité. Il jure que ce qu'il dit est vrai. Il jure qu'il ne ________ pas. S'il ment, il accepte que sa mère meure à l'instant! Ça prouve qu'il ne ment pas, parce que personne n'accepte de voir sa mère mourir.

4. Dans l'encyclopédie, il y a des chapitres où on parle des moteurs à explosion. Il y a quatre phases dans le fonctionnement d'un moteur à explosion: l'admission des gaz dans le cylindre; la compression des gaz; l'explosion; l'échappement des gaz. Dans un moteur à deux temps, ces quatre phases sont réalisées dans deux mouvements complets du piston.

5. a. Le vendeur <u>criait très fort</u>: "Il ________ ."

b. Le vendeur dit que l'encyclopédie n'est pas très chère. Il faut payer quelques francs tous les mois pendant un an . . . et un peu plus; un peu plus d'un an, mais pas beaucoup plus, un tout petit peu: des poussières. (Un grain de poussière c'est tout petit, c'est minuscule.)

6. a. Les Bali ont accepté d'<u>acheter</u> l'encyclopédie. Ils ont conclu le ________ .

b. L'encyclopédie est divisée en plusieurs <u>volumes</u>; ce n'est pas un seul <u>livre</u>, ce sont plusieurs ________ . Les Bali n'ont pas beaucoup de livres. Pour eux, les ________ sont précieux. Massouda les a mis dans un ________ bien fermé pour les protéger.

c. Qu'est-ce que Massouda va faire si quelqu'un touche les livres? Quelle va être la punition? Qu'est-ce qu'elle va lui enlever? Elle va lui enlever ________ !

Leçon 19

Assimilation du texte

19.1 Mise en œuvre

Ecoutez la mise en œuvre du texte dans l'enregistrement sonore. Répétez et répondez suivant les indications.

19.2 Compréhension auditive

Phase 1: Regardez les images ci-dessous; écoutez et répétez les énoncés correspondants.

Phase 2: Ecrivez la lettre qui identifie chaque énoncé que vous entendez sous l'image à laquelle il correspond le mieux.

1. ___

2. ___

3. ___

4.

5. ___

6. ___

19.3 Compréhension auditive et production orale

Vous allez entendre de courts passages suivis d'une question. Répondez oralement à la question.

1. Pourquoi est-ce que Mireille montre l'Institut d'Art et d'Archéologie à Robert?
2. Pourquoi est-ce que Robert avait 5h 15 à sa montre, et non 11 heures et quart?
3. Est-ce que Mireille est déjà venue à la Closerie des Lilas?
4. Où est-ce que Mireille va quand elle veut prendre un café avec des copains?
5. Pourquoi est-ce que Mireille ne veut pas prendre de whisky?
6. Pourquoi est-ce qu'elle ne veut pas prendre de Pernod?
7. Pourquoi est-ce que Mireille a failli rater son bac? A cause de la botanique?
8. Pourquoi est-ce qu'elle préfère être à la fac qu'au lycée?

Préparation à la communication

19.4 Observation: Prononciation; le son /r/ (révision)

Rappelez-vous que pour prononcer le son /r/ la pointe de la langue reste appuyée contre les dents inférieures.

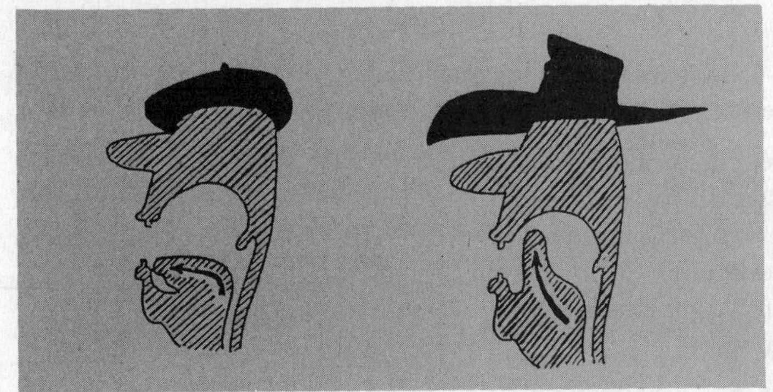

19.5 Activation: Discrimination auditive; le son /r/

Vous allez entendre douze énoncés. Certains contiennent le son /r/; d'autres pas. Pour chaque énoncé, indiquez s'il contient le son /r/ ou pas en cochant la case appropriée.

	1	2	3	4	5	6	7	8	9	10	11	12
/r/												
pas de /r/												

19.6 Activation orale: Prononciation; le son /r/

Ecoutez et répétez:

une montre
un peintre étranger
les interro écrites
à peu près

le programme des lettres
une horloge
un travail énorme

une école privée
c'est presque ça
un cours sur l'art grec

L'institutrice nous a montré des reproductions de fresques.

Transportée d'admiration, j'ai entrepris de couvrir de fresques les murs de ma chambre.

🎧 19.7 Observation: Question d'identification

	comme	*nom*
Qu'est-ce qu'il y a	**comme**	apéritifs bien français?
Qu'est-ce que vous suivez	**comme**	cours?
Qu'est-ce que vous faites	**comme**	études?
Qu'est-ce que vous faites	**comme**	langue étrangère?
Qu'est-ce que vous faites	**comme**	métier?
Qu'est-ce qu'il y a	**comme**	choix?

🎧 19.8 Activation orale: Question d'identification

Répondez selon l'exemple.

Exemple:
Vous entendez: 1. Il y a des apéritifs français?
Vous dites: Qu'est-ce qu'il y a comme apéritifs français?

2. Vous connaissez des peintres d'avant-garde?
3. Vous connaissez des rois de France?
4. Vous avez fait des sciences naturelles?
5. Vous faites des études?
6. Vous faites une langue étrangère?
7. Vous faites du sport?

🎧 19.9 Observation: Différents degrés d'accord et de désaccord

questions	*degrés*	*réponses*
	−1	Ah, non, alors! Pas du tout! Pas le moins du monde! Absolument pas! Vous pensez bien que non! Pensez-vous! Nullement.
Vous aimez ça? Ça vous plaît? Vous êtes d'accord?	0	Oui. . . enfin . . . A peu près. D'une façon générale, oui!
	+1	Oui. Bien sûr. Mais certainement! Evidemment! Absolument! Vous pensez bien que oui! Ça, on peut le dire! Ça, oui, alors!

🎧 19.10 Observation: Le temps qui passe

questions	*réponses*
—Quelle heure est-il? —Vous avez l'heure? —Vous savez quelle heure il est? —Vous pouvez me dire quelle heure il est? —Pourriez-vous me dire quelle heure il est? —Pourriez-vous me dire l'heure qu'il est?	—Il est six heures. —Il doit être vers six heures, six heures et demie. —Excusez-moi, mais je n'ai pas l'heure. —Je n'ai pas de montre. —Ma montre ne marche pas. —Ma montre est arrêtée. —Il n'y a pas d'horloge ici. —Il n'y a pas d'heure pour les braves!

🎧 19.11 Observation: Le temps qui passe; décalage horaire

—Quand il est midi à Paris, il est dix-huit heures à Bombay, et six heures à New York.
—Il y a six heures de décalage entre Paris et New York?
—Oui, il y a six heures de différence.

19.12 Observation: Le temps qui passe; l'heure, la demie, et le quart

	1	2
12h	midi	douze heures
12h 15	midi et quart	douze heures quinze
12h 20	midi vingt	douze heures vingt
12h 30	midi et demie	douze heures trente
12h 40	une heure moins vingt	douze heures quarante
12h 45	une heure moins le quart	douze heures quarante-cinq
12h 55	une heure moins cinq	douze heures cinquante-cinq
1h 00	une heure	treize heures
. . .	. . .	. . .
6h 00	six heures	dix-huit heures
. . .	. . .	. . .
12h 01	minuit une	zéro heure une

Notez que la colonne 1 représente le langage courant, familier. La colonne 2 représente un langage plus précis, comme celui des horaires de trains ou d'avions.

19.13 Activation orale et écrite: L'heure

Ecoutez et écrivez les heures indiquées.

Rapport sur trois personnages suspects

Le 30 mai, Robert est sorti de son hôtel à ________ du matin. Il est entré dans un bureau de tabac à ________. Il s'est assis à la terrasse de l'Escholier à ________. Mireille est passée devant le café à ________. Ils se sont assis sur un banc du Luxembourg à ________. Marie-Laure est arrivée à ________. Elle est tombée dans le bassin à ________. Robert a invité Mireille à aller à la Closerie des Lilas à ________. Ils sont passés devant l'Institut d'Art et d'Archéologie à ________. Ils se sont assis à la terrasse de la Closerie à ________.

19.14 Activation orale: L'heure

Vous voyez six horloges qui indiquent des heures différentes. Dites l'heure qu'il est à chacune de ces horloges (utilisez le langage courant). Vérifiez vos réponses avec l'enregistrement.

1

2

3

4

5

6

19.15 Activation orale: L'heure

Observez l'horaire des trains Paris-Chartres ci-dessous, et dites à quelle heure il y a un train pour Chartres. Utilisez le langage précis des horaires. Vérifiez vos réponses avec l'enregistrement.

Nº du train	6511	6519	6523	6531	3633	3645	6573	6577	6579
Paris-Montp. *Chartres*	06.26 07.34	08.28 09.29	09.37 10.42	13.58 15.03	17.10 18.07	19.34 20.36	22.43 23.41	00.01 01.14	00.51 02.04

19.16 Activation orale: L'heure

Robert ne comprend pas très bien le langage précis des horaires. Traduisez pour lui les heures suivantes en langage courant. Vérifiez avec l'enregistrement.

A. 17 heures 15
B. 23 heures 20
C. 0 heure 10
D. 12 heures 30
E. 13 heures 45
F. 15 heures 55

19.17 Observation: Le temps qui passe; le passé composé

	auxiliaire	*participe passé*	
Robert	**a**	**invité**	Mireille.
Ça m'	**a**	**plu.**	
Elle nous	**a**	**montré**	des reproductions.
Ils	**ont**	**traversé**	le jardin.
J'	**ai**	**fait**	du français.
Vous	**avez**	**continué?**	
Ils	**sont**	**arrivés**	à la Closerie.
Ils se	**sont**	**assis**	à la terrasse.

Ces phrases se réfèrent au passé. Les verbes sont au passé. Mais ces verbes (*a invité, a plu,* etc.) ne sont pas des imparfaits. Ce sont des **passés composés.**

Notez que ces verbes sont composés de deux mots, un auxiliaire et un participe passé, que *a, ont, ai,* et *avez* sont des formes d'*avoir* (au présent de l'indicatif), et que *sont* est une forme d'*être* (au présent de l'indicatif).

En conclusion, le passé composé est formé d'un auxiliaire (*avoir* ou *être,* au présent de l'indicatif) et du participe passé du verbe (*invité, plu, montré,* etc.).

19.18 Observation: Le temps qui passe; conjugaison du passé composé

	continuer			**arriver**	
	auxiliaire **avoir**	*participe passé*		*auxiliaire* **être**	*participe passé*
j'	**ai**	**continué**	je	**suis**	**arrivé**
tu	**as**	**continué**	tu	**es**	**arrivé**
elle	**a**	**continué**	elle	**est**	**arrivée**
nous	**avons**	**continué**	nous	**sommes**	**arrivés**
vous	**avez**	**continué**	vous	**êtes**	**arrivés**
ils	**ont**	**continué**	ils	**sont**	**arrivés**

Notez que les formes des participes passés ci-contre sont identiques du point de vue de la prononciation (même si vous observez quelques variations orthographiques dans le cas de *arrivé*).

19.19 Activation: Dictée; passé composé; auxiliaires *avoir* et *être*

Ecoutez, et écrivez les formes de l'auxiliaire *être* ou de l'auxiliaire *avoir*.

1. Robert ________ arrivé en France il y a deux jours.
2. Il ________ descendu dans un petit hôtel du Quartier Latin.
3. Le lendemain, il ________ allé explorer le Quartier.
4. Il ________ vu des manifestants.
5. Ces manifestants ________ entrés dans la cour de la Sorbonne.
6. Robert les ________ suivis.
7. Il ________ entré avec eux dans la cour de la Sorbonne.
8. Il y ________ rencontré une étudiante qui lui ________ tout de suite plu.
9. Il lui ________ souri.
10. Elle lui ________ rendu son sourire.
11. Ils ________ parlé ensemble un moment.
12. Puis, ils ________ allés au jardin du Luxembourg.
13. Mais le jeune fille ________ partie soudainement.
14. Robert ________ resté seul sur son banc.
15. Un peu plus tard, il ________ allé prendre un café, place Saint-Michel.
16. Il ________ écrit une carte postale à sa mère.

19.20 Activation orale: Le passé composé

Dans cet exercice, vous allez utiliser des verbes au passé composé. Pour cela, il faut:

1. identifier l'auxiliaire, *être* ou *avoir;*

2. identifier la forme du participe passé.

Exemple:

Vous entendez: 1. Vous avez suivi des cours d'art?

Vous remarquez que l'auxiliaire est *avoir*, et que le participe passé est *suivi*.

Vous dites donc: Oui, j'ai suivi des cours d'art.

2. Vous avez fait des maths?
3. Vous avez aimé les maths?
4. Vous avez appris l'anglais?
5. Vous avez suivi des cours de français?
6. Vous avez étudié l'histoire?
7. Vous êtes allé à l'école?
8. Vous avez compris la leçon?
9. Vous avez failli rater des examens?
10. Vous avez raté des examens?
11. Vous avez réussi à vos examens?
12. Vous êtes allé à la Closerie?
13. Vous êtes passé devant l'Institut?
14. Vous vous êtes assis à la terrasse?
15. Vous avez pris un kir?

19.21 Activation écrite: Le passé composé

Observez les auxiliaires utilisés et les formes des participes passés de chaque verbe, puis complétez les phrases suivantes. Notez que vous devez quelquefois écrire l'auxiliaire seul, et quelquefois l'auxiliaire et le participe passé.

1. J'ai traversé le jardin du Luxembourg vers 10 heures. Mireille et Robert l'________ traversé vers 10 heures et demie.
2. Je suis passé devant l'Institut d'Art et d'Archéologie vers 10 heures et quart. Mireille et Robert ________ passés devant l'Institut vers 11 heures moins le quart.
3. Je suis arrivé à la Closerie des Lilas vers 11 heures. Mireille et Robert ________ arrivés à la Closerie vers 11 heures et quart.
4. J'ai pris un Dubonnet. Mireille et Robert ________ ________ des kirs.
5. J'ai parlé de la pluie et du beau temps avec le garçon. Mireille et Robert ________ ________ de leurs études.
6. Moi, au lycée, j'ai fait la section "sciences." Mireille, elle, ________ ________ la section "lettres."
7. J'ai suivi des cours de trigonométrie. Elle ________ ________ des cours d'anglais.
8. Je suis parti vers une heure. Mireille et Robert ________ partis vers midi et demie.

🎧 19.22 Activation orale: Le passé composé

Répondez selon l'exemple.

Exemple:
Vous entendez: 1. Tu sais le latin?
Vous dites: Non, mais j'ai suivi un cours de latin.

2. Tu sais le français?
3. Il sait l'allemand?
4. Vous savez le latin, vous deux?
5. Vos parents savent le japonais?

🎧 19.23 Activation orale: Le passé composé

Répondez selon l'exemple.

Exemple:
Vous entendez: 1. Vous allez vous spécialiser en physique nucléaire?
Vous dites: Non, nous avons choisi "lettres."

2. Tu vas te spécialiser en chimie?
3. Il va faire de la biologie?
4. Ils vont faire des sciences?
5. Vous allez vous spécialiser en astrophysique, vous deux?

🎧 19.24 Activation orale: Le passé composé

Répondez selon l'exemple.

Exemple:
Vous entendez: 1. Qu'est-ce que vous prenez?
Vous dites: Nous avons commandé un kir.

2. Qu'est-ce que tu prends, toi?
3. Qu'est-ce que Mireille prend?
4. Qu'est-ce que Mireille et Robert prennent?
5. Qu'est-ce que vous prenez, vous deux?

19.25 Activation écrite: Auxiliaires du passé composé; imparfait; *savoir, connaître*

Relisez les sections 1 et 2 du texte de la leçon 19. Déterminez quels verbes sont à l'imparfait et quels verbes sont au passé composé; quel est l'auxiliaire (*avoir* ou *être*) des verbes au passé composé.
Puis, lisez le texte ci-dessous, et complétez-le avec les formes verbales qui conviennent.

Robert: Hier, je suis allé au jardin du Luxembourg avec une jeune fille charmante qui s'appelle Rémy . . . non, Méry . . . non, Mireille Belleau. Nous avons eu une conversation passionnante sur ce que nous ____________ faire quand nous ____________ petits, sur le cinéma, les affaires, l'armée, et la magistrature . . . et puis je l'______ invitée à aller prendre quelque chose à la Closerie des Lilas. Nous ____________ traversé le jardin, nous ____________ passés devant l'Institut d'Art et d'Archéologie et nous nous ____________ assis à la terrasse de la Closerie.

Le narrateur: Robert et Mireille ____________ allés à la Closerie des Lilas. Robert ________ voulu aller à la Closerie simplement parce qu'il ne ____________ pas beaucoup de cafés à Paris, mais il ____________ la Closerie parce qu'il ____________ qu'Hemingway y ____________ quand il ____________ à Paris, dans les années 20.

Mireille ________ toujours aimé le dessin. Déjà, quand elle ____________ à l'école maternelle, elle ____________ avec délices les doigts dans les pots de couleurs et ____________ d'admirables tableaux abstraits. Elle ____________ imbattable en peinture, la championne de la classe! Elle ________ gardé le titre jusqu'à la fin de l'école maternelle.

19.26 Observation: Dérivés de *prendre*

	. . . + prendre	
Je vais	**prendre**	un kir.
	Reprenons	la conversation.
Elle a	**appris**	l'anglais en Angleterre.
On ne la	**comprend**	pas.
C'est une artiste	**incomprise.**	
Elle a	**entrepris**	de couvrir les murs de fresques.

19.27 Activation écrite: *Prendre* et dérivés

Complétez avec des mots de la même famille que *prendre*.

1. Mireille a ____________ de couvrir de fresques les murs de sa chambre.
2. Répétez, s'il vous plaît. Je n'ai pas ____________ la question.
3. Les grands artistes sont toujours ____________.
4. Elle sait l'anglais. Elle l'a ____________ en Angleterre.
5. Robert et Mireille ont ____________ un Dubonnet à la Closerie des Lilas.
6. Ils ont ____________ la conversation interrompue.

19.28 Observation: *Plaire*

sujet		*objet (direct)*		*sujet*	*objet (indirect)*	**plaire**
Mireille	trouve	Robert	sympa.	Robert	**lui**	plaît.
Robert	trouve	Mireille	sympa.	Mireille	**lui**	plaît.
Les Belleau	trouvent	Robert	gentil.	Robert	**leur**	plaît.
Robert	trouve	les Belleau	agréables.	Les Belleau	**lui**	plaisent.
Je	trouve	les Belleau	agréables.	Les Belleau	**me**	plaisent.
Tu	trouves	Mireille	sympa?	Elle	**te**	plaît?
Nous	trouvons	Mireille	gentille.	Mireille	**nous**	plaît.
Vous	trouvez	Mireille	agréable?	Mireille	**vous**	plaît?

19.29 Observation: *Plaire*, présent et passé composé

présent	
J'aime la botanique.	Ça me **plaît.**
passé composé	
J'ai trouvé ça intéressant.	Ça m'**a plu.**

Notez qu'au passé composé, *plaire* est conjugué avec l'auxiliaire *avoir.* Le participe passé de *plaire* est *plu.*

19.30 Observation: *Plaire*

sujet		*objet*	*sujet*	*objet*	
Mireille	trouve	Robert sympa.	Elle	le	trouve sympa.
Robert	**plaît**	à Mireille.	Il	lui	**plaît.**
Mireille	aime	les sciences naturelles.	Elle	les	aime.
Les sciences naturelles	**plaisent**	à Mireille.	Elles	lui	**plaisent.**

19.31 Activation orale: *Plaire*, présent de l'indicatif

Répondez selon les exemples.

Exemples:
Vous entendez: 1. Comment vos enfants trouvent-ils les maths?
Vous dites: Ça leur plaît!

Vous entendez: 2. Alors, comment trouvez-vous le kir?
Vous dites: Ça me plaît!

3. Comment votre fille trouve-t-elle le français?
4. Et vous deux, comment trouvez-vous le français?
5. Alors, comment votre fils trouve-t-il la physique?
6. Comment vos parents trouvent-ils Paris?
7. Et toi, comment trouves-tu Paris?

19.32 Activation orale: *Plaire*, passé composé

Répondez selon l'exemple.

Exemple:
Vous entendez: 1. Vous avez fait des maths? Vous avez aimé ça?
Vous dites: Oui, ça m'a plu.

2. Tu as aimé les maths, toi?
3. Et vous deux, vous avez aimé ça?
4. Vos enfants ont aimé la chimie?
5. Votre fils a aimé le latin?
6. Votre fille a aimé la physique?

19.33 Activation orale: *Plaire*, présent de l'indicatif

Répondez selon les exemples.

Exemples:
Vous entendez: 1. Comment trouves-tu le nouveau prof de maths?
Vous dites: Il me plaît assez!

Vous entendez: 2. Comment trouves-tu les Parisiennes?
Vous dites: Elles me plaisent assez.

3. Comment trouves-tu Robert?
4. Comment trouves-tu Mireille?
5. Comment trouves-tu les parents de Mireille?
6. Comment trouves-tu ses sœurs?
7. Et moi, comment me trouves-tu?

19.34 Activation orale: *Plaire*, passé composé

Répondez selon l'exemple.

Exemple:
Vous entendez: 1. Tu as rencontré le nouvel ami de Mireille?
Vous dites: Oui, il m'a beaucoup plu!

2. Tu as rencontré la cousine de Mireille?
3. Tu as rencontré ses parents?
4. Tu as vu ses sœurs?
5. Tu as vu son oncle?
6. Tu as rencontré ses cousines?

19.35 Activation écrite: *Plaire*

Lisez le texte suivant, et trouvez les formes du verbe *plaire* qui conviennent pour le compléter. N'oubliez pas les pronoms.

Notes de Robert pour son journal

J'ai rencontré une jeune fille au Quartier Latin. Elle s'appelle Mireille. Elle est gentille, intelligente . . . elle ____________ assez! Mais je ne sais pas si je ____________, moi. Je l'ai invitée à la Closerie des Lilas. La Closerie ____________; la terrasse est très agréable. Il y a beaucoup de bruit avec toutes les voitures qui passent sur le boulevard, mais ça fait assez chic. J'espère que ça ____________ Mireille. Nous avons pris des kirs qui ____________ tellement ____________ que nous en avons pris deux autres!

Quand elle était petite, Mireille aimait beaucoup Matisse. Elle a vu des peintures murales de Matisse qui ____________ tellement ____________ que, quand elle est rentrée chez elle, elle a peint des fresques sur les murs de sa chambre. Mais ses parents n'ont pas aimé ça. Ses fresques ne ____________ pas ____________! Ils ont même été furieux quand ils les ont vues.

Mireille a fait de la botanique au lycée; ____________. Elle était très forte en botanique. Maintenant, elle est à la fac. Tous ses cours ____________. Elle a surtout un prof d'art grec qui ____________ beaucoup! Elle dit qu'il est formidablement beau et intelligent . . . hmm! Moi, ça ne ____________ pas beaucoup!

. . . .

🎧 19.36 Observation: D'une façon ou d'une autre; adverbes

adjectifs	*adverbes*
D'une façon **générale** on fait des langues étrangères au lycée.	**Généralement**, on fait des langues étrangères au lycée.
En France, on fait du français. C'est **naturel!** C'est **évident!**	En France, on fait du français. **Naturellement! Evidemment!**
On fait des maths. C'est **obligatoire.**	On fait des maths, **obligatoirement.**
Mireille a été obligée de faire des maths. Elle trouve ça **malheureux.**	Elle a été obligée de faire des maths . . . **malheureusement!**
Elle n'a pas raté son bac. C'est **heureux!**	Elle a eu son bac, **heureusement!**
Au lycée, on fait un travail **énorme.**	Au lycée, on travaille **énormément.**

Notez que les mots en caractères soulignés dans la première colonne donnent une information sur un nom (un *travail* énorme) ou sur un pronom (*c'*est naturel). Ce sont des adjectifs. Les mots en caractères soulignés dans la deuxième colonne donnent une information supplémentaire sur un verbe (on *travaille* énormément). Ce sont des adverbes.

Observez.

généralem*ent* évidem*ment*
naturelle*ment* énorm*ément*
obligatoire*ment*

Notez que beaucoup d'adverbes se terminent en *-ment.*

19.37 Observation: Adverbes et adjectifs

adjectif masculin	général	naturel	malheureux	obligatoire
adjectif féminin	générale	naturelle	malheureuse	obligatoire
adverbe	générale**ment**	naturelle**ment**	malheureuse**ment**	obligatoire**ment**

Notez que beaucoup d'adverbes sont formés en ajoutant *-ment* à la forme féminine de l'adjectif.

19.38 Activation écrite: Adverbes

Complétez selon l'exemple.

Exemple:

1. Nous faisons un travail énorme. Nous travaillons <u>énormément.</u>

2. Il est lent! Il travaille

_______________________________________!

3. Elle a l'esprit rapide. Elle comprend

_______________________________________!

4. Elle dessine d'une façon admirable. Elle dessine

_______________________________________!

5. Il a répondu d'une façon très spirituelle. Il a répondu très

_______________________________________.

19.39 Activation orale: *Naturellement, malheureusement, heureusement, énormément*

Répondez selon les exemples.

Exemples:

Vous entendez: 1. Est-ce qu'on fait du français dans les écoles françaises?
Vous répondez: Ben, oui! Naturellement!

Vous entendez: 2. Vous étiez nulle en maths?
Vous répondez: Ben, oui, malheureusement!

Vous entendez: 3. Vous étiez bonne en maths?
Vous répondez: Ben, oui! Heureusement!

Vous entendez: 4. Vous avez beaucoup d'amis?
Vous répondez: Oh, oui! Enormément!

5. Est-ce qu'on fait de l'anglais dans les écoles anglaises?
6. Est-ce qu'on parle chinois en Chine?
7. Oh! Vous avez raté votre bac?
8. Vous étiez nul en chimie?
9. Mais la chimie était obligatoire?
10. Vous étiez bonne en français?
11. Vous avez réussi à votre examen?
12. Vous avez eu votre bac?
13. Vous avez beaucoup travaillé?
14. Il y a beaucoup de travail au lycée?
15. On étudie beaucoup de matières au lycée?

19.40 Activation écrite: *Savoir* et *connaître* (révision)

Complétez le texte suivant avec les formes de *savoir* ou de *connaître* qui conviennent.

1. Robert commence à ____________________ le Quartier Latin. Il ____________________ que c'est le quartier des étudiants.

2. Il ne ____________________ pas l'Institut d'Art et d'Archéologie, mais maintenant il ____________________ que Mireille y suit un cours d'art grec.

3. Il ____________________ la Closerie des Lilas parce qu'il ____________________ que Scott Fitzgerald y venait.

4. Mireille ________________ les noms de tout un tas d'apéritifs, le Saint-Raphaël, le pineau, le Byrrh, mais elle ________________ aussi que l'alcool n'est pas bon pour la santé. (Sa mère est chef de service au Ministère de la Santé!)
5. Robert ne ________________ pas quoi prendre . . . alors il prend la même chose que Mireille.
6. Robert ________________ Matisse, il en a entendu parler; il ________________ que c'est un peintre moderne.
7. Il ne ________________ pas qu'en France toutes les écoles publiques sont à peu près pareilles.
8. Il ________________ un peu l'histoire européenne parce qu'il a suivi un cours à l'école secondaire.
9. Il n'a pas l'air de ________________ qu'en France l'histoire est obligatoire.
10. Est-ce que Mireille ________________ le latin? Nous ________________ qu'elle a fait du latin . . . mais nous ne ________________ pas si elle le ________________ vraiment. On peut faire six ans de latin sans le ________________ vraiment! D'ailleurs, il y a tellement de matières au programme qu'on ne ________________ jamais rien à fond.

19.41 Activation orale et écrite: Dictée et compréhension

1. Ecoutez et complétez. Vous entendrez le passage deux fois.

Au travail, Marie-Laure!

Mireille: Qu'est-ce que ________________, Marie-Laure?

Marie-Laure: ________________.

Mireille: Tu n'as ________________? Mais ________ quelque chose! Je ne ________ pas, moi, ________ ________________!

2. Maintenant, répondez aux questions:

1. Qu'est-ce que Marie-Laure fait?
________________________________.
2. Qu'est-ce que Mireille lui dit de faire?
Elle lui dit ________________________.

19.42 Activation orale: Dialogue entre Mireille et le garçon

Ecoutez le dialogue suivant entre le garçon de café et Mireille. Vous allez apprendre le rôle de Mireille.

Le garçon: Qu'est-ce que je vous sers?
Mireille: **Qu'est-ce que vous avez comme apéritifs bien français?**
Le garçon: Vous avez le Dubonnet, le Martini . . .
Mireille: **C'est italien, ça, non?**
Le garçon: L'Ambassadeur, le Pernod, le Ricard . . .
Mireille: **Le Pernod, j'adore ça, mais c'est un peu trop fort.**
Le garçon: La Suze, le pineau des Charentes, le Saint-Raphaël, le Byrrh, le kir . . .
Mireille: **C'est ça, je vais prendre un kir!**

Exercices-tests

19.43 Exercice-test: Passé composé; les auxiliaires

Répondez selon l'exemple.

Exemple:
Vous entendez: Marie-Laure est partie?
Vous écrivez: Oui, elle est partie.

1. Oui, nous l'__________ trouvé gentil.
2. Oui, j'__________ passé la douane.
3. Oui, nous __________ pris un kir.
4. Oui, je __________ allée à la Closerie.
5. Oui, je me __________ amusée.

Vérifiez. Si vous avez fait des fautes, travaillez les sections 19.17 à 19.25 dans votre cahier d'exercices.

19.44 Exercice-test: *Plaire,* présent de l'indicatif; pronoms objets indirects

Répondez selon l'exemple.

Exemple:
Vous voyez: Mireille aime la botanique.
Vous écrivez: Ça lui plaît.

1. Marie-Laure aime l'eau. Ça __________ plaît.
2. J'aime le kir. Ça __________ plaît.
3. Tu aimes le kir? Ça __________ plaît?
4. Robert aime le kir. Ça __________ plaît.
5. Vous aimez le kir? Ça __________ plaît?
6. Robert et Mireille aiment le Luxembourg. Ça __________ plaît.

Vérifiez. Si vous avez fait des fautes, travaillez les sections 19.28 à 19.35 dans votre cahier d'exercices.

19.45 Exercice-test: *Plaire,* passé composé; pronoms objets indirects

Répondez selon l'exemple.

Exemple:
Vous voyez: Robert a vu Mireille?
Vous écrivez: Oui, elle lui a plu.

1. Robert a vu les Courtois?
   Oui, ____________________ plu.
2. Robert t'a vu?
   Oui, et ____________________ plu!
3. Robert vous a vus, tous les deux?
   Oui, et ____________________ plu. . . .
4. Tu as vu Robert?
   Oui, ____________________ plu.
5. Vous avez vu Robert, tous les deux?
   Oui, ____________________ plu.

Vérifiez. Si vous avez fait des fautes, travaillez les sections 19.28 à 19.35 dans votre cahier d'exercices.

19.46 Exercice-test: Adverbes

Complétez selon l'exemple.

Exemple:
Vous voyez: En général, Marie-Laure est insupportable.
Vous écrivez: Généralement, Marie-Laure est insupportable.

1. Marie-Laure est sage. Elle joue ____________________ .
2. C'est rare! Ça arrive ____________________ !
3. Ce n'est pas normal! ____________________ , ça n'arrive jamais!
4. C'est malheureux, mais ça arrive!
   ____________________ ça arrive!

Vérifiez. Si vous avez fait des fautes, travaillez les sections 19.36 à 19.39 dans votre cahier d'exercices.

Libération de l'expression

19.47 Mise en question

Relisez le texte de la leçon; lisez les questions de la mise en question qui suit la mise en œuvre dans votre livre de textes. Réfléchissez à ces questions et essayez d'y répondre.

19.48 Mots en liberté

Donnez une ou plusieurs réponses aux questions suivantes.

1. Vous êtes au café. Mireille vient de commander un kir, ou un café, ou un whisky. Vous ne savez pas que prendre. Qu'est-ce que vous dites?
2. Vous voulez savoir l'heure. Vous n'avez pas de montre. Qu'est-ce que vous dites?
3. Quelqu'un vous demande l'heure. Qu'est-ce que vous dites?
4. Vous êtes à Paris pour la première fois. On vous demande si vous êtes déjà venu. Qu'est-ce que vous dites?

19.49 Mots en liberté

Au lycée, en France, qu'est-ce qu'on peut faire?

On peut faire de l'espagnol, de la géographie, du grec. . . .

Trouvez au moins huit autres matières.

Qu'est-ce qu'on peut prendre?

Trouvez au moins trois possibilités.

Qu'est-ce qu'on peut apprendre?

Trouvez au moins trois possibilités.

Qu'est-ce qu'on peut comprendre?

Trouvez au moins trois possibilités.

19.50 Mise en scène et réinvention de l'histoire

Vous êtes à Paris. Vous avez rencontré Mireille ou Robert. Racontez ce que vous avez fait. Vous pouvez choisir parmi les possibilités suivantes ou imaginer d'autres possibilités.

J'ai invité | Mireille / Robert | à | prendre quelque chose / regarder | le soleil / les fleurs / les bateaux

avec moi | à la Closerie des Lilas / dans un petit bistro du Quartier / sur un banc / à Saint-Tropez / au jardin du Luxembourg

parce que / parce qu' | il y a beaucoup de monde. / je n'aime pas les cafés. / je ne connais pas de café. / il faisait beau. / c'est chic. / c'est cher. / ce n'est pas cher. / je connaissais le café à cause d'Hemingway. / il y a des bateaux, des yachts.

Il était | minuit. / midi. / deux heures du matin.

Nous avons pris | un café. / un apéritif bien français. / un whisky. / un kir. / la même chose.

Robert Mireille	est	un(e) grand(e) artiste incompris(e). plombier. étudiant(e).	
		champion(ne)	de pelote basque. de natation. d'échecs.
		avocat(e). au Conseil d'Etat. médecin. riche. pauvre.	

Il Elle	est allé(e)	dans une école	publique. privée.
		au lycée. à l'université.	

Il Elle	adore	Matisse. les tableaux abstraits. les fresques murales. la peinture. le dessin. l'histoire. la philosophie. les langues étrangères. l'art grec.

Il Elle	est	très spirituel(le). beau comme un dieu. très belle. imbattable en histoire. un(e) pauvre petit(e) étudiant(e). nul(le) en tout. sans intérêt.

Je me suis beaucoup	amusé(e). ennuyé(e).

Préparation à la lecture et à l'écriture

19.51 Lecture et mise en œuvre du vocabulaire

Relisez les textes de la leçon 17 (sections 5 et 6) et de la leçon 19 (section 4). Puis, lisez les trois phrases suivantes et complétez-les. Utilisez le même verbe (à la forme convenable) dans chacune de ces phrases.

1. Robert voulait être pompier pour ____________ au milieu des flammes et sauver du feu les femmes, les enfants, et les vieilles grands-mères. (Les autres peuvent se débrouiller tout seuls.)

2. Au jardin d'enfants, Mireille adorait ____________ les doigts dans les pots de couleurs.

3. Marie-Laure va sûrement être championne de natation. Elle ____________ déjà très bien!

19.52 Entraînement à la lecture et expansion du vocabulaire

Lisez le document 1. Observez le document 2. Observez aussi le document 8 dans la leçon 13, et revoyez l'exercice 13.49. Puis complétez le texte suivant.

Dans le document 2, la scène se passe sur un ____________. Il y a deux personnages; un ____________ et un ____________ de marine. Ces deux personnages sont dans la ____________. (Ils ne sont pas dans l'aviation ou l'armée de terre.) Le marin ne fait pas de la peinture; il met de l'____________ dans un moteur.

19.53 Lecture et interprétation

Etudiez l'emploi du temps d'une classe de lère S au Lycée Albert Châtelet (document 3).

1. D'après vous, est-ce que c'est un emploi du temps de section "Lettres" ou "Sciences"? ____________
2. Combien y a-t-il d'heures de sciences, en tout? ____________
3. Combien d'heures de physique? ____________
4. Combien d'heures de sciences naturelles? ____________
5. Combien d'heures de maths? ____________
6. Combien d'heures de sport? ____________
7. Combien de langues vivantes cet élève étudie-t-il? ____________
8. A votre avis, est-ce que le latin est obligatoire, ou est-ce que c'est une matière facultative? ____________
9. Combien d'heures de cours y a-t-il par semaine? ____________
10. A quelle heure les cours commencent-ils, le matin? ____________
11. A quelle heure se terminent-ils, le soir? ____________
12. Est-ce qu'il y a des cours tous les jours de la semaine? ____________

19.54 Entraînement à la lecture

Lisez le document 6 dans le livre de textes; essayez de trouver les mots qui conviennent pour compléter le texte ci-dessous.

1. Un éléphant, c'est un animal énorme. Et cet animal énorme a un nez énorme, très long. Ce nez énormément long s'appelle une ____________ . Il y a aussi un instrument qui s'appelle une trompe et qui sert à faire du bruit, pour appeler les gens, par exemple. Et il y a un instrument de musique qui s'appelle une trompette, parce que c'est une sorte de petite ____________ .
2. Quand Marie-Laure croit que Robert est anglais, elle se ____________ . (En effet, il n'est pas anglais: il est américain.) Quand elle dit à Mireille que Mme Belleau la cherche, elle ____________ Mireille. (Marie-Laure ne ____________ pas! Elle sait très bien que Mme Belleau ne cherche pas Mireille!) Elle lui fait une blague, elle ____________ .
3. Il est vrai qu'un éléphant a une ____________ . Et sa ____________ est très longue. Mais un éléphant, ça ne trompe pas plus qu'un autre animal.

19.55 Lecture et interprétation

A. Relisez la section 6 du texte de cette leçon. Puis lisez le document 5A.

En quoi est-ce que Marguerite Yourcenar est d'accord, ou pas d'accord, avec ce que Mireille et Robert disent de l'histoire?

____

____

____

____

____

____

Lisez les documents 5C et 5E.

En quoi Mérimée et Tocqueville semblent-ils être d'accord avec Robert?

____

____

Lisez le document 5D.

Si ce que disent Robert et Marguerite Yourcenar, d'une part, et Fénelon, d'autre part, est vrai, qu'est-ce qu'il faut conclure?

____

B. Lisez le document 5B, puis le texte suivant, et complétez.

Ce que l'Histoire raconte ressemble à un roman; mais c'est un roman qui a existé. L'histoire que raconte un roman n'a pas existé, mais c'est une histoire qui ______________ exister. Ce n'est pas une vraie histoire, mais c'est une histoire qui aurait pu ______________ vraie.

C. Si on est d'accord avec ce que Robert, Marguerite Yourcenar, Alexis de Tocqueville, Fénelon, Mérimée, et Norge disent de l'histoire, eh bien, il faut conclure que l'histoire, ça ______________ énormément.

19.56 Lecture et expansion du vocabulaire

A. Lisez le document 5F, puis lisez le texte suivant et complétez-le.

L'Histoire, c'est un peu comme le carton. Il y a un certain rapport entre l'Histoire et le carton. Le carton, comme le papier, le papier-mâché, n'est pas une matière vivante, c'est une matière inerte, morte. L'Histoire non plus, ce n'est pas __________ , c'est mort, passé. L'Histoire est conservée dans des papiers, des documents classés dans des cartons dans des archives. Le papier, le carton, ce n'est pas très excitant, ce n'est pas très appétissant, ce n'est pas très bon. Ça a mauvais goût. L'Histoire a le même __________ que le __________ .

Les rois de l'Histoire ressemblent aux rois des jeux de cartes. Ils n'ont pas l'air réel, ils ne sont pas vivants. Ce sont des effigies, des images, des représentations simplifiées, un peu naïves et conventionnelles. Les rois de l'Histoire se suivent (Louis I, Louis II, Louis III . . .) comme les __________ d'un jeu de piquet (roi de cœur, roi de trèfle, __________ de pique, __________ de carreau).

Chez l'épicier, on trouve des marchandises exotiques: du café, du chocolat, du cacao, de la vanille, du thé . . . mais l'épicier n'est pas un homme poétique. Il met sur ses marchandises une étiquette, un petit rectangle de papier ou de __________ qui indique les prix: café: 16,50F, cacao: 12,75F. Les dates de l'Histoire ne sont pas très poétiques non plus, surtout quand il faut les apprendre: Marignan: 1515; Austerlitz: 1805; Waterloo: 1815.

Les bouteilles de vin aussi ont des étiquettes avec des __________ : Chablis 1983, Château-Margaux 1955, Château-Lafite 1966. On conserve les bouteilles de vin dans des caves, bien classées, comme des documents historiques dans des archives. Mais dans les caves, il y a aussi des bouteilles vides, avec des ______________ et des dates qui ne représentent plus rien. Les personnages de l'Histoire sont comme des bouteilles ________, ils ont perdu leur substance. Ils sont comme des statues avec une étiquette qui donne leur nom et deux dates.

B. Maintenant, complétez les passages suivants en utilisant le même mot (et l'article qui convient).

1. Pour apprendre le français, nous inventons ________________. C'est ________________ de deux jeunes gens.
2. Qu'est-ce que vous me racontez là? Ce n'est pas vrai du tout! C'est complètement faux! C'est ________________ inventée de toutes pièces.
3. Au lycée, on apprend ________________ de France, on étudie ________________ du Moyen Age, les Temps Modernes, l'Epoque contemporaine, etc.
4. Tout le monde sait bien que ça n'a jamais existé, toutes ________________ de ________________ !
5. Excusez-moi! J'ai eu tort de dire ça! D'accord! Mais enfin, ce n'est pas si grave que ça! On ne va pas en faire toute une ________________ !
6. Oh, là, là, quelle ________________ ! Ça a fait un vrai scandale.

19.57 Lecture, interprétation, et expansion du vocabulaire

Lisez les documents 7A, 7B, et 7C. Puis répondez et complétez.

1. Qui est le plus malin, le renard ou le corbeau?

   ____
2. Quel moyen le renard utilise-t-il pour avoir le fromage? Il utilise la ________________________.
3. Les oiseaux se ________________________ sur les arbres.
4. Marie-Laure a une bouche. Les chiens ont une gueule et les oiseaux ont un ________________ .
5. Le renard a senti le fromage. Il a été alléché par l'________________ du fromage.
6. —Ah, quel beau ramage!

   —Ce sont les ________________ des oiseaux qui gazouillent dans les arbres.
7. Les chiens ont des poils. Les oiseaux, eux, ont des ________________ .
8. Les oiseaux qui habitent dans un bois sont les ________________ de ce bois. Les gens qui habitent dans un hôtel sont les ________________ de cet hôtel. Les gens que vous avez invités chez vous sont vos ________________ .
9. Observez le mot "hôte"; il y a un accent circonflexe (ˆ) sur le *o*. C'est une orthographe moderne. Autrefois le mot se prononçait et s'écrivait avec un *s*: "hoste." Observez le mot "hôtel." Comment ce mot se prononçait-il et s'écrivait-il autrefois? ________________________

Leçon 20

Assimilation du texte

20.1 Mise en œuvre

Ecoutez le texte et la mise en œuvre dans l'enregistrement sonore. Répétez et répondez suivant les indications.

20.2 Compréhension auditive

Phase 1: Regardez les images ci-dessous; écoutez et répétez les passages qui leur correspondent.

Phase 2: Ecrivez la lettre qui identifie chaque passage que vous entendez sous l'image qui lui correspond le mieux.

1. ___

2. ___

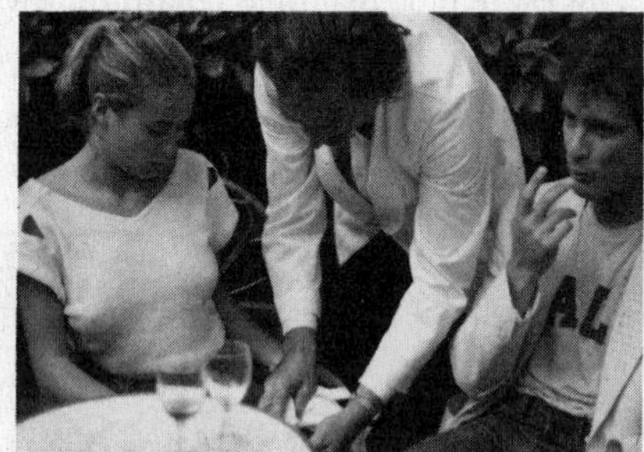

3. ___

4. ___

5. ___

6. ___

20.3 Compréhension auditive et production orale

Vous allez entendre de courts passages suivis d'une question. Répondez oralement à la question.

1. Pourquoi Mireille dit-elle que ce n'est pas grave?
2. Pourquoi est-ce qu'on n'est jamais libre au lycée?
3. Pourquoi est-ce que le garçon n'a pas connu Hemingway?
4. Pourquoi est-ce que le garçon n'a pas lu Hemingway?
5. Comment le garçon sait-il qu'Hemingway était un grand écrivain?
6. Pourquoi Robert s'est-il mis en congé?
7. Comment Robert a-t-il appris à lire?

Préparation à la communication

20.4 Observation: Prononciation; le son /a/

Ecoutez.

h*a*s*a*rd
t*a*lent
*a*ccent

Notez que le /a/ français est plus antérieur que le /a/ anglais (il est prononcé plus **avant** dans la bouche).

20.5 Activation orale: Prononciation; le son /a/

Ecoutez et répétez.

doll*a*r
p*a*r h*a*s*a*rd
g*a*rçon
ç*a* v*a* p*a*rtir
*a*lbum
t*a*lent
rel*a*xe
*a*ccent
Ce n'est p*a*s gr*a*ve.
N*a*turellement!
Im*a*gine!
tr*a*v*a*il
Sans bl*a*gue!
m*a*l *a*d*a*pté
l*a* cl*a*sse terminale
f*a*cile

20.6 Activation orale: Prononciation; le son /a/ et le son /ã/

Ecoutez et répétez.

*a*ttendre
*e*ntendre
p*a*sser
p*e*nser

20.7 Activation: Discrimination auditive; le son /a/ et le son /ã/

Vous allez entendre 16 phrases. Indiquez s'il s'agit du verbe *attendre* ou du verbe *entendre* en cochant la case qui convient.

	1	2	3	4	5	6	7	8	9	10	11	12	13	14	15	16
attendre																
entendre																

20.8 Observation: *Attendre* et *entendre*

Comparez.

présent				*passé composé*					
j'	**attends**	j'	**entends**	j'	**ai**	**attendu**	j'	**ai**	**entendu**
tu	**attends**	tu	**entends**	tu	**as**	**attendu**	tu	**as**	**entendu**
elle	**attend**	elle	**entend**	elle	**a**	**attendu**	elle	**a**	**entendu**
nous	**attendons**	nous	**entendons**	nous	**avons**	**attendu**	nous	**avons**	**entendu**
vous	**attendez**	vous	**entendez**	vous	**avez**	**attendu**	vous	**avez**	**entendu**
ils	**attendent**	ils	**entendent**	ils	**ont**	**attendu**	ils	**ont**	**entendu**

20.9 Activation orale: *Attendre*, présent de l'indicatif

Répondez selon l'exemple.

Exemple:
Vous entendez: 1. Tu restes là?
Vous répondez: Oui, j'attends quelqu'un.

2. Vous restez là, vous deux?
3. Elle reste là?
4. Tes parents restent là?
5. Tu restes là?

20.10 Activation orale: *Attendre*, passé composé

Répondez selon l'exemple.

Exemple:
Vous entendez: 1. Tu es parti?
Vous répondez: Non, j'ai attendu.

2. Vous êtes partis, vous deux?
3. Il est parti?
4. Elles sont parties?
5. Tu es parti, toi?

20.11 Activation: Dictée; *attendre, entendre, quelqu'un, quelque chose, personne, rien*

Ecoutez et complétez.

1. —Tiens, c'est vous? Qu'est-ce que vous faites là? Vous

_______________________________?

—Non, non, je ______________________.

Je me repose.

2. —Qu'est-ce que vous ______________?

—Moi? Je ______________________!

—Eh bien, alors, allez-y! Commencez!

3. —Chut! Ecoute! Tu ______________?

—Quoi? Vous ______________________, vous?

Moi, je ______________________!

—Mais tu es sourd, ma parole! Tu ______________

______________?

—Mais non, je vous assure!

20.12 Observation: Excuses

excuses
—Excusez-moi!
—Je suis désolée!

réponses
—Ce n'est pas grave.
—Ce n'est rien.
—Ça n'a pas d'importance.
—Ne vous dérangez pas.
—Laissez! Laissez!
—Je vous en prie! (. . . ne vous excusez pas!)

20.13 Observation: Surprise et incrédulité

—Je viens de voir Hemingway. . .

—Non!
—Pas possible!
—Ce n'est pas possible!
—Vraiment?
—C'est vrai?
—Vous êtes sûr?
—Sans blague!
—Tiens!
—C'est bizarre!
—Ça m'étonne!
—Vous m'étonnez!
—Vous devez vous tromper!
—Vous avez bu!
—Vous buvez trop!
—Vous vous moquez de moi!

20.14 Observation: Dénégation

—Vous vous moquez de moi!

—Qui, moi?
—Mais non!
—Pas du tout!
—Moi? Jamais!
—Jamais de la vie!

20.15 Observation: Moquerie

Tu **te moques de** moi! Vous **vous moquez de** moi! Vous **vous moquez** toujours **de** moi!	Mais non, je ne **me moque** pas **de** toi! Je ne **me moque** pas **de** vous Je ne **me moque** pas **d'**elle. Je ne **me moque** pas **de** lui. Je ne **me moque** pas **d'**eux. Je ne **me moque** pas **d'**elles. Je ne **me moque** **de** personne. Je ne **me moque** jamais **de** personne.

20.16 Activation orale: *Se moquer de;* pronoms accentués (révision)

Répondez selon l'exemple.

Exemple:
Vous entendez: 1. Robert n'est pas content . . .
Vous dites: . . . parce que Mireille se moque de lui.

2. Il n'est pas content. . .
3. Colette n'est pas contente. . .
4. Les gens ne sont pas contents. . .
5. Mes amis et moi, nous ne sommes pas contents. . .
6. Vous non plus, vous n'êtes pas contents. . .
7. Tu n'es pas content. . .
8. Les amies de Mireille ne sont pas contentes. . .

20.17 Activation orale: *Se moquer de;* pronoms accentués (révision)

Répondez selon l'exemple.

Exemple:
Vous entendez: 1. Pourquoi tu te moques de moi, comme ça?
Vous répondez: Moi? Mais je ne me moque pas de toi!

2. Pourquoi est-ce que tu te moques de Robert, comme ça?
3. Pourquoi est-ce que tu te moques de tes sœurs, comme ça?
4. Pourquoi est-ce que tu te moques des gens, comme ça?
5. Pourquoi est-ce que Mireille se moque de moi, comme ça?
6. Pourquoi est-ce que Mireille se moque de Robert, comme ça?
7. Pourquoi est-ce que Mireille se moque des gens, comme ça?
8. Pourquoi est-ce que ces gens se moquent de moi, comme ça?
9. Pourquoi est-ce que ces gens se moquent de Robert, comme ça?

20.18 Observation: *Jamais/toujours*

—On est **toujours** dérangé!
—C'est bien vrai! On **n'**est **jamais** tranquille!

—Il y a **toujours** quelque chose à faire!
—Mais non! Il **n'**y a **jamais** rien à faire!

—Tu te moques **toujours** de tout le monde!
—Mais non! Je **ne** me moque **jamais** de personne!

20.19 Activation orale: *Jamais/toujours*

Répondez selon l'exemple.

Exemple:
Vous entendez: 1. Il a toujours de bonnes notes.
Vous dites: Mais non! Il n'a jamais de bonnes notes!

2. Vous avez toujours de bonnes notes!
3. Mais si, vous avez toujours eu de bonnes notes!
4. Vous vous moquez toujours de moi!
5. Elle se moque toujours de lui!
6. Elle se moque toujours de nous!
7. Elle fait toujours ce qu'elle veut!
8. Vous faites toujours ce que vous voulez!
9. Vous avez toujours aimé les maths!
10. Vous êtes toujours en vacances!

20.20 Activation orale: *Jamais/toujours; rien/quelque chose*

Répondez selon l'exemple.

Exemple:
Vous entendez: 1. Vous n'avez jamais rien à faire!
Vous dites: Mais si, j'ai toujours quelque chose à faire!

2. Elle n'a jamais rien à faire!
3. Je n'ai jamais rien à dire!
4. Il n'a jamais rien à faire!
5. Il n'y a jamais rien à voir!
6. Il n'y a jamais rien d'intéressant!

20.21 Activation orale: *Jamais/toujours; personne/tout le monde*

Répondez selon l'exemple.

Exemple:
Vous entendez: 1. Elle se moque toujours de tout le monde.
Vous dites: Elle? Mais non, elle ne se moque jamais de personne!

2. Tu te moques toujours de tout le monde!
3. Vous vous moquez toujours de tout le monde, vous deux!
4. Tu connais tout le monde!
5. Tu parles à tout le monde!
6. Tu parles toujours à tout le monde!

20.22 Observation: Apprentissage

			nom			*verbe* à *(infinitif)*
Marie-Laure	apprend	**ses**	**leçons.**	Il	apprend	**à nager.**
Mireille	apprend	**l'**	**italien.**	Il a	appris	**à lire.**
Vous	apprenez	**le**	**français.**	Il a	appris	**à écrire.**

20.23 Activation orale: Apprentissage

Répondez selon les exemples.

Exemples:
Vous entendez: 1. Robert sait lire?
Vous répondez: Oui! Il a appris à lire tout seul!

Vous entendez: 2. Robert sait le français?
Vous répondez: Oui! Il a appris le français tout seul!

3. Robert sait jouer du violon?
4. Il sait jouer aux échecs?
5. Il sait l'anglais?
6. Et vous, vous savez l'anglais?
7. Vous savez le français?
8. Vous savez conduire?
9. Et Robert, il sait conduire?
10. Vos enfants savent nager?

20.24 Observation: Le meilleur et le pire

	C'est . . .
−2	le **pire** élève de la classe.
−1	un **mauvais** élève.
0	un élève **moyen.**
+1	un **bon** élève.
+2	le **meilleur** élève de la classe.

20.25 Observation: Questions de temps

Il y a toujours quelque chose à faire! Vous savez ce que c'est. . . !

On	n'**a**	pas **une minute** à soi!
Je	n'**ai**	pas **une minute** à moi!
Tu	n'**as**	pas **une minute** à toi!
Elles	n'**ont**	pas **une minute** à elles!
Ils	n'**ont**	pas **une minute** à eux!
Il	n'**a**	pas **une minute** à lui!
Elle	n'**a**	pas **une minute** à elle!
Nous	n'**avons**	pas **une minute** à nous!

—Je n'**ai** jamais **le temps de** lire!
—Mais, il faut **prendre le temps de** lire!

—Oui, mais	on	ne fait	pas ce qu'on	veut!
	Je	ne fais	pas ce que je	veux!
	Nous	ne faisons	pas ce que nous	voulons!

20.26 Activation orale: *Avoir le temps de*

Répondez selon l'exemple.

Exemple:
Vous entendez: 1. Pourquoi est-ce que le garçon de la Closerie ne lit pas?
Vous répondez: Il n'a pas le temps de lire!

2. Pourquoi est-ce que tu ne lis pas?
3. Pourquoi est-ce que vous ne lisez pas, vous deux?
4. Pourquoi est-ce que vos enfants ne lisent pas?
5. Pourquoi est-ce que votre fille ne lit pas?
6. Pourquoi est-ce que vos parents ne partent pas en vacances?
7. Pourquoi est-ce que vous ne faites pas de karaté?

20.27 Activation orale: *Ne pas avoir une minute à soi*

Répondez selon l'exemple.

Exemple:
Vous entendez: 1. Pourquoi est-ce que le garçon de la Closerie ne lit pas?
Vous répondez: Ah! Il n'a pas une minute à lui!

2. Pourquoi est-ce que tu ne lis pas?
3. Pourquoi est-ce que vos parents ne lisent pas?
4. Pourquoi est-ce que vos filles ne lisent pas?
5. Pourquoi est-ce que vous ne lisez pas, vous deux?
6. Pourquoi est-ce que votre fils ne lit pas?

20.28 Activation orale: *Faire ce qu'on veut*

Répondez selon l'exemple.

Exemple:
Vous entendez: 1. Pourquoi est-ce que le garçon de la Closerie ne prend pas le temps de lire?
Vous répondez: Eh! Il ne fait pas ce qu'il veut!

2. Pourquoi est-ce que tu ne prends pas le temps de lire?
3. Pourquoi est-ce que vos parents ne prennent pas le temps de voyager?
4. Pourquoi est-ce que vous ne prenez pas le temps de voyager, vous deux?

20.29 Activation écrite: Passé composé, négation, pronoms

Lisez et complétez.

Extrait du journal de Mireille

Ce matin, j'__________ ma jupe rouge. Je __________ mise parce que je n'avais rien d'autre à mettre! Je __________ allée à la fac. Puis je __________ passée devant l'Escholier. A la terrasse, j'__________ vu un jeune Américain que j'__________ rencontré dans la cour de la Sorbonne. Nous __________ allés au Luco. Nous nous __________ assis sur un banc et nous __________ parlé de choses et d'autres. Ce n'était pas très intéressant. Marie-Laure __________ venue nous embêter cinq ou six fois, mais je commençais à m'ennuyer sérieusement. Heureusement, l'Américain __________ invitée à aller prendre quelque chose à la Closerie. Encore un snob! Mais, comme je n'avais rien à faire, j'__________ accepté. Il ne connaît pas Paris. Il vient d'arriver. Je __________ montré l'Institut d'Art et d'Archéologie. Nous __________ commandé des kirs. Je crois que j'__________ bu au moins deux ou trois, tellement je m'ennuyais! L'Américain __________ parlé d'Hemingway. (Vous connaissez? Il paraît qu'il allait souvent à la Closerie. Maman __________ un livre de lui.) Le garçon a dit qu'il buvait beaucoup. Il ne __________ pas connu. C'était avant son temps. Mais il __________ entendu parler. Je crois que l'Américain est étudiant . . . d'après ce qu'il dit . . . mais il __________ en congé pour un an! Commode! Je me demande si c'est un garçon sérieux! Il dit qu'il __________ toujours __________ à tous ses examens, qu'il __________ le meilleur élève de sa classe! Faut voir! J'ai mes doutes! Ce qu'il y a de sûr, c'est qu'il __________ jamais __________ le prix de modestie!

20.30 Observation: *Réfléchir, choisir, finir*

Comparez.

réfléchir			choisir			finir		
présent								
je	**réfléchis**		je	**choisis**		je	**finis**	
tu	**réfléchis**		tu	**choisis**		tu	**finis**	
elle	**réfléchit**		elle	**choisit**		elle	**finit**	
nous	**réfléchissons**		nous	**choisissons**		nous	**finissons**	
vous	**réfléchissez**		vous	**choisissez**		vous	**finissez**	
ils	**réfléchissent**		ils	**choisissent**		ils	**finissent**	
passé composé								
j'	**ai**	**réfléchi**	j'	**ai**	**choisi**	j'	**ai**	**fini**
tu	**as**	**réfléchi**	tu	**as**	**choisi**	tu	**as**	**fini**
elle	**a**	**réfléchi**	elle	**a**	**choisi**	elle	**a**	**fini**
nous	**avons**	**réfléchi**	nous	**avons**	**choisi**	nous	**avons**	**fini**
vous	**avez**	**réfléchi**	vous	**avez**	**choisi**	vous	**avez**	**fini**
ils	**ont**	**réfléchi**	ils	**ont**	**choisi**	ils	**ont**	**fini**

20.31 Observation: *Mettre*

Mireille (dans sa chambre):Voyons, qu'est-ce que je **mets?** Hier, j'**ai mis** ma jupe rouge. . . . Je n'ai rien à me **mettre!**

Le garçon à la Closerie des Lilas: Hemingway **se mettait** toujours à cette table. . . .

Robert: Je **me suis mis** en congé.

présent		*passé composé*						
je	**mets**	J'	**ai**	**mis** une jupe.	Je	**me**	**suis**	**mis** en congé.
tu	**mets**	Tu	**as**	**mis** une jupe.	Tu	**t'**	**es**	**mis** en congé.
elle	**met**	Elle	**a**	**mis** une jupe.	Il	**s'**	**est**	**mis** en congé.
nous	**mettons**	Nous	**avons**	**mis** une jupe.	Nous	**nous**	**sommes**	**mis** en congé.
vous	**mettez**	Vous	**avez**	**mis** une jupe.	Vous	**vous**	**êtes**	**mis** en congé.
ils	**mettent**	Elles	**ont**	**mis** une jupe.	Ils	**se**	**sont**	**mis** en congé.

20.32 Observation: *Boire*

—Qu'est-ce qu'on va **boire?**
—Qu'est-ce que vous **buvez,** vous?
—Moi, je **bois** un kir.
—Tu **bois** beaucoup!
—Qui, moi? Mais, je n'**ai** rien **bu!**
—Il paraît qu'Hemingway **buvait** beaucoup.

présent		*imparfait*		*passé composé*		
je	**bois**	je	**buvais**	j'	**ai**	**bu**
tu	**bois**	tu	**buvais**	tu	**as**	**bu**
il	**boit**	il	**buvait**	il	**a**	**bu**
ils	**boivent**	ils	**buvaient**	ils	**ont**	**bu**
nous	**buvons**	nous	**buvions**	nous	**avons**	**bu**
vous	**buvez**	vous	**buviez**	vous	**avez**	**bu**

20.33 Activation écrite: *Réfléchir, réussir, choisir, finir, mettre, boire*

Complétez.

1. —Il faut réfléchir!
   —Mais nous ______________________ beaucoup!
2. —Alors, vous avez fini?
   —Oui, oui! Une minute! Nous ______________ tout de suite.
3. —Il faut beaucoup travailler pour réussir.
   —Oui, mais ils travaillent beaucoup et ils ______________________________!
4. —Oh, cette jupe rouge, je ne la mets jamais!
   —Vous ne la ______________ jamais? Sans blague!
5. Aujourd'hui, Mireille ______________ sa jupe rouge. Elle dit qu'elle ne la ______________ jamais, mais ce n'est pas vrai. Elle n'est pas comme ces femmes qui ne ______________ jamais deux fois la même robe!
6. —Qu'est-ce qu'ils boivent?
   —Un kir. Et vous, qu'est-ce que vous ______________?
   —Moi, je ne ______________ rien.
7. —Qu'est-ce que vous choisissez, un an de fac ou un an de vacances? Réfléchissez bien!
   —Bon, attendez . . . je ______________ . . . eh bien, ça y est! J'______________ : je ______________ un an de vacances.

20.34 Observation: Passé composé

avoir		
J'	**ai** bu	un kir.
Je l'	**ai** connu.	
Je l'	**ai** vu.	
Je l'	**ai** lu.	
J'en	**ai** entendu	parler.

Notez que ces verbes sont au passé composé. Ils sont conjugués avec l'auxiliaire *avoir.*

	auxiliaire **avoir**
avoir	J' **ai** toujours **eu** de bonnes notes.
être	J' **ai** toujours **été** bon élève.

Notez que le verbe *avoir* (*j'ai eu*) et le verbe *être* (*j'ai été*) sont conjugués avec l'auxiliaire *avoir.* Un très grand nombre de verbes sont conjugués avec l'auxiliaire *avoir.*

20.35 Observation: Passé composé et pronoms

présent	Mireille	apprend l'italien.	Elle	**l'**	apprend.
passé composé	Elle	a appris l'anglais.	Elle	**l'**	a appris.
présent	Le garçon	parle à Robert et Mireille.	Il	**leur**	parle.
passé composé	Il	a parlé à Robert et Mireille.	Il	**leur**	a parlé.
présent	J'	ai assez de tout ça!	J'	**en**	ai assez!
passé composé	J'	ai eu assez de tout ça!	J'	**en**	ai eu assez!

Au présent (et à tous les temps simples), les pronoms personnels objets (et aussi *en* et *y*) sont placés devant le verbe. Au passé composé (et à tous les temps composés), les pronoms personnels objets (et aussi *en* et *y*) sont placés devant **l'auxiliaire.**

20.36 Activation orale: Passé composé et pronoms

Répondez selon les exemples.

Exemples:
Vous entendez: 1. Vous avez choisi vos cours?
Vous répondez: Oui, je les ai choisis.

Vous entendez: 2. Vos enfants ont fait des maths?
Vous répondez: Oui, ils en ont fait.

Vous entendez: 3. Il a parlé à Mireille?
Vous répondez: Oui, il lui a parlé.

4. Vous avez choisi vos cours, vous deux?
5. Tu as fini tes devoirs?
6. Mireille a eu son bac?
7. Elle a raté son interro de maths?
9. Ils sont allés en France?
10. Vous avez entendu parler de Saint-Tropez?
11. Vous y êtes allé?
12. Tu as bu ton kir?
13. Vous avez parlé aux parents de Mireille?

20.37 Activation écrite: Passé composé et pronoms

Complétez avec la forme convenable du passé composé des verbes soulignés. Utilisez des pronoms, *y* ou *en*, chaque fois que c'est nécessaire.

Quand il faut, il faut!

1. Nous étions là, à la terrasse de la Closerie des Lilas . . . il fallait boire quelque chose. Alors, j' ________________ un kir.
2. Il fallait parler. Alors, nous ________________ de nos études.
3. Au lycée, il fallait travailler! Nous ________________ ________________ .
4. Il fallait lire Hemingway. Je ________________ .
5. Il fallait apprendre l'anglais. Je ________________ .
6. Il fallait savoir le latin. Je ________________ (plus ou moins . . .).
7. Il fallait avoir de bonnes notes en français. J' ________________ ________________ .
8. Il fallait avoir des prix en fin d'année. J' ________________ __________ plusieurs!
9. Il fallait n'avoir jamais de zéro. Je ________________ ________________ .
10. Il fallait être bonne élève. Je ________________ .
11. Il fallait avoir mon bac. Je ________________ .
12. Et puis il a fallu aller à la fac. J'________________ allée.
13. Je devais vous rencontrer. (C'était écrit!) Je ________________ .
14. J'ai dû vous écouter. Je ________________ . J'ai beaucoup de mérite! Vous ne trouvez pas?

20.38 Observation: Passé composé, négation, et pronoms

ne		pas	
Je **n'**	ai	**pas**	connu Hemingway.
Je **ne**	l'ai	**pas**	connu.

Au passé composé (et à tous les temps composés), *ne* est placé devant **l'auxiliaire** et *pas* est placé juste apres **l'auxiliaire.** Le pronom personnel objet est placé entre *ne* et **l'auxiliaire.**

20.39 Activation orale: Passé composé et négation

Répondez selon l'exemple.

Exemple:
Vous entendez: 1. Moi, j'ai fait des maths.
Vous ajoutez: . . . je n'ai pas aimé ça.

2. Si je comprends bien, tu as fait de l'histoire, mais. . .
3. Vous avez suivi le cours de zoologie, vous deux. . .
4. Ils ont suivi un cours de botanique.
5. Elle a fait de la trigonométrie. . .

20.40 Activation orale: Passé composé et négation

Répondez selon l'exemple.

Exemple:
Vous entendez: 1. Tu jouais du violon quand tu étais jeune?
Vous ajoutez: Oui, mais je n'ai pas continué.

2. Il jouait du violon quand il était jeune?
3. Votre mère faisait sa médecine quand elle était étudiante?
4. Vous faisiez de la peinture, vous deux, quand vous étiez jeunes?
5. J'étais très beau à vingt ans!

20.41 Activation orale: Passé composé, négation, et pronoms

Répondez selon l'exemple.

Exemple:
Vous entendez: 1. Vos enfants ont fait de l'allemand?
Vous répondez: Non, ils n'en ont pas fait.

2. Vous avez fini vos devoirs, vous deux?
3. Est-ce que Mireille a eu le prix de mathématiques?
4. Tu as lu les romans d'Hemingway, toi?
5. Est-ce que le garçon de la Closerie a connu Hemingway?
6. Est-ce qu'il l'a lu?
7. Est-ce que vous avez entendu parler de Marienbad?
8. Est-ce que vous y êtes allé?
9. Est-ce que vos filles ont fait de l'histoire de l'art?
10. Est-ce que Robert a parlé aux parents de Mireille?

20.42 Activation écrite: Passé composé, négations, et pronoms

Complétez.

1. Robert et Mireille ____________ pas rencontrés à la Closerie. Non, ils se sont rencontrés à la Sorbonne.
2. Ils ont passé un long moment à parler au Luxembourg, mais ils ____________ pas restés; ils sont allés à la Closerie.
3. Le garçon leur a recommandé plusieurs apéritifs, mais ils ____________ pas essayés. Ils ont pris des kirs.
4. Mireille a parlé de son amour de la peinture. Quand elle était toute petite, elle a peint des fresques sur les murs de sa chambre, mais ses parents ____________ pas aimées. Elle avait beaucoup de talent, mais ses parents ____________ pas compris!

5. Elle a parlé de ses études: "Au lycée, j'ai étudié beaucoup de matières différentes, mais je ________ jamais étudiées à fond. On ne peut pas. Il y en a trop." Elle sait un peu d'anglais, mais le peu qu'elle sait, elle ________ pas appris au lycée. "Je ne sais pas le grec; je ________ jamais fait. On nous a parlé des philosophes grecs, mais nous ________ jamais lus."

6. Le garçon leur a parlé d'Hemingway. Il ________ pas connu; il ________ jamais rencontré et il ________ pas lu, non plus. Mais il en a entendu parler.

20.43 Activation orale: Dialogue entre Robert et Mireille

Ecoutez ce court échange entre Robert et Mireille. Ensuite, vous allez jouer le rôle de Mireille.

Robert: J'ai appris à lire presque tout seul.

Mireille: **Sans blague! Et à écrire aussi? Vous avez appris à écrire tout seul?**

Robert: Oui! Et j'ai toujours été un des meilleurs élèves de ma classe.

Mireille: **Et vous avez eu aussi le prix de modestie?**

Robert: Voilà encore que vous vous moquez de moi!

Mireille: **Moi? Pas du tout! Jamais de la vie!**

Exercices-tests

20.44 Exercice-test: *Se moquer de;* pronoms accentués

Complétez.

1. Qu'est-ce que j'ai fait? Pourquoi est-ce qu'elle se moque ________ ?
2. Qu'est-ce qu'elle a fait? Pourquoi est-ce que tu te moques ________ ?
3. Qu'est-ce que tu as fait? Pourquoi est-ce qu'elle se moque ________ ?
4. Qu'est-ce que vous avez fait? Pourquoi est-ce qu'elle se moque ________ ?
5. Qu'est-ce qu'ils ont fait? Pourquoi est-ce qu'elle se moque ________ ?
6. Qu'est-ce qu'il a fait? Pourquoi est-ce qu'elle se moque ________ ?
7. Qu'est-ce que nous avons fait? Pourquoi est-ce qu'elle se moque ________ ?
8. Qu'est-ce qu'elles ont fait? Pourquoi est-ce qu'elle se moque ________ ?

Vérifiez. Si vous avez fait des fautes, travaillez les sections 20.15 à 20.17 dans votre cahier d'exercices.

20.45 Exercice-test: Négations; *pas, plus, jamais, rien, personne*

Répondez négativement aux questions suivantes.

1. Marie-Laure est là?
   Non, elle ________ là.
2. Vous entendez quelque chose?
   Non, je ________ .
3. Vous connaissez quelqu'un, ici?
   Non, je ________ ici.
4. Vous allez encore en Bretagne?
   Non, nous ________ en Bretagne.
5. Vous ratez vos examens, quelquefois?
   Non! Je ________ mes examens!

Vérifiez. Si vous avez fait des fautes, travaillez les sections 20.18 à 20.21 dans votre cahier d'exercices.

20.46 Exercice-test: Passé composé, négations, et pronoms

Mettez les phrases suivantes au passé composé selon l'exemple.

Exemple:
Vous voyez: Vous prenez un kir?
Vous écrivez: Vous avez pris un kir?

1. Je vous attends.
   Je ______________________ .
2. Vous entendez ça?
   Vous ______________________ ça?
3. Il réfléchit.
   Il ______________________ .
4. Je ne lis pas Hemingway.
   Je ______________________ Hemingway.
5. Vous choisissez Lettres ou Sciences?
   Vous ______________________ Lettres ou Sciences?
6. Tu ne lui parles pas?
   Tu ______________________ ?
7. J'ai une bonne note.
   J'______________________ une bonne note.
8. Il est à l'université?
   Il ______________________ à l'université?
9. Elle apprend l'italien.
   Elle ______________________ l'italien.
10. Ils ne boivent pas de Pernod.
    Ils ______________________ de Pernod.
11. Tu ne mets pas ta jupe rouge?
    Tu ______________________ ta jupe rouge?
12. Je finis!
    J'______________________ !

Vérifiez. Si vous avez fait des fautes, travaillez les sections 20.8 à 20.10, 20.22, 20.23, et 20.30 à 20.42 dans votre cahier d'exercices.

Libération de l'expression

20.47 Mise en question

Relisez le texte de la leçon; lisez les questions de la mise en question qui suit la mise en œuvre dans votre livre de textes. Réfléchissez à ces questions et essayez d'y répondre.

20.48 Mots en liberté

1. Vous avez laissé tomber un peu de kir sur la jupe de Mireille . . . ou bien vous avez marché sur le pied de Mireille. Qu'est-ce que vous dites?
2. Robert s'excuse, parce qu'il a laissé tomber du kir sur votre jupe. Qu'est-ce que vous dites?
3. Le garçon se précipite pour vous aider. Qu'est-ce que vous dites?
4. Le garçon vous dit qu'il a connu Hemingway. Vous êtes étonné(e). Qu'est-ce que vous dites?
5. Robert vous dit qu'il a appris à lire et à écrire tout seul. Vous êtes très étonné(e). Qu'est-ce que vous dites? .
6. On vous propose un kir . . . ou autre chose. Vous voulez accepter. Qu'est-ce que vous dites?
7. Robert dit que vous vous moquez de lui. Vous protestez! Qu'est-ce que vous dites?

20.49 Mots en liberté

Qu'est-ce qu'on peut prendre?
Qu'est-ce qu'on peut apprendre?
Qu'est-ce qu'on peut comprendre?

Trouvez au moins trois possibilités pour chaque verbe.

20.50 Mise en scène et réinvention de l'histoire

Imaginez que vous êtes à la terrasse de la Closerie des Lilas avec Robert ou Mireille. Vous parlez de vous, de vos études. Dites ce que vous voulez, mais vous pouvez utiliser les suggestions suivantes. Vous pouvez dire la vérité, ou inventer votre personnage.

(Note: Dans ces suggestions, on utilise soit les formes féminines, soit les formes masculines. Faites les corrections nécessaires: utilisez les formes féminines si vous êtes du sexe féminin, et les formes masculines si vous êtes du sexe masculin.) D'abord, dites ce que vous êtes.

Qu'est-ce que vous êtes? Vous avez un métier?

Je suis plombier, avocat, ingénieur, pharmacien, aviatrice, mineur, infirmier, actrice, compositeur, champion de natation, pompier, violoniste, commerçant, dans les affaires, militaire, magistrat, banquier, athlète professionnel. . . .

Vous êtes étudiant? Vous étudiez dans une école publique, privée?

Vous êtes à l'université? Vous étudiez en ce moment? Vous n'êtes jamais allé à l'université? Vous allez aller à l'université? Vous étudiez chez vous? A l'université?

Vous avez quitté l'université après un an, deux ans, trois ans, dix ans d'études? Vous êtes en congé?

Pourquoi avez-vous quitté l'université? Vous en aviez assez des études? Vous n'aimez pas les études? Vous trouvez qu'on enseigne des choses inutiles? Que l'enseignement n'est pas adapté à la vie moderne, qu'il est trop dirigiste?

Vous travaillez en ce moment? Vous n'avez pas le temps d'étudier? Vous n'avez pas une minute à vous? Mais vous prenez le temps d'étudier? Vous avez des enfants qui sont agaçants et fatigants? Heureusement? Malheureusement?

Vous n'avez pas assez d'argent pour vous inscrire à l'université? Vous suivez combien de cours? Est-ce que c'est cher? C'est combien pour un cours?

Est-ce que vous savez ce que vous voulez faire? Est-ce que vous savez où vous en êtes? Est-ce que vous voulez réfléchir à votre situation? Faire le point? Est-ce que vous voulez continuer à faire ce que vous faites, ou est-ce que vous voulez faire autre chose?

Est-ce que vous êtes bon élève? Est-ce que vous étudiez beaucoup? Est-ce que vous comprenez vite? Est-ce que vous êtes doué? Surdoué? Moyen? Est-ce que vous étiez une bonne élève, une mauvaise élève, une élève moyenne à l'école primaire?

Et à l'école secondaire? Vous étiez la meilleure élève de la classe? Une des meilleures élèves? La pire élève de la classe? Est-ce que vous avez toujours eu de bonnes notes? Est-ce que vous avez toujours réussi à tous vos examens? Est-ce que vous avez raté des examens? En quoi étiez-vous bonne? En maths? En anglais . . . ? En quoi étiez-vous nulle? En quoi étiez-vous moyenne? Quelles matières est-ce que vous préfériez?

Est-ce que vous lisez beaucoup? Est-ce que vous aimez lire? Vous aimez lire, mais vous ne faites pas ce que vous voulez? Vous n'avez pas le temps de lire? Qu'est-ce que vous lisez? Vous avez lu Hemingway, Shakespeare, Nabokov, Hugo, Cervantès, Tolstoï, Jean-Paul Sartre?

Est-ce que vous avez connu Tchékov? Non? Pourquoi? Vous êtes trop jeune? Vous n'êtes jamais allé en Russie?

Est-ce que vous avez entendu parler de Marcel Proust? De quel écrivain français avez-vous entendu parler?

Bon, eh bien, quelle heure est-il maintenant? Qu'est-ce que vous allez boire?

Préparation à la lecture et à l'écriture

20.51 Entraînement à la lecture

Lisez le document 2 de la leçon 20 dans votre livre de textes.

A votre avis, est-ce que la citation de Jules Renard a été écrite avant ou après le vers de Musset? ______________________

Laquelle de ces deux citations est humoristique? ______________________

20.52 Entraînement à la lecture et expansion du vocabulaire

Lisez d'abord le document 3 de la leçon 20, "Le Pélican" de Robert Desnos. Lisez ensuite le texte suivant et complétez.

1. Les animaux ovipares se reproduisent par les œufs.

   Les animaux ovipares pondent des œufs.

   Les petits naissent d'un œuf; ils sortent d'un œuf.

   Les oiseaux sont des animaux ovipares.

   Donc, les oiseaux __________ des œufs.

   Les poules, les poulets, et les coqs sont des oiseaux.

   Donc, les poules pondent des __________.

2. Une poule pond un œuf. Un petit poulet naît de cet œuf. Le petit poulet devient une poule. Cette poule __________ un œuf. Un petit poulet __________ de cet œuf, etc. Ça peut continuer longtemps. Mais si on fait une omelette avec l'œuf que la poule vient de pondre, le cycle s'arrête.

3. Arrêtez! Ce petit jeu a duré trop longtemps!

   Au lycée, les cours __________ 55 minutes.

   Mais le cours de danse de Marie-Laure __________ 1 heure et quart.

20.53 Lecture et interprétation

Lisez le document 4 de la leçon 20, "Les Français lisent-ils?" Cherchez la réponse aux questions suivantes.

1. Qu'est-ce que les Français lisent le plus, des livres d'histoire ou des romans policiers?

   ____

2. Qu'est-ce qu'ils préfèrent, la lecture ou la musique?

   ____

3. Est-ce que les Français lisent plus ou moins qu'il y a une vingtaine d'années?

   ____

4. Quels sont les jeunes qui lisent le plus?

   ____

5. Qui est-ce qui lit le plus de bandes dessinées?

   ____

Lisez le document 5, "Que lisent les Français," et répondez.

6. Qui est-ce qui achète le moins de livres, les employés, les ouvriers, les agriculteurs, les cadres supérieurs?

   ____

20.54 Lecture et interprétation

Lisez le document 6 de la leçon 20 dans votre livre de textes.

Quels sont les jeunes les plus dépendants des parents, les jeunes filles ou les jeunes gens? __________________ .

20.55 Lecture, interprétation, et expansion du vocabulaire

A. Lisez le document 7 de la leçon 20. C'est un article de journal qui parle des étudiants qui sont obligés de travailler pendant leurs études. Puis, lisez le texte suivant, et complétez-le.

1. Le collège correspond aux classes de 6ème, 5ème, 4ème, et 3ème. La plupart des élèves entrent au collège à 11 ans. Le lycée correspond aux classes de seconde, 1ère, et terminale. La plupart des élèves entrent au __________ à 15 ans.

   Est-ce que des élèves de 17 ans sont plutôt des collégiens ou des lycéens? ____________________ .
2. Quelqu'un qui fait du ski est un skieur. Quelqu'un qui fait de la resquille est un resquilleur. Quelqu'un qui travaille est un ________________ .
3. Les HLM (Habitations à Loyer Modéré) sont des immeubles pour les familles qui n'ont pas beaucoup d'argent. Les appartements dans les __________ ne sont pas très chers.
4. Le Val-d'Oise est un des 8 départements de la région parisienne (Paris, Hauts-de-Seine, Seine-Saint-Denis, Val-de-Marne, Essonne, Val-d'Oise, Yvelines, Seine-et-Marne). Paris est au centre. Le ______________ du Val-d'Oise est au nord. Autour de Paris (et des autres grandes villes de France), on trouve des banlieues, des agglomérations urbaines où les gens vivent et travaillent. Montrouge et Châtenay-Malabry sont des banlieues au sud de Paris. Mireille n'habite pas dans la ________________ ; elle habite à Paris.
5. Didier, Yasmina, et Aïcha travaillent pour gagner de l'argent. Cet argent leur est nécessaire. C'est un besoin. Quand on est lycéen, l'argent est un ______________ constant. Aller au cinéma et acheter des jeans sont aussi des ________________ impératifs.
6. Didier ne parle pas de son travail à ses copains. Il a peur qu'ils trouvent ça ridicule. Il a __________ qu'ils se moquent de lui. Il ne parle même pas de son travail à sa copine; est-ce qu'il pense qu'elle va ____________ de lui, elle aussi?
7. Didier est embarrassé; il est humilié par son besoin de travailler. Il a honte de travailler. Il ____________ de ses notes, aussi, parce qu'elles sont moins bonnes depuis qu'il travaille.
8. Didier n'a pas le courage de parler de son travail à ses copains. Il n'ose pas leur en parler. Mais il n'__________ pas arrêter de travailler, non plus: il a trop besoin d'argent.
9. Si on ne travaille pas, on ne gagne pas d'argent. Didier travaille pour ____________ de l'argent.
10. Si on n'a pas de blue-jean, on va en acheter un dans un magasin. Quand on achète un jean dans un ____________ (à Prisunic, par exemple), on va à la caisse et on donne l'argent à la ______________ .
11. En général, je me couche à 11 heures du soir, mais quand je suis très fatigué, je ________________ à 9h.
12. Mme Belleau n'a pas le temps de faire le ménage chez elle (elle travaille toute la journée au Ministère). Elle paie quelqu'un qui vient chez elle deux heures par jour pour faire le ______________ .
13. Les élèves, les étudiants apprennent, les profs enseignent. Les profs sont des ________________ .
14. Quand les élèves travaillent, leurs notes sont moins bonnes: elles ______________ .
15. Les élèves qui sont absents trop souvent risquent de ne pas obtenir leur diplôme, ils ont moins de chances de réussir à l'examen du baccalauréat. Les absences diminuent les chances de réussir. Les absences ________________ la ____________ au baccalauréat.

B. Maintenant, répondez aux questions suivantes.

1. Où habite Didier? Où habitent Yasmina, Nadia, Corinne? A Paris?

2. Où sont Montrouge et Argenteuil, par rapport à Paris?

3. Où est la place de la République?

4. Comment Didier va-t-il travailler? Est-ce qu'il prend le métro?

5. Qu'est-ce qui montre que la famille de Didier est modeste?

6. Quel genre de travail font les lycéens et les lycéennes qui travaillent?

7. Essayez d'estimer combien quelqu'un qui fait des ménages peut gagner de l'heure.

8. A quel âge pensez-vous qu'on peut commencer à travailler légalement, en France?

9. Combien d'heures de cours y a-t-il par semaine en classe de première?

10. D'après cet article, est-ce que la majorité des lycéens travaillent? Est-ce qu'on considère comme normal que les lycéens travaillent? Pourquoi est-ce que Didier n'ose pas dire à ses copains qu'il travaille?

11. Pourquoi est-ce que les professeurs n'aiment pas que les lycéens travaillent?

20.56 Pratique de l'écriture

Et vous, est-ce que vous êtes, ou est-ce que vous étiez, un(e) lycéen(ne) qui travaille? D'après votre expérience ou celle de vos amis, est-ce que c'est facile de faire des études et de travailler en même temps? Pourquoi? Ecrivez de 50 à 100 mots.

20.57 Entraînement à la lecture et expansion du vocabulaire

Etudiez le document 9. Relisez la section 4 du texte de cette leçon. Lisez les questions suivantes et essayez d'y répondre.

1. Qui sont ces trois personnages? Des chauffeurs de taxi, des infirmières, des conducteurs d'ambulance?

   ____

2. Où sont-ils? Devant un cimetière ou devant le jardin du Luxembourg?

   ____

3. Qu'est-ce qui leur est arrivé? Ils sont tombés en panne ou ils sont perdus?

   ____

4. Qu'est-ce qu'ils consultent? Un journal ou une carte routière?

   ____

5. Qu'est-ce qu'ils font?
   Ils font le __________.

20.58 Entraînement à la lecture: Observation et interprétation

Etudiez le document 10 de la leçon 20, "Les Champions." Lisez les bulles de cette bande dessinée. Répondez aux questions ou complétez.

Il y a deux enfants: un petit garçon et une petite fille.

1. Le petit garçon n'est pas content parce que son copain Dugommeau est plus fort que lui en __________.
2. Dugommeau a eu une meilleure note que lui en calcul. Il a eu 8. Est-ce que c'est 8 sur 20 ou 8 sur 10?

   ____

3. L'année dernière, Dugommeau et lui étaient ex-aequo, ils avaient toujours les mêmes notes. Pourquoi est-ce que Dugommeau est plus fort que lui en calcul, maintenant?

   ____

4. Qu'est-ce que le petit garçon va faire, pendant les vacances, pour pouvoir battre Dugommeau en calcul?

   ____

5. Dans quelle matière est-ce que la petite fille a des problèmes?

   ____

6. Pour l'orthographe et la lecture, le petit garçon n'a pas de problème; il est en avance sur les autres. Il a de la chance: il a du __________.
7. L'ambition du petit garçon, c'est d'entrer au __________.
8. Sa sœur pourra entrer au lycée si elle travaille: si elle __________.
9. Le petit garçon a du __________ parce que sa mère le fait __________ tous les week-ends.
10. La petite fille n'a pas de __________ parce que ses parents ne la font pas travailler. Ils ne s'occupent pas de ses études. Ça ne les intéresse pas: ils s'__________ __________! (Cette petite fille parle mal!)

Leçon 21

Assimilation du texte

🎧 21.1 Mise en œuvre

Ecoutez le texte et la mise en œuvre dans l'enregistrement sonore. Répétez et répondez suivant les indications.

🎧 21.2 Compréhension auditive

Phase 1: Regardez les images et répétez les énoncés que vous entendez.

1. ___

2. ___

3. ___

4. ___

5. ___

6. ___

Phase 2: Ecrivez la lettre de chaque énoncé que vous entendez sous l'image qui lui correspond le mieux.

21.3 Compréhension auditive et production orale

Ecoutez les dialogues suivants. Après chaque dialogue vous allez entendre une question. Répondez à la question.

1. Est-ce que les ordinateurs font des opérations tout seuls?
2. Quand est-ce que la chimie peut servir, d'après Mireille?
3. Pour quelles raisons est-ce qu'on apprend le latin, d'après Mireille?
4. Qu'est-ce que Robert trouve plus utile que le latin comme exercice mental?
5. Pourquoi Robert invite-t-il Mireille à déjeuner?

21.4 Production orale

Ecoutez les dialogues suivants. Vous allez jouer le rôle du second personnage.

1. Mireille: Alors, comme ça, vous trouvez qu'on enseigne beaucoup de choses inutiles? Quoi, par exemple?
   Robert: (. . .)
2. Robert: Même au Home Latin, en plein Quartier Latin, on ne parle pas latin!
   Mireille: (. . .)
3. Mireille: Heureusement que la culture, c'est ce qui reste quand on a tout oublié!
   Robert: (. . .)
4. Mireille: Quelle heure est-il? Vous avez l'heure?
   Robert: (. . .)
5. Robert: Il est midi moins cinq.
   Mireille: (. . .)

Préparation à la communication

21.5 Observation: Prononciation; syllabes ouvertes (révision)

Vous vous rappelez qu'en français on tend à diviser la chaîne parlée en syllabes "ouvertes" (c'est-à-dire des syllabes terminées par un son de voyelle). On tend à séparer les voyelles de la consonne suivante. Il n'y a pas d'anticipation de la consonne.

Observez la division en syllabes dans la phrase suivante:

Je me suis /z/a ssis à la te rrasse.

Toutes les syllabes, à l'exception de la dernière (*-rrasse*), sont des syllabes ouvertes.

21.6 Activation orale: Prononciation; syllabes ouvertes

Répétez les phrases suivantes en séparant légèrement les syllabes.

Les ma thé ma tiques, la gé o mé trie,

la tri go no mé trie, c'est /t/u tile!

On /n/a pprend le la tin.

Vous /z/a vez fait du la tin?

Vous /z/en /n/a vez vu, vous, des si rènes?

Eh bien, vous /z/êtes sen ten cieuse!

E lle est /t/a llée chez /z/elle.

Mes pa rents m'a tten dent à mi di.

Quand /t/y a llez vous?

21.7 Observation: *Même*

Il en faut, des industriels, des agriculteurs, des commerçants . . . et **même** des militaires!

Même si on n'apprend rien à fond, ça doit faire beaucoup de travail!

Même les romans, ce n'est pas la vie! Ce n'est que de la fiction!

Mais enfin, **quand même**, il y a une belle littérature latine

Aujourd'hui, **même** les curés disent la messe en français!

21.8 Activation écrite: *Même*

Complétez.

1. D'ailleurs, ___________ si vous parliez latin, avec qui pourriez-vous parler?
2. Ce n'est ___________ plus la peine d'apprendre à compter!
3. Que voulez-vous, je suis doué! Mes profs disaient ___________ que j'étais surdoué. . . .
4. J'ai eu tous les prix . . . ___________ le prix de modestie!
5. Ils ont bu des kirs. Ils en ont ___________ bu trois!
6. Robert a donné à Mireille plusieurs raisons de déjeuner avec lui. Mais ___________ avec toutes ces bonnes raisons, elle n'a pas pu accepter.

21.9 Observation: Masculin et féminin

masculin	intellectu**el**	spiritu**el**	artifici**el**	ré**el**	professionn**el**
féminin	intellectu**elle**	spiritu**elle**	artifici**elle**	ré**elle**	professionn**elle**

masculin	génér**al**	norm**al**	nation**al**	internation**al**	ment**al**
féminin	génér**ale**	norm**ale**	nation**ale**	internation**ale**	ment**ale**

21.10 Observation: Masculin et féminin

une addi**tion**   **une** fic**tion**   **une** conversa**tion**   **une** éduca**tion**
une soustrac**tion**   **une** na**tion**   **une** admira**tion**   **une** explora**tion**
une multiplica**tion**   **la** nata**tion**   **une** reproduc**tion**   **une** interroga**tion**

Notez que tous ces noms se terminent par *-tion,* et qu'ils sont **féminins.** Notez que *-tion* se prononce /sjɔ̃/.

21.11 Observation: Masculin et féminin

la zoolog**ie**   **la** géolog**ie**   **la** psycholog**ie**   **la** physiolog**ie**
la philosoph**ie**   **la** géograph**ie**   **la** photograph**ie**   **la** chim**ie**

Notez que tous ces noms se terminent par *-ie,* et qu'ils sont **féminins.**

21.12 Activation écrite: Masculin et féminin

Complétez avec la forme convenable de l'article défini (*le, la, les*) ou indéfini (*un, une, des*).

1. Excusez-moi, je file. Je dois rentrer à la maison. J'ai _____ interrogation écrite à préparer pour demain.
2. Robert invite Mireille à déjeûner parce qu'il veut continuer _____ conversation.
3. Les mots croisés, c'est _____ bon exercice mental!
4. Il a étudié _____ philosophie à l'université, mais maintenant il est berger dans les Pyrénées Orientales.
5. J'ai toujours eu horreur de _____ chimie, à cause des mauvaises odeurs.
6. Je préfère _____ parfum délicat des fleurs. D'ailleurs, j'ai eu _____ bonne note en botanique, à cause des fleurs.
7. _____ cours d'art grec que Mireille suit à la Sorbonne est exceptionnel.
8. Robert trouve que Mireille a _____ admiration excessive pour son professeur d'art grec.
9. C'est vrai que Mme Belleau cherche Mireille? Non, c'est _____ histoire que Marie-Laure a inventée.
10. Mais voyons, Marie-Laure, arrête de pleurer comme ça! Ce n'est pas _____ tragédie. On va l'arranger, ton bateau!
11. L'histoire est arrangée pour vous faire adopter les préjugés de votre nation. C'est _____ fiction, _____ manipulation.
12. Robert aime _____ géométrie parce que c'est _____ excellente discipline intellectuelle.

21.13 Observation: Utilité

servir
A quoi ca **sert?** Ça **sert à** quoi? A quoi est-ce que ça **sert?** Bah! Ça ne **sert à** rien! Mais si, ça peut **servir**. . . . Ça **sert à** fabriquer des explosifs!

Le verbe *servir* est utilisé pour parler d'utilité:

Ça sert à quelque chose: c'est utile.
Ça ne sert à rien: ce n'est pas utile.

Comparez.

servir	sortir	partir	sentir
je sers	je sors	je pars	je sens
tu sers	tu sors	tu pars	tu sens
elle sert	il sort	elle part	ça sent
nous servons	nous sortons	nous partons	nous sentons
vous servez	vous sortez	vous partez	vous sentez
ils servent	ils sortent	ils partent	ils sentent

21.14 Activation orale: Utilité

Répondez selon les exemples.

Exemples:

Vous entendez: 1. Une calculatrice, est-ce que c'est utile?
Vous voyez: Oui, pour faire des additions, des soustractions, etc.
Vous répondez: Oui, ça sert à faire des additions, des soustractions, etc.

Vous entendez: 2. Une fleur, est-ce que c'est utile?
Vous voyez: Non.
Vous répondez: Non, ça ne sert à rien (mais ça sent bon).

3. Oui, pour lire.
4. Oui, pour écrire.
5. Non.
6. Oui, pour faire des multiplications, des divisions, etc.
7. Non.
8. Oui, pour savoir l'heure.

21.15 Activation orale: Utilité; *servir*

Pour chaque expression, trouvez une expression équivalente, selon les exemples.

Exemples:

Vous entendez: 1. Est-ce que les mathématiques sont utiles?
Vous dites: A quoi servent les mathématiques?

Vous entendez: 2. Les mathématiques ne sont pas utiles.
Vous dites: Les mathématiques ne servent à rien.

3. Est-ce que l'histoire de l'art est utile?
4. Non, ce n'est pas utile.
5. Est-ce que les professeurs sont utiles?
6. Les professeurs ne sont pas utiles.
7. Est-ce que nous sommes utiles, nous?
8. Nous ne sommes pas utiles.

21.16 Observation: *Faire croire, faire rire*

	faire	*infinitif*	
L'histoire veut vous	**faire**	**croire**	que votre pays a toujours raison.
Robert veut	**faire**	**croire**	à Mireille qu'il est surdoué.
Mireille	**fait**	**rire**	Robert avec sa "discipline intellectuelle."
Vous me	**faites**	**rire**	avec votre "discipline intellectuelle."
C'est amusant. Ça me	**fait**	**rire.**	

sujet			*objet direct*	
Je	trouve	ça drôle.	Ça **me**	fait rire.
Les gens	trouvent	ça drôle.	Ça **les**	fait rire.
Tu	trouves	ça drôle?	Ça **te**	fait rire?
Elle	trouve	ça drôle.	Ça **la**	fait rire.
Nous	trouvons	ça drôle.	Ça **nous**	fait rire.
Vous	trouvez	ça drôle?	Ça **vous**	fait rire?

objet direct		*sujet*		
Je **te**	trouve drôle.	**Tu**	me fais	rire.
Je **vous**	trouve drôle.	**Vous**	me faites	rire.
Je **les**	trouve drôles.	**Ils**	me font	rire.

21.17 Activation orale: *Faire rire*

Répondez selon l'exemple.

Exemple:
Vous entendez: 1. Je vous trouve amusant.
Vous dites: Vous me faites rire.

2. Elle vous trouve amusant.
3. Il vous trouve amusant.
4. Les gens vous trouvent drôle.
5. Elle me trouve amusant.
6. Mes amis me trouvent ridicule.

21.18 Observation: Ce qu'on peut avoir

	avoir *nom*
Robert **a**	faim.
J' **ai**	raison.
Vous **avez**	tort.
Elle **a**	horreur de la chimie.

Vous vous rappelez qu'on peut aussi avoir . . .

vingt ans,
le temps,
de la fortune,
envie de partir,
mal à la gorge,
le teint frais,
l'air fragile,
l'air de s'ennuyer

et beaucoup d'autres choses.

21.19 Activation orale: Ce qu'on peut avoir

Répondez selon l'exemple.

Exemple:
Vous entendez: 1. Vous vous trompez!
Vous dites: Non, j'ai raison!

2. Mireille se trompe.
3. Les manifestants se trompent.
4. Je me trompe, moi?
5. Vous vous trompez, vous deux!

21.20 Activation orale: Ce qu'on peut avoir

Répondez selon l'exemple.

Exemple:
Vous entendez: 1. J'ai horreur du latin!
Vous dites: Tu as tort, c'est intéressant!

2. Mireille a horreur de la chimie.
3. Jean-Pierre a horreur des maths.
4. Nous avons horreur de la philosophie.
5. Mes parents ont horreur du cinéma.

21.21 Activation orale: Ce qu'on peut avoir

Répondez selon les exemples.

Exemples:
Vous entendez: 1. Mireille n'est peut-être pas pressée . . .
Vous dites: Mais elle a l'air pressée.

Vous entendez: 2. Tu ne t'ennuies peut-être pas . . .
Vous dites: Mais tu as l'air de t'ennuyer.

3. Mireille n'est peut-être pas fragile. . .
4. Tu n'aimes peut-être pas ça. . .
5. Il n'a peut-être pas faim. . .
6. Vous n'avez peut-être pas faim. . .
7. Ils ne savent peut-être pas ce qu'ils font. . .
8. Tu ne sais peut-être pas ce que tu fais. . .

21.22 Activation écrite: *Avoir raison, avoir tort*

Relisez les textes des leçons 13, 14, 15, et 21 (section 6) et complétez.

1. Tu fais du droit? Tu ______________, parce que le droit mène à tout!
2. Vous faites de l'histoire de l'art? Vous ______________, parce que l'histoire de l'art ne mène à rien!
3. Elle veut faire de l'informatique? Elle ______________, c'est un truc qui a de l'avenir!
4. Ils n'ont pas encore décidé ce qu'ils veulent faire? Ils ______________; c'est dangereux de se décider trop tôt!
5. Mireille ne sait pas pourquoi les manifestants manifestent, mais elle est sûre qu'ils ______________. Elle leur donne ______________. Mais elle leur donne peut-être ______________ à tort! Elle ne peut pas vraiment savoir s'ils ont ______________ ou raison, puisqu'elle ne sait pas pourquoi ils manifestent. Elle a peut-être ______________ de leur donner raison!
6. Mireille pense que Robert est américain. Elle ______________. Elle a de bonnes ______________ de le penser. Mais quand elle pense que son père est mort, elle ______________; elle se trompe.
7. Jean-Pierre est persuadé que les filles ne sont là que pour lui tomber dans les bras. Il ______________. Il a le ______________ de croire que les filles sont faites pour lui tomber dans les bras.
8. Annick pense que Jean-Pierre n'est pas très sympathique. Elle ______________.
9. Jean-Luc ne donne pas ______________ à Jean-Pierre mais il ne lui donne pas ______________ non plus.
10. Robert a l'air de croire que toutes les Parisiennes portent des jupes rouges . . . évidemment il ______________.
11. —Le père de Robert a de l'argent, mais Robert veut être indépendant. Qu'en pensez-vous?
    —Il ______________ de vouloir être indépendant.
12. Mireille suppose que Robert ne connaît personne à Paris. Elle ______________.
13. Tante Georgette dit que le karaté peut toujours servir. Elle ______________.
14. Marie-Laure a dit à Mireille que Mme Belleau la cherchait. Mireille est allée à la maison mais il n'y avait personne. Quand elle revient au Luxembourg, elle n'est pas contente du tout! Elle a de bonnes ______________ d'être furieuse: Marie-Laure s'est moquée d'elle; elle lui a fait une blague stupide.
15. Tonton Guillaume adore Marie-Laure. Quand Marie-Laure et Mireille ne sont pas d'accord, il donne toujours ______________ à Marie-Laure.
16. Mireille dit que Marie-Laure est insupportable. Elle ______________!
17. Jean-Luc fume. Il ______________ parce que ce n'est pas bon pour la santé.
18. —Marie-Laure pense qu'un plombier gagne plus qu'un ingénieur chez Renault. Qu'en pensez-vous?
    —Je crois qu'elle ______________.
19. —L'ami de Robert ne croit plus en Dieu. Qu'en pensez-vous?
    —Il ______________ parce que Dieu ______________.
20. —Robert pense que faire du cinéma, c'est mieux que d'être magistrat. Qu'en pensez-vous?
    —Je pense qu'il ______________.
21. Maintenant, avec les ordinateurs et les calculettes électroniques, il n'y a plus de ______________ d'apprendre à compter.

22. Il y a plusieurs ________________ (bonnes ou mauvaises) d'apprendre le latin. A tort ou à ________________ , il y a des gens qui font du latin.

23. Robert a beaucoup de bonnes ________________ pour inviter Mireille à déjeuner, mais elle ne peut pas accepter.

21.23 Observation: *Recevoir*

Comparez.

recevoir	devoir	recevoir	devoir
présent		*passé composé*	
je reçois tu reçois elle reçoit elles reçoivent nous rec**evons** vous rec**evez**	je dois tu dois elle doit elles doivent nous d**evons** vous d**evez**	j' ai reç**u** tu as reç**u** elle a reç**u** elles ont reç**u** nous avons reç**u** vous avez reç**u**	j' ai d**û** tu as d**û** elle a d**û** elles ont d**û** nous avons d**û** vous avez d**û**

21.24 Activation orale: *Recevoir*

Répondez selon l'exemple.

Exemple:
Vous entendez: 1. Elle est très cultivée.
Vous dites: Oui, elle a reçu une très bonne éducation.

2. Hubert est très cultivé.
3. Que vous êtes cultivés, vous deux!
4. Mireille et ses sœurs sont très cultivées.
5. Que tu es cultivé!

21.25 Observation: *Savoir* + infinitif

	savoir	*infinitif*	
Il faut	**savoir**	**compter.**	
Est-ce que vous	**savez**	**faire**	une addition?
Est-ce qu'il	**sait**	**programmer**	un ordinateur?
Est-ce que tu	**sais**	**fabriquer**	des explosifs?

Le verbe *savoir* + un infinitif est utilisé pour parler de compétence.

21.26 Activation orale: *Savoir* + infinitif

Répondez selon l'exemple.

Exemple:
Vous entendez: 1. Je vais vous apprendre à jouer aux échecs.
Vous dites: Il y a longtemps que je sais jouer aux échecs!

2. Nous allons lui apprendre à écrire.
3. Nous allons lui apprendre à nager.
4. Je vais vous apprendre à faire des explosifs.
5. Je vais leur apprendre à conduire.
6. Mireille va t'apprendre à danser.
7. Robert va t'apprendre à faire de la planche à voile.

21.27 Observation: *S'y mettre*

Ce que vous pouvez être sentencieuse, quand **vous vous y mettez!**

Ce que tu peux être agaçante, quand **tu t'y mets!**

Il n'aime pas travailler, mais quand **il s'y met,** il travaille vite et bien.

Allez! Au travail! Il faut **s'y mettre!**

	se	mettre	à	
Je vais	**me**	**mettre**	**au**	travail.
Je vais	**me**	**mettre**	**à**	travailler.
Mireille	**s'**	**est mise**	**à**	l'italien.
Elle	**s'**	**est mise**	**à**	apprendre l'italien.

y
Elle s' est mise à apprendre l'italien.
Elle s'y est mise.

21.28 Activation orale: *S'y mettre*

Répondez selon l'exemple.

Exemple:
Vous entendez: 1. Ce que vous êtes drôle!
Vous dites: Oui, je peux être très drôle quand je m'y mets.

2. Ce que Robert est cérémonieux!
3. Ce que Mireille est sentencieuse!
4. Ce que vous êtes embêtants, tous les deux!
5. Ce que tu es agaçant!
6. Ce que les professeurs sont embêtants!
7. Ce que vous êtes spirituels, tous les deux!
8. Ce que les parents sont autoritaires!

21.29 Activation orale: *S'y mettre*

Répondez selon l'exemple.

Exemple:
Vous entendez: 1. Tu te mets à l'italien?
Vous dites: Oui, je m'y mets.

2. Tu te mets à l'informatique?
3. Tu te mets au bridge?
4. Robert se met aux échecs?
5. Vous vous mettez au latin, tous les deux?
6. Les sœurs de Mireille se mettent au ski, maintenant?
7. Les Belleau se mettent aux mots croisés, maintenant?

21.30 Activation orale: Passé composé et négation (révision)

Répondez selon l'exemple.

Exemple:
Vous entendez: 1. Nous sommes partis.
Vous dites: Nous n'avons pas attendu.

2. Ils sont partis.
3. Je suis parti.
4. Mireille est partie.
5. Robert est parti.

21.31 Activation orale: Passé composé et négation; *pouvoir* (révision)

Répondez selon l'exemple.

Exemple:
Vous entendez: 1. Il a invité Mireille à déjeuner.
Vous ajoutez: Malheureusement, elle n'a pas pu accepter.

2. Elle a invité Robert à l'accompagner à Chartres.
3. Mireille m'a invité à aller la voir.
4. Les Courtois nous ont invités à aller les voir.
5. J'ai invité les parents de Mireille à dîner.

21.32 Activation orale: Passé composé, négation, et pronoms (révision)

Répondez selon l'exemple.

Exemple:
Vous entendez: 1. Nous sommes partis sans Robert.
Vous dites: Nous ne l'avons pas attendu.

2. Nous sommes partis sans Robert et Mireille.
3. Nous sommes partis sans eux.
4. Je suis parti sans Mireille.
5. Ils sont partis sans elle.
6. Ils sont partis sans nous.

21.33 Observation: Accord du participe passé; auxiliaire *avoir*

objet direct	*objet direct accord*
1. Robert a invité **Hubert.**	2. Il **l'** a invité.
3. Il a invité **Mireille.**	4. Il **l'** a invitée.
5. Il a invité **Mireille et Hubert.**	6. Il **les** a invités.
7. Il a invité **Mireille et Colette.**	8. Il **les** a invitées.

Notez les points suivants:

- Les verbes des phrases 1 à 8 sont tous au **passé composé.**
- L'auxiliaire est *avoir.*
- Dans les phrases 1, 3, 5, et 7, l'objet direct est placé **après le verbe.**
- Les participes passés (*invité*) dans les phrases 1, 3, 5, et 7 sont tous identiques. Il n'y a pas d'accord.
- Dans les phrases 2, 4, 6, et 8, l'objet direct (*l', les*) est placé **avant le verbe.**
- Les participes passés **ne sont pas** identiques. Il y a accord.

Dans 4, le participe passé (*invitée*) est au féminin singulier.
Dans 6, le participe passé (*invités*) est au masculin pluriel.
Dans 8, le participe passé (*invitées*) est au féminin pluriel.

- Les participes passés s'accordent avec **l'objet direct placé avant le verbe.**
- Remarquez que, dans ce cas, la prononciation est la même pour *invité, invitée, invités,* et *invitées.*

pas d'accord	*accord*
Mireille a mis son pull blanc.	Elle l'a mis.
Elle a mis sa jupe rouge.	Elle l'a mise.

Remarquez que, dans ce cas, la prononciation est **différente.** (Dans *mis,* le s n'est pas prononcé. Dans *mise,* il est prononcé comme /z/.)

21.34 Activation écrite: Compléments d'objet directs

Lisez ce que dit Mireille et répondez aux questions.

1. Mireille: Quelqu'un a pris mon roman policier!

   Qu'est-ce que quelqu'un a pris?

   ____

2. Mireille: C'est Marie-Laure qui l'a pris, évidemment!

   Qu'est-ce que *l'* représente?

   ____

3. Mireille: C'est un garçon que j'ai rencontré à la Sorbonne.

   Qu'est-ce que *que* représente?

   ____

Notez que les mots que vous avez écrits représentent des compléments d'objet directs.

21.35 Activation écrite: Accord du participe passé; auxiliaire *avoir*

Complétez. (Observez les compléments d'objet directs soulignés.)

1. Qui est-ce qui a pris mon violon?

   C'est toi qui l'as ______________ ?

2. Qui est-ce qui a pris ma flûte?

   C'est toi qui l'as ______________ ?

3. Vous avez compris la leçon?

   Vous l'avez ______________ ?

4. Tu as appris ta fable?

   Tu l'as ______________ ?

5. Mireille a étudié le latin.

   Elle l'a ______________ pendant six ans.

6. Elle a étudié la philosophie.

   Elle l'a ______________ un an seulement.

7. Elle a étudié les philosophes grecs.

   Elle les a ______________ en traduction.

8. Elle a étudié les sciences naturelles.

   Elle les a ______________ au lycée.

9. Elle a aimé la tragédie de Racine qu'elle a lue.

   Elle a aimé toutes les comédies de Molière qu'elle ______________ .

10. Elle a adoré le roman de Le Clézio qu'elle ______________ .

11. Elle a beaucoup aimé tous les films de Truffaut qu'elle ______________ .

12. Ce matin, elle a ______________ sa jupe rouge.

13. Elle l'a ______________ presque tous les jours, cette semaine.

14. Elle a toujours ______________ de bonnes notes en botanique.

15. Elle est très fière des bonnes notes qu'elle ______________ .

16. J'ai vu Mireille et sa petite sœur. Je les ______________ au Luco.

21.36 Activation écrite: Accord du participe passé; auxiliaire *avoir*

Complétez en faisant l'accord du participe passé là où il est nécessaire. Notez que les objets directs sont soulignés pour vous faciliter les choses.

1. J'ai commencé_____ mes études à l'école maternelle.

   Je les ai continué_____ au lycée.

   Je les ai terminé_____ l'année dernière.

2. J'ai toujours aimé_____ la peinture.

3. J'ai commencé_____ une magnifique fresque.

   Mais mes parents ne l'ont pas apprécié_____ du tout.

   D'ailleurs, je ne l'ai jamais terminé_____ .

4. Je ne sais pas le latin. Pourtant, je l'ai étudié_____ pendant six ans.

5. J'ai beaucoup de devoirs à faire. Je ne les ai pas encore fait_____ .

21.37 Activation: Dictée

Ecoutez et complétez. Vous entendrez le texte trois fois.

A. Pas possible! Mireille a changé de jupe!

Colette: Tu ______________ jupe?

Mireille: Comment ______________ ?

Colette: Elle ______________ . ______________ chic. Ça ______________ au moins de ______________ Dior!

Mireille: Ouais. . . Pas ______________ .

Colette: Elle ______________ quand même.

Mireille: Je ______________ aussi.

B. Mais oui, Mireille a deux jupes!

Mireille: ______________ ?

Colette: ______________ .

Mireille: ______________ , hein?

21.38 Activation orale: Dialogue entre Robert et Mireille

Vous allez entendre un dialogue entre Robert et Mireille. Ecoutez bien. Vous allez apprendre les répliques de Robert. Ils parlent des études; Robert dit que le latin ne sert à rien parce qu'on ne le parle plus.

Mireille: D'accord, oui! Personne ne parle plus latin; même les curés disent la messe en français, maintenant. Mais on apprend le latin pour d'autres raisons. . .

Robert: **Ah, oui? Et pourquoi, dites-moi?**

Mireille: Eh bien, pour mieux savoir le français. Et puis pour la discipline intellectuelle. . .

Robert: **Discipline intellectuelle! Vous me faites rire avec votre discipline intellectuelle!**

Exercices-tests

21.39 Exercice-test: Masculin et féminin

Complétez selon l'exemple.

Exemple:

C'est une petite fille très gentille.

1. C'est ______ exellent______ exercice mental______ .
2. C'est ______ reproduction très professionnel______ .
3. C'est ______ philosophie existentiel______ .
4. C'est ______ comédie très spirituel______ .

Vérifiez. Si vous avez fait des fautes, travaillez les sections 21.9 à 21.12 dans votre cahier d'exercices.

21.40 Exercice-test: Formes verbales

Complétez.

1. Je pars. Et vous, vous ____________ aussi?
2. Je sors. Et vous, vous ____________ aussi?
3. A quoi sert la chimie? A quoi ____________ les mathématiques?
4. Je ne fais rien. Et vous, vous ____________ quelque chose?
5. Je dois travailler. Et vous, vous ____________ travailler aussi?
6. Vous recevez beaucoup de courrier? Moi, je ne ____________ jamais rien.
7. J'ai faim. Vous n' ____________ pas faim aussi, par hasard?
8. Tu ne sais pas lire? A ton âge? Les enfants ne ____________ plus rien faire aujourd'hui.

Vérifiez. Si vous avez fait des fautes, travaillez les sections 21.13 à 21.26 dans votre cahier d'exercices.

21.41 Exercice-test: Accord du participe passé; auxiliaire *avoir*

Complétez.

1. Mireille a toujours eu______ de bonnes notes en botanique.
2. Elle a toujours aimé______ la botanique. Elle l'a toujours adoré______ .
3. Robert a rencontré______ les Courtois. Il les a rencontré______ hier.

Vérifiez. Si vous avez fait des fautes, travaillez les sections 21.33 à 21.36 dans votre cahier d'exercices.

Libération de l'expression

21.42 Mise en question

Relisez le texte de la leçon; lisez les questions de la mise en question qui suit la mise en œuvre dans votre livre de textes. Réfléchissez à ces questions et essayez d'y répondre.

21.43 Mots en liberté

Qu'est ce qu'on peut avoir?

On peut avoir horreur du chocolat, l'air stupide, une grand-mère pharmacienne, la gorge rouge. . . .

Trouvez encore au moins dix possibilités.

S'il est programmé comme il faut, qu'est-ce qu'un ordinateur peut faire?

Il peut compter, faire une addition, écrire une lettre, même se tromper!

Trouvez encore au moins quatre possibilités.

De quoi peut-on avoir horreur?

On peut avoir horreur des ordinateurs, des dragueurs, du latin, des mots croisés, des mots en liberté. . . .

Trouvez encore au moins huit possibilités.

21.44 Mise en scène

X: vous êtes Robert. Y: vous êtes Mireille. Z: vous êtes le garçon.
X, vous invitez Mireille à prendre quelque chose.
Y, vous demandez à Robert comment il connaît la Closerie.
Z, vous demandez aux jeunes gens ce qu'ils vont prendre.
Y, vous demandez à Robert ce qu'il pense de l'enseignement que l'on donne dans les écoles secondaires.
X et Y, vous parlez des mathématiques, de la chimie, du latin, de la littérature, de l'histoire, des langues modernes, de la physique.
Y, vous demandez à Robert s'il est tombé d'un balcon.
X, vous invitez Mireille à déjeuner.
Y, vous refusez. Vous demandez l'heure.
X, vous répondez.
Y, vous dites que vous allez partir.
X et Y, vous vous dites au revoir.

21.45 Mise en scène et réinvention de l'histoire

Vous êtes Mireille. Robert critique systématiquement toutes les disciplines, et vous êtes obligée de lui répondre.

Robert: La géométrie, le calcul intégral, le calcul différentiel, à quoi ça sert?
Vous: (. . .)
Robert: Mais on a des ordinateurs maintenant pour faire ça!
Vous: (. . .)
Robert: Et la chimie, par exemple, à quoi ça sert? Vous aimez la chimie?
Vous: (. . .)

21.46 Mise en scène et réinvention de l'histoire

Deux jeunes gens (ça peut être vous et quelqu'un d'autre) vont prendre quelque chose à la Closerie des Lilas (à l'Escholier, ailleurs).

Quelle heure est-il?

Imaginez ce qu'ils commandent.

Ils parlent de leurs études. Où ont-ils fait leurs études? Dans quelle école est-ce qu'ils sont allés?

Qu'est-ce qu'ils pensent de leurs écoles, de l'enseignement en France, aux Etats-Unis (il y a moins de travail, de devoirs à faire à la maison, il y a plus ou moins de choix . . .)?

Quelles matières sont obligatoires?

Quels cours ont-ils suivis? Quelles matières ont-ils aimées?

En quoi étaient-ils bons, mauvais?

Qu'est-ce qu'ils pensent des diverses matières qu'on enseigne?

Quelles langues savent-ils? Où les ont-ils apprises?

Vont-ils déjeuner (dîner, aller au cinéma, se promener . . .) ensemble?

L'un d'eux doit partir. Pourquoi? (Il a un rendez-vous? Avec qui? Il doit amener sa sœur à l'hôpital, il a des devoirs à faire? La conversation l'ennuie? Quelle autre raison peut-il avoir?)

21.47 Mise en scène et réinvention de l'histoire

Quand Robert avait dix ans, il est tombé d'un balcon à la Nouvelle-Orléans. Racontez comment ça s'est passé.

Robert était
- en vacances.
- à l'école.
- en prison.

Ses parents
- faisaient un voyage d'affaires.
- venaient de divorcer.
- n'étaient pas divorcés.
- voulaient divorcer.
- voulaient le tuer.
- avaient des intérêts dans les Bayous.

Ils étaient à la Nouvelle-Orléans pour
- explorer le Quartier français.
- voir le Mardi-Gras.
- manger chez Galatoire.
- abandonner Robert.
- l'inscrire dans une école privée.
- voir une tragédie classique.

Il
- y avait de la neige.
- faisait beau.
- n'y avait pas un nuage.
- y avait trois cumulus et un cirrus.
- faisait un temps affreux.
- y avait une grève
  - de pompiers.
  - de tramways.
  - de boulangers.
- y avait beaucoup de vent.
- pleuvait.

C'était
- l'automne.
- le jour de Noël.
- l'anniversaire
  - de / du / de la
    - chien de Robert.
    - mère de Robert.
    - Robert.
    - George Washington.
- une belle matinée de printemps.
- une affreuse nuit d'hiver.

Si Robert est tombé, c'est la faute
- de / du
  - son père.
  - sa mère.
  - l'homme en noir.
  - chien.
  - vent.
  - soleil.
  - son professeur.

Il est tombé
- parce que / parce qu'
  - il a glissé.
  - sa mère a fait du bruit.
  - il s'est penché.
  - son père l'a laissé tomber.
  - son professeur de piano est entré.
  - il a voulu faire du saut en longueur et le balcon était trop court.
  - il jouait au pompier.
  - il a voulu plonger par une fenêtre ouverte.

A l'hôpital, Robert
- avait / faisait / jouait
  - du / de la / des / aux / à la / au
    - visions.
    - mal
      - à la / au
        - gorge.
        - tête.
        - cou.
    - mots croisés.
    - portraits.
    - blagues
      - à ses / aux
        - infirmières.
        - médecins.
        - parents.
    - violon.
    - piano.
    - échecs.
    - bridge.

Depuis
- ce jour-là / cet accident / cette chute
  - il
    - rêve qu'il est
      - un oiseau.
      - champion de saut à la perche.
      - le Niagara.
      - Isaac Newton.
    - a des complexes.
    - a horreur
      - des balcons.
      - des arbres.
      - des fenêtres.
    - ne monte jamais au premier étage.

Il
- a mauvais caractère.
- a l'esprit moins rapide.
- est surdoué.
- est autoritaire et mal adapté.
- est bête comme ses pieds.
- est vache.
- n'a plus toutes ses dents.

Préparation à la lecture et à l'écriture

21.48 Entraînement à la lecture et expansion du vocabulaire

1. Lisez les documents 3A et 3B de la leçon 21 dans votre livre de textes, et complétez.

D'après Rabelais (1494–1553), la ____________ est dangereuse si elle n'est pas accompagnée de valeurs morales, de conscience. (Dans la langue du XVIème siècle de Rabelais et de Montaigne, "science" voulait dire les connaissances, le savoir en général; la notion d'un savoir proprement "scientifique" est plus moderne.)

2. Lisez le document 3C.

Qu'est-ce que Mireille dit qui ressemble à ça? (Voyez la section 7 du texte de la leçon 21.)

____

____

Relisez le document 3C et essayez de compléter ce vers d'Apollinaire:

Les jours s'en vont, je ____________ .

3. Lisez le document 3D.

D'après Montesquieu, l'enseignant ne doit jamais avoir ____________ . C'est une exigence de son métier.

4. Lisez le document 3E.

D'après Montesquieu, qu'est-ce qui est le plus difficile, enseigner ce qu'on sait, ou enseigner ce qu'on ne sait pas?

____

5. Lisez le document 3F et complétez.

Si on veut être propre, il faut changer de ____________ .

Si on veut être honnête, il faut changer d'____________ .

(*Honnête* est une orthographe moderne. Autrefois, le mot s'écrivait "____________ ."

6. Lisez le document 3G et répondez.

Est-ce que Lautréamont est d'accord avec Robert? (Voyez la section 1 du texte de la leçon 21.) ____________

Pourquoi Lautréamont aime-t-il faire des mathématiques? A quoi est-ce que ça peut lui servir?

____

21.49 Lecture et expansion du vocabulaire

Lisez le document 4, "Réforme de l'enseignement." Puis lisez le texte suivant et complétez.

1. Le mot "crise" est d'une fréquence exceptionnelle en français. On ne parle pas de dépression économique, mais plutôt de "crise;" par exemple, on parle de la ____________ américaine de 1929. On parle aussi de ____________ de l'énergie; et chaque fois qu'on change de gouvernement, on a une ____________ ministérielle. Quand un Français est furieux, il "pique une ____________ ." Quand ses neveux et nièces l'agacent trop, Tante Georgette fait une ____________ de nerfs. Enfin, quand Monsieur Courtois a fait des excès gastronomiques, il n'a pas une hépatite, mais une ____________ de foie.
2. Les grands ____________ français, comme *Le Monde, Le Figaro,* ont régulièrement une chronique où sont discutés des points de langage.De nombreux lecteurs participent à la discussion en écrivant au chroniqueur pour donner leur opinion ou lui poser des questions sur le bon usage.
3. Les programmes d'enseignement sont très importants; ils sont appliqués dans tous les établissements scolaires publics et privés dans toute la France. C'est sur ces ____________ que portent les examens qui donnent accès aux diplômes. Avec ce système, un ____________ peut être conféré à Paris, Marseille, Bordeaux, Strasbourg, ou ailleurs, il a toujours la même valeur.
4. Montaigne (1533–1592) est un bon exemple de ces Français qui ont beaucoup d'idées—et très précises—sur ce que doit être l'éducation. Ce n'était pourtant pas un spécialiste de l' ____________ . Dans ses Essais, il a traité de tous les sujets, des cannibales à l'amour.

21.50 Lecture et interprétation

Lisez le document 1 et complétez.

Remarquez que ce que dit l'ami Ernest n'est vrai que si c'est une montre avec un cadran à aiguilles: si c'est une montre à cadran digital, elle ne donne l'heure exacte qu'________ fois par jour. Dans un cas comme dans l'autre, l'ennui, c'est qu'on ne sait pas ________ elle donne l'heure exacte.

21.51 Lecture et analyse grammaticale

Lisez le document 2, "Hommage à Gertrude Stein." Puis lisez le texte suivant et complétez.

"Quelle heure est-il?" est une question. C'est aussi une ____________, avec un sujet (heure) et un ________ (est).

"Quelle heure est-il" est "Quelle heure est-il" Evidemment! ("A rose is a rose is a rose.")

"Quelle heure est-il" n'est pas "heure est-il." C'est évident!

"Quelle heure est-il est une question" est une phrase, avec un ____________ (Quelle heure est-il) et un verbe (est).

"Quelle heure est-il est une phrase" n'est pas une ________. (C'est une affirmation.)

"Quelle heure est-il?" est une ____________, et "Il est douze heures trente à Paris" est une réponse à cette question. C'est simple, non?

21.52 Lecture et interprétation

Relisez le texte de la leçon 20, section 5, et le texte de la leçon 21, sections 1 à 8. Puis lisez le document 8 de la leçon 20, "Tout le monde n'est pas content de l'éducation qu'il a reçue," et répondez aux questions suivantes.

1. En quoi Sartre semble-t-il assez d'accord avec Robert?

____

____

2. Relisez ce que dit Mireille dans la section 7 de la leçon 19.

En quoi Muriel est-elle d'accord avec Mireille?

____

____

3. Sur quels points Isabelle est-elle d'accord avec Robert?

____

____

Et Jacqueline?

____

____

Et Gilles?

____

____

4. A propos de l'enseignement des langues, sur quel point Jacqueline, Isabelle, et Muriel sont-elles d'accord avec Robert?

____

____

____

21.53 Lecture, interprétation, et expansion du vocabulaire

Etudiez le document 3A de la leçon 21 dans votre livre de textes.

1. D'après cette phrase, est-ce que vous pensez que Montaigne est pour ou contre la science?

   Il est ______________________ .

   Il n'est pas d'accord avec Robert, puisque Robert a l'air d'être ______________ certaines sciences, comme la physique ou la chimie.

2. Montaigne parle de la science, du savoir en général. D'après lui, la science est un ornement appréciable. Des fleurs sur une table ou sur une robe, des peintures sur un plafond, des bijoux sont des ______________ .

   Quand on sait beaucoup de choses, ça orne l'esprit; on est plus brillant dans la conversation.

3. Le savoir (la science) est un ______________ de l'esprit, mais c'est aussi un instrument très utile. Montaigne dit que le savoir, la science en général, servent beaucoup: ils sont "de merveilleux service."

   Les outils du charpentier sont utiles: ils servent à construire des charpentes. Les outils du plombier sont utiles: ils ______________ à installer ou réparer les tuyaux, etc.

   D'après Montaigne, la science est un ______________ qui sert beaucoup.

21.54 Lecture et interprétation

Lisez le document 5, "*Le Cid,* devoir de français de Mireille Belleau." Répondez.

1. Quelle note Mireille a-t-elle eue pour ce devoir? Est-ce que c'est une bonne note? Est-ce que c'est un bon devoir?

   ____

   ____

2. Pourquoi Mireille dit-elle que *Le Cid* n'est pas une vraie tragédie?

   ____

3. Quand Corneille écrivait-il?

   ____

4. Quand le Cid vivait-il? Dans quel pays?

   ____

5. Quels sont les deux personnages principaux?

   ____

6. Qui est Don Diègue?

   ____

7. Qui est le Comte?

   ____

8. Pourquoi le Comte n'est-il pas content?

   ____

9. Pourquoi est-ce que le Comte donne une gifle à Don Diègue?

   ____

10. Qu'est-ce que Don Diègue demande à Rodrigue?

    ____

11. Pourquoi est-ce que Rodrigue n'a pas tellement envie de tuer le Comte?

    ____

12. Pourquoi est-ce que Rodrigue se décide quand même à provoquer le Comte en duel?

    ____

13. Pourquoi est-ce que Chimène demande au roi de punir Rodrigue?

    ____

14. Entre quoi les héros doivent-ils choisir?

    ____

15. Qu'est-ce qu'ils choisissent?

    ____

16. Combien y a-t-il de morts, à la fin de la pièce? Qui meurt?

17. A votre avis, est-ce que ça finit bien? Pourquoi?

21.55 Pratique de l'écriture

Relisez le texte des leçons 19, 20, et 21, puis écrivez de 50 à 75 mots sur vos études. Cherchez dans les textes des modèles de phrases et des mots que vous pouvez utiliser.

(Quels cours avez-vous suivis? Quels cours suivez-vous? Qu'est-ce que vous aimez? Qu'est-ce que vous n'aimez pas? Pourquoi? Qu'est-ce que vous pensez de l'éducation que vous recevez ou que vous avez reçue?)

Arrêtez-vous là! Boileau a dit que, pour bien écrire, il fallait savoir se limiter: "Qui ne sait se borner ne sut jamais écrire" (*L'Art poétique*).

Leçon 22

Assimilation du texte

22.1 Mise en œuvre

Ecoutez le texte et la mise en œuvre dans l'enregistrement sonore. Répétez et répondez suivant les indications.

22.2 Compréhension auditive

Phase 1: Regardez les images et répétez les énoncés que vous entendez.

1. ___

2. ___

3. ___

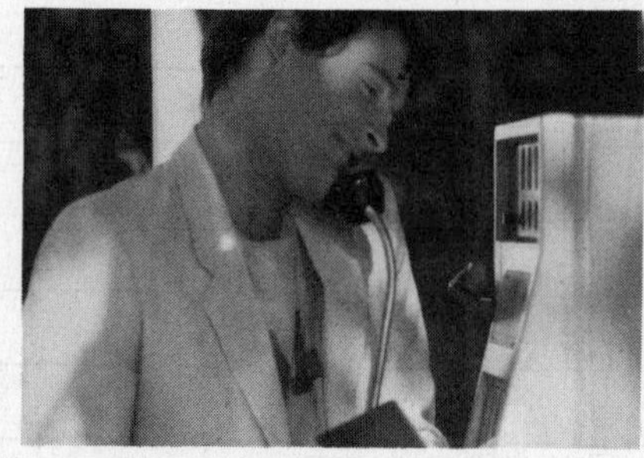

4. ___

Phase 2: Ecrivez la lettre de chaque énoncé que vous entendez sous l'image qui lui correspond le mieux.

22.3 Production orale

Ecoutez les dialogues suivants. Vous allez jouer le rôle du second personnage.

1. Robert: Est-ce que je peux téléphoner?
   Le garçon: (. . .)
2. Robert: Je voudrais téléphoner.
   Le garçon: (. . .)
3. Mme Courtois: Ah, Robert! Comment allez-vous, mon cher petit? Il y a longtemps que vous êtes arrivé?
   Robert: (. . .)
4. Robert: Je suis arrivé avant-hier.
   Mme Courtois: (. . .)
5. La serveuse: Et pour Monsieur, qu'est-ce que ça sera?
   Robert: (. . .)
6. Robert: Mais alors, pourquoi est-ce que je suis venu ici?
   Marie-Laure: (. . .)

Préparation à la communication

22.4 Activation orale: Prononciation; le son /y/

Ecoutez et répétez.

Ça, c'est le plus d*u*r!
Votre maman n'est pas ven*u*e!
Je suis s*û*re que t*u* vas me faire un infarct*u*s!
Alors, c'est entend*u*?
Vous en voulez *u*ne?
Qu'est-ce que vous avez b*u*?
Vous avez v*u* ce monsieur?
Il est descend*u* derrière moi.
Je ne l'ai pas conn*u*, je ne l'ai pas l*u*, mais j'en ai entend*u* parler.

22.5 Observation: Repas

noms			
Le	**petit**	**déjeuner:**	8h du matin
Le		**déjeuner:**	midi
Le		**dîner:**	8h du soir

verbes		
Nous **prenons notre petit**	**déjeuner**	à 8h (du matin).
Nous	**déjeunons**	à midi.
Nous	**dînons**	à 8h (du soir).

22.6 Activation orale: Repas

Répondez selon l'exemple.

Exemple:
Vous entendez: 1. Il est 8 heures du matin!
Vous dites: C'est l'heure du petit déjeuner.

2. Il est midi!
3. Il est 8 heures du soir!
4. Il est 8 heures du matin!

22.7 Activation orale: Repas

Répondez selon l'exemple.

Exemple:
Vous entendez: 1. Il est midi. Qu'est-ce que Mireille va faire?
Vous dites: Elle va déjeuner.

2. Il est 8 heures du matin. Qu'est-ce que Mireille va faire?
3. Il est 8 heures du soir. Qu'est-ce que Mireille va faire?
4. Il est midi. Qu'est-ce que Mireille va faire?
5. Il est 8 heures du matin. Qu'est-ce que Mireille va prendre?

22.8 Observation: *Faire plaisir*

J'aime **faire plaisir** aux gens.
Ta lettre m'**a fait** très **plaisir.**
Ça m'**a fait plaisir** de recevoir ta lettre.
Les lettres **font** toujours **plaisir.**
Ah, quel **plaisir** de vous voir!
Ça me **fait plaisir** de vous voir!

Notez que *faire plaisir* peut être utilisé avec de + infinitif (*Ça fait plaisir de voir ça!*) et avec un objet indirect (*Ça fait plaisir aux gens; ça leur fait plaisir*).

22.9 Activation orale: *Faire plaisir*

Répondez selon l'exemple.

Exemple:
Vous entendez: 1. Ils ont reçu ta lettre.
Vous dites: Elle leur a fait plaisir.

2. J'ai reçu ton cadeau.
3. Nous avons reçu tes chocolats.
4. Robert a reçu mon coup de téléphone.
5. Mireille a reçu votre télégramme.
6. Les Belleau ont reçu ma lettre.

22.10 Observation: Communications téléphoniques

Robert: Allô, Mireille?
Mireille: C'est moi!

Robert: Allô, Mme Courtois?
Mme Courtois: C'est moi-même!

Hubert: Allô, Mireille?
Marie-Laure: Ne quitte pas, je te la passe.

Robert: Allô, Mme Courtois?
La bonne: Attendez, ne quittez pas, je vous la passe.

22.11 Activation orale: Communications téléphoniques

Ecoutez les dialogues suivants. Vous allez entendre chaque dialogue en entier une fois. Puis, vous allez jouer le rôle du personnage qui répond au téléphone.

Exemple:
Vous entendez: 1. Allô, est-ce que je peux parler à Mme Boulanger?
Vous répondez: C'est moi-même!

2. —Allô, est-ce que je peux parler à ta sœur?
3. —Allô, est-ce que je peux parler à votre sœur?
4. —Allô, est-ce que je pourrais parler à votre frère?
5. —Allô, je voudrais parler à Mlle Belleau, s'il vous plaît.
6. —Allô, Monsieur Belleau?
7. —Est-ce que je pourrais parler au Capitaine Nemo?

22.12 Observation: Communications téléphoniques; *appeler, rappeler*

Je viens d' **appeler** Mireille. Elle n'est pas là.
Je vais la **rappeler** dans une heure.

Rappelez-vous qu'il a un changement de voyelle entre *rappelle* et *rappelez*. Notez qu'il y a aussi un changement orthographique:
rappe*lle*
rappe*lez*

		rappeler	
Je	te	**rappelle**	dans une heure.
Tu	me	**rappelles**	dans une heure?
Elle	nous	**rappelle**	dans une heure.
Ils	nous	**rappellent**	dans une heure.
Vous	nous	**rappelez**	dans une heure?
Nous	vous	**rappelons**	dans une heure.

22.13 Activation orale: Communications téléphoniques; *appeler, rappeler*

Répondez selon l'exemple.

Exemple:
Vous entendez: 1. Allô, je peux parler à Mireille?
Vous dites: Ah, je regrette, elle n'est pas là. Rappelle-la dans une heure!

2. Allô, je peux parler à Robert?
3. Allô, je peux parler à ta sœur?
4. Allô, je peux parler à tes parents?
5. Allô, je peux parler à ton père?

22.14 Activation: Dictée; communications téléphoniques

Ecoutez et complétez. Vous entendrez chaque passage trois fois.

La ligne est mauvaise

Marie-Laure: Allô, oui? Mireille? Ah, ne ________________ pas, je vous la ________________.

Mireille: Allô?

Ghislaine: Allô? Allô. . . Je t'entends très mal. Ecoute, je ________________ et je ________________. . . . Allô, tu m' ________________?

Message secret

Marie-Laure: Allô, Mireille? Ah, non, elle n'est pas là. Est-ce que vous voulez ________________? ________________. Allô, oui? C'est quoi, le ________________? Le tailleur dit bonjour à l'infirmière et à l'actrice? Bon, je lui ________________ le message.

22.15 Observation: Le temps qui passe; *se dépêcher, être en retard*

—Pourquoi est-ce que tu te dépêches comme ça?
—Je suis en retard!

—Ne te dépêche pas comme ça!
—Je vais être en retard!

—Dépêchons-nous! Nous allons être en retard!
—Ça ne sert à rien de vous dépêcher, maintenant. C'est trop tard.

—Ce n'est pas la peine de se dépêcher. Nous ne sommes pas en retard.

22.16 Activation orale: Le temps qui passe; *se dépêcher, être en retard*

Répondez selon les exemples.

Exemples:
Vous entendez: 1. Dépêchez-vous!
Vous dites: Vous êtes en retard!

Vous entendez: 2. Ne vous dépêchez pas!
Vous dites: Vous n'êtes pas en retard.

3. Dépêche-toi!
4. Dépêchons-nous!
5. Ne te dépêche pas!
6. Ne nous dépêchons pas!
7. Dépêchez-vous!
8. Ne vous dépêchez pas!

22.17 Activation orale: Le temps qui passe; *se dépêcher, être en retard*

Répondez selon les exemples.

Exemples:
Vous entendez: 1. Vous êtes en retard!
Vous dites: Dépêchez-vous!

Vous entendez: 2. Vous n'êtes pas en retard!
Vous dites: Ne vous dépêchez pas!

3. Tu es en retard!
4. Nous sommes en retard!
5. Nous ne sommes pas en retard!
6. Tu n'es pas en retard!
7. Vous n'êtes pas en retard!
8. Vous êtes en retard.

22.18 Activation orale: Le temps qui passe; *se dépêcher, être en retard*

Répondez selon l'exemple.

Exemple:
Vous entendez: 1. Je suis en retard!
Vous dites: Je me dépêche.

2. Mireille est en retard.
3. Robert est en retard.
4. Nous sommes en retard.
5. Robert et Mireille sont en retard.
6. Mireille et Marie-Laure sont en retard.

22.19 Activation: Dictée

Ecoutez et complétez. Vous entendrez chaque passage trois fois.

L'heure, c'est l'heure

Marie-Laure (*à Robert*): Eh bien, ____________________ , hein! On avait dit 2 heures, et il est 2 heures et quart!

Toujours pressée!

Mireille: Bon, alors, tu te dépêches?

Marie-Laure: Ouais, je ____________________ . Voilà, voilà, j'arrive.

J'aimerais te voir à ma place!

Mireille: Eh bien, tu ____________________ encore __________ ? ____________________ un peu!

Marie-Laure: J'aimerais t'y voir, toi, avec dix problèmes à ____________________ ! J'aimerais ____________________ !

22.20 Observation: Passé composé des verbes réfléchis

	pronom réfléchi	*auxiliaire* **être**		
Vous	**vous**	**êtes**	mis	en congé?
Ils	**se**	**sont**	assis	à la terrasse.
Je	**me**	**suis**	dépêché.	
Ils	**se**	**sont**	arrêtés.	
Nous	**nous**	**sommes**	promenés.	

Notez que ces verbes sont **réfléchis** (ils sont utilisés avec un pronom réfléchi), et qu'ils sont conjugués avec l'auxiliaire *être*. Tous les verbes réfléchis sont conjugués avec *être* aux temps composés.

22.21 Observation: Conjugaison d'un verbe réfléchi au passé composé

		auxiliaire **être**	*participe passé*
je	me	**suis**	**arrêté**
tu	t'	**es**	**arrêté**
elle	s'	**est**	**arrêtée**
nous	nous	**sommes**	**arrêté(e)s**
vous	vous	**êtes**	**arrêté(es)**
elles	se	**sont**	**arrêtées**

22.22 Activation orale: Conjugaison d'un verbe réfléchi au passé composé

Répondez selon l'exemple.

Exemple:
Vous entendez: 1. Vous allez voir: Robert et Mireille vont se rencontrer!
Vous dites: Ça y est! Ils se sont rencontrés!

2. Vous allez voir: elle va s'arrêter devant un tableau d'affichage!
3. Robert va s'approcher!
4. Ils vont se sourire!
5. Ils vont se décider à parler!
6. Ils vont se parler!

22.23 Observation: Accord du participe passé dans les verbes réfléchis

objet direct	*objet direct*
1. Elle a mis **ses lunettes.**	2. Elle **s'** est mise au travail.

Dans la phrase 1, *ses lunettes* est l'objet direct du verbe. Dans la phrase 2, le pronom réfléchi s' est l'objet direct du verbe.

		objet direct		*accord*	
Robert:	Je	**me**	suis	mis	au travail.
	Il	**s'**	est	mis	au travail.
Mireille:	Je	**me**	suis	mis**e**	au travail.
	Elle	**s'**	est	mis**e**	au travail.
Robert et Mireille:	Nous	**nous**	sommes	mis	au travail.
	Ils	**se**	sont	mis	au travail.
Colette et Mireille:	Nous	**nous**	sommes	mis**es**	au travail.
	Elles	**se**	sont	mis**es**	au travail.

Dans les temps composés, les participes passés des verbes réfléchis s'accordent avec l'objet direct placé avant le verbe. Cet objet direct est souvent le pronom réfléchi. Quand il est féminin pluriel, par exemple, le participe a la terminaison -*es* (*elles se sont mises*).

	accord			
	objet direct			
Marie-Laure	**s'**		est lavé**e**.	
	pas d'accord			
	objet indirect			*objet direct*
Marie-Laure	**s'**		est lavé	**les mains.**
	accord			
	objet indirect	*objet direct*		
Marie-Laure	**se**	**les**	est lavé**es**.	

Remarquez que, quand il y a un objet direct placé après le verbe (*les mains*), il n'y a pas d'accord.

22.24 Activation écrite: Accord du participe passé dans les verbes réfléchis

Complétez.

1. Ils se sont ennuyé_____ .
2. Ils se sont reconnu_____ .
3. Elles se sont assis_____ .
4. Elle s'est spécialisé_____ en anatomie.
5. Vous vous êtes décidé_____ , vous deux?
6. Il s'est assis_____ .

22.25 Activation écrite: *Recevoir, écrire,* passé composé

Lisez et complétez.

Conversation téléphonique

1. Mme Courtois: Ah, mon petit Robert, c'est vous? Quelle coïncidence! Justement, hier, nous ________ une lettre de votre mère. Oui, oui, elle nous ________ pour nous annoncer votre arrivée à Paris. Oui, oui, sa lettre est ________ hier, mais elle l' ________ il y a 15 jours! Oui, oui, 15 jours! Ah, la poste ne va pas vite! Vous avez de ses nouvelles? Vous en ________ récemment? Non?
2. Robert: Non, ma mère n' ________ pas souvent. Moi, non plus, je dois dire, je n' ________ pas souvent. Nous n' ________ pas beaucoup dans la famille. Je n'aime pas ________, mais j'aime bien ________ des lettres, pourtant! Mais comme je n' ________ pas de lettres, je n' ________ pas non plus!
3. Mme Courtois: C'est comme nous, nous ne ________ plus de lettres! Et nous n' ________ pas non plus. Aujourd'hui, on n' ________ plus! On téléphone!

22.26 Activation écrite: Contractions avec *à* et *de* (révision)

Relisez le texte de la leçon 22 et complétez les phrases suivantes.

1. —La petite souris, où est-elle?
   —________ chapelle!
2. A midi cinq, Robert est seul ________ terrasse de la Closerie.
   Il a mis sa montre ________ française.
3. Le téléphone est ________ sous-sol, à côté ________ toilettes. L'escalier est ________ fond ________ salle.
4. Robert essaie de mettre une pièce dans la fente ________ appareil.
5. Ça ne marche pas. Alors, il sort ________ cabine.
6. —Mme Courtois est sortie, mais elle va rentrer tout ________ heure.
   —Ah, bon. Merci, ________ revoir.
7. Robert marche le long ________ boulevard Montparnasse.
8. Vous avez ________ monnaie? Il faut ________ pièces de 1F, 2F, ou 5F.
9. Moi, je ne voyage pas. Je reste ________ maison!
10. C'est à côté ________ Nikko, l'hôtel japonais.
11. Robert revient ________ jardin ________ Luxembourg.
12. Je suis ________ l'école primaire! Je fais ________ anglais, mais ce n'est pas sérieux!
13. Moi, je bois ________ Orangina.

22.27 Observation: Verbes conjugués avec *être* aux temps composés

	auxiliaire être	*participe passé*	
Robert et Mireille	**sont**	**partis**	du Luxembourg.
Ils	**sont**	**passés**	devant l'Institut.
Ils	**sont**	**arrivés**	à la Closerie.
Robert	**est**	**allé**	téléphoner.
Il	**est**	**descendu**	au sous-sol.
Il	**est**	**entré**	dans la cabine.
Il	**est**	**remonté**	pour acheter un jeton.
Il	**est**	**redescendu.**	
Il	**est**	**revenu**	dans la cabine.
Il	**est**	**tombé**	d'un balcon.
Il	**est**	**resté**	longtemps à l'hôpital.
Il	**est**	**né.**	
Il	**est**	**mort.**	

Les verbes ci-contre sont conjugués, aux temps composés, avec l'auxiliaire *être*.

Pour les esprits curieux:

Notez que tous ces verbes sont des verbes **intransitifs:** ils sont utilisés **sans objet direct.** Tous ces verbes indiquent un mouvement, un passage (*aller* et *partir*, évidemment, mais aussi *naître* et *mourir:* passage de l'existence à la non-existence) ou une absence de passage (*rester*). En plus des verbes réfléchis (qui sont tous conjugués avec *être*), il y a une quinzaine de ces verbes intransitifs qui sont conjugués avec *être*. Tous les autres verbes sont conjugués avec *avoir*.

22.28 Observation: Verbes conjugués avec *avoir* ou *être* aux temps composés

	être		
Mireille	**est**	passée	devant l'Institut.
	avoir		*objet direct*
Elle	**a**	passé	**deux ans** en Angleterre.

Notez que les verbes (non-réfléchis) utilisés avec un objet direct sont conjugués avec *avoir*. Les verbes non-réfléchis conjugués avec *être* sont tous utilisés sans objet direct.

22.29 Activation orale: Passé composé; auxiliaire *être*

Répondez selon l'exemple.

Exemple:
Vous entendez: 1. Vous allez voir! Robert va aller téléphoner.
Vous dites: Ça y est! Il est allé téléphoner.

2. Il descend au sous-sol.
3. Il entre dans la cabine.
4. Il sort de la cabine.
5. Il remonte dans la salle.
6. Il revient dans la cabine.
7. Il ressort de la cabine.

22.30 Activation orale: Passé composé; auxiliaire *être*

Répondez selon l'exemple.

Exemple:
Vous entendez: 1. Vous n'étiez pas chez vous, hier soir!
Vous dites: Non, hier nous sommes sortis. Nous sommes allés au cinéma.

2. Tu n'étais pas chez toi, hier soir!
3. Robert n'était pas chez lui, hier soir!
4. Vous n'étiez pas chez vous, hier soir, tous les deux!
5. Colette et Mireille n'étaient pas chez elles, hier soir!
6. Ils n'étaient pas chez eux, hier soir!

22.31 Activation orale: Passé composé; auxiliaire *être*

Répondez selon l'exemple.

Exemple:
Vous entendez: 1. Vous allez venir?
Vous dites: Non, nous sommes déjà venus deux fois. (Ça suffit comme ça!)

2. Tu vas venir?
3. Je vais venir, si tu veux.
4. Il va venir?
5. Nous allons venir, si tu veux.
6. Ils vont venir?

22.32 Observation: Accord des participes dans les verbes conjugués avec *être*

	auxiliaire être	*accord*	
Ils	**sont**	passés	devant l'Institut.
Elle	**est**	partie.	
Elles	**sont**	arrivées.	
Mireille: Je	**suis**	revenue.	

Notez que les participes passés des verbes (non-réfléchis) conjugués avec *être* s'accordent avec le sujet.

22.33 Activation écrite: Accord des participes; verbes conjugués avec *être*

Complétez.

1. Mireille est né_____ rue de Vaugirard.
2. Robert est né_____ aux Etats-Unis.
3. Ils sont allé_____ à la Closerie des Lilas.
4. Elles sont sorti_____ tôt.
5. Elles ne sont pas resté_____ longtemps.
6. Robert est arrivé_____ un lundi.
7. Mireille et Cécile sont monté_____ à la Tour Eiffel.
8. Les parents de Robert sont parti_____ hier.
9. Sa grand-mère est mort_____ l'année dernière.
10. Ses grands-parents sont mort_____ il y a longtemps.

22.34 Activation écrite: Accord du participe passé; auxiliaire *avoir* (révision)

Lisez le texte suivant. (Essayez de comprendre de quoi il s'agit.) Ensuite, complétez-le. Les compléments d'objet directs des verbes sont soulignés pour vous aider.

1. J'ai rencontré <u>une jeune Française</u> très sympathique. Je <u>l'</u>____________________ dans la cour de la Sorbonne.
2. Plus tard, je <u>l'</u>____________________ qui passait devant l'Escholier où je buvais un Perrier en pensant à elle.
3. Plus tard, nous avons ____________________ de choses et d'autres sur un banc au Luco. Il y avait aussi sa petite sœur.
4. Je <u>l'</u>____________________ à aller boire quelque chose à la Closerie des Lilas.
5. Se petite sœur voulait venir, elle aussi, mais elle n'a pas __________ venir parce qu'elle avait <u>des devoirs</u> à faire et elle ne <u>les</u> avait pas __________ .
6. A la Closerie, nous avons commandé <u>des kirs</u>, et nous <u>les</u> ____________________ , naturellement!
7. Elle m'a parlé des livres d'Hemingway, mais je crois qu'elle ne <u>les</u> __________ jamais __________ !
8. J'ai dit beaucoup de choses intéressantes, mais je ne sais pas si <u>toutes les choses que</u> j' ____________________ lui ont plu.
9. Je <u>l'</u> ____________________ à déjeuner.
10. Mais, malgré <u>toutes les bonnes raisons que</u> je lui ____________________ , elle n'a pas accepté. Tant pis! . . . ou plutôt, tant mieux! Parce qu'un déjeuner à la Closerie des Lilas, ça doit être joliment cher!

22.35 Activation écrite: Révision du vocabulaire, passé composé, accord du participe

Relisez le texte de la leçon 21. Lisez le texte suivant, et essayez de deviner de quoi il s'agit. Puis essayez de trouver dans les leçons que vous avez étudiées (en particulier la leçon 21) les mots et expressions nécessaires pour le compléter.

1. Mireille: Ce matin, j' ________________ une heure à la Closerie des Lilas avec le jeune Américain que j' ________________ hier dans la cour de la Sorbonne. Il a ________________ être brillant pour m'impressionner en critiquant l'éducation, du moins l'éducation qu'il a ________________. Moi, je suis assez contente de l'éducation que ________________. Lui, non. Il ________ tout critiqué, des sciences à la littérature.
2. D'après lui, en littérature, on ne parle que de choses qui ________________ jamais ________________. Il m' ______ demandé: "Vous ________________, vous, des sirènes?" Bien sûr, j' ________________ que non! C'est vrai que je ________________ de sirènes! Enfin, je veux dire que, des sirènes, je n' ________ jamais ________ dans la nature, des vraies.
3. Il ________________ un cours d'histoire européenne quand il était à l'école secondaire. Ça ne ________________ pas plu. Parce qu'il y avait trop de rois! Pourtant, tous ces rois, ce sont des personnages réels, des gens qui ________________!
4. Il n'aime pas les vers non plus. Il dit que personne ________ jamais ________________ en vers, comme dans les tragédies de Racine. . . . C'est peut-être vrai, mais ce n'est pas une raison.
5. Il n'aime pas la façon dont on enseigne les langues. Il dit qu'il ________________ l'allemand pendant trois ans, qu'il ________________ de très bons profs d'allemand, mais qu'il n' ________ jamais ________ dire deux phrases en allemand. . . . C'est peut-être de sa faute; peut-être qu'il n'a pas beaucoup ________________! Ou alors, il n'est pas très ________________! Moi, j' ________________ six ans de latin. Je crois que je ________________ un peu de latin. Mais il est vrai que je n' ________ jamais ________________ latin avec personne.
6. Je lui ________________ de la littérature latine. Il m'a ________________: "Vous ________________ rire, avec votre belle littérature latine! La littérature latine, c'est très joli, mais qui la lit? Vous ________________, vous, la littérature latine?" Il est vrai que je n' ________ pas ________ beaucoup . . . même en traduction!
7. Il dit que la chimie ne ________________ rien! Je lui ________________ que ça ________________ faire des explosifs. Alors il ________________: "Vous ________________ souvent, vous, des explosifs?" En fait, je n' ________ jamais ________________. Mais ça ne fait rien. . . . On ne sait jamais. . . . Ça peut toujours ________________, comme dit Tante Georgette, qui, elle, je pense, n' ________ jamais ________ d'explosifs de sa vie!
8. Il trouve que la physique, non plus, ne ________________ rien. Il ________________ dit: "Ecoutez, à l'école, j' ________________ un cours de physique. Nous ________________ la loi de la chute des corps. Je l' ________________, comme tout le monde. Eh bien, huit jours plus tard, à la Nouvelle-Orléans, je ________________ d'un balcon . . . et je ________________ trois mois à l'hôpital! Alors, vous voyez, savoir la loi de la chute des corps ne ________________ empêché de tomber!
9. Non, je vous le dis, toutes ces belles choses que j' ________________ ne m' ________ jamais ________________ à rien!"
10. Il a peut-être ________________. Je ne sais pas. Mais moi, je crois que j' ________________ beaucoup de choses; et s'il est vrai que la culture c'est ce qui reste quand on ________________, eh bien, je crois que je suis une fille très cultivée.

22.36 Activation écrite: *De, du, de la, de l', des, en* (révision)

Complétez.

1. —Est-ce que la petite souris achète de la dentelle?
—Non, mais elle __________ fait.
2. —Combien de kirs Robert a-t-il bus?
—Eh bien, il doit __________ avoir bu __________, si j'ai bien compté.
3. —Est-ce qu'il y a une cabine téléphonique?
—Oui, Monsieur, vous __________ avez __________ au sous-sol.
4. Vous avez __________ jetons? J' __________ voudrais __________, s'il vous plaît.
5. Robert cherche une cabine. Il __________ voit __________ sur le boulevard Montparnasse. "Ah, tiens! __________ voilà __________!"
6. —Celle-ci marche avec __________ pièces. Vous avez __________ monnaie?
—Ah, non, je n'ai pas __________ monnaie du tout.
7. Je ne reçois jamais __________ lettres. Je dois dire que je n' __________ écris pas non plus!
8. —Je vous donne un verre de beaujolais?
—Non, merci. Je ne bois jamais __________ vin. Je bois __________ Orangina ou __________ eau. Les jeunes ne boivent plus __________ alcool!

22.37 Activation orale: Dialogue entre Robert et le garçon

Vous allez entendre un dialogue entre Robert et le garçon. Ecoutez bien. Vous allez apprendre les répliques du garçon.

Robert: Est-ce que je peux téléphoner?
Le garçon: **Oui, Monsieur, au sous-sol, à côté des toilettes.**
Robert: Ce n'est pas pour les toilettes, c'est pour téléphoner. . . Je voudrais téléphoner.
Le garçon: **Oui, Monsieur. Les cabines téléphoniques sont au sous-sol, à côté des toilettes.**
Robert: Ah! Au sous-sol!
Le garçon: **Oui, Monsieur, au sous-sol, en bas, à côté des toilettes . . . au fond de la salle, à droite.**

Exercices-tests

22.38 Exercice-test: Passé composé; auxiliaires

Complétez avec une forme d'*être* ou d'*avoir* selon le cas.

1. Robert __________ arrivé à Paris.
2. Il __________ trouvé un hôtel.
3. Il n' __________ pas allé à la Cité Universitaire.
4. Le lendemain, il __________ décidé d'explorer le Quartier Latin.
5. Il __________ entré (par hasard) dans la cour de la Sorbonne.
6. Il __________ remarqué une jeune fille.
7. Il s' __________ décidé à lui parler.
8. Ils __________ engagé la conversation.
9. Puis ils se __________ promenés au Luxembourg.
10. Ils __________ restés longtemps à bavarder.

Vérifiez. Si vous avez fait des fautes, travaillez les sections 22.20 à 22.31 dans votre cahier d'exercices.

22.39 Exercice-test: Passé composé; accord du participe passé

Complétez si nécessaire.

1. Mireille et Marie-Laure sont né_____ à Paris.
2. Elles ont toujours habité_____ rue de Vaugirard.
3. Les Belleau ne sont jamais allé_____ aux Etats-Unis.
4. Mais ils ont passé_____ des vacances en Bretagne et au Pays Basque.
5. Mme Belleau a connu_____ Mme Courtois quand elles faisaient leur médecine.
6. Elle lui a demandé_____ d'être la marraine de Mireille.
7. Elles se sont beaucoup vu_____ quand Mireille était petite.
8. Mireille a téléphoné_____ à Mme Courtois.
9. Mme Courtois a été_____ ravie, parce qu'elle venait de parler à Robert.
10. Elle les a invité_____ à dîner tous les deux.

Vérifiez. Si vous avez fait des fautes, travaillez les sections 22.23, 22.24, et 22.32 à 22.35 dans votre cahier d'exercices.

Libération de l'expression

22.40 Mise en question

Relisez le texte de la leçon; lisez les questions de la mise en question qui suit la mise en œuvre dans votre livre de textes. Réfléchissez à ces questions et essayez d'y répondre.

22.41 Mots en liberté

Qu'est-ce qu'il faut avoir pour téléphoner?
Il faut avoir un jeton, une cabine téléphonique. . . .

Trouvez trois autres possibilités. (C'est difficile, mais vous devez pouvoir trouver au moins deux possibilités.)

Qu'est-ce que vous pouvez faire si vous êtes en vacances à Paris, un beau jour de printemps, vers midi?
Vous pouvez prendre un Orangina à la terrasse d'un café, faire la sieste sur un banc du Luxembourg, téléphoner à votre mère. . . .

Trouvez encore au moins six possibilités.

22.42 Mise en scène et réinvention de l'histoire

Vous êtes le garçon de la Closerie des Lilas. Robert vous pose des questions. Reconstituez une conversation entre vous et Robert. Bien sûr, vous pouvez imiter le dialogue de l'histoire. Vous pouvez aussi inventer un peu, si vous voulez.

Robert: Pardon, Monsieur, est-ce que je peux téléphoner?
Vous: Oui. . . .
Robert: C'est à côté de quoi?
Vous: (. . .)
Robert: Les toilettes? Non, non, c'est pour téléphoner!
Vous: (. . .)
Robert: Qu'est-ce qu'il faut pour téléphoner?
Vous: (. . .)
Robert: Je n'en ai pas. Qu'est-ce que je fais?
Vous: (. . .)

22.43 Discussion

Revoyez la scène où Robert paie les consommations à la Closerie des Lilas.

Est-ce que le garçon lui fait payer ce qu'il doit?
Est-ce que le garçon se trompe?
Est-ce qu'il trompe Robert?
Essayez de faire le calcul. Combien de kirs Robert doit-il payer? Combien paie-t-il? Combien y a-t-il pour le service? Combien coûte chaque kir? Observez l'attitude du garçon. Alors, qu'est-ce que vous en pensez?

22.44 Mise en scène et réinvention de l'histoire

Robert téléphone à Mme Courtois. Inventez une conversation entre Mme Courtois et Robert. Vous pouvez utiliser les suggestions ci-dessous. Vous pouvez utiliser plusieurs suggestions du même groupe. Vous pouvez aussi inventer d'autres possibilités.

Mme Courtois:
Ah, Robert! Comment allez-vous? Vous avez fait un bon voyage?

Robert:
Oui / Non, | j'ai fait un voyage | horrible. / merveilleux. / plutôt ennuyeux. / très intéressant.

Mme Courtois:
Vous n'êtes pas trop fatigué avec le décalage horaire?

Robert:
Quel décalage horaire?
Il y a un décalage horaire?
Mais quelle heure est-il?
Il n'est pas 6 heures?
Ce n'est pas dimanche, aujourd'hui?
Aujourd'hui, c'est hier?
Quel jour sommes-nous? C'est demain?
Ma montre ne marche pas.

Mme Courtois:
Ah, vous devez être très fatigué! Oui, il y a six heures de différence. Je le sais parce que mon mari voyage beaucoup. Il y a longtemps que vous êtes arrivé?

Robert:
Dix minutes.
Deux mois.
Trois semaines.
Une heure.
Je suis arrivé | hier. / avant-hier. / ce matin.

Mme Courtois:
Et qu'est-ce que vous avez fait depuis que vous êtes à Paris?

Robert:
La queue | pour téléphoner. / pour un taxi.
Rien.
J'ai bu un kir.
J'ai cherché un hôtel.

Mme Courtois:
C'est tout?

Robert:
Oui . . .
Oui, enfin, presque;
Pas vraiment;

j'ai aussi / je suis aussi / je me suis |
- exploré | le Quartier Latin. / les bijouteries de la place Vendôme. / le métro.
- allé au Louvre.
- fait la connaissance | de la Vénus de Milo. / d'une jeune fille blonde. / d'un gardien du Louvre. / d'un garçon de café. / d'une bonne portugaise.
- promené | au Luxembourg. / dans les rues.
- suivi | des manifestants. / un chien parisien qui connaissait très bien Paris. / une vieille dame avec un gros sac. / un homme bizarre tout en noir. / un cours de karaté.
- fabriqué quelques explosifs, parce que ça peut toujours servir. . . .

Mme Courtois:
Ah, mais c'est très bien! Je vois que vous ne vous êtes pas ennuyé! Moi, je m'ennuie un peu, vous savez . . .

avec | Minouche / Fido | je ne peux rien faire!

Minouche / Fido | c'est | mon / ma / notre | arrière-petite-fille. / mari. / chien. / chienne. / chat. / chatte. / petit ami.

Et votre maman, qu'est-ce qu'elle fait?

Robert:

Elle fabrique	de la / de l' / des	aspirine / saucisse / autos / huile solaire		en Australie.
Elle s'occupe de ses		bœufs / intérêts / moutons / chèvres		à Tokyo. / à Rome. / à Chicago. / en Argentine.
Elle dirige		une banque / un Prisunic / un abattoir		en Suisse. / en Belgique. / au Japon.
Elle est dans	l'armée / les affaires / l'enseignement / l'agriculture			au Canada. / dans le Montana. / au Tibet. / au Brésil.
	le commerce	des / du	yachts / lunettes / briquets / jeans / café	en Israël. / à Londres.

Mme Courtois:
Est-ce qu'elle est heureuse?

Robert:
Oui, très!
Je crois . . .
Je ne crois pas.
Je ne sais pas.

Elle
- vient de / d'
  - divorcer de son deuxième mari.
  - se remarier.
  - avoir: un bébé de son troisième mari. / un infarctus. / une cinquième fille. / un rhume.
  - épouser un: danseur de tango / fils à papa / frère de papa / boucher / intellectuel / plombier / pharmacien / artiste / vieux banquier / jeune ingénieur — fascinant. / superbe. / bête comme ses pieds. / très riche. / charmant. / insupportable. / incompris. / sentencieux.
  - se ruiner au poker.
- voit un psychanalyste.
- s'occupe des enfants de son cinquième mari.
- fait de la: peinture. / danse.
- lit: Hemingway. / les philosophes hindous. / grecs. / Sartre.
- écrit un roman.
- travaille dans un hôpital.

Mme Courtois:
Mais c'est très intéressant! Venez donc dîner demain soir. Vous raconterez tout ça à mon mari. Il sera ravi!

Préparation à la lecture et à l'écriture

22.45 Lecture et interprétation

Lisez le document 1 de la leçon 22, "Repas chez soi et à l'extérieur" dans votre livre de textes. Relisez le texte de la leçon, section 8. Répondez aux questions suivantes.

1. Où Mireille déjeune-t-elle, en général?

2. Combien de Français déjeunent chez eux et combien à l'extérieur?

3. Est-ce que le nombre de gens qui déjeunent chez eux augmente ou diminue? Pourquoi?

4. Quelle est la durée moyenne d'un repas pris chez soi?

5. Qui est-ce qui passe le plus de temps à table, et qui y passe le moins de temps?

6. A votre avis, quel est le repas le plus souvent pris à l'extérieur, le déjeuner ou le dîner?

7. Où la plupart des gens qui déjeunent à l'extérieur mangent-ils, dans un restaurant ou dans une cafétéria collective?

22.46 Lecture et interprétation

Observez le document 2 de la leçon 22, lisez la notice "Vous désirez téléphoner." Relisez le texte de la leçon, sections 2, 3, et 5.

1. En dehors de chez soi, d'où peut-on téléphoner?

2. C'est vendredi. Vous voulez téléphoner aux Etats-Unis. Vous n'êtes pas trop pressé. Quand vaut-il mieux téléphoner pour que ce soit moins cher?

3. Il y a de moins en moins de cabines téléphoniques à pièces. Il vaut mieux toujours avoir une télécarte sur soi. Où pouvez-vous en acheter une?

4. Il y a deux sortes de télécartes. Laquelle vaut-il mieux acheter si vous avez l'intention de téléphoner aux Etats-Unis?

22.47 Lecture et expansion du vocabulaire

Relisez le texte de la leçon 19, section 2. Lisez le document 4 de la leçon 22, "Le Bistro."

A. Répondez aux questions suivantes.

1. Est-ce que la Closerie des Lilas est un bistro? Pourquoi?

____

____

2. Dans la mémoire collective des Français il y a deux grandes guerres importantes: la Première Guerre Mondiale (1914–1918) et la Deuxième Guerre Mondiale (1939–1944). Quand le bistro est-il devenu à la mode?

____

3. Dans un bistro, qui est-ce qui fait la cuisine?

____

4. Que fait le patron?

____

5. Qui est-ce qui sert les clients?

____

6. Où est le téléphone? Au sous-sol?

____

7. Qu'est-ce qui se passe quand le bistro commence à être connu?

____

B. Complétez.

1. On a passé un liquide, une sorte de peinture brun-rouge sur les murs du bistro: les murs sont ______________ de cette couleur bistre.
2. Dans un bistro ou dans un bar, on peut boire un verre assis à une table, ou debout au ______________ .
3. Le dessus du comptoir est souvent fait en __________ , une sorte de métal, pas très dur et lourd, qui ressemble au plomb.
4. Autrefois on faisait des plats et des pots en __________ . Le bronze est un mélange de cuivre et d'__________ .
5. Le dessus des tables du bistro est en ______________ . Le ______________ est une sorte de pierre, souvent blanche, quelquefois avec des veines de couleur, dont on fait des statues. La Vénus de Milo et la Victoire de Samothrace sont en ______________ .
6. Aujourd'hui, quand l'appartement est sale, on passe l'aspirateur. Autrefois, on balayait avec un __________ . Et on mettait les balais dans le placard aux ______________ quand on ne s'en servait pas.
7. Par terre, il y avait du carrelage, des carreaux en terre cuite. Avant de balayer le carrelage, on le saupoudrait de ______________ de bois, de poussière de bois. (On peut couper le bois avec une scie. Quand on scie du bois, les dents de la scie font de la poussière de bois: de la ______________ de bois.)
8. Le dessus des tables qui sont sur la terrasse est en ______________ ; c'est du fer en feuille mince.
9. Sur le trottoir, autour de la terrasse du bistro (et de la Closerie des Lilas, aussi . . .), il y a des ______________ , de petits arbres, des arbustes, plantés dans des caisses.
10. On ne peut pas aller au bistro à pied! Il est très loin d'ici! Il est au ______________ !
11. Hemingway, Scott Fitzgerald, et Gertrude Stein avaient l'habitude d'aller à la Closerie des Lilas: c'étaient des ______________ de la Closerie.
12. Le patron du bistro était très relaxe. Il ne portait pas de veston: il était en ______________ .
13. Autrefois le bistro était pittoresque. Maintenant il est devenu laid: il s'est ______________ .
14. Il n'a plus le même charme: le charme est __________ .

22.48 Lecture, interprétation, et expansion du vocabulaire

Lisez le document 5, "Une visite médicale." Répondez et complétez.

1. Cette visite médicale se passe dans une école primaire en Afrique du Nord. Où a-t-elle lieu? Dans la salle de classe, à l'infirmerie?

____

2. Pourquoi les enfants pensent-ils qu'il faut porter des lunettes pour devenir intelligent?

____

3. Il n'y voit plus: il a perdu la __________, il est devenu __________.

4. Il y a des enfants qui font semblant d'avoir une mauvaise vue, mais ils ne sont pas vraiment aveugles: ils ne sont pas aveugles pour de ______________.

22.49 Lecture et interprétation

Lisez le document 6, "Le chat." Relisez le texte de la leçon 22, section 7. Répondez aux questions.

1. Qu'est-ce qu'Apollinaire et Mme Courtois ont en commun?

____

2. Pourquoi Apollinaire souhaite-t-il avoir toujours des amis?

____

22.50 Lecture et interprétation

Relisez la section 9 du texte de la leçon 22. Observez la photo qui illustre cette section. Puis, observez le document 7, et répondez aux questions suivantes.

Où est l'homme en noir, et que fait-il? Où sont les deux personnages sur leur petite île déserte, et que font-ils?

____

____

22.51 Lecture et expansion du vocabulaire

Lisez le document 8, "Il y a quelqu'un derrière." Puis, répondez ou complétez.

Normalement, vous voyez une personne si elle est __________ vous; mais vous ne la voyez pas si elle est __________ vous. Si vous voulez voir quelqu'un qui est derrière vous, qu'est-ce que vous faites?

____

Si vous marchez dans la rue, et que quelqu'un marche derrière vous, on peut dire que cette personne vous __________. Si vous essayez d'expliquer à quelqu'un quelque chose de très compliqué, si vos explications ne sont pas très claires, cette personne se perd dans vos explications: elle ne vous __________ pas. Si quelqu'un fait ou dit des choses bizarres, si quelqu'un a l'air malade mentalement, on dit quelquefois qu'il est ______________.

Leçon 23

Assimilation du texte

23.1 Mise en œuvre

Ecoutez le texte et la mise en œuvre dans l'enregistrement sonore. Répétez et répondez suivant les indications.

23.2 Compréhension auditive

Phase 1: Regardez les images et répétez les énoncés que vous entendez.

1. ___

2. ___

3. ___

4. ___

5. ___

6. ___

Phase 2: Ecrivez la lettre de chaque énoncé que vous entendez sous l'image qui lui correspond le mieux.

23.3 Compréhension auditive et production orale

Ecoutez les passages suivants et répondez aux questions.

1. Sur qui Robert est-il tombé la première fois qu'il a appelé les Courtois?
2. Qui était cette dame?
3. Pourquoi Robert a-t-il eu du mal à comprendre Mme Courtois au téléphone?
4. Pourquoi les Courtois ne peuvent-ils pas voir Robert aujourd'hui ou demain?

23.4 Production orale

Ecoutez les dialogues suivants. Vous allez jouer le rôle du second personnage.

1. Mireille: Mais qu'est-ce que vous avez? Vous avez l'air bizarre!
   Marie-Laure: (. . .)
2. Robert: J'ai retéléphoné un peu plus tard. Cette fois, j'ai eu Mme Courtois. J'ai eu aussi du mal à la comprendre.
   Mireille: (. . .)
3. Robert: Eh bien alors, puisque Mme Courtois est votre marraine, vous ne pouvez pas vous faire inviter à dîner, après-demain?
   Mireille: (. . .)
4. Le voisin: Mme Courtois, ce n'est pas ici, non. Vous vous êtes trompé de porte. Mme Courtois, c'est à côté, la porte à côté . . . juste ici.
   Robert: (. . .)
5. Robert: Excusez-moi, Monsieur.
   Le voisin: (. . .)

Préparation à la communication

23.5 Activation orale: Prononciation; accent tonique (révision)

Rappelez-vous qu'il n'y a pas d'accent tonique à l'intérieur d'un groupe rythmique. Il y a un léger accent tonique à la fin d'un groupe rythmique. Répétez les phrases suivantes en plaçant un léger accent tonique seulement à la fin du groupe.

Elle m'a invi*té*.
Elle m'a invité à dî*ner*.
Elle m'a invité à dîner après-de*main*.

Il vo*yage*.
Il voyage beau*coup*.
Il voyage beaucoup pour ses af*faires*.

Je ne sais *pas*.
Je ne sais pas si je serai *libre*.
Je ne sais pas si je serai libre de*main*.

23.6 Observation: Politesses

excuses	*réponses*
—Oh, excusez-moi! Je suis désolé! Je vous demande pardon!	—Ce n'est rien. Ne vous excusez pas; il n'y a pas de quoi. Ce n'est pas grave. Il n'y a pas de mal.

23.7 Activation orale: Politesses

Choisissez la meilleure réponse à donner dans les situations suivantes.

Exemple:
Vous entendez: 1. Excusez-moi!
Vous voyez:
  a. Il faut voir.
  b. Vous avez raison.
  c. Ne vous excusez pas, il n'y a pas de quoi.
Vous répondez: Ne vous excusez pas, il n'y a pas de quoi.
Et vous entourez *c* d'un cercle.

2. a. Déjeuner? Avec vous? Vous me faites rire!
   b. Ça dépend.
   c. Bien sûr que vous pouvez m'inviter!
3. a. Il faut voir.
   b. Oui, j'aime assez ça.
   c. Si j'aime ça? Mais bien sûr que j'aime ça!
4. a. Je suis désolé.
   b. Ce n'est pas grave.
   c. Je ne sais pas, il faut voir.
5. a. Il n'y a pas de mal.
   b. C'est décidé?
   c. Tu as raison, c'est une bonne idée.

23.8 Observation: Apparences et réalité

apparence	*réalité*
—Vous avez l'air bien pessimiste! —Mme Courtois a l'accent portugais?	—Je ne suis pas pessimiste du tout! —Pourtant elle n'est pas portugaise!

23.9 Activation orale: Apparences et réalité

Répondez selon les exemples.

Exemples:
Vous entendez: 1. Il a l'air bizarre.
Vous dites: Pourtant il n'est pas bizarre du tout.

Vous entendez: 2. Il a un accent américain.
Vous dites: Pourtant il n'est pas américain.

3. Il a l'air stupide.
4. Elle a l'air intelligent.
5. Ils ont l'air sportif.
6. Elles ont l'air riche.
7. Elle a l'air fragile.
8. Nous avons l'air costaud.
9. Elle a l'air anglais.
10. Elle a l'air mexicain.
11. Il a l'air portugais.
12. Elle a un accent portugais.
13. Elle a un accent français.
14. Elle a un accent américain.
15. Elle a un accent allemand.
16. Elles ont un accent japonais.
17. Elles ont un accent suédois.
18. Elle a un accent étranger.

23.10 Observation: Rencontres

J'	**ai**	**vu**	Hubert à la fac.
J'	**ai**	**rencontré**	Hubert à la fac.
Je	**suis**	**tombé sur**	Hubert à la fac.

23.11 Activation orale: Rencontres; *tomber sur*

Répondez selon l'exemple.

Exemple:
Vous entendez: 1. Tu as vu Hubert?
Vous dites: Oui, je suis tombé sur lui à la fac (dans la rue, au Luxembourg, etc.).

2. Tu as vu Mireille?
3. Tu as vu mes parents?
4. Vous avez vu les sœurs de Mireille?
5. Vous avez vu ma sœur?
6. Ils ont vu les Courtois?
7. Ils ont vu Tante Georgette?

23.12 Observation: Incertitude, inquiétude

Je **me** **demande** où est Mireille.
Je **me** **demande** ce qu'elle fait.
Je **me** **demande** si elle sera chez les Courtois.

Je **me le** **demande!**

23.13 Activation orale: Incertitude, inquiétude; *se demander*

Répondez selon l'exemple.

Exemple:
Vous entendez: 1. Je ne sais pas ce qui va se passer.
Vous dites: Je me demande ce qui va se passer.

2. Il ne sait pas si Mireille sera là.
3. Nous ne savons pas si Mireille sera là.
4. Ils ne savent pas si Mireille sera là.
5. Je ne sais pas pourquoi ils font ça.
6. Nous ne savons pas où est Mireille.
7. Robert ne sait pas où elle est.
8. Nous ne savons pas ce qui va se passer.
9. Je ne sais pas si Mireille va venir.
10. Elle ne sait pas comment tout ça va finir.

23.14 Observation: Inquiétude

Je suis très inquiet.
Je suis très inquiète.

Je m'en fais.
Je m'en fais beaucoup.

Je ne suis pas tranquille.

23.15 Activation orale: Inquiétude; *s'en faire*

Répondez selon l'exemple.

Exemple:
Vous entendez: 1. Elle n'est pas tranquille du tout.
Vous dites: Elle s'en fait beaucoup.

2. Robert n'est pas tranquille.
3. Nous ne sommes pas tranquilles du tout.
4. Tes parents ne sont pas tranquilles du tout.
5. Je ne suis pas tranquille du tout!

23.16 Observation: Optimisme, pessimisme

optimisme	*pessimisme*
Ça va aller mieux!	Ça ne va pas!
Tout va bien!	Ça ne va pas fort!
Tout ira bien!	Ça ne va pas mieux!
Ne vous en faites pas!	Où allons-nous!
Dans la vie, il ne faut pas s'en faire.	Nous allons à la catastrophe!
Moi, je ne m'en fais pas!	Vous verrez, tout ça finira mal!
Ne t'inquiète pas!	Tu verras, tout finira mal!
Ne vous inquiétez pas!	Je suis inquiet (inquiète).
Il n'y aura pas de problèmes.	Il y a toujours des problèmes.
Ça ne fera pas un pli.	Il y aura toujours des problèmes.
Ne t'en fais pas!	Ça va mal!
Tout s'arrangera!	Ça ne s'arrange pas!
Ça finit toujours par s'arranger!	Ça finit toujours par s'arranger . . . bien . . . ou mal!

23.17 Activation orale: Optimisme, pessimisme

Vous allez entendre une série de dialogues entre un optimiste et un pessimiste. Ecoutez chaque dialogue en entier une fois. Ensuite, jouez le rôle de l'optimiste.

Exemple:
Vous entendez:
1. —Je suis inquiet.
—Ne vous inquiétez pas!

Vous entendez: Je suis inquiet.
Vous dites: Ne vous inquiétez pas!

2. —Nous allons à la catastrophe!
3. —Vous verrez, tout ça finira mal.

23.18 Activation orale: Optimisme, pessimisme

Vous allez entendre une deuxième série de dialogues entre un optimiste et un pessimiste. Cette fois-ci, vous allez jouer le rôle du pessimiste. Ecoutez chaque dialogue en entier une fois. Ensuite, à vous de jouer.

1. —Tout ira bien.
2. —Il n'y aura pas de problèmes.
3. —Tout s'arrangera.

23.19 Activation écrite: *Prendre* et dérivés (révision)

Complétez les phrases suivantes avec des verbes de la même famille.

1. On peut ________________ quelque chose à la terrasse de la Closerie des Lilas.
2. On peut ________________ une conversation interrompue.
3. On peut ________________ ses études après un an de congé à Paris.
4. On peut ________________ l'anglais, le russe, le japonais, à lire. . .
5. On peut ________________ de couvrir de fresques les murs de sa chambre.
6. "Il n'est pas besoin d'espérer pour ________________." (Tante Georgette)
7. On peut ________________ un problème, une question, les gens, le français. . . .

23.20 Activation orale: *Savoir, dépendre,* pronoms accentués (révision)

Répondez selon l'exemple.

Exemple:
Vous entendez: 1. Alors, quand venez-vous nous voir?
Vous dites: Nous ne savons pas; ça ne dépend pas de nous.

2. Alors, quand viens-tu nous voir?
3. Alors, quand Mireille vient-elle nous voir?
4. Et Robert?
5. Et tes parents, quand vont-ils venir?
6. Alors, quand Georgette et ta mère viennent-elles nous voir?

Bon! Mais alors, de qui est-ce que ça dépend?

23.21 Observation: Présent, futur immédiat, futur

présent	Tout s'arrange.
futur immédiat	Tout va s'arranger.
futur	Tout s'arrangera.

passé *présent* *futur immédiat* *futur*

<<<<<<<<<<< • >>>>>>>>>>>>>>>>>>>>>>>>>>>>

23.22 Observation: Formes du futur

Tout ira bien!
Tout ça finira mal!
Il n'y aura pas de problèmes.

Je verrai.
Nous serons ravis!

Ça ne fera pas un pli.
Vous trouverez?

Tous ces verbes sont au futur. Notez qu'il y a un *r* dans tous ces verbes. Ce *r* est caractéristique des formes du futur.

23.23 Observation: Futurs "réguliers"; verbes en *-ir*

finir (*futur*)	**avoir** (*présent*)
je fini**rai**	j' **ai**
tu fini**ras**	tu **as**
elle fini**ra**	elle **a**
nous fini**rons**	nous av**ons**
vous finirez	vous avez
ils fini**ront**	ils **ont**

Notez que le radical du futur est identique à l'infinitif.

Les terminaisons du futur sont identiques aux terminaisons du présent du verbe *avoir*.

23.24 Observation: Futurs "réguliers"; verbes en *-er* et *-re*

	trouver		**comprendre**
je	trouve**rai**	je	comprend**rai**
tu	trouve**ras**	tu	comprend**ras**
il	trouve**ra**	il	comprend**ra**
nous	trouve**rons**	nous	comprend**rons**
vous	trouverez	vous	comprendrez
elles	trouve**ront**	elles	comprend**ront**

Notez que dans les verbes en *-er*, comme *trouver*, le radical du futur est identique à l'infinitif au point de vue de l'orthographe, mais il y a une différence au point de vue de la prononciation.

Dans les verbes en *-re*, comme *comprendre*, le radical du futur est bien identique à l'infinitif au point de vue de la prononciation, mais il y a une différence au point de vue de l'orthographe: le -e final de l'infinitif est absent au futur.

23.25 Activation: Discrimination auditive; perception du futur

Indiquez si les phrases que vous allez entendre sont au présent ou au futur.

	1	2	3	4	5	6	7	8	9	10	11	12	13	14	15	16	17	18	19	20
présent																				
futur																				

23.26 Activation orale: Futur

Répondez selon l'exemple.

Exemple:
Vous entendez: 1. Je vais téléphoner tout de suite.
Vous dites: Non! Tu téléphoneras plus tard!

2. Je vais finir tout de suite.
3. Tu vas finir tout de suite?
4. Vous allez finir tout de suite?
5. Ils vont partir tout de suite?
6. Nous allons partir!
7. On va manger tout de suite?
8. Tu vas apprendre ta leçon tout de suite!
9. Tu vas rentrer tout de suite?
10. Vous allez vous décider tout de suite?

23.27 Activation orale: Futur

Répondez selon l'exemple.

Exemple:
Vous entendez: 1. Je me demande si Mireille va être là.
Vous dites: Oui, bien sûr, elle sera là.

2. Je me demande si elle va téléphoner.
3. Je me demande s'ils vont finir ce soir.
4. Je me demande si je vais comprendre.
5. Je me demande si ça va s'arranger.
6. Je me demande si elle va trouver le temps!
7. Je me demande s'ils vont partir.
8. Je me demande si je vais dormir.
9. Je me demande si ça va marcher.

23.28 Activation écrite: Futur et pronoms personnels

Complétez avec les verbes au futur et les pronoms personnels appropriés.

1. —Passez donc nous voir!

   —D'accord, nous ____________ ce soir.

2. On ne peut pas prendre le métro; il y a une grève!

   Nous ____________ la voiture.

3. —A quelle heure pensez-vous arriver?

   —Nous ____________ vers 5 ou 6 heures. Attendez-nous!

   —D'accord, nous ____________ .

   —Si nous sommes un peu en retard, ne vous inquiétez pas.

   —Non, non, je ne m' ____________ pas!

4. —Tu as invité les Belleau?

   —Non . . . nous ____________ la semaine prochaine.

5. —Ça, c'est un truc qui marche à tous les coups!

   —Oui, mais cette fois-ci, ça ne ____________ pas! Je le sais!

6. —Tu as parlé à tes parents?

   —Non, je ____________ ce soir.

7. Il faut essayer. Si vous essayez de comprendre, vous ____________ .

8. S'ils ne veulent pas comprendre, ils ne ____________ pas!

9. —Maman, Marie-Laure regarde la télé et elle n'a pas fini ses devoirs.

   —Ça ne fait rien, elle ____________ demain; c'est mercredi.

10. Ah, vous riez? Eh bien, attendez ce soir! Ce soir, c'est moi qui ____________ . Et rira bien qui ____________ le dernier!

23.29 Activation écrite: Passé composé (révision)

Relisez le texte de la leçon 21 (section 8) et celui de la leçon 22. Puis, lisez le texte suivant et essayez de trouver les mots nécessaires pour le compléter. Attention aux auxiliaires des passés composés et aux accords des participes passés.

Journal de Robert

1. J' ________ passé un agréable moment avec Mireille à la Closerie des Lilas. Nous ________ trois kirs. Je l' ________ à déjeuner, mais elle n' ________ pas ________ .
2. A midi cinq, elle ________ . (Elle ________ déjeuner chez elle.) Il était six heures cinq à ma montre. (J'avais l'heure de New York.) J' ________ ma montre à l'heure française.
3. J' ________ le garçon. Je lui ________ si je pouvais téléphoner. Il ________ que la cabine téléphonique était au sous-sol. Je me ________ levé, ________ traversé la salle et ________ au sous-sol. ________ entré dans la cabine et ________ essayé de mettre une pièce dans la fente de l'appareil. Je n' ________ pas réussi.
4. Je ________ sorti de la cabine et ________ dans la salle. ________ à la caisse et ________ un jeton. Je ________ au sous-sol.
5. Cette fois, ça ________ . ________ fait le numéro. Ça ________ sonné. C'est la bonne qui ________ . Elle m'a dit: "Madame ________ . Elle ________ promener Minouche, mais elle va rentrer pour déjeuner." J'ai raccroché et ________ de la cabine. ________ aperçu un étrange homme en noir; j'ai l'impression qu'il ________ suit. (Je me demande bien pourquoi!)
6. ________ à ma table. ________ payé les consommations. Ça ________ soixante-quinze francs.
7. Je ________ parti et je ________ promené sur le boulevard Montparnasse. ________ cherché une cabine téléphonique. J'en ________ trouvé une. Il fallait des pièces. Je n'en avais pas. Un passant ________ de la monnaie. J'ai enfin ________ téléphoner. C'est encore la bonne portugaise qui ________ , mais elle ________ passé Mme Courtois.
8. Mme Courtois a dit, "Mon mari n'est pas là. Il ________ parti en voyage. Non, je ne ________ pas suivi. Je ________ restée à la maison. Je ________ pas accompagné. Non, je ________ pas pu! Minouche était malade. . . Je ________ chez le vétérinaire.
9. Nous ________ une lettre de votre maman. Elle nous ________ très plaisir. Pourquoi est-ce qu'elle ________ avec vous? Elle ________ en Argentine? Quel dommage!"
10. Elle ________ à dîner pour après-demain.
11. A midi 45, j'avais très faim. ________ un café-restaurant et je ________ assis à une table libre. ________ un jambon de pays et un verre de beaujolais. Puis, ________ continué ma promenade et je ________ au Luxembourg. Marie-Laure ________ peu après.
12. Pendant que nous parlions, elle ________ un monsieur bizarre qui se cachait derrière un arbre. Je crois bien que c'est celui que ________ à la Closerie des Lilas!

23.30 Activation écrite: *Le, la, les, de, du, de la, des* (révision)

Lisez, et complétez avec l'article qui convient.

1. Dans ________ famille Belleau, on dit que Tante Georgette déteste ________ enfants. Elle trouve ________ enfants agaçants et fatigants.
2. Mme Courtois adore ________ chats. M. Courtois adore ________ bonne cuisine. Il connaît tous ________ grands restaurants de France. Mme Courtois fait très bien ________ cuisine.
3. Mireille dit que ________ chimie, c'est ________ cuisine du diable.
4. Les Belleau ont ________ enfants (ils ont trois filles). Les Courtois ont ________ chats, mais il n'ont pas ________ enfants. Ils n'ont jamais eu ________ enfants.
5. Les Belleau n'ont pas ________ fils. Les parents de Robert n'ont jamais eu ________ filles.
6. Mireille a ________ sœurs. Mais Robert n'a pas ________ sœurs, ni ________ frères, d'ailleurs. Il est fils unique.
7. Marie-Laure: Vous avez bu ________ kirs? Moi, je ne bois pas ________ alcool; je bois ________ Orangina. ________ alcool, c'est très mauvais pour ________ santé, vous savez!
8. Marie-Laure: J'ai ________ devoirs à faire! ________ devoirs à la maison, c'est ce qu'il y a de plus embêtant!
9. La Victoire de Samothrace n'a pas ________ tête. La tante Amélie n'a pas ________ menton.
10. Robert n'a pas ________ barbe, mais le Moïse de Michel-Ange a ________ barbe.
11. La Vénus de Milo n'a pas ________ bras. Mais Mireille a ________ bras. L'oncle Henri n'a pas ________ cheveux. Mais Mireille a ________ cheveux (ils sont blonds, longs, et fins). Elle a ________ yeux bleus (les deux), et ________ doigts longs et fins (tous les dix).
12. Ah, vous tombez bien! Vous avez ________ chance! Oh, vous tombez mal! Vous n'avez pas ________ chance!
13. Vous avez vu ________ centaures, vous? Non, bien sûr! ________ centaures, ça n'existe pas! Il n'y a pas ________ sirènes non plus . . . sauf sur les voitures de police pour faire ________ bruit et empêcher ________ gens de dormir!
14. Il y a ________ tragédies en vers, mais il y a aussi ________ comédies en vers.
15. —________ gens critiquent toujours ________ éducation qu'ils ont reçue!

    —Mais non, il y a ________ gens qui en sont plutôt satisfaits!

23.31 Dialogue entre Robert et le voisin des Courtois

Vous allez entendre un dialogue entre Robert et le voisin des Courtois. Ecoutez bien. Vous allez apprendre les répliques du voisin.

Robert: Pardon, Monsieur, Madame Courtois, c'est bien ici?
Le voisin: **Ah, non, Monsieur; non. Vous vous êtes trompé de porte. C'est à côté.**
Robert: Je suis désolé de vous avoir dérangé. Excusez-moi.
Le voisin: **Ce n'est pas grave, Monsieur, il n'y a pas de mal. Au revoir, Monsieur.**

Exercices-tests

23.32 Exercice-test: Optimisme, pessimisme

Déterminez si les énoncés que vous allez entendre sont dits par un optimiste ou par un pessimiste. Cochez la case appropriée.

	1	2	3	4	5	6	7	8
optimiste								
pessimiste								

Vérifiez. Si vous avez fait des fautes, travaillez les sections 23.16 à 23.18 dans votre cahier d'exercices.

23.33 Exercice-test: Perception du futur

Déterminez si les phrases que vous entendez sont au présent ou au futur. Cochez la case appropriée.

	1	2	3	4	5	6	7	8	9	10
présent										
futur										

Vérifiez. Si vous avez fait des fautes, travaillez les sections 23.16 à 23.18 et 23.21 à 23.28 dans votre cahier d'exercices.

23.34 Exercice-test: Formes du futur; futurs réguliers

Complétez selon l'exemple.

Exemple:

Je n'ai pas encore trouvé, mais je trouverai sûrement.

1. Ils n'ont pas encore fini, mais ils ____________ bientôt.
2. Vous n'avez pas encore compris, mais vous ____________ un jour!
3. Nous ne sommes pas encore partis; nous ____________ la semaine prochaine.
4. Je n'ai pas téléphoné, et je ne ____________ pas.
5. Tu es sorti hier soir, tu ne ____________ pas ce soir!

Vérifiez. Si vous avez fait des fautes, travaillez les sections 23.21 à 23.28 dans votre cahier d'exercices.

Libération de l'expression

23.35 Mise en question

Relisez le texte de la leçon; lisez les questions de la mise en question qui suit la mise en œuvre dans votre livre de textes. Réfléchissez à ces questions et essayez d'y répondre.

23.36 Mots en liberté

Pour quoi peut-on avoir une passion?

On peut avoir une passion pour le kir, la philosophie, la cuisine, la cuisinière. . . .

Trouvez encore au moins huit possibilités. (C'est facile, même si vous n'êtes pas très passionné!)

Qu'est-ce qu'on peut voir à Paris?

On peut voir Beaubourg, la Victoire de Samothrace (mais pas sa tête), Mme Courtois, la Défense, des bonnes portugaises, des cafés avec des terrasses. . . .

Trouvez encore au moins huit possibilités. (C'est très facile, même si vous n'avez aucune imagination!)

Qu'est-ce qu'on peut dire quand on est optimiste?
On peut dire: "Sept heures moins 5! Ça va, j'ai le temps." "Mireille sera là. J'en suis sûr."

Trouvez encore au moins deux possibilités.

Qu'est-ce qu'on peut dire quand on est pessimiste?
On peut dire: "Cinq heures et demie! Oh, là, là, je vais être en retard pour le dîner!" "Monsieur Courtois aura sûrement un infarctus pendant le dîner." "Les Courtois ne vont pas servir de vin."

Trouvez encore au moins trois possibilités.

23.37 Mise en scène et réinvention de l'histoire

1. Personnages: Marie-Laure, Mireille, Robert
   Mireille trouve Robert et Marie-Laure qui parlent tranquillement sur un banc. Elle demande ce qu'ils font. Elle essaie de faire partir Marie-Laure. Elle lui dit d'aller faire ses devoirs à la maison, ou d'aller jouer au bassin. Marie-Laure n'est pas d'accord. Elle trouve des raisons pour rester.
2. Personnages: Mireille, Robert
   Robert raconte les difficultés qu'il a eues pour avoir Madame Courtois au téléphone, puis pour comprendre ce que disaient la bonne et Madame Courtois. Mireille pose des questions, commente, parle des Courtois.
   Robert suggère à Mireille de se faire inviter en même temps que lui. Mireille répond.
3. Personnages: Robert, des passants
   Robert est perdu. Il arrête des passants pour leur demander son chemin.
4. Personnages: Robert, une dame, un monsieur, une jeune fille, un jeune homme, ou une petite fille
   Robert se trompe de porte. Quelqu'un ouvre. Ce n'est pas Madame Courtois. Qui est-ce?

23.38 Mise en scène et réinvention de l'histoire

Reconstituez une conversation entre M. Courtois (optimiste) et Mme Courtois (pessimiste). Ils ont un petit problème: Minouche est malade!

Mme Courtois: Qu'est-ce qu'on va faire? Minouche (. . .).
M. Courtois: Mais Bobonne, (. . .), ce n'est pas grave!
Mme Courtois: Mais si! Tu vas voir! Ça (. . .).
M. Courtois: Mais non, voyons! Ça ne (. . .).
Mme Courtois: Ah, je suis très (. . .).
M. Courtois: Ne t'en fais pas, tout (. . .). Il n'y a pas de (. . .). Tu es trop (. . .).
Mme Courtois: (. . .)

23.39 Mise en scène et réinvention de l'histoire

Imaginez que Mme Courtois raconte sa vie à Robert. Vous pouvez utiliser les possibilités suivantes ou en inventer d'autres.

Je suis née	à Paris.
	à Caracas.
	à Valparaiso.
	à Marseille.
	à Cognac.
	au Pays Basque.

Mon père était	informaticien.
	douanier.
	distillateur.
	plombier.
	bijoutier.
	marin.
	marchand de tissus.
	vétérinaire.
	astronome.
	gastronome.
	pharmacien.
	ambassadeur.

Il	voyageait	beaucoup.		
	mangeait			
	se fatiguait			
	vendait	beaucoup de	tuyaux.	
	faisait		calculs.	
			héroïne.	
			montres.	
			dentelle.	
			cognac.	
			multiplications.	
			boules de gomme.	
			saucisse.	
			mouton.	

Ma mère	était	violoniste	dans	la	Renault.
		couturière	à	un	ministère.
		professeur	chez	—	hôpital.
		médecin		une	banque.
		cuisinière		l'	restaurant.
		caissière			musée.
		chef de service			faculté.
		infirmière			curé.
					Courrèges.
	est morte	à ma naissance.			
	est partie	quand j'avais dix ans.			
	avait	—	des	argent.	
		beaucoup	de	amis.	
			d'	préjugés.	
				illusions.	
				talent.	
				bijoux.	
				intérêts en Patagonie.	
		six enfants d'un premier mariage.			

Mes parents	ont divorcé	en Bretagne.
	sont partis	au Japon.
	sont morts	en Patagonie.
		quand j'avais cinq ans.

Je suis restée chez	une tante.
	mes grands-parents.
	une sœur plus âgée.

Je suis allée dans une école	publique.
	privée.

J'étais	très mauvaise élève.	
	très bonne élève.	
	très douée.	
	insupportable.	
	nulle en tout.	
	très bonne en	biologie et zoologie.
		maths.
		chimie.
		tennis.

Ensuite, j'ai fait des études | de chimie. / de médecine. / de pharmacie. / de philosophie. / de physique. / d'astronomie.

J'ai rencontré | un caissier / le frère de Jacques / le prof de maths de Jacques

| à / dans | une banque. / un match de tennis. / la Fac de Médecine. / la Fac des Sciences. / la Closerie des Lilas. / une cabine téléphonique.

Il | était imbattable. / allait à l'Observatoire. / buvait un kir. / suivait un cours d'anatomie. / cherchait | une formule d'explosif. / un numéro de téléphone. / sa chatte. / l'adresse d'un restaurant. / n'avait pas de monnaie.

Je | l' / lui | ai | présenté le chat de mes grands-parents. / présenté à ma tante qui avait cinq chats. / souri. / invité à déjeuner. / donné | une pièce de cinq francs. / mon numéro. / suivi. / demandé l'heure. / plu.

J'ai quitté | l'université / ma tante / mes grands-parents / ma sœur | quelques mois plus tard. / le lendemain. / un an plus tard.

J'ai épousé | le frère de Jacques. / le prof de maths de Jacques. / un riche banquier. / un vétérinaire.

Mais il était | trop nerveux. / trop bavard. / ennuyeux. / fatigant. / trop pessimiste. / plein de complexes. / toujours en voyage. / agaçant.

Alors j'ai divorcé et j'ai épousé Jacques.

Préparation à la lecture et à l'écriture

23.40 Pratique de l'écriture

Relisez les sections 5 à 9 du texte de la leçon 23. Puis résumez et racontez (au présent) la promenade de Robert à travers Paris et son arrivée chez les Courtois. N'écrivez pas plus de 100 à 150 mots.

23.41 Lecture et orientation

Observez le document 1 de la leçon 23, "Traversée de Paris," dans votre livre de textes. Relisez le texte de la leçon 23, sections 6, 7, et 8. Puis tracez, sur le plan de Paris, l'itinéraire approximatif de Robert. Il part du Home Latin, rue du Sommerard, dans le Quartier Latin, à la limite du 5ème et du 6ème arrondissement. Il va dans l'île Saint-Louis, passe devant l'Hôtel de Ville, etc. . . .

23.42 Lecture et pratique de l'écriture

Lisez le document 2, "Un jour, tu verras." Ecrivez une adaptation de cette chanson: C'est Robert qui prédit sa rencontre future avec Mireille. (Où est-ce qu'ils se rencontreront? Qu'est-ce qui les guidera? Qui est-ce qui représentera le hasard? Qui sourira à qui? Où est-ce qu'ils iront la main dans la main?)

23.43 Lecture, interprétation, et expansion du vocabulaire

Lisez le document 3A.

1. Qu'est-ce qu'il vaut mieux être, mort ou guéri?

   ________________.

2. Le cardinal de Richelieu est mort; donc, le docteur Chicot ne l'a pas ________________.
3. Comment appelle-t-on un cardinal?

   ________________.

4. Et un médecin? ________________.

Lisez les documents 3C et 3D.

5. Qu'est-ce que Tonton Guillaume dit quand Marie-Laure se moque de lui? ________________
6. Et quand Marie-Laure lui demande si quelqu'un aura la bonne idée de lui donner une boîte de chocolats pour son anniversaire?

   ____

Lisez le document 3E.

7. Tante Georgette, qui a lu ces vers de Sully Prudhomme, dit: "Ne remettez pas à ________________ ce que vous pouvez faire ________________."

Et aussi:

"L'enfer est pavé de ________________ intentions."

Lisez le document 3F.

8. Et vous, qu'est-ce que vous serez dans dix ans?

   ____

23.44 Lecture et interprétation

Relisez la section 3 du texte de la leçon 23. Lisez ensuite le document 4. Maintenant, répondez à la question suivante:

Qu'est-ce que l'Infante et Mme Courtois ont en commun?

____

____

____

23.45 Lecture et interprétation

Relisez la section 2 du texte de la leçon 23. Observez le document 5. Répondez aux questions suivantes.

Qu'est-ce que la dame qui téléphone, dans le dessin, et Madame Courtois ont en commun?

____

Quelle différence voyez-vous entre elles?

____

____

23.46 Lecture et interprétation

Relisez le texte de la leçon 23, section 2. Lisez le document 6.

1. Il paraît que Minouche est malade. Qu'est-ce qu'elle a?

   ____

2. Est-ce que la migraine est une maladie imaginaire ou réelle? Qu'est-ce qui le prouve?

   ____

   ____

   ____

Lisez le document 8. Relisez le texte de la leçon 23, section 5.

3. Récrivez la remarque des Goncourt en fonction de ce que Robert a entendu au Louvre.

   ____

   ____

Lisez les documents 9A, 9B, 9C.

4. Qu'est-ce qu'un célibataire peut faire s'il décide qu'il a eu tort de rester célibataire?

   ____

5. Qu'est-ce qu'on peut dire si on a fait une bêtise?

   ____

   ____

6. Est-ce que les rois sont infaillibles?

   Non, ils ________________.

23.47 Lecture, interprétation, et expansion du vocabulaire

Faites une première lecture du document 7, "Le Pont Mirabeau." Essayez de comprendre de quoi il s'agit, quel est le thème général. Puis complétez le texte suivant.

1. Le temps passe; il s'en ________ .
2. Les jours s'en ________ .
3. L'amour passe; les amours s' ________ .
4. Le temps passé ne ________ pas.
5. Les amours passées ne ________ pas, non plus.
6. La Seine ________ vers la mer.
7. L'eau de la Seine coule, elle court; c'est une eau ________ .
8. L'eau de la Seine ne coule pas très vite; elle coule lentement. La Seine n'est pas rapide; elle est ________ .
9. Je ne m'en vais pas; je reste.
   Tout passe; le temps, les amours s'en vont, mais le poète reste; il ________ .
10. Le poète est triste: il a beaucoup de ________ .

23.48 Lecture et initiation au passé simple

A. Lisez le document 10.

C'est un récit, un texte narratif qui rapporte des événements **passés**. Tous les verbes de la narration sont **au passé**.

Notez tous les verbes qui sont au **passé composé**, et tous ceux qui sont à l'**imparfait**.

Il reste des verbes qui ne sont ni au passé composé, ni à l'imparfait, ni au plus-que-parfait. Cherchez-les. Le premier est *fut*, le second est *dit*. Ecrivez les autres:

fut, dit, ________ , ________ , ________ ,
________ , ________ , ________ , ________ .

(Vous devriez en trouver 7.)

Certains de ces verbes (comme *dit, obéit*) ressemblent à des présents, mais ce sont des *passés*. D'autres (comme *fut, s'étonna, s'absorba, trouva, revint*) ont des formes différentes du présent et de l'imparfait.

Ces verbes sont au **passé simple**.

Le **passé simple** est utilisé dans les textes **narratifs, écrits au passé**. Il n'est pratiquement **jamais** utilisé dans la **langue parlée**.

L'essentiel, pour vous, c'est de savoir le reconnaître. Pour la plupart des verbes, c'est assez facile. Il est évident que *dit* est le verbe *dire; s'étonna*, le verbe *s'étonner; trouva*, le verbe *trouver*. Pour d'autres, c'est moins évident. Par exemple, *fut* est le passé simple du verbe *être; prit*, du verbe *prendre; revint*, du verbe ________ .

B. Relisez maintenant le document 10A de la leçon 13 dans votre livre de textes (rencontre de Simone de Beauvoir et de Sartre à la Sorbonne).

Cherchez les verbes au passé simple et essayez de deviner quel est l'infinitif de chacun de ces verbes.

passé simple		infinitif	passé simple		infinitif
j'approchai	:	approcher ;	parurent	:	paraître ;
remarquai	:	________ ;	se mirent	:	se ________ ;
étincelèrent	:	________ ;	________	:	________ ;
________	:	________ ;	________	:	________ ;
________	:	________ ;	________	:	________ ;
________	:	________ ;	________	:	________ ;

Il doit y en avoir une dizaine en tout. Est-ce que vous avez deviné quel est l'infinitif de *fis* ("*Je fis quelques pas*")? C'est *faire*.

Leçon 24

Assimilation du texte

🎧 24.1 Mise en œuvre

Ecoutez le texte et la mise en œuvre dans l'enregistrement sonore. Répétez et répondez suivant les indications.

🎧 24.2 Compréhension auditive

Phase 1: Regardez les images ci-dessous, et écoutez les textes qui leur correspondent.

1. ___

2. ___

3. ___

4. ___

5. ___

6. ___

7. ___

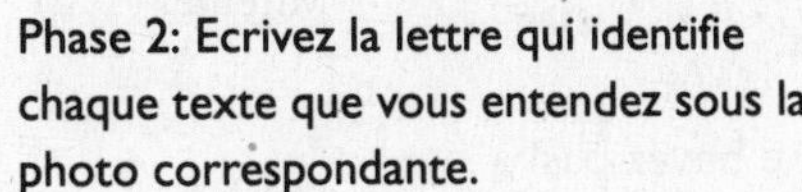

Phase 2: Ecrivez la lettre qui identifie chaque texte que vous entendez sous la photo correspondante.

24.3 Compréhension auditive

Phase 1: Regardez les photos ci-dessous et écoutez les textes qui leur correspondent.

1. ___ 2. ___ 3. ___

4. ___ 5. ___ 6. ___

Phase 2: Ecrivez la lettre qui identifie chaque texte que vous entendez sous la photo qui lui correspond le mieux.

24.4 Production orale

Ecoutez les dialogues suivants. Vous allez jouer le rôle du second personnage.

1. Mireille: Allô, Marraine?
   Mme Courtois: (. . .)
2. Mireille: Mais, Marraine, je ne sais pas si je pourrai!
   Mme Courtois: (. . .)
3. M. Courtois: Voyons, qu'est-ce que je vous sers? Whisky, Campari, xérès, banyuls, pastis, Cinzano, Américano, porto?
   Robert: (. . .)
4. M. Courtois: Ah! Du potage!
   Mme Courtois: (. . .)
5. M. Courtois: Mais, Monsieur Taylor, vous ne buvez pas! Regardez Mireille!
   Mireille: (. . .)
6. Mireille: Hmmm . . . ce gigot est fameux!
   Mme Courtois: (. . .)
7. M. Courtois: Concepcion, attention de ne pas renverser la crème renversée!
   Mme Courtois: (. . .)
8. M. Courtois: Mais ne partez pas encore, vous avez le temps! Vous prendrez bien encore un peu d'armagnac! N'est-ce pas qu'il est bon!
   Robert: (. . .)
9. Robert: Quand est-ce que je pourrai vous revoir?
   Mireille: (. . .)

Préparation à la communication

24.5 Observation: Prononciation; /ə/ instable

Ecoutez.

à demain | viens donc demain

Vous remarquez que le mot *demain* n'est pas prononcé de la même façon dans les deux cas. Dans le premier, le /ə/ n'est pas prononcé. Dans le deuxième, il est prononcé. Observez les exemples suivants:

ma petite Minouche	ma chère petite Minouche
mon petit pastis	mon cher petit pastis
sûrement	justement
Surtout ne manque pas d'y aller.	Il ne manque pas d'y aller.
Je n'aime pas le gigot.	J'aime le gigot.
Il faudra me donner son adresse.	Téléphonez-moi pour me donner son adresse.

Dans la première colonne, le /ə/ n'est pas prononcé. (Deux consonnes prononcées se suivent: il n'y a pas de difficulté.) Dans la deuxième colonne, le /ə/ est prononcé (pour éviter trois consonnes qui se suivent, ce qui est difficile à prononcer).

24.6 Activation orale: Prononciation; /ə/ instable

Observez si /ə/ est prononcé ou non, et répétez.

Qu'est-ce que tu deviens?
Je ne sais pas.
Donne-lui un coup de téléphone demain.
Il sera ravi de faire ta connaissance.
Qu'est-ce que je peux vous offrir?
Qu'est-ce que je te donne?
Quand est-ce que je pourrai te voir?

24.7 Observation: Appréciation

C'est exquis!
C'est délicieux!
Votre potage est délicieux!
Ce gigot est fameux!
C'est une merveille!

Cet armagnac est extraordinaire!
C'est le poisson que je préfère!
C'est ce que je préfère!
C'est mon dessert préféré!
Oh moi, j'ai un faible pour le chablis!

C'est ce qu'on dit quand on est invité. . . .

24.8 Observation: Recommandation

Goûtez!
Goûtez-moi ça!
Je crois que ça vous plaira!
Vous m'en direz des nouvelles!
Vous ne trouverez pas mieux!

C'est ce qu'on peut dire quand on offre ou propose quelque chose.

24.9 Activation: Discrimination auditive; appréciation ou recommandation

Pour chaque énoncé que vous allez entendre, déterminez s'il s'agit d'une appréciation ou d'une recommandation. Cochez la case appropriée.

	1	2	3	4	5	6	7	8
appréciation								
recommandation								

24.10 Observation: Remerciements

Quel délicieux repas!
Quelle charmante soirée!
Je ne sais comment vous remercier!
Tout était vraiment exquis!
Merci encore!

C'est ce qu'on peut dire quand on s'en va après un bon repas.

24.11 Activation: Dictée; remerciements

Ecoutez et complétez.

1. ________ encore. Tout était ________________ ____________.
2. Quelle ________________ soirée!
3. Je ne sais comment vous ________________ .

24.12 Observation: Questions de service

C'est un libre-**service**.
C'est un bon restaurant, mais le **service** n'est pas rapide!
Le **service** est compris: 15%.

J'ai un petit boucher qui me **sert** très bien.

Laissez-moi vous **servir!**
Je vous **sers!**

Servez-vous!
Tu veux **te servir** de haricots?

Mme Courtois nous **a servi** un excellent repas!
Elle **a servi** un gigot avec des haricots.
M. Courtois **a servi** un bordeaux avec le gigot.

24.13 Activation écrite: Questions de service

Complétez les phrases suivantes.

1. Mme Courtois a un petit boucher qui la ________ très bien.
2. C'est un libre-______________ . On se sert soi-même.
3. Le ______________ est compris.
4. Un peu de haricots? Laissez-moi vous ____________ .
5. Quel vin faut-il ____________ avec le fromage?
6. Si vous voulez de la salade, ____________ -vous!

24.14 Activation orale et écrite: Communications téléphoniques

Ecoutez Mireille qui répond au téléphone, puis répondez aux questions suivantes. Ecrivez vos réponses. Vous entendrez le texte deux fois.

1. Pourquoi Mireille dit-elle "zut"?

____

2. Pourquoi dit-elle que la personne qui téléphone tombe mal?

____

3. Où va Mireille?

____

4. Pourquoi ne peut-elle pas parler maintenant?

____

____

5. Qu'est-ce qu'elle fera, ce soir?

____

24.15 Activation: Dictée

Ecoutez et complétez. Vous entendrez le texte trois fois.

Qu'est-ce que vous devenez?

Mireille: Salut! ____________________ qu'on ne s'est pas vus. Qu'est-ce que tu ____________________?

Ousmane: Ben, tu vois, ____________________.
____________________;
____________________. La routine, quoi!
__________, qu'est-ce que ____________________?

Mireille: Ben, moi, c'est pareil. Je travaille, je ____________________, je prends des cours d'italien, et je __________ même du karaté, ____________________. Rien de sensationnel, quoi!

24.16 Observation: Le plus-que-parfait

Quand Robert est arrivé chez les Courtois, vendredi soir, Mireille n'était pas là. . . . (Mais Mireille avait téléphoné à Mme Courtois le jeudi matin. Ça faisait des semaines qu'elle n'avait pas vu sa marraine.)

présent	Ce soir (vendredi), Robert et Mireille **dînent** chez les Courtois.
passé	Mme Courtois **a invité** Mireille le jeudi. Et elle **avait invité** Robert le mercredi.

***Avait invité* est un plus-que-parfait. C'est un temps composé. Il est composé d'un auxiliaire (*avoir* ou *être*) à l'imparfait (ici, *avait*) et du participe passé du verbe (ici, *invité*).**

plus-que-parfait	*passé composée*	*présent*
Elle avait invité Robert le mercredi.	Elle a invité Mireille le jeudi.	Ils dînent chez les Courtois le vendredi.

——————•——————→•——————→•

Jeudi est le passé par rapport à vendredi. Mercredi est le passé par rapport à jeudi. Mercredi est donc un "double passé" par rapport à vendredi. Le plus-que-parfait indique un "double passé."

24.17 Activation: Compréhension auditive; le plus-que-parfait

Vous allez entendre une série de phrases au passé. Pour chaque phrase, déterminez s'il s'agit d'un passé composé ou d'un plus-que-parfait, et cochez la case appropriée.

	1	2	3	4	5	6	7	8
passé composé								
plus-que-parfait								

24.18 Observation: Expression du futur

Nous **aurons** un jeune Américain charmant.
Il **sera** ravi de faire ta connaissance.
Ce **sera** plus simple!
Nous vous **retiendrons** à dîner.
Je ne sais pas si je **pourrai.**
Il **faudra** me donner des tuyaux!
Concepcion, quand vous **voudrez!**

Toutes ces phrases se réfèrent au futur.

24.19 Observation: Futur; radicaux irréguliers

	futur		*infinitif*
Nous	**essaierons.**		essayer
Vous vous	**ennuierez.**		s'ennuyer
Nous	**mourrons**	un jour.	mourir
Il	**courra.**		courir
Je ne	**pourrai**	pas!	pouvoir
Vous	**verrez!**		voir
Il	**sera**	ravi!	être
Il	**fera**	beau.	faire
Il	**pleuvra.**		pleuvoir
Elle	**devra**	partir.	devoir
Il	**voudra**	partir.	vouloir
Il	**faudra**	venir.	falloir
Nous	**aurons**	un jeune Américain.	avoir
Je le	**saurai.**		savoir
Ils	**viendront**	tous les deux.	venir
Nous vous	**retiendrons**	à dîner.	retenir
J'	**irai**	aux Etats-Unis.	aller
J'	**irai**	en septembre.	

Notez que le radical du futur de ces verbes est **irrégulier** (il est différent du radical de l'infinitif).

Remarquez que le radical du futur (régulier ou irrégulier) contient toujours un *r* (*aurons, sera, faudra*) ou deux *r* (*verrez, pourrai*). Le son /r/ avant la terminaison est donc une caractéristique générale du futur.

Même pour les verbes qui ont un radical irrégulier, les terminaisons sont parfaitement régulières. Donc, si vous connaissez **une** forme du futur d'un verbe, vous pouvez former toutes les autres formes en parfaite confiance.

Notez qu'on n'utilise pas *y* devant les formes du futur d'*aller.* Par exemple:

—Vous allez aller aux Etats-Unis?
—Oui, j'irai en septembre.

🎧 24.20 Activation orale: Futurs irréguliers

Répondez selon l'exemple.

Exemple:
Vous entendez: 1. Je me demande si nous allons avoir le temps.
Vous dites: Bien sûr que nous aurons le temps!

2. Je me demande si Mireille va essayer de contacter Mme Courtois.
3. Robert se demande si les Courtois vont être gentils avec lui.
4. Robert se demande si Mireille va devoir rentrer chez elle à midi.
5. Robert se demande si Mireille va venir chez les Courtois.
6. Il se demande si Mme Courtois va retenir Mireille à dîner.
7. Robert se demande s'il va falloir partir avec M. Courtois.
8. Robert se demande s'il va revoir Mireille.
9. Je me demande si Robert va pouvoir trouver le numéro de téléphone de Mireille.
10. Je me demande s'il va faire beau demain.

🎧 24.21 Activation orale: Futurs irréguliers

Répondez selon l'exemple.

Exemple:
Vous entendez: 1. Mireille et Robert vont aller au cinéma?
Vous dites: Mais non, ils n'iront pas au cinéma.

2. Robert va s'ennuyer chez les Courtois?
3. Robert va mourir de faim?
4. Les Courtois vont savoir que Mireille et Robert se connaissent?
5. Robert va pouvoir partir seul avec Mireille?

🎧 24.22 Activation orale: Formes du futur

Répondez selon l'exemple.

Exemple:
Vous entendez: 1. Je ne peux pas aller chez les Courtois; ils ne m'ont pas invité.
Vous dites: J'irai chez les Courtois quand ils m'inviteront.

2. Il ne peut pas aller en France; il ne sait pas le français.
3. Je ne peux pas lui en parler; il n'est pas revenu de voyage.
4. On ne peut pas servir; M. Courtois n'est pas là.
5. On ne peut pas passer à table; ce n'est pas prêt!
6. On ne peut pas passer à table; il n'est pas huit heures.
7. On ne peut pas passer à table; le gigot n'est pas cuit!
8. On ne peut pas aller à Chartres; il ne fait pas beau.
9. Robert ne peut pas demander son numéro à Mireille; ils ne sont pas seuls!
10. Je ne peux pas lui donner mon adresse; il ne me l'a pas demandée.
11. Je ne peux pas lui en parler; je ne le vois jamais!

24.23 Activation écrite: Formes du futur

Lisez le texte suivant. Essayez de trouver, dans la liste ci-dessous, le verbe qui donnera un sens à chaque phrase, mettez-le au futur, et complétez.

aller	changer de	faire	parler	sonner
apprendre	conduire	s'habiller	partir	sourire
s'approcher	dire	jouer	passer	travailler
arriver	donner	lire	porter	voir
attendre	emmener	se marier	regarder	
avoir	être	s'occuper de	rester	

L'avenir selon Marie-Laure

1. Un jour, je serai à la maison, je __________ la télévision. Le téléphone __________. Une voix __________: "Allô, je suis bien chez les Belleau?" Je dirai: "Oui, Monsieur," parce que ce __________ une voix d'homme, jeune, mais grave. La voix __________: "Ah, que je suis content! Parce que ça fait une éternité que je cherche partout une jeune fille, qui s'appelle Belleau, qui a les cheveux longs et blonds, les doigts longs et fins, un très joli sourire, qui est plutôt petite, très sportive, très gentille, et surtout merveilleusement intelligente. . ." Je __________: "C'est moi! Vous tombez bien; vous avez de la chance, parce que j'ai deux sœurs qui sont blondes aussi!"

2. Le lendemain, nous __________ rendez-vous au Luxembourg. Je l' __________, assise sur un banc, près du bassin. Il __________ un temps magnifique. Il y __________ des fleurs et des petits oiseaux. Il __________ tout de suite après moi. Il __________ beau comme un dieu. Grand, mince, élégant. Il __________ une veste Ted Lapidus et une cravate Hermès. Il me sourira. Je lui __________. Nous nous __________ un moment en silence. Puis, il me __________: "Permettez-moi de me présenter: je suis le Prince Raskolnikoff. Mon père est président-directeur général de Renault." Nous __________ de choses et d'autres; de la pluie et du beau temps, de nos études. Puis, nous __________ boire des Orangina à la terrasse de la Closerie des Lilas.

3. La semaine suivante, nous nous __________ à Notre-Dame. Ce __________ une belle cérémonie, avec des orgues et tous nos amis. Je __________ une robe blanche très longue avec beaucoup de dentelle partout. Tonton Guillaume nous __________ un très beau yacht tout blanc, en cadeau de mariage. Et mon beau-père, le père de mon mari, nous __________ une magnifique voiture de sport rouge, une Alpine, que je __________ à toute vitesse dans les rues en faisant beaucoup de bruit.

4. Nous __________ beaucoup d'enfants. Enfin, pas trop! Disons deux au maximum. A cause de la surpopulation. Nous __________ beaucoup d'argent: Mon beau-père nous en __________. Et puis, les grands-parents de mon mari lui __________ 100.000F tous les ans à Noël, et aussi pour son anniversaire.

5. Mon mari s' __________ des enfants. Moi, je __________ un peu, au Ministère de la Santé. Mais pas tous les jours. Parce que ce __________ moi, le ministre. Alors, je __________ des ordres à tout le monde, mais personne ne me __________ d'ordres, puisque je __________ le chef. Je __________ au Ministère une ou deux fois par semaine, entre 10 heures et 11 heures du matin, pour donner mes ordres. Et le reste du temps, je __________ au tennis avec Hubert.

6. Si nous avons envie de faire du ski, mon mari et moi, nous __________ l'avion et nous __________ en Patagonie. Et si nous avons envie de faire la sieste au soleil, nous __________ à Saint-Tropez. Nous n' __________ pas les enfants. (En vacances, les enfants sont fatigants et agaçants.) Ils __________ chez Tante Georgette. Ça lui __________ sûrement plaisir, puisqu'elle n'a pas d'enfants, la pauvre!

7. Nos enfants n' ________ pas à l'école. C'est trop ennuyeux d'aller à l'école. Ils ________ avec leurs bateaux au Luxembourg quand il ________ beau, et quand il ________ mauvais, ils ________ des puzzles ou des mots croisés. C'est un excellent exercice mental. Ils ________ à lire tout seuls. Ils ________ tout un tas de livres intéressants, *Tintin, Astérix, Les Misérables, A La Recherche du temps perdu,* Derrida, *Babar* . . . et ils ________ plus de mots qu'à l'école!

8. Moi, je m' ________ chez Sonia Rykiel, Dior, Agnès B., et Christian Lacroix. J' ________ 365 robes. Je ________ robe tous les jours, sauf les années bissextiles.

9. Un jour que je ________ une robe Dior, très belle, blanche avec de l'or, je ________, dans une allée du Luxembourg, sous un marronnier en fleurs, un jeune homme extraordinairement beau. Il me ________. Il s' ________ de moi et il me ________ : "Je vous aime. A l'instant où je vous ai vue, je suis tombé amoureux de vous." Je lui ________ : "Vous tombez mal; je suis mariée." Il me ________ de divorcer et de l'épouser. Je lui ________ : "Non." Je ________ et il ________ seul sous son marronnier à pleurer. Et chaque fois que je ________ par là, je le ________ debout sous son marronnier en train de pleurer. Il ne ________ rien. Je ne ________ rien. Ce ________ triste et beau.

24.24 Activation écrite: Futur et pronoms

Complétez.

1. —Je regrette, je n'ai plus de timbres à 10F.
—Est-ce que vous ________ demain?

2. Je ne peux pas voir les Courtois aujourd'hui. Je ________ demain.

3. Allez donc voir les Courtois! Je suis sûre qu'ils ________ ravis de vous voir.

4. Mireille n'était pas à la bibli hier. Est-ce qu'elle ________ cet après midi?

5. —Mireille, tu viens manger?
—Non, je ________ plus tard! Je n'ai pas le temps maintenant!

6. Monsieur Courtois n'est jamais allé aux Etats-Unis, mais il ________ en septembre.

7. C'est une question de volonté. Si tu veux réussir, tu ________! C'est aussi simple que ça!

8. —Marie-Laure, tu as fait tes devoirs?
—Non, je ________ après le dîner.

24.25 Activation écrite: Présent, passé, futur; *tomber*

Complétez.

1. La vieille dame a laissé __________ son sac de pommes de terre.
2. Patatras! Ça y est! Le plateau du goûter __________!
3. Robert (*à la réception de l'hôtel*): Je voudrais une chambre avec douche, et sans balcon, parce que j'ai l'habitude de __________ des balcons.
4. Notre hôtel n'est pas très confortable. Il y a beaucoup de bruit. Nous __________! Je crois que nous allons changer d'hôtel. J'espère que nous __________ mieux la prochaine fois.
5. Robert: Je suis allé voir les Courtois, avant-hier. Il n'y avait personne.
   Marie Laure: Vous __________! Il fallait téléphoner avant d'y aller!
6. Mireille: Marraine, je crois que je vais venir dîner ce soir.
   Mme Courtois: Ah, tu ne pouvais pas mieux __________! Justement nous aurons un jeune Américain tout à fait charmant.
7. Robert: Je suis allé voir les Courtois, hier soir; justement Mireille était chez eux!
   Marie-Laure: Eh bien, vous __________! Parce qu'elle n'y va pas souvent. Quelle coïncidence!
8. Robert et Mireille sont allés prendre un verre à la Closerie des Lilas. Ils __________ sur Hubert qui buvait un whisky entre deux parties de tennis! Encore une coïncidence!

24.26 Observation: *Qui* pronom relatif

antécédent	*pronom sujet*		*verbe*	
. . . M. Taylor,	**qui**	nous	arrive	des Etats-Unis.
. . . un petit boucher	**qui**	me	sert	très bien.
. . . une bonne	**qui**		est	une excellente cuisinière.
. . . un repas	**qui**	se	termine	par une crème renversée.
. . . des choses	**qui**	n'	existent	pas.

Qui est un pronom relatif. Il remplace les noms *M. Taylor, boucher, bonne, repas,* et *choses.* Ces noms sont les **antécédents** du pronom *qui. Qui* peut remplacer des personnes (*M. Taylor, un boucher, une bonne*) ou des choses (*un repas, des choses*).

Qui est invariable. Il peut représenter un masculin (*un boucher*) ou un féminin (*une bonne*), un singulier (*un repas*) ou un pluriel (*des choses*). Il n'y a pas d'élision avec *qui. Qui* est le sujet du verbe qui suit (*arrive, sert, est . . .*).

24.27 Activation orale: *Qui* pronom relatif

Répondez selon l'exemple.

Exemple:
Vous entendez: 1. Robert va chez les Courtois le surlendemain. C'est un vendredi.
Vous dites: Robert va chez les Courtois le surlendemain, qui est un vendredi.

2. Mme Courtois a une bonne. C'est une excellente cuisinière.
3. Nous aurons un jeune Américain. Il est charmant.
4. Nous aurons un jeune Américain. Il ne connaît personne.
5. Nous aurons un jeune Américain. Il sera ravi de faire ta connaissance.
6. On sert un potage. Il est excellent.
7. M. Courtois sert un Château-Lafite. C'est une merveille!
8. J'ai mangé à Dijon des œufs brouillés. C'étaient des merveilles!

24.28 Observation: *Que* pronom relatif

antécédent	pronom objet direct		verbe
. . . le chablis	**que**	tu	aimes.
. . . le boucher	**que**	Mme Courtois	a découvert.
. . . la crème	**qu'**	elle	a servie.
. . . les vins	**que**	M. Courtois	a servis.

***Que* est un pronom relatif. Il remplace des personnes (*le boucher*) ou des choses (*le chablis, la crème*).**

Que* est invariable. Il peut représenter un masculin (*un boucher*) ou un féminin (*la crème*), un singulier (*le chablis*) ou un pluriel (*les vins*). Il y a élision avec *que* (la crème *qu'*elle a servie). *Que* est le complément d'objet direct des verbes *aimes, a découvert, a servie,* et *a servis.

24.29 Activation orale: *Que* pronom relatif

Répondez selon l'exemple.

Exemple:
Vous entendez: 1. —Mireille a donné son numéro de téléphone à Robert, mais il ne se le rappelle plus.
—Qu'est-ce qu'il ne se rappelle plus?
Vous dites: Eh bien, le numéro que Mireille lui a donné!

2. —Mireille a donné son adresse à Robert, mais il ne se la rappelle plus.
—Qu'est-ce qu'il ne se rappelle plus?
3. —Robert doit aller voir des gens. Ils habitent rue d'Assas.
—Qui habite rue d'Assas?
4. —Robert connaît des gens. Ils s'appellent Courtois.
—Qui est-ce qui s'appelle Courtois?
5. —Les Courtois ont invité un jeune Américain. Il est charmant.
—Qui est-ce qui est charmant?
6. —Les Courtois connaissent un Américain. Il s'appelle Robert.
—Qui est-ce qui s'appelle Robert?
7. —Mme Courtois a servi un rôti de bœuf. Il était exquis.
—Qu'est-ce qui était exquis?
8. —Robert a bu un Château-Margaux chez les Courtois. Il était excellent.
—Qu'est-ce qui était excellent?
9. —J'ai mangé des œufs aux truffes. Ils n'étaient pas fameux.
—Qu'est-ce qui n'était pas fameux?
10. —Mireille porte une jupe rouge. Elle plaît beaucoup à Robert.
—Qu'est-ce qui plaît à Robert?

24.30 Activation écrite: Pronoms relatifs

Complétez.

1. Robert va chez les Courtois le surlendemain, ____ est un vendredi.
2. Mme Courtois a une bonne portugaise ____ est aussi une excellent cuisinière.
3. M. Courtois sert un Château-Lafite ____ tout le monde goûte dans un silence religieux.
4. C'est un vin ____ on ne boit pas tous les jours.
5. Les Courtois sont des gens ____ font bien les choses.
6. Ce sont des gens ____ Robert sera heureux de connaître.

24.31 Activation écrite: Pronoms relatifs

Complétez les phrases suivantes en utilisant *qui, que,* ou *qu'* selon le cas.

La jeune fille ____ se trouvait dans la cour de la Sorbonne et ____ Robert a rencontrée, c'est Mireille. Les paroles ____ ils ont échangées n'ont pas beaucoup d'intérêt. Ils sont allés s'asseoir dans le jardin du Luxembourg ____ Mireille aime bien et ____ a semblé fort agréable à Robert. Par une remarquable coïncidence, ____ il faut admirer, et ____ nous admirons tous, la marraine de Mireille est une personne ____ la mère de Robert connaissait dans son enfance, et ____ est restée son amie. Cette personne, ____ est maintenant mariée à un certain M. Courtois, est une dame un peu nerveuse, ____ n'a pas d'enfants, ____ aime les chats, et ____ a une bonne portugaise ____ elle considère comme une merveilleuse cuisinière. M. Courtois, ____ doit aller aux Etats-Unis en automne pour ses affaires, est un gourmet ____ a une véritable obsession gastronomique! Il demande à Robert de lui donner l'adresse des bons restaurants ____ il connaît à New York. En fait, les restaurants ____ Robert connaît à New York sont tous médiocres. La gastronomie est une passion ____ Robert ignore. Pourtant, il apprécie le repas ____ Mme Courtois a préparé. D'abord un potage, ____ Robert trouve fort bon; puis un gigot ____ il trouve un peu trop cuit; des fromages ____ ne lui plaisent pas du tout. Mais nous n'allons pas décrire tous les repas ____ Robert va prendre en France. C'est un sujet ____ manque d'intérêt pour beaucoup de gens.

24.32 Observation: Place des pronoms objets directs (révision)

	indicatif pronom	verbe	*impératif* verbe	pronom
Il faut	**l'**	excuser, le pauvre!	Excusez-	**le!**
Il faut	**l'**	excuser, la pauvre!	Excusez-	**la!**
Il faut	**nous**	excuser.	Excusez-	**nous!**
Il faut	**vous**	excuser.	Excusez-	**vous!**
Il faut	**les**	excuser.	Excusez-	**les!**
Il faut	**m'**	excuser.	Excusez-	**moi!**
Il faut	**t'**	excuser.	Excuse-	**toi!**

Rappelez-vous que les pronoms objets se placent *après* l'impératif. Notez les formes *moi* et *toi* après l'impératif.

24.33 Activation orale: Impératif et pronoms (révision)

Répondez selon l'exemple.

Exemple:
Vous entendez: 1. Nous retenons Robert et Mireille à dîner?
Vous ajoutez (avec conviction): Oui! (Allons!) Retenons-les à dîner!

2. Nous invitons ce Monsieur Taylor?
3. Nous invitons Mireille?
4. Nous invitons les Belleau?
5. Tu essaies le fromage de chèvre? Il est fameux.
6. Tu goûtes le bordeaux? Il est extraordinaire.
7. Tu goûtes ma crème renversée? Elle est particulièrement réussie.
8. Mangez ces quatre haricots! Je ne vais pas garder ça pour demain!
9. Tu reconduis Monsieur?
10. Tu reconduis Mireille chez elle?
11. Tu reconduis ces jeunes gens?
12. Vous accompagnez Mireille?
13. Vous m'invitez à dîner?
14. Vous m'accompagnez?
15. Tu t'excuses?
16. Tu t'assieds?

24.34 Activation écrite: Impératif et pronoms

Complétez selon l'exemple.

Exemple:
Vous voyez: Vous ne goûtez pas le Château-Margaux?
Vous écrivez: Goûtez-le, il est délicieux!

1. On nous permet d'utiliser le futur.
______________________ !

2. Vous n'avez pas étudié votre leçon?
______________________ !

3. Vous ne m'avez pas présenté.
______________________ !

4. Vous voulez continuer la conversation? Eh bien,
______________________ !

5. Il faut les attendre. ______________________ !

6. Il faut m'excuser d'être en retard.
______________________ ! Ce n'est pas ma faute!

24.35 Activation écrite: Accord des participes passés (révision)

Déterminez de quoi il s'agit dans les phrases de la colonne de gauche. Choisissez une réponse dans la colonne de droite. (Examinez attentivement les terminaisons des participes passés.)

1. Il les a raccompagnées. _____ A. Mireille.
2. Il l'a raccompagné. _____ B. Robert.
3. Il les a raccompagnés. _____ C. Robert et Mireille.
4. Il l'a raccompagnée. _____ D. Les sœurs de Mireille.
5. Je l'ai goûtée. _____ E. Le bourgogne.
6. Je l'ai goûté. _____ F. La crème.
7. Je les ai goûtés. _____ G. Les pommes de terre rissolées.
8. Je les ai goûtées. _____ H. Les haricots verts.

24.36 Activation écrite: *Du, de la, des, de l', de, en* (révision)

Complétez le texte suivant en utilisant *du, de l', de la, des, de, en,* selon ce que le texte demande.

Mercredi à midi, Robert a suivi le conseil de Mireille: il est resté à la Closerie des Lilas pour déjeuner. Il mourait de faim. D'abord, il a pris __________ potage. Puis il a demandé __________ œufs brouillés aux truffes, mais il n'y __________ avait pas. Alors, il a pris __________ poisson (une sole meunière), __________ viande (un steak); il a aussi pris __________ légumes: __________ pommes de terre rissolées et __________ carottes à la crème. Il a pris __________ fromage, puis __________ fruits. Il a pris __________ vin blanc avec le poisson, et __________ vin rouge avec son steak. Il a demandé __________ eau, mais le garçon n' __________ a jamais apporté. Robert n'a pas pris __________ café, mais il a commandé un Grand Marnier. Il en a eu pour 475F!

24.37 Activation orale: Dialogue entre Mme Courtois et Robert

Vous allez entendre un dialogue entre Mme Courtois et Robert. Ecoutez bien. Vous allez apprendre les répliques de Robert.

Mme Courtois: Vous partez déjà?
Robert: **J'espère que vous m'excuserez . . . mais avec le décalage horaire. . .**
Mme Courtois: Ça fait combien entre New York et Paris? Cinq heures? Six heures?
Robert: **Six heures. Je tombe de sommeil.**
Mme Courtois: Mais ne partez pas encore! Vous avez le temps! Vous ne voulez pas prendre encore peu d'armagnac?
Robert: **Non, merci. Il est très bon, mais il faut vraiment que je rentre.**

Exercices-tests

24.38 Exercice-test: Formes du futur; futurs irréguliers

Complétez selon l'exemple.

Exemple:
Vous voyez: Ça va marcher?
Vous écrivez: Oui, ça <u>marchera</u>.

1. Il va essayer? — Oui, il __________.
2. On va le savoir! — On le __________!
3. Vous allez venir? — Oui, nous __________.
4. Tu vas le faire? — Oui, je le __________.
5. Tu vas pouvoir le faire? — Oui, je __________ le faire!
6. Ça va être possible? — Bien sûr, ça __________ possible.
7. On va s'ennuyer. . . . — Mais non, on ne __________ pas!
8. Tu vas voir! — Tu __________!
9. Il ne va pas pleuvoir. — Il ne __________ pas.
10. Ils vont avoir beau temps. — Ils __________ beau temps.
11. Il va vouloir nous raccompagner? — Oui, il __________ nous raccompagner.
12. Vous allez y aller? — Oui, nous __________.

Vérifiez. Si vous avez fait des fautes, travaillez les sections 24.18 à 24.24 das votre cahier d'exercices.

24.39 Exercice-test: Pronoms relatifs; *qui, que, qu'*

Complétez.

1. Mireille a téléphoné à Mme Courtois, _____ est sa marraine.
2. Mme Courtois a invité un jeune homme _____ Mireille connaît.
3. Mme Courtois a une chatte _____ elle adore.
4. Robert a beaucoup aimé le gazpacho _____ Mme Courtois a servi.
5. M. Courtois a servi des vins _____ étaient extraordinaires.

Vérifiez. Si vous avez fait des fautes, travaillez les sections 24.26 à 24.31 dans votre cahier d'exercices.

Libération de l'expression

24.40 Mise en question

Relisez le texte de la leçon; lisez les questions de la mise en question qui suit la mise en œuvre dans votre livre de textes. Réfléchissez à ces questions et essayez d'y répondre.

24.41 Mots en liberté

Qu'est-ce qu'on peut offrir comme apéritif?

On peut offrir un scotch bien tassé, une larme de whisky avec un gros glaçon, un peu de vin blanc. . . .

Trouvez encore au moins quatre possibilités.

Qu'est-ce qu'on peut servir au dîner?

On peut servir un gazpacho, du poisson, un bordeaux rouge. . . .

Trouvez encore au moins six possibilités.

24.42 Mise en scène et réinvention de l'histoire

1. Personnages: Mireille, Mme Courtois
   Mireille téléphone à sa marraine.
2. Personnages: Mireille, Mme Courtois, Robert
   Mireille arrive chez les Courtois. Mme Courtois lui présente Robert. Robert et Mireille font semblant de ne pas se connaître.
3. Personnages: Mireille, Mme Courtois, Robert, M. Courtois
   Mme Courtois s'excuse et va à la cuisine. M. Courtois arrive. Mireille lui présente Robert. M. Courtois dit qu'il va aller aux Etats-Unis. Il offre quelque chose à boire.
4. Personnages: Mireille, Mme Courtois, Robert, M. Courtois
   On parle du temps, de la circulation, des restaurants.
5. Personnages: Mireille, Mme Courtois, Robert, M. Courtois
   Robert prend congé. Il remercie. M. Courtois propose de raccompagner Robert et Mireille. Ils protestent. M. Courtois insiste. Robert et Mireille disent au revoir à Mme Courtois.
6. Personnages: Mireille, Robert
   Robert raccompagne Mireille jusqu'à sa porte. Il veut la revoir. Elle lui dit de téléphoner. Elle lui donne le numéro. Ils se disent au revoir.
7. Personnages: Mireille, Ghislaine
   Elles parlent de la cuisine anglaise.

24.43 Mise en scène et réinvention de l'histoire

Vous êtes Robert chez les Courtois. M. et Mme Courtois vous posent des questions.

M. Courtois: Robert, qu'est-ce que je peux vous offrir? Whisky, Campari, xérès?
Vous: (. . .)
M. Courtois: Comment le voulez-vous?
Vous: (. . .)
Mme Courtois: Où avez-vous mangé depuis que vous êtes à Paris?
Vous: (. . .)
Mme Courtois: Qu'est-ce que vous avez mangé?
Vous: (. . .)

24.44 Réinvention de l'histoire

Robert est invité chez les Courtois.

Avec qui? (Seul, il y a aussi Mireille, Marie-Laure, Ousmane, M. et Mme Belleau, Hubert, Jean-Pierre Bourdon, Tante Georgette, Fido)

Qui sont les Courtois? Comment sont les Courtois? Au physique, au moral? Est-ce qu'ils travaillent? Qu'est-ce qu'ils font? Et Minouche?

Et les autres invités?

Où ont-ils dîné? Chez les Courtois? Au restaurant? La bonne des Courtois s'est mise en congé? Elle fait la grève?

Qui est-ce qui a fait la cuisine? M. Courtois?

Qu'est-ce qu'ils ont mangé? C'était comment?

De quoi ont-ils parlé? Du temps, de leurs professions, de leurs familles, de la mère de Robert, des chats, des chiens?

Comment Robert est-il parti? (Seul, avec Mireille, avec quelqu'un d'autre); comment est-il rentré à son hôtel?

Après le repas, qu'est-ce que les invités ont dit? (Du repas, des Courtois, des autres invités . . .)

24.45 Mise en scène et réinvention de l'histoire

Imaginez une variante du dîner chez les Courtois.

D'abord, Robert s'est trompé
- de tour.
- d'étage.
- de porte.
- de jour.
- d'heure.

Quand Robert arrive, c'est M. Courtois qui ouvre la porte.

Mme Courtois
- est
  - allée
    - dîner chez les Belleau.
    - chercher du pain.
    - voir sa mère malade, au Pays Basque.
  - chez le vétérinaire avec Minouche.
  - en voyage.
  - à l'hôpital.
  - à son cours de danse.
- a
  - une migraine horrible.
  - un match de bridge.
  - oublié Robert.

Concepcion
- fait la grève.
- est
  - à une manifestation.
  - au mariage de son fils.
  - partie au Portugal.
- s'est mise en congé.
- a quitté les Courtois.

On sonne. Ce n'est pas Mireille.

C'est
- le plombier.
- le mari de Concepcion.
- le vétérinaire.
- un agent de police.
- un prêtre.

Il vient
- chercher
  - M. Courtois.
  - Concepcion.
- se faire inviter.
- demander
  - de l'aspirine.
  - de l'argent.
- arranger les toilettes.

On sonne encore. Ce n'est pas Mireille. C'est un homme tout en noir.

M. Courtois	ne le connaît pas. l'a invité à dîner.

C'est	le psychiatre de Mme Courtois. le petit ami de Mme Courtois. un cousin australien de M. Courtois. un gangster italien.

M. Courtois sert	des pommes de terre des haricots verts de la tête de veau des pieds de porc de la saucisse du gigot des truites	cru carbonisé saignant à point en conserve	—. -e. -s. -es.

Vers	8h du soir 10 heures minuit deux heures du matin cinq heures du matin	Robert se lève pour partir,

quelle	charmante affreuse horrible intéressante	soirée!

et dit,	vos invités les haricots	étaient	charmants. sympathiques. fascinants. bêtes comme leurs pieds. bizarres. pas très réussis. exquis. délicieux. mauvais.

Préparation à la lecture et à l'écriture

24.46 Lecture et interprétation

Relisez le texte de la leçon 24, section 8. Etudiez le document 1, "Dordogne-Périgord," et complétez ou répondez.

1. Monsieur Courtois est un bon vivant, il aime bien vivre. Il apprécie la région de la Dordogne et du Périgord parce que c'est la région du ________________. (Première photo.)
2. Où peut-on voir des peintures préhistoriques?
____
3. Qui est l'homme de Cro-Magnon? Où vivait-il?
____
4. Où peut-on acheter du foie gras?
____
5. Où peut-on faire du canoë?
____

24.47 Lecture, interprétation, et expansion du vocabulaire

Lisez les documents 2A et 2B de la leçon 24 dans votre livre de textes. Relisez le texte de la leçon 24, section 4.

1. Qu'est-ce que M. Courtois veut que Robert lui donne?
________________ sur les Etats-Unis. Ça, ce sont des renseignements.
Mais il y a toutes sortes de tuyaux, des tuyaux de pipe, des tuyaux d'arrosage pour arroser le jardin, des tuyaux d'incendie pour éteindre les incendies (voyez leçon 17, documents 2A et 2D), et les tuyaux de poêle. Ceux-là sont fameux parce qu'ils donnent aux gamins d'école primaire l'occasion de faire un jeu de mots: "Comment vas-tu . . . yau de poêle?" C'est un peu bête: ce n'est pas très ________.
2. Jacques Lacan était un psychanalyste très connu. Les psychologues s'intéressent surtout au conscient; les psychanalystes s'intéressent davantage à l'________________.
Si Marie-Laure dit "Comment vas-tu . . . yau de poêle?" tout le monde est d'accord pour dire que c'est un jeu de mots stupide. Mais si c'est une vedette de la psychanalyse

qui ____________ cette phrase du haut de sa chaire au Collège de France, en disant que c'est de l'inconscient, tout le monde s'y intéresse, ça ____________ dans l'auditoire une grande attention.

3. Beaucoup de gens pensaient que Lacan avait du génie: ils avaient ________ en son génie. C'est pour ça que Lacan pouvait se ____________ de dire n'importe quoi et tout le monde trouvait ça génial.

Vous vous rappelez qui a dit "Je pense, donc je suis"? C'est ____________ (voyez leçon 16, document 1).

24.48 Lecture et interprétation

1. Lisez les documents 3A, 3B, et 3E.

Qu'est-ce que Rabelais et Baudelaire ont en commun?

____

2. Lisez les documents 3C et 3D.

Est-ce qu'il faut être un peu sorcier pour faire de la bonne cuisine? Est-ce que la cuisine est de la magie? Est-ce que la sorcellerie est quelque chose de simple ou de compliqué? D'après vous, est-ce que l'écrivain Colette et le compositeur Erik Satie sont d'accord ou pas? Expliquez.

____

____

____

____

24.49 Lecture et interprétation

Lisez le document 4, "Le vin et le lait."

1. Quels sont les trois produits que les Français considèrent comme spécifiquement français?

____

2. Quelle est la boisson typique, "totem," des Hollandais?

____

Et celle des Anglais?

____

Et celle des Français?

____

3. D'après le philosophe Bachelard, le vin est associé, dans l'inconscient collectif des Français, au soleil et à la terre; il est donc essentiellement ________ , tandis que l'eau est essentiellement ____________ .

24.50 Lecture et interprétation

Lisez le document 6.

Comment Alexandre Dumas père a-t-il gagné des millions?

____

Pourquoi Alexandre Dumas fils a-t-il décidé de faire de la littérature?

____

____

24.51 Lecture, interprétation, et expansion du vocabulaire

Lisez le document 7.

1. Dans les charcuteries, on vend du pâté de porc, du pâté de foie, du pâté de canard, des pâtés de foie gras. . . Mais on ne donne pas de pâté aux chiens. On leur donne de la ____________ .
2. En hiver, où fait-il plus froid, en général? Dedans ou dehors? ________________
   Mais s'il fait trop chaud dans la maison, en été, par exemple, il vaut mieux aller ____________________ .
3. Une côtelette de mouton, c'est de la viande, comme le gigot de mouton. On achète ça à la ____________________ .
   (Voyez leçon 17, section 2, et leçon 24, section 7.)
   Le bifteck, c'est aussi de la ____________ (de bœuf).

24.52 Lecture, interprétation, et expansion du vocabulaire

Lisez le document 8, "Habitation et circulation."

1. L'habitation est quelque chose de très important: il ne faut pas la ______________ . Il ne faut pas la sacrifier à la circulation.
2. On a construit des voies de circulation, pour les voitures, sur les bords de la Seine: les ________ de la Seine sont transformées en routes.

Leçon 25

Assimilation du texte

25.1 Mise en œuvre

Ecoutez le texte et la mise en œuvre dans l'enregistrement sonore. Répétez et répondez suivant les indications.

25.2 Compréhension auditive

Phase 1: Regardez les images et répétez les énoncés que vous entendez.

Phase 2: Ecrivez la lettre de chaque énoncé que vous entendez sous l'image qui lui correspond le mieux.

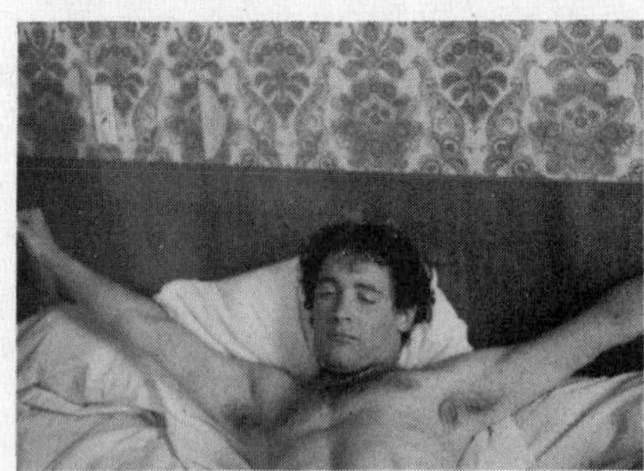

1. ___

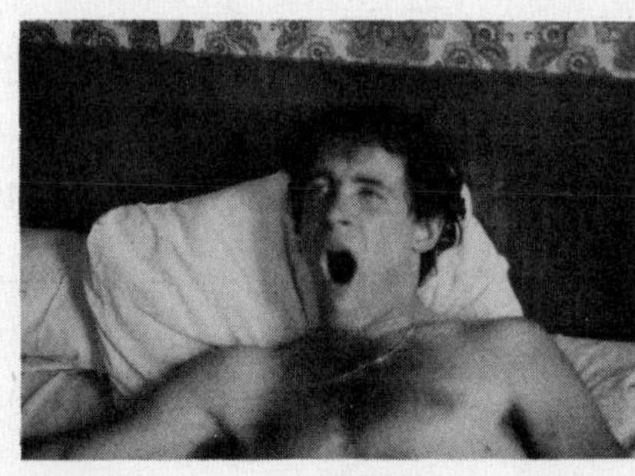

2. ___

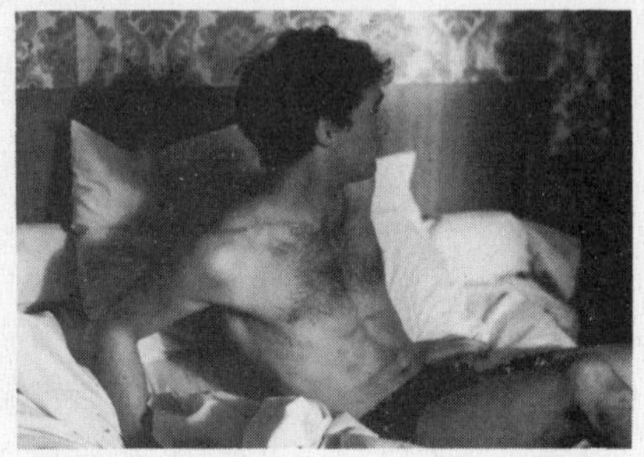

3. ___

4. ___

5. ___

6. ___

7. ___

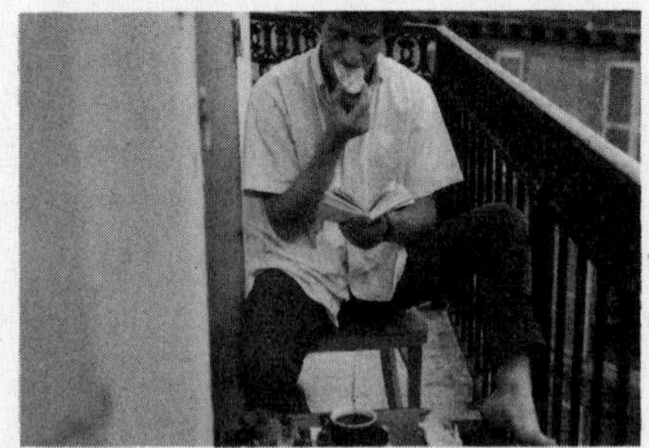

8. ___

25.3 Compréhension auditive

Phase 1: Regardez les photos ci-dessous, et écoutez les passages du film qui leur correspondent.

1. ___ 2. ___ 3. ___

4. ___ 5. ___ 6. ___

Phase 2: Regardez les images, écoutez les passages du film, et écrivez la lettre qui identifie chaque passage sous l'image qui lui correspond le mieux.

25.4 Compréhension auditive et production orale

Ecoutez les dialogues suivants. Après chaque dialogue, vous allez entendre une question. Répondez à la question.

1. Qu'est-ce que Robert commande?
2. Qu'est-ce qu'il prend comme boisson?
3. Pourquoi Tante Georgette veut-elle faire changer son verre?
4. Pourquoi Tante Georgette fait-elle rapporter sa côtelette à la cuisine?
5. Pourquoi Tante Georgette demande-t-elle au garçon de remporter les petits pois?
6. Pourquoi est-ce que le brie ne lui plaît pas?
7. Pourquoi est-ce que le camembert ne lui plaît pas?
8. Et le pain, pourquoi est-ce qu'il ne lui plaît pas?

25.5 Production orale

Ecoutez les dialogues suivants. Vous allez jouer le rôle du second personnage.

1. La réception: Oui, Monsieur. Thé, café, ou chocolat?
   Robert: (. . .)
2. Le marchand: Oh, là, vous n'avez pas de monnaie?
   Robert: (. . .)
3. Tante Georgette: Vous m'apporterez une tête de veau.
   Le garçon: (. . .)
4. Le garçon: Bien, Madame. Une côtelette d'agneau.
   Tante Georgette: (. . .)
5. Le garçon: Voilà votre côtelette, Madame. J'espère que, cette fois, elle sera assez cuite pour vous.
   Tante Georgette: (. . .)

Préparation à la communication

25.6 Observation: Prononciation; détente des consonnes et des semi-consonnes finales

Observez les consonnes finales dans les mots suivants.

Mademoise*lle*	Mada*me*	il déjeu*ne*	du canta*l*
Mirei*lle*	co*mme*	plei*ne*	sa*le*
la vaisse*lle*	fil*m*	jau*ne*	quel anima*l*

Vous remarquez que les consonnes finales françaises sont suivies d'une détente, c'est-à-dire que les organes articulatoires ne restent pas fermés dans la position consonne, mais se relâchent pour laisser passer un léger son vocalique.

25.7 Activation orale: Prononciation; détente des consonnes finales

Répétez les expressions suivantes en marquant la détente des consonnes finales (mais n'exagérez pas quand même!).

Regardez la salade; elle est be*lle*!
Descendez à Saint-Miche*l*.
C'est faci*le*!

Cette assiette est sa*le*.
Changez-moi cette na*ppe*!

Ça m'est éga*l*!
C'est norma*l*!

25.8 Observation: *Frais*

frais ≠ pas frais, vieux				
Le poisson La viande	**frais** **fraîche**	est bon. est bonne.		
Le poisson pas la viande pas	**frais,** **fraîche**	ne sont pas bons.	Ils sentent mauvais; ils ont mauvais goût.	
Quand le pain est Quand le pain n'est pas	**frais,** **frais,**	il est bon; il n'est pas bon;	il a bon goût. il est dur; il n'a pas bon goût.	
frais ≠ fait				
Le fromage trop Le fromage trop	**frais** **fait**	n'est pas bon. n'est pas bon.	Il n'a pas de goût; Il a trop de goût;	il est dur. il sent mauvais.
frais ≠ en conserve				
Les légumes Les légumes	**frais** **en conserve**	sont bons; sont moins bons;	ils ont bon goût. ils ont moins bon goût.	

25.9 Activation: Compréhension auditive; *frais, fait, en conserve*

Vous allez entendre huit énoncés. Déterminez laquelle des trois phrases que vous voyez correspond le mieux à chacun de ces énoncés, et cochez la case appropriée.

	1	2	3	4	5	6	7	8
Il est dur!								
Il sent mauvais! Il pue!								
C'est de la conserve!								

25.10 Observation: Impératif (révision)

Comparez.

présent	*impératif*
Vous ne **faites** rien?	**Faites** quelque chose!
Tu ne **fais** rien?	**Fais** quelque chose!
Vous ne **prenez** rien?	**Prenez** quelque chose!
Tu ne **prends** rien?	**Prends** quelque chose!
Vous ne **buvez** pas?	**Buvez** quelque chose!
Tu ne **bois** pas?	**Bois** quelque chose!
Vous ne **mangez** pas?	**Mangez** quelque chose!
Tu ne **manges** pas?	**Mange** quelque chose!

A l'exception de quelques verbes (commes *être, avoir, savoir,* et *vouloir*) les formes de l'impératif sont identiques aux formes correspondantes du présent de l'indicatif.

Remarque orthographique: pour les verbes en *-er*, la 2ème personne du singulier de l'impératif s'écrit sans *-s*.

25.11 Activation: Dictée

Ecoutez et complétez. Vous entendrez le texte trois fois.

Mme Belleau: __________, ______________ ton pull.

Marie-Laure: Mais il ne __________ pas froid!

Mme Belleau: Ça ne __________ rien, ______________ quand même, on ne __________ jamais.

25.12 Observation: Repas (révision et extension)

	repas	*heure*
Marie-Laure	**prend son petit déjeuner**	vers 7 heures (du matin).
Elle	**déjeune**	vers midi et demi.
Elle	**goûte**	vers 4 heures.
Mme Belleau	**prend le thé**	vers 5 heures.
Les Belleau	**dînent**	vers 7 heures et demie (du soir).

25.13 Activation orale: Repas

Ecoutez et répondez selon les exemples.

Exemples:
Vous entendez: 1. Marie-Laure, il est 7 heures du matin!
Vous dites: Viens prendre ton petit déjeuner.

Vous entendez: 2. Les enfants, il est midi et demi!
Vous dites: Venez déjeuner.

3. Les enfants, il est 4h!
4. Marie-Laure et Mireille, il est 8 heures du soir.
5. Robert, qu'est-ce que tu fais au lit? Il est presque 9 heures du matin!
6. Mireille, les invités sont là depuis une demi-heure. Il est 5h et demie. . .
7. Chéri, il est midi et demi.

25.14 Observation: Toilette

	pronom réfléchi		*article défini*	
Robert	**se**	brosse	**les**	dents.
Marie-Laure	**se**	lave	**les**	mains.
Je	**me**	coupe	**les**	ongles.

25.15 Activation orale: Toilette

Répondez selon l'exemple.

Exemple:
Vous entendez: 1. Marie-Laure! Tu n'es pas réveillée?
Vous dites: Allons! Réveille-toi!

2. Tu n'es pas levée!
3. Tu ne t'es pas lavée!
4. Tu ne t'es pas lavé les mains!
5. Tu ne t'es pas brossé les cheveux!
6. Tu ne t'es pas brossé les dents!
7. Alors, les enfants, vous n'êtes pas réveillées!
8. Alors, les enfants, vous n'êtes pas habillées!
9. Alors, les enfants, vous ne vous êtes pas brossé les dents!
10. Alors, les enfants, vous ne vous êtes pas coupé les ongles!

25.16 Observation: Impératif et pronoms, *en, y*

						verbe
1.	Mange		cette côtelette!			Mange-**la**!
2. Ne	mange	pas	cette côtelette!	Ne	**la**	mange pas!
3.	Prends		du vin!			Prends-**en**!
4. Ne	prends	pas	de vin!	N'	**en**	prends pas!
5.	Allez		à ce restaurant!			Allez-y!
6. N'	allez	pas	à ce restaurant!	N'	**y**	allez pas!

Les pronoms personnels, *en,* et *y* se placent **après** le verbe dans les expressions impératives positives (1,3,5) et **avant** le verbe dans les expressions impératives négatives (2,4,6).

25.17 Observation: Impératif, 2ème personne du singulier; *en*, *y*

impératif	
Prends du fromage!	Prends-**en**!
Bois du vin!	Bois-**en**!
Mange des fruits!	Manges-**en**!
Va au restaurant!	Vas-**y**!

Remarquez qu'il y a toujours un -s à la 2ème personne du singulier de l'impératif devant *en* et *y*.

25.18 Activation orale: Impératif, 2ème personne du singulier; *en*, *y*

Répondez selon les exemples.

Exemples:
Vous entendez: 1. Je peux manger des fruits?
Vous dites: Mais oui, (bien sûr,) manges-en.

Vous entendez: 2. Je peux aller au cinéma, ce soir?
Vous dites: Oui, vas-y (si tu veux)!

3. Je peux prendre des pommes de terre?
4. Je peux reprendre de la salade?
5. Je peux aller chez les Courtois?
6. Je peux manger du fromage?
7. Je peux aller à la plage?
8. J'achète de la viande?
9. J'achète du vin?
10. J'achète des œufs?
11. Je peux aller au café?

25.19 Observation: *En* partitif (révision)

	partitif	en
Robert a repris	**du gigot.**	
1.		Il **en** a repris.
Je ne veux pas	**de vin.**	
2.		N' **en** apportez pas.
Je n'ai pas	**de pain.**	
3.		Apportez- **en.**

Vous avez déjà pu observer que:

- *En* remplace une expression partitive (*du, de la,* ou *des* + nom).
- De façon générale, *en* (comme les pronoms personnels objets) se place **devant le verbe** (1,2).
- Par exception, *en* (comme les pronoms personnels objets) se place **après le verbe** dans les expressions impératives positives (3).

25.20 Activation orale: *En* partitif

Répondez selon l'exemple.

Exemple:
Vous entendez: 1. Il reste encore de la tête de veau?
Vous dites: Non, il n'en reste plus.

2. Il leur reste encore du fromage?
3. Il vous reste encore des pieds de porc?
4. Vous avez encore du lapin à la moutarde?
5. Vous avez encore du gigot?
6. Il te reste du pain?
7. Il lui reste des boules de gomme?
8. Tu veux encore des petits pois?
9. Vous voulez encore des haricots verts?
10. Robert veut encore de la viande?

🎧 25.21 Activation orale: Impératif et pronoms personnels objets indirects (révision)

Répondez selon l'exemple.

Exemple:
Vous entendez: 1. Je veux une fourchette propre!
Vous dites: Apportez-moi une fourchette propre!

2. Elle veut une côtelette à point.
3. Nous voudrions des pieds de porc.
4. Ce monsieur veut de la tête de veau.
5. Ces dames veulent le plateau de fromages.
6. Ces messieurs voudraient du pain.
7. Je veux un couteau qui coupe!

🎧 25.22 Activation orale: Impératif et pronoms personnels objets indirects (révision)

Répondez selon l'exemple.

Exemple:
Vous entendez: 1. L'assiette de cette dame est sale!
Vous dites: Changez-lui son assiette.

2. Mon assiette est sale.
3. Les verres de ces messieurs sont pleins de rouge à lèvres!
4. La nappe de ces dames est déchirée.
5. La serviette de cette dame est déchirée.
6. Le couteau de ce monsieur ne coupe pas.

🎧 25.23 Activation orale: Impératif et pronoms personnels objets indirects (révision)

Répondez selon l'exemple.

Exemple:
Vous entendez: 1. Elle veut une autre assiette.
Vous dites: Donnez-lui une autre assiette.

2. Cette dame veut une autre serviette.
3. Je veux une autre assiette.
4. Nous voulons d'autres verres!
5. Ces messieurs veulent une autre nappe.
6. Ce monsieur veut un autre verre.
7. Je veux une autre table!

25.24 Activation écrite: Impératif et pronoms (révision)

Allons, voyons, Guillaume!

Guillaume a invité sa sœur Georgette à dîner avec lui au restaurant. L'imprudent! Georgette, impérieuse comme toujours, fait un emploi massif de l'impératif. Ces impératifs ont été enlevés du texte suivant. Rétablissez-les, et ajoutez les pronoms nécessaires.

Exemple:

Vous voyez: Alors, ce maître d'hôtel, il vient ou il ne vient pas? Nous n'allons pas l'attendre pour nous asseoir! _____

Vous écrivez: Asseyons-nous!

Maintenant, continuez sur ce modèle.

Et le garçon, où est-il? Tu ne l'appelles pas? _______________ donc! (*Le garçon passe près de Georgette.*) Garçon, vous n'apportez pas le menu? _______________ tout de suite. (*Le garçon apporte le menu.*) Et la carte des vins, vous ne l'avez pas apportée? _______________ ! (*Guillaume hésite entre le potage et un hors-d'œuvre.*) Mais enfin, tu ne vas pas te décider? _______________ ! (*Le garçon verse un peu de vin à Guillaume.*) Il attend que tu goûtes le vin. Allons, _______________, voyons! (*Un peu plus tard*) Tu trouves ce vin buvable, toi? J'espère que tu vas le refuser! Vas-y! _______________ ! Dis-_____ que tu es chevalier du Tastevin; montre-_____ ta carte; et demande-_____ de nous apporter une autre bouteille. Et puis, dis-_____ aussi d'apporter de l'eau. (*Georgette prend les choses en main.*) Mais enfin, garçon, l'eau, quand est-ce que vous allez nous l'apporter? __________ une carafe d'eau immédiatement. (*A Guillaume*) Cette côtelette n'est pas cuite. Je vais lui dire de la remporter à la cuisine. Garçon, cette côtelette n'est pas cuite, __________ à la cuisine. . . . Alors, quand est-ce que tu vas te décider à demander l'addition? __________ ! On ne va pas rester ici toute la nuit! Cette addition, tu feras bien de la vérifier. __________ . Je suis sûre qu'ils se sont trompés. Tu veux laisser un pourboire au garçon! Bon, mais __________ un tout petit pourboire. Parce que, vraiment, comme service, ça laisse à désirer!

25.25 Observation: Place de *en* et des pronoms personnels

	pronom	en	
—Je n'ai pas de pain. Apportez-	**m'**	**en.**	
—Je	**vous**	**en**	apporte tout de suite.
—Elle n'a pas de pain. Apportez-	**lui-**	**en.**	
—Je	**lui**	**en**	apporte tout de suite.

Remarquez que, quand il est utilisé avec un pronom, *en* est placé après le pronom.

25.26 Observation: *En* et expression quantitative ou qualitative

			en + *expression*	
Je voudrais du vin.	Apportez-moi		**une bouteille**	de vin.
	Apportez-m'	**en**	**une bouteille.**	
Je voudrais des côtelettes.	Apportez-moi		**deux**	côtelettes.
	Apportez-m'	**en**	**deux.**	
Ce verre n'est pas propre.	Apportez-moi		**un autre**	verre.
	Apportez-m'	**en**	**un autre.**	
Ces côtelettes sont carbonisées.	Apportez-moi		**d'autres**	côtelettes.
	Apportez-m'	**en**	**d'autres.**	

25.27 Activation orale: *En* + *un autre, une autre, d'autre, ou d'autres*

Répondez selon l'exemple.

Exemple:
Vous entendez: 1. Cette côtelette est carbonisée!
Vous dites: Apportez-m'en une autre!

2. Le verre est sale!
3. Ma fourchette n'est pas propre!
4. Nos serviettes sont déchirées!
5. La serviette de cette dame est déchirée!
6. Le pain de ces messieurs n'est pas frais!
7. Mon couteau ne coupe pas.
8. Nos couteaux ne coupent pas.
9. La côtelette de Tante Georgette est carbonisée.
10. Les petits pois de ces messieurs ne sont pas frais.

25.28 Activation écrite: *En + un autre, une autre, d'autre, ou d'autres*

Complétez selon le modèle de l'exercice précédent.

1. Mon verre est sale!

   Apportez- ______________________ .

2. Nos serviettes sont déchirées!

   Apportez- ______________________ .

3. Le pain de ces dames n'est pas frais!

   Apportez- ______________________ .

4. Nos couteaux ne coupent pas!

   Apportez- ______________________ .

5. La truite de ce monsieur est carbonisée!

   Apportez- ______________________ .

6. Le verre de ce monsieur est sale.

   Apportez- ______________________ .

7. Le camembert de cette dame est trop fait.

   Apportez- ______________________ .

8. Mes petits pois sont carbonisés!

   Apportez- ______________________ .

25.29 Observation: Pronoms personnels explétifs

Pour les esprits exigeants et curieux:

Tante Georgette dit:

Regardez-**moi** cette serviette!
Remportez-**moi** ces petits pois!

Le pronom *moi* n'est pas nécessaire dans ces phrases. On peut dire:

Regardez cette serviette!
Remportez ces petits pois!

Tante Georgette utilise ces pronoms pour donner plus de force à l'expression de son indignation.

Autre exemple (c'est un enseignant autoritaire qui parle):

Etudiez-**moi** cette leçon pour demain!

25.30 Activation orale: Pronoms démonstratifs *celui-ci, celle-ci, ceux-ci, celles-ci;* pronoms objets indirects (révision)

Répondez selon l'exemple.

Exemple:
Vous entendez: 1. Apportez-moi un autre verre.
Vous dites: Celui-ci ne me plaît pas.

2. Apportez-moi un autre pied de porc.
3. Apportez un autre pied de porc à cette dame.
4. Apportez-moi d'autres petits pois.
5. Apportez-moi une autre côtelette.
6. Apportez-moi un autre plateau de fromages.
6. Apportez un autre plateau de fromages à ces messieurs.
7. Apportez-nous d'autres haricots verts.
8. Apportez donc une autre tête de veau à ce monsieur.

25.31 Activation écrite: Pronoms démonstratifs *celui-ci, celle-ci, ceux-ci, celles-ci;* pronoms objets indirects (révision)

Complétez selon le modèle de l'exercice précédent.

1. Apportez un autre pied de porc à cette dame.

   ______________ ne __________ plaît pas!

2. Apportez-moi d'autres haricots verts!

   ______________ ne __________ plaisent pas!

3. Apportez-nous une autre tête de veau!

   ______________ ne __________ plaît pas!

4. Apportez d'autres fleurs à ces dames!

   ______________ ne __________ plaisent pas!

25.32 Activation écrite: Pronoms démonstratifs (révision)

Lisez et complétez le récit suivant en utilisant *celui, celle, ceux, celles*, selon ce que le texte demande.

Georgette n'a pas de chance!

Au restaurant, Guillaume et Georgette ont, par pure coïncidence, commandé les mêmes plats. Ils ont d'abord pris des huîtres. ________ de Guillaume étaient fraîches et grasses. ________ de Georgette étaient sèches et maigres. Puis est venu le potage. ________ de Guillaume était parfait; ________ de Georgette était froid. Ils ont ensuite commandé une côtelette de mouton. ________ de Guillaume était à point et tendre. ________ de Georgette était dure et carbonisée. Avec la côtelette, ils ont demandé des petits pois. ________ de Guillaume étaient d'un beau vert, ________ de Georgette étaient durs comme de la pierre. Comme fromage, ils ont choisi du brie. ________ de Guillaume était parfaitement à point; mais ________ de Georgette était sec comme du plâtre. Enfin, leur dessert a été une crème renversée. ________ de Guillaume était couverte de caramel, mais il n'y en avait pas du tout sur ________ de Georgette.

25.33 Activation écrite: Pronoms démonstratifs (révision)

Complétez.

1. Ces œufs brouillés aux truffes sont loin d'être aussi bons que ________ j'ai mangés à Dijon!
2. Apportez-moi une autre côtelette. ________ est complètement carbonisée!
3. Ah! Du brie de Meaux! C'est ________ je préfère.
4. Ces petits pois ne sont certainement pas aussi frais que ________ nous allions chercher nous-mêmes dans le jardin de ma grand-mère!
5. Les croissants d'aujourd'hui ne sont pas aussi frais que ________ hier!
6. Ils ne mettent pas beaucoup de fromage sur leurs croque-monsieur, ici; je préfère ________ en face.
7. —Vous voulez un fromage? Je vous donne ce camembert?
   —Non, montrez-moi plutôt ________ est à côté, là.
8. Mme Courtois prend toujours de la moutarde de Meaux. C'est ________ que M. Courtois préfère.
9. Ah, la confiture de mirabelle! C'est ________ ma mère achetait toujours pour mon goûter.
10. —Tiens, il y a une dame, là . . . je crois que c'est la tante de Mireille.
    —Laquelle? ________ mange de la tête de veau?
    —Non, ________ d'à côté; ________ n'a pas l'air content.
11. Dites, vous n'avez pas un autre billet de 100F? ________ vous venez de me donner est tout déchiré.

25.34 Activation écrite: Formes du futur (révision)

Imaginez que vous irez en France l'année prochaine. Les choses se passeront pour vous à peu près comme elles se sont passées pour Robert. Vous rencontrerez un charmant jeune homme ou une charmante jeune fille dans la cour de la Sorbonne. Transformez le récit des aventures de Robert en vous substituant à lui.

Exemple:

Vous voyez: Pour aller à Paris, Robert a pris l'avion. Arrivé à Paris, il a passé la douane.
Vous écrivez: Pour aller à Paris, je prendrai l'avion. Arrivé(e) à Paris, je passerai la douane.

Robert n'est pas allé à la Cité Universitaire, comme ses compagnons de voyage. Il est descendu dans un petit hôtel du Quartier Latin. Aussitôt arrivé, il a écrit une carte postale à sa mère. Le lendemain, il est sorti de bonne heure. Il est allé se promener sur le boulevard Saint-Michel. Il a vu des étudiants qui manifestaient contre le ministre de l'Education nationale. Il les a suivis jusque dans la cour de la Sorbonne. Là, il a rencontré une jeune fille avec qui il a engagé la conversation. La jeune fille l'a félicité sur la qualité de son accent. Juste à ce moment-là, une voiture de police est passée. Pendant une minute, ils n'ont rien dit. Ils se sont regardés. Elle lui a souri, il lui a rendu son sourire. Puis, la jeune fille lui a posé beaucoup de questions sur sa famille et sur lui-même. Finalement, ils se sont dit leurs noms: Robert et Mireille. Mireille lui a demandé d'aller avec elle au Luxembourg. Ils se sont installés sur un banc. Ils ont parlé abondamment de leurs projets d'avenir. Puis Robert a invité Mireille à prendre quelque chose à la Closerie des Lilas. Qu'est-ce qu'elle a fait? Elle a accepté. Là, ils ont parlé de leurs études. La conversation a été fascinante. Robert a critiqué tous les systèmes d'éducation. Puis il a téléphoné à Mme Courtois, une amie de sa mère, qui était aussi, par une coïncidence commode, la marraine de Mireille. Mme Courtois l'a invité à dîner pour le surlendemain. Mireille a réussi à se faire inviter, elle aussi. Ils se sont rencontrés chez les Courtois et ont fait semblant de ne pas se connaître. Le repas a été fort agréable. M. Courtois a insisté pour les reconduire chacun chez eux, mais ils n'ont pas accepté. Ils sont partis ensemble, et ont passé le reste de la nuit dans une discothèque à Saint-Germain.

____

____

____

____

____

____

____

____

25.35 Activation écrite: passé composé, articles, pronoms, adjectifs possessifs (révision)

Relisez le texte de la leçon 25 et complétez le texte suivant.

Journal de Robert

Samedi, 2 juin.

1. Ce matin, je ________ réveillé vers 8 heures. Je ________ levé. J' ________ par la fenêtre. Je ________ étiré. J' ________ une douche. Je ________ rasé. En ____ rasant, je ________ coupé. Je ________ brossé ________ dents. Je ________ cheveux. Je ________ ongles.
2. J' ________ mon petit déjeuner. Je ________ demandé si j'allais prendre ______ café, ______ thé, ou ______ chocolat. D'abord, j' ______ demandé ______ thé, puis j' ______ changé d'idée et j' ______ pris du café au lait. Je ________ habillé et j' ______ attendu ______ petit déjeuner.
3. C'est la femme de chambre qui ________ apporté. Je ________ allé ________ prendre sur le balcon, parce que ______ chambre est vraiment petite! Je ________ servi de café. Il y avait deux morceaux de sucre, mais je ________ qu'un.
4. Je n'avais rien à faire, alors je ne ________ pas dépêché. Je ________ promener dans les rues. Je ________ devant une boulangerie. J' ______ vu ____ brioches. J'aime beaucoup ____ brioches, mais je ______ pas acheté parce que je n'avais pas faim.
5. Un marchand de fromages ______ proposé un très beau camembert. J'aime beaucoup ____ camembert mais, bien sûr, je ne ______ acheté! J' ____ continué ma promenade. Je ________ devant la mosquée de Paris. Je ______ arrivé à l'île-Saint-Louis. J'ai ________ la place des Vosges, puis je ________ installé à une table dans un petit restaurant.
6. Le garçon ______ proposé un apéritif, mais je ________. A la table voisine, il y avait une dame d'un certain âge un peu bizarre. Quand je ______ vue, je ne sais pas pourquoi j' ____ tout de suite pensé à cette Mireille Belleau ____ j'ai ________ dans la cour de la Sorbonne, il y a quelques jours. Peut-être qu'elle ____ ressemble un peu.

7. Elle ________ beaucoup regardé pendant tout le repas. Moi aussi, je ________ beaucoup ____________ parce qu'elle m'amusait. Elle a commandé une côtelette. Quand le garçon ____________ apportée, cette côtelette ne ________ pas plu. Elle ____ demandé ____ garçon de ____ rapporter à la cuisine. Elle trouvait qu'elle n'était pas assez ________ . Et quand le garçon __________ rapportée, elle ____ trouvée trop cuite.
8. Je crois qu'elle ____ rouspété et embêté le garçon pendant tout le repas pour attirer ______ attention. Je crois qu'elle avait envie de ____ parler.

25.36 Activation écrite: Formes verbales, articles et partitifs, pronoms (révision)

Lisez, essayez de deviner quels sont les mots qui manquent, et complétez.

Journal de Tante Georgette

1. Hier soir, j' ____ dîné au restaurant. J' ________ allée seule. Fido ne ________ pas accompagnée. Il n' ____ pas voulu venir. Il était un peu fatigué. Il ____ resté à la maison, devant la télé. Il ____ regardé un vieux film de Rintintin. Moi, je trouve ça un peu bébête, mais lui, ça ____ plaît beaucoup. Qu'est-ce que vous voulez, chacun son goût. Les goûts, ça ne ____ discute pas!
2. Au restaurant, je venais juste de m'asseoir quand un jeune homme brun, très bien, ________ entré. Il ____ venu s'asseoir à la table juste à côté de la mienne. Je crois que je ________ déjà vu quelque part. Il ________ beaucoup regardée pendant tout le repas. Je crois qu'il avait envie de ____ parler, mais il n' ____ pas osé.
3. Je voulais manger ________ tête de veau. Malheureusement, il n' ________ avait plus. Dommage. Heureusement, je ne ________ pas difficile. J' ____ pris une côtelette d'agneau. Quand le garçon ________ apportée, elle n'était pas tout à fait ______ , mais il ____ très gentiment ____________ à la cuisine, et, quand il ________ rapportée, elle était parfaite. C'est un très gentil garçon, très obligeant et très poli. Je n' ____ pas pris ____ fromage. Je n' ____________ jamais le soir, parce que ça m'empêche de dormir.
4. J'aime bien ____ petit restaurant parce qu'il ____ très simple, pas prétentieux du tout. Ils font ________ bonne cuisine, simple, traditionnelle, la cuisine ____ j'aime. Il y a toujours ________ tête de veau, ____ pieds de porc, ____ tripes à la mode de Caen, ____ lapin à la moutarde. Ce qu'on appelle de la cuisine bourgeoise!

25.37 Activation orale: Dialogue entre Tante Georgette et le garçon

Vous allez entendre un dialogue entre Tante Georgette et un garçon. Ecoutez bien. Vous allez apprendre les réponses de Tante Georgette.

Le garçon: Je suis désolé, Madame, il n'y a plus de tête de veau.

Georgette: **Quoi! Il n'y a plus de tête de veau?**

Le garçon: Non, Madame, je regrette.

Georgette: **Et ce monsieur, là, qu'est-ce qu'il mange? Ce n'est pas de la tête de veau?**

Le garçon: C'était la dernière. Il n'y en a plus à la cuisine. Mais nous avons un très bon pied de porc.

Georgette: **Je ne veux pas de pied de porc, je veux de la tête de veau!**

Le garçon: Je regrette, Madame. . . . Le lapin à la moutarde est très bien. . . .

Georgette: **La moutarde, elle me monte au nez, hein!**

Exercices-tests

25.38 Exercice-test: Impératif et pronoms

Répondez selon l'exemple.

Exemple:
Vous voyez: Tu ne bois pas ton café?
Vous écrivez: Bois-le!

1. Tu ne reprends pas de haricots?

___________________________ !

2. Tu ne vas pas au cinéma?

___________________________ !

3. Tu ne raccompagnes pas les Courtois?

___________________________ !

4. Tu ne téléphones pas à ta marraine?

___________________________ !

5. Tu ne t'arrêtes pas?

___________________________ !

6. Tu ne fais pas de sport?

___________________________ !

Vérifiez. Si vous avez fait des fautes, travaillez les sections 25.10 et 25.16 à 25.24 dans votre cahier d'exercices.

25.39 Exercice-test: Pronoms objets directs et indirects; *en* et *y*

Remplacez les noms soulignés par des pronoms.

1. Je téléphone à mes parents?

Je ________ téléphone?

2. Je vais au Luxembourg.

J' ________ vais.

3. Vous voulez du gazpacho?

Vous ________ voulez?

4. Vous aimez le gazpacho?

Vous ________ aimez?

5. Mireille n'est pas à la fac.

Elle ________ est pas.

6. Je ne veux pas de tête de veau.

Je ________ veux pas.

7. Tu n'as pas parlé à Mireille?

Tu ________ as pas parlé?

8. Tu n'as pas servi le gigot?

Tu ________ as pas servi?

Vérifiez. Si vous avez fait des fautes, travaillez les sections 25.16 à 25.24 dans votre cahier d'exercices.

25.40 Exercice-test: *En* et pronoms personnels

Répondez selon l'exemple.

Exemple:
Vous voyez: Il vous reste du lapin à la moutarde?
Vous écrivez: Oui, il nous en reste.

1. —Vous avez donné de la tête de veau à ce monsieur?

—Oui, je ________ ai donné.

2. —Tu m'as donné du pain?

—Oui, je ________ ai donné.

3. —Vous avez donné du pain aux clients?

—Oui, je ________ ai donné.

4. —Le garçon t'a donné de la moutarde?

—Oui, il ________ a donné.

Vérifiez. Si vous avez fait des fautes, travaillez les sections 25.25 à 25.28 dans votre cahier d'exercices.

25.41 Exercice-test: Impératif et pronoms; *en* et déterminants

Répondez selon l'exemple.

Exemple:
Vous voyez: Apportez-moi un autre couteau.
Vous écrivez: Apportez-m'en un autre.

1. Apportez-lui d'autres haricots.

   Apportez- ______________________.

2. Apportez-moi un deuxième verre.

   Apportez- ______________________.

3. Donnez-moi une bouteille de chablis.

   Donnez- ______________________.

Vérifiez. Si vous avez fait des fautes, travaillez les sections 25.25 à 25.28 dans votre cahier d'exercices.

Libération de l'expression

25.42 Mise en question

Relisez le texte de la leçon; lisez les questions de la mise en question qui suit la mise en œuvre dans votre livre de textes. Réfléchissez à ces questions et essayez d'y répondre.

25.43 Mots en liberté

Il est 7 heures du matin. Qu'est-ce qu'on peut faire?

On peut se réveiller, se coucher, rester au lit, se laver les cheveux, se raser (si on a de la barbe), lire le journal. . . .

Trouvez encore au moins six possibilités.

Qu'est-ce qu'il est préférable de ne pas commander pour le petit déjeuner?

Il est préférable de ne pas commander une tête de veau, un armagnac, un confit d'oie aux cèpes. . . .

Trouvez encore au moins six possibilités.

25.44 Mise en scène et réinvention de l'histoire

Tante Georgette est au restaurant. Reconstituez une conversation entre elle et le garçon.

Le garçon: Excusez-moi, vous n'avez pas de verre. En voilà un.
Tante Georgette: (. . .) !
Le garçon: Excusez-moi, je vais en chercher un autre. Et votre fourchette, elle est propre?
Tante Georgette: (. . .)
Le garçon: Qu'est-ce que vous prenez?
Tante Georgette: (. . .)
Le garçon: Je suis désolé, mais il n'y en a plus.
Tante Georgette: Alors (. . .)
Le garçon: Ah, nous n'en avons plus . . . mais le lapin à la moutarde est très bien.
Tante Georgette: (. . .)

25.45 Mise en scène et réinvention de l'histoire

Personnages: Robert, Tante Georgette, le garçon

Imaginez une conversation entre Tante Georgette et Robert au restaurant.

1. Par exemple, Tante Georgette engage la conversation? Comment? Considérations météorologiques? Elle demande à Robert s'il vient souvent, s'il connaît ce restaurant, s'il est américain, s'il y a longtemps qu'il est à Paris, si ça lui plaît, ce qu'il a vu, etc.
2. Robert demande si elle connaît le restaurant, comment c'est, ce qu'ils ont d'intéressant, ce qu'elle recommande.
3. Elle parle de ce qu'elle a mangé, de ce qu'elle va commander.
4. Le garçon arrive, il demande à Robert ce qu'il va prendre.
5. Robert commande. Tante Georgette donne son avis. Elle défend les intérêts de Robert, demande au garçon de changer le verre de Robert, son assiette, etc.
6. Robert pense qu'il a déjà vu Tante Georgette. Où? A la Sorbonne? Elle est prof? Au bureau de tabac? Elle vend des timbres? A la Closerie des Lilas? Elle habite au Home Latin? Près du Luxembourg?
7. Robert parle de Mireille. Quelle coïncidence! Ils parlent de Mireille. . . . Qu'est-ce que Tante Georgette va dire de Mireille?

25.46 Mise en scène et réinvention de l'histoire

Imaginez une version différente du dialogue entre Tante Georgette et le garçon. Utilisez les suggestions suivantes, ou inventez-en d'autres.

Tante Georgette:
Garçon! Regardez-moi ce verre! Il est plein de rouge à lèvres!

Le garçon:

En effet! . . .	c'est du rouge Gros Bisou, mais c'est le vôtre,	Madame!
Mais . . . c'est votre couleur, C'est une illusion, Je vais le laver tout de suite,		

Tante Georgette:
Garçon! Regardez cette assiette! Elle est sale!

Le garçon:
Ce n'est rien, Madame, c'est de la tête de veau.
Vous êtes sûre? Je ne vois rien. . . .
Ce n'est pas grave. Juste un peu de moutarde.
Le marron, là? Ce n'est rien; c'est du chocolat.

Tante Georgette:
Garçon! Regardez cette fourchette! Elle est pleine de jaune d'œuf!

Le garçon:
En effet, Madame, c'est du jaune d'œuf.
Nous n'avons plus de blanc.
C'est une spécialité de la maison: la fourchette au jaune d'œuf. . . .
Je vous apporte un peu de jambon pour accompagner l'œuf?
Je vais vous la changer tout de suite.

Tante Georgette:
Mais enfin, c'est incroyable! On ne lave plus la vaisselle dans cette maison!

Le garçon:

Mais si, Madame! Non, Madame!	Tous les mercredis . . . C'est tellement ennuyeux. . . . On n'a pas le temps! On n'a pas que ça à faire! Ça ne sert à rien: il faut recommencer tous les jours!

Tante Georgette:
Garçon! Regardez cette serviette! Elle est toute déchirée!

Le garçon:
Elle est très ancienne! Elle a appartenu à Sarah Bernhardt.
C'est de la dentelle (d'Echiré . . .)!
C'est pour l'été: c'est plus frais, plus léger. . . .
Je vais l'arranger.

Tante Georgette:
Ce couteau ne coupe pas! Vous n'avez pas de couteaux qui coupent?!

Le garçon:
Non, Madame, c'est trop dangereux!
Si, Madame, nous avons aussi des couteaux qui coupent.
C'est la viande qui est un peu dure. . . .
Je vous en apporte un autre.

Tante Georgette:
Garçon! Vous m'apporterez une tête de veau!

Le garçon:
Ah, je suis désolé, Madame, nous n'avons plus de tête de veau.

Mais nous avons	le les	hamburger du chef. pied de porc grillé. pieds de mouton en salade. côtelettes d'agneau.

Tante Georgette:
S'il n'y a pas de tête de veau, je veux un lapin à la moutarde!

Le garçon:
Il n'y en a plus non plus, mais il y a beaucoup d'autres restaurants dans le quartier, et particulièrement un excellent restau-U juste à côté.

Tante Georgette:

Je ne J'ai	supporte pas la cuisine des restau-U. horreur des restau-U. suis pas étudiante, jeune homme! perdu ma carte d'étudiante. suis pas inscrite à la fac.

Préparation à la lecture et à l'écriture

25.47 Lecture et interprétation

Observez le dessin ci-dessous.

Maintenant, complétez:

Qui sont les personnages? ____________________

____

Où sont-ils? ____________________

____

Qu'est-ce qu'ils font? ____________________

Qu'est-ce qu'il y a derrière eux, derrière l'arbre? C'est un bouc, c'est-à-dire le mâle de la ________. Les boucs ont la réputation de sentir mauvais, d'avoir une odeur désagréable et très forte. Maintenant, que pensent (ou que disent) les deux personnages?

____

____

25.48 Entraînement à la lecture

Lisez le document 2 de la leçon 25 dans votre livre de textes, "Le sucre et la petite cuillère," et complétez ou répondez.

1. Quel est celui des deux amoureux qui est mort?

   ____

2. Il y a deux sortes de "cafés": Il y a le café qu'on boit dans une tasse, et il y a le café où on va pour boire un café . . . ou autre chose.

   Les amoureux se rencontrent souvent sur un banc public dans un jardin public, mais quelquefois ils se donnent ____________________ dans un ____________.

25.49 Entraînement à la lecture et expansion du vocabulaire

A. Lisez le "Déjeuner du matin" de Prévert (document 3). Lisez les phrases suivantes et complétez.

1. Quand il fait froid, il faut allumer le chauffage.

   Quand il fait nuit, on peut ____________ l'électricité.

   Quand on allume une cigarette, le tabac brûle. Ça fait de la ____________. Quand le tabac a brûlé, il reste de la ____________. On met la cendre dans un ____________.[1]

2. Quand il fait froid, on met un gros manteau d'hiver.

   Quand il fait chaud, on ne met pas de ____________.

   Et quand il pleut, on met un ____________.

B. Essayez de répondre.

1. D'après vous, qui est le personnage qui dit "je" dans le poème de Prévert? ____________________
2. Qui est "il"? ____________________
3. Pourquoi est-ce que le personnage qui dit "je" pleure?

   ____

Relisez la section 2 du texte de la leçon 25. Comparez le petit déjeuner de Robert avec celui du personnage de Prévert. Quelles sont les similarités? Quelles sont les différences?

____

____

____

____

____

1. N'oubliez pas que selon la loi no 91.32, "Fumer provoque des maladies graves."

25.50 Entraînement à la lecture

Lisez le document 4, "Le petit déjeuner d'Azouz," et complétez ou répondez.

1. Qu'est-ce que la mère d'Azouz prépare pour le petit déjeuner?

____

2. Avec quoi est-ce que c'est fait?

____

3. Au bord de la mer, il y a presque toujours un peu de vent: c'est la ______________ marine.
   Au bord de la mer, ça sent le sel, parce que la mer est salée.
   Le large, c'est la mer, loin du bord.
4. Le matin, l'herbe est souvent couverte de gouttes d'eau: c'est la ______________ .

25.51 Lecture, interprétation, et expansion du vocabulaire

Lisez le document 5, "Recette du lapin à la moutarde."

1. Pour préparer un lapin à la moutarde, il faut ______________ le lapin de moutarde.
2. Autrefois, les murs des bistros étaient souvent ______________ d'une couleur bistre, brun rouge. (Voyez leçon 22, document 4.)
3. On place des bardes de lard autour du lapin enduit de moutarde: on ______________ le lapin avec les bardes de lard.
4. On fait cuire le lapin dans le ________ . On fait aussi cuire la crème renversée dans le four (voyez leçon 24, document 5). Mais on fait cuire la crème renversée à four doux, et on peut faire cuire le lapin à la moutarde ________ chaud.

25.52 Interprétation et pratique de l'écriture

Revoyez le début de la vidéo de la leçon 25 (la promenade de Robert), puis observez les photos du document 1 et essayez d'écrire tout ce que vous pouvez sur le Marais.

____

____

____

____

____

____

____

____

____

Leçon 26

Assimilation du texte

26.1 Mise en œuvre

Ecoutez le texte et la mise en œuvre dans l'enregistrement sonore. Répétez et répondez suivant les indications.

26.2 Compréhension auditive

Phase 1: Regardez les images ci-dessous, et répétez les passages que vous entendez.

1. ___

2. ___

3. ___

4. ___

5. ___

6. ___

Phase 2: Regardez les images ci-dessus, et écrivez la lettre qui identifie chaque passage que vous entendez sous l'image qui lui correspond le mieux.

26.3 Production orale

Ecoutez les dialogues suivants. Vous allez jouer le rôle du deuxième personnage.

1. Robert: C'est quoi, ça?
   La vendeuse: (. . .)
2. La vendeuse: C'est pour emporter?
   Robert: (. . .)
3. Jean-Denis: Alors, chérie, qu'est-ce qui te tente?
   Cécile: (. . .)
4. Le garçon: Vous avez choisi?
   Cécile: (. . .)
5. Cécile: Je crois que je vais prendre une petite grillade . . . une entrecôte.
   Jean-Denis: (. . .)
6. Le garçon: Vous désirez un dessert?
   Cécile: (. . .)

Préparation à la communication

26.4 Observation: Prononciation; pas d'explosion après /p/, /t/, et /k/

Ecoutez les mots suivants. Notez qu'il n'y a pas d'explosion après les consonnes /p/, /t/, et /k/; la voyelle suit immédiatement.

*P*aris	*c*arte	*t*emple
*p*as de deux	*C*anada	*t*hon
*p*âtisserie	*c*oup	*t*omate
*p*arti	*c*âpres	*t*otal

26.5 Activation orale: Prononciation; pas d'explosion après /p/, /t/, et /k/

*C*omme c'est *c*ommode!	Je ne *p*eux *p*as.	une purée de *t*hon aux *t*omates
Qu'est-ce *qu*'ils ont *c*omme *c*anards!	Très *p*eu *p*our moi!	Je *t*e connais, *t*oi!
C'est *c*omme ça!	*p*as de *p*oulet	Qu'est-ce qui *t*e *t*ente?

26.6 Observation: Prononciation; /s/ et /z/ (révision et extension)

Ecoutez.

un poisson	un dessert
un poison	un désert

Notez la différence de prononciation. Il ne faut pas confondre *poisson* et *poison*. Quand il est frais, le poisson est bon. Le poison est toujours mauvais—il est quelquefois mortel. Quand le poisson n'est pas frais, c'est du poison! C'est dangereux.

Les gâteaux, les glaces, les sorbets, et les mousses au chocolat sont des desserts. Le Sahara, en Afrique, et le désert de Gobi, en Asie, sont des déserts. Les dattes sont un dessert qu'on trouve dans certains déserts (du moins, dans les oasis . . .).

26.7 Observation: Pour commander dans un restaurant

Est-ce que je pourrais avoir	un steak au poivre, s'il vous plaît?
Moi, je voudrais	un steak au poivre, s'il vous plaît.
Je prendrai	un steak au poivre, s'il vous plaît.
Pour moi, ce sera	un steak au poivre, s'il vous plaît.
Apportez-moi	un steak au poivre, s'il vous plaît.
Vous m'apporterez	un steak au poivre, s'il vous plaît!
	Un steak au poivre, s'il vous plaît!

		futur	
Jean-Denis:	Vous m'	**apporterez**	la carte des vins, s'il vous plaît.
	Vous nous	**apporterez**	une demi-bouteille de muscadet.
	Et vous nous	**apporterez**	deux express . . . et l'addition.

Vous remarquerez que Jean-Denis utilise surtout le futur.

26.8 Observation: Degrés de cuisson (bœuf)

degré	*cuisson*
0	cru
1	bleu
2	saignant
3	à point
4	bien cuit
5	carbonisé!

Si vous commandez un steak tartare ou du carpaccio, vous aurez de la viande crue.

Si vous voulez de la viande très peu cuite il faut demander un steak bleu.

26.9 Activation: Discrimination auditive; degrés de cuisson

	1	2	3	4	5	6
cru						
bleu						
saignant						
à point						
bien cuit						
carbonisé						

Ecoutez les phrases suivantes où il s'agit de degrés de cuisson différents. Pour chaque phrase, déterminez si on parle de viande crue, bleue, saignante, à point, bien cuite, ou carbonisée. Cochez la case appropriée.

26.10 Activation: Discrimination auditive; devinette culinaire

	1	2	3	4	5	6	7	8	9	10	11	12	13	14	15	16	17	18	19	20	21	22	23	24	25
de la viande																									
du poisson																									
un légume																									
un fromage																									
un dessert																									
un vin																									

Imaginez que vous êtes au restaurant. On va vous proposer un certain nombre de choses. Vous ne savez peut-être pas exactement ce que c'est. . . . Mais il faut d'abord deviner si c'est un plat de viande (de la viande), du poisson, un légume, un fromage, un dessert, ou un vin. Pour chaque chose qu'on vous propose, **dites** ce que c'est (par exemple, "C'est de la viande"), et cochez la case appropriée.

26.11 Observation: Restriction; *ne . . . que*

		ne	*verbe*	que	
Georgette:	Vous	**n'**	avez	**que**	ça comme fromages?
Cécile:	Je	**ne**	veux	**qu'**	une petite omelette; c'est tout!

Notez que *ne . . . que* indique une restriction. C'est une négation avec une exception: *Je ne veux qu'une omelette* veut dire: *Je ne veux rien . . . à l'exception d'une omelette.*

Remarquez que *ne* est placé devant le verbe, et *que* est placé devant l'expression qui représente l'exception (*ça, une petite omelette*).

26.12 Activation: Dictée; restriction *ne . . . que*

Ecoutez et complétez. Vous entendrez chaque passage deux fois.

Histoire de bonbons

Mireille: Tiens, donne-moi la boîte de bonbons.

Marie-Laure: Ils sont à moi, ces bonbons.

Mireille: Oh, donne, je ______________________,

je te promets.

Au scrabble

Marie-Laure: Il ______________________ lettre, et je ______ arrive ______ à la placer!

26.13 Activation orale: Restriction; *ne . . . que*

Répondez selon l'exemple.

Exemple:
Vous entendez: 1. Qu'est-ce que vous avez pris, à part le cassoulet?
Vous dites: Nous n'avons pris que le cassoulet.

2. Qu'est-ce que tu prends, à part le cassoulet?
3. Qu'est-ce que tu as pris avec la choucroute?
4. Qu'est-ce qu'il y a comme viande, à part le steak?
5. Qu'est-ce que vous avez comme fromages, à part le cantal?
6. Qu'est-ce qu'il reste comme desserts, à part la mousse au chocolat?
7. Mireille a deux sœurs ou trois sœurs?
8. Les Belleau ont 3 enfants ou 4 enfants?
9. Ils ont une voiture ou deux voitures?
10. Marie-Laure a dix ans ou onze ans?

26.14 Activation écrite: Restriction; *ne . . . que*

Lisez les petits textes ci-dessous et complétez-les en indiquant une restriction.

1. Mireille n'a pas besoin de suivre de régime. Elle est plutôt mince. Elle ne pèse pas beaucoup. Elle ______________________ 54 kilos. Elle n'est pas très grande non plus. Elle ______ mesure ______ 1m 64.
2. —Je ne mange jamais de viandes en sauces. Je ______________________ des grillades.

   —Moi, je suis végétarienne. Je ne mange jamais de viande. Je ______________________ des légumes.
3. Tante Georgette ne boit pas de vin. Elle ______________________ de l'eau. Tonton Guillaume ne boit jamais d'eau. Il ______________________ du vin, ce qui est très mauvais pour la santé.
4. —Vous avez bu du vin?

   —Oui, mais nous ______________________ une demi-bouteille à nous deux; c'est raisonnable!
5. —Je ne veux pas grand-chose; je vais juste prendre une petite omelette.

—Si tu ____________ omelette, dans une heure tu vas mourir de faim.

6. Nous ______ prendrons ____ un seul dessert. Nous allons partager.
7. Je bois très peu de vin blanc. Je ____________ avec le poisson.
8. Nous ne prenons jamais de café le soir. Nous ____________ à midi.
9. Tante Georgette ne mange jamais de tête de veau chez elle. (C'est trop long à préparer.) Elle ____________ ____________ au restaurant. (Quand il y en a!)
10. Je n'aime pas le steak quand il est trop cuit. Je ____________ ____________ quand il est vraiment bleu.
11. Marie-Laure ne va pas au Luxembourg tous les jours. Elle ____________ le mercredi. Et encore, elle n'y va pas tous les mercredis. Elle ____________ quand il fait beau. Elle ne joue pas avec n'importe qui. Elle ____________ avec ses copines.

26.15 Observation: *Porter, apporter, rapporter, emporter, remporter*

Au restaurant, le garçon traverse la salle; il **porte** des plats sur un plateau.

Le garçon **apporte** son assiette de saumon cru à Cécile.

Cécile a fini son saumon; le garçon **emporte** l'assiette vide.

Le garçon **emporte** l'assiette de Tante Georgette, mais Tante Georgette n'a pas fini. Elle dit: "Garçon, **rapportez**-moi cette assiette, je n'ai pas fini ma tête de veau!" Le garçon la **rapporte** à Tante Georgette.

Tante Georgette trouve que la côtelette n'est pas assez cuite; le garçon **remporte** la côtelette à la cuisine.

porter
porter apporter rapporter emporter remporter

26.16 Activation écrite: *Porter, apporter, rapporter, emporter, remporter*

Complétez.

1. Garçon, voulez-vous nous ____________ la carte des vins, s'il vous plaît?
2. J'ai fini de manger. Vous pouvez ____________ l'assiette.
3. Mais non, je n'ai pas fini mon vin. ____________ -moi mon verre!
4. Garçon, ____________ ces petits pois à la cuisine. Ce ne sont pas des petits pois frais. C'est de la conserve, ça!
5. Le garçon ____________ tous les plats sur son plateau.

26.17 Activation: Dictée

Ecoutez et complétez. Vous entendrez le texte trois fois.

M. Belleau: ____________ ton bateau, je vais ____________ . . . . Voilà, c'est ____________ .

Marie-Laure: Bon, je vais me coucher. Bonsoir, Maman; bonsoir, Papa.

Mme Belleau: ____________ ! Tu ne vas pas ____________ là!

26.18 Observation: Totalité, partie

totalité	
Le chat a mangé (Le chat a mangé tout	**le** fromage. le fromage: il n'en reste plus.)
partie	
Le chat a mangé (Le chat a mangé une partie	**du** fromage. du fromage: il en reste encore.)

L'article défini indique qu'on parle d'un **tout.** L'article partitif indique qu'on parle d'une **partie.**

26.19 Activation orale: Totalité, partie

Répondez selon l'exemple.

Exemple:
Vous entendez: 1. Robert trouve le gigot excellent.
Vous dites: Il reprend du gigot.

2. Il trouve le gazpacho délicieux.
3. Mireille trouve la soupe délicieuse.
4. Robert trouve l'armagnac extraordinaire.
5. Il aime bien le porto.
6. M. Courtois trouve la truite excellente.
7. Mireille trouve le camembert particulièrement bon.
8. Mme Courtois trouve les pommes de terre très bonnes.
9. Mireille adore la crème renversée.
10. Robert trouve le bordeaux excellent.

26.20 Activation orale: *En* (révision)

Répondez selon l'exemple.

Exemple:
Vous entendez: 1. Ils n'ont pas de bière?
Vous dites d'abord: Non, ils n'en ont pas.
Puis vous rectifiez: Si, ils en ont!

2. Ils ont du vin?
3. Ils n'ont pas de moulin-à-vent?
4. Ils n'ont pas d'Orangina?
5. Ils ont de l'eau Perrier?
6. Ils ont des fromages?
7. Ils ont des fruits?
8. Il n'y a pas de framboises?
9. Il n'y a pas de mousse au chocolat?
10. Il y a des huîtres en cette saison?
11. Vous avez eu du dessert?
12. Vous avez eu du gâteau?
13. Vous n'avez pas eu de glace?
14. Vous avez pris des légumes?
15. Ils n'ont pas pris de fromage?
16. Ils ont pris du café?
17. Ils n'ont pas pris de cognac?

26.21 Activation écrite: Pronoms, *en, y* (révision)

Complétez.

1. Le dimanche, il y a des gens qui vont à l'église. Il y ________ a aussi qui n' ________ vont pas.
2. Il y a des gens qui achètent des gâteaux. Il y ________ a aussi qui n' ________ achètent pas.
3. Robert voit une pâtisserie. Il ________ entre.
4. Il y a des religieuses. Il ________________ au chocolat et au café.
5. Il ________ achète ________ au café.
6. Il mange sa religieuse. Il ________ mange tout de suite.
7. Il y a aussi des tartes au citron, mais il n' ________ pas.
8. Il n'a pas de guide des restaurants. Il ________ achète ________ .
9. Il y a là-dedans des tas d'excellents restaurants. Il ________ choisit ________ et il ________ va.
10. On lui apporte le menu. Il ________ consulte.
11. Le garçon lui propose des apéritifs. Il ________ prend pas.
12. Le garçon ________ apporte ________ à la table voisine.
13. A cette table, il ________ une jeune femme blonde. Robert ________ regarde avec beaucoup d'intérêt parce qu'elle ________ rappelle Mireille. Malheureusement, il ne ________ voit que de dos. Mais ça, c'est une autre histoire. Nous n' ________ parlerons pas ici.

26.22 Observation: Expressions de quantité

quantité					
une **carafe**	**d'**	eau	une **douzaine**	**d'**	huîtres
un **pichet**	**de**	vin	une **douzaine**	**d'**	œufs
une **assiette**	**de**	potage	une **tranche**	**de**	jambon
une **cuillerée**	**d'**	huile	une **livre**	**de**	beurre (500 g.)
un **morceau**	**de**	pain	un **kilo**	**de**	pommes (1 000 g.)
une **douzaine**	**d'**	escargots	une **boîte**	**de**	marrons glacés

26.23 Observation: Expressions de quantité

quantité (*nom*)	**de**		*quantité* (*adverbe*)	**de**	
un **peu**	**de**	vin	**assez**	**de**	vin
une **goutte**	**de**	vin	**trop**	**de**	vin
un **doigt**	**de**	vin	**beaucoup**	**de**	vin
un **verre**	**de**	vin	**énormément**	**de**	vin
une **demi-bouteille**	**de**	vin	**plein**	**de**	vin
une **bouteille**	**de**	vin (75 cl)			
un **litre**	**de**	vin (100 cl)			

Notez que les noms et les adverbes qui indiquent une quantité sont suivis de *de*, sans article défini.

26.24 Activation orale: Expressions de quantité

Répondez selon l'exemple.

Exemple:
Vous entendez: 1. De la sauce?
Vous dites: Oui, je prendrai un peu de sauce.

2. Du pain?
3. De l'eau?
4. Du potage?
5. De la salade?
6. Du fromage?
7. De la crème?
8. Du café?

26.25 Activation orale: Expressions de quantité

Répondez selon l'exemple.

Exemple:
Vous entendez: 1. J'achète du vin?
Vous dites: Oui, achète une bouteille de vin.

2. J'achète du porto?
3. J'achète de l'eau minérale?
4. J'achète de l'armagnac?
5. J'achète du whisky?
6. J'achète de l'huile?
7. J'achète du cognac?
8. J'achète du Cinzano?

26.26 Observation: Alternance /ə/, /ɛ/ (révision)

Vous vous rappelez qu'il y a un changement de voyelle dans certains verbes . . . comme, par exemple, les verbes *se rappeler*, et *se promener*.

je me rappelle	nous nous rappelons
tu te promènes	vous vous promenez

Cela est vrai aussi pour le verbe *acheter*.

/ɛ/ devant le son /ə/	/ə/ devant un son de voyelle
Robert achète un gâteau.	Il va acheter un gâteau.
Il achètera une voiture.	Il a acheté un guide.
Il achèterait une voiture si. . .	Il achetait des timbres.
Tu achètes quelque chose?	Vous achetez quelque chose?
J' achète tout!	Non, nous n' achetons rien.

Notez qu'on trouve le son /ɛ/ devant un son /ə/. Mais on trouve le son /ə/ devant un autre son de voyelle.

26.27 Activation orale: Alternance /ə/, /ɛ/

Répondez selon l'exemple.

Exemple:
Vous entendez: 1. Vous vous rappelez le numéro de Mireille?
Vous dites: Moi? Je ne me rappelle rien!

2. Vous vous promenez souvent au Luxembourg?
3. Vous avez acheté le journal?
4. Vous vous rappelez l'adresse de Mireille?
5. Alors, qu'est-ce que vous achetez?

26.28 Activation orale: Alternance /ə/, /ɛ/

Répondez selon l'exemple.

Exemple:
Vous entendez: 1. Appelle Ghislaine!
Vous dites: Non, je n'ai pas envie de l'appeler!

2. Appelle-moi ce soir!
3. Lève-toi!
4. Achète le journal!
5. Promène-toi!
6. Amène Fido au Luxembourg!
7. Achète-toi une robe!
8. Achète-toi des boules de gomme!
9. Achète des boules de gomme à Marie-Laure!

26.29 Activation écrite: Alternance /ə/, /ɛ/

Complétez.

/ɛ/	/ə/
1. —Tu n'emmènes pas Fido au cinéma? S'il n'aime pas le film, tu le ramèneras à la maison!	—Non! La dernière fois que je l'ai ____________, il a pleuré pendant la moitié du film; j'ai dû le ____________ à la maison avant la fin.
2. —Allô, Mireille? C'est Tante Georgette. Dis-moi, je dois aller chez le docteur, et je ne veux pas laisser Fido seul à la maison. Je te l'amène?	—Bien sûr! Tu peux me l'____________ quand tu voudras. Il regardera la télé avec moi.
3. —Ben, tu sais bien que j'____________ tout à Prisunic!	—Quelle belle robe! Où l'as-tu achetée? —Vraiment? Nous, nous n'____________ rien à Prisunic!
4. —Je me ____________ vers 6 ou 7h.	—A quelle heure vous levez-vous?
5. —Combien tu pèses, toi? —Eh bien, dis donc! Moi, je ____________ au moins 75 kilos!	—Ben, je dois ____________ dans les 60 ou 62 kilos!
6. —Ah, zut! Non, je ne me le ____________ déjà plus!	—Vous vous rappelez le numéro de Mireille?
7. —Oui, bien sûr; ____________-moi quand tu voudras.	—Je peux t'appeler, ce soir?

26.30 Observation: Substances et préparations

substance			*préparation*		
de la graisse	**d'**	oie	du café	**au**	lait
de l'huile	**d'**	olive	un lapin	**à la**	moutarde
de la graisse	**de**	porc	un steak	**au**	poivre
un jaune	**d'**	œuf	des œufs	**à la**	neige
une côtelette	**de**	mouton	un chou	**à la**	crème
un gigot	**d'**	agneau	un éclair	**au**	café
un pied	**de**	porc	une mousse	**au**	chocolat
une tête	**de**	veau	une charlotte	**aux**	poires
une purée	**de**	thon	une tarte	**aux**	fraises
un filet	**d'**	anchois	une tarte	**au**	citron
du magret	**de**	canard	du canard	**aux**	olives
des aiguillettes	**de**	canard	du canard	**à l'**	orange
du confit	**de**	canard	du canard	**aux**	navets
du foie gras	**de**	canard	du canard	**aux**	cerises

Dans les exemples ci contre, *de* indique l'origine, la substance; *à* + **article défini** indique une préparation, une variété, un parfum, un assaisonnement.

26.31 Activation écrite: Substances et préparations

Complétez.

1. C'est un excellent restaurant. Ils ont beaucoup de choses au menu. Par exemple, regardez ce qu'ils ont comme canards! Canard __________ olives, canard __________ orange, aiguillettes __________ canard, magret __________ canard, et canard __________ navets.

2. Et si vous n'aimez pas le canard, il y a d'autres possibilités: omelette __________ fines herbes, côtelette __________ mouton, steak __________ poivre, lapin __________ moutarde, gigot __________ agneau, tête __________ veau.

3. Et n'oublions pas les desserts: mousse __________ chocolat, éclairs __________ café, œufs __________ neige, tarte __________ poires, tarte __________ citron.

26.32 Observation et activation écrite: Terminaisons du présent de l'indicatif; personnes du singulier (révision)

Observez et complétez.

manger	je mange trop	tu manges trop	il mange trop
dépenser	je ______ trop	tu ______ trop	il ______ trop
oublier	j' ______	tu ______	il ______
s'inscrire	je m'inscris	tu t'inscris	il s'inscrit
vivre	je ______ toujours	tu ______ toujours	il ______ toujours
sourire	je ______	tu ______	il ______
suivre	je les ______	tu les ______	il les ______
choisir	je ______ ça	tu ______ ça	il ______ ça
devoir	je dois y aller	tu dois y aller	il doit y aller
voir	je ______	tu ______	il ______
croire	je ______	tu ______	il ______
boire	je ______	tu ______	il ______
faire	je le fais	tu le fais	il le fait
connaître	je ______ ça	tu ______ ça	il ______ ça
savoir	je le ______	tu le ______	il le ______
venir	je viens	tu viens	il vient
prévenir	je vous ______	tu le ______	il nous ______
se souvenir	je me ______	tu te ______	il se ______
intervenir	j' ______	tu ______	il ______
pouvoir	je peux	tu peux	il peut
vouloir	je ______	tu ______	il ______

Notez que, pour les verbes en *-er*, les terminaisons caractéristiques (du point de vue de l'orthographe) sont:

- 1ère personne du singulier: *-e*
- 2ème personne du singulier: *-es*
- 3ème personne du singulier: *-e*

(Evidemment *aller* est une exception.)

terminaisons orthographiques, personnes du singulier			
	1ère personne	2ème personne	3ème personne
verbes en **-er**	-e	-es	-e
autres verbes	-s (-x)	-s (-x)	-t (-d)

Pour les autres verbes:

- 1ère personne du singulier: *-s* (ou *-x*)
- 2ème personne du singulier: *-s* (ou *-x*)
- 3ème personne du singulier: *-t* (ou *-d*)

(Evidemment *avoir* est une exception.)

26.33 Observation et activation écrite: Terminaisons du présent de l'indicatif; personnes du pluriel (révision)

Observez et complétez.

rester	nous restons ici	vous restez ici	ils restent ici
dépenser	nous ________ trop	vous ________ trop	ils ________ trop
oublier	nous ________	vous ________	ils ________
sourire	nous ________	vous ________	ils ________
suivre	nous ________	vous ________	ils ________
vivre	nous ________	vous ________	ils ________
s'inscrire	nous nous inscrivons	vous vous inscrivez	ils s'inscrivent
écrire	nous ________	vous ________	ils ________
voir	nous voyons	vous voyez	ils voient
croire	nous ________	vous ________	ils ________
choisir	nous choisissons	vous choisissez	ils choisissent
finir	nous ________	vous ________	ils ________
se réunir	nous nous ________	vous vous ________	ils se ________
pouvoir	nous pouvons	vous pouvez	ils peuvent
vouloir	nous ________	vous ________	ils ________
venir	nous venons	vous venez	ils viennent
prévenir	nous ________	vous ________	ils ________
se souvenir	nous nous ________	vous vous ________	ils se ________
prendre	nous prenons	vous prenez	ils prennent
comprendre	nous ________	vous ________	ils ________
apprendre	nous ________	vous ________	ils ________

26.34 Activation écrite: Présent de l'indicatif; personnes du pluriel

Complétez.

on peut	nous pouvons	vous pouvez	ils peuvent
il veut	nous voulons	vous ________	ils ________
on doit	nous devons	vous ________	ils ________
on voit	nous voyons	vous ________	ils ________
il croit	nous ________	vous ________	ils ________
on vient	nous venons	vous ________	ils viennent
il tient	nous ________	vous ________	ils ________
il se souvient	nous nous ________	vous vous ________	ils se ________
il prend	nous prenons	vous ________	ils prennent
on comprend	nous ________	vous ________	ils ________

26.35 Activation écrite: Présent de l'indicatif (révision)

Complétez.

1. Qu'est-ce qu'ils prennent? De la tête de veau? Vous en ________, vous? Oui? Bon, alors nous ________ tous de la tête de veau! Garçon, quatre têtes de veau!

2. Nous venons. Marc et Catherine ________, eux aussi.

3. Nous ne pouvons pas y aller. Hubert et Mireille ne ________ pas non plus. Mais vous, vous ________, j'espère!

4. —Vous voyez ce que je veux dire!
   —Non, nous ne ________ pas du tout!
   —Non? Je suis sûr qu'Ousmane et Hubert ________ très bien ce que je veux dire!

5. —Qu'est-ce que vous apprenez à l'école?
   —Eh bien, nous ________ des fables de la Fontaine. Tous les petits Français ________ des fables de la Fontaine!

6. —Faites quelque chose!
   —Les autres ne ________ rien; nous ne ________ rien, nous non plus!

7. —Mais dites quelque chose, au moins!
   —Pourquoi? Les autres ne ________ rien, nous ne ________ rien non plus!

8. —Intervenez, voyons!
   —Non! Les autres n' ________ pas; nous n' ________ pas!

26.36 Activation écrite: Formes du présent et de l'impératif (révision)

Lisez les phrases suivantes. Essayez de trouver les mots qui manquent et écrivez les verbes au présent (ou à l'impératif).

1. —Moi, je trouve ça drôle. Toi, non? Tu ne ____________ pas ça drôle?
2. —Vous me faites rire!
   —Eh bien, __________, si vous voulez! Moi, je ne __________ pas. Il n'y a que les sots qui __________ des choses sérieuses!
3. —Essayez donc un peu de comprendre! Vous ne me ____________________ pas!
   —Mais si, je vous ____________________!
   —Non! Hubert, Ousmane me ____________________, eux. Pas vous!
4. —Mais non, vous __________ tort de croire ça!
   —Je ne le __________ pas, je le sais!
   —Non, vous ____________ que vous le ____________! Les gens ____________ toujours qu'ils ____________!
5. —Je n'arrive jamais à finir ce que j'entreprends. Il y a des gens qui ____________ tout ce qu'ils commencent. Moi, je ne __________ jamais rien!
   —Peut-être, mais vous ____________________ par m'ennuyer!
6. —Mais dites-moi, il faut de l'argent pour vivre! De quoi __________-vous?
   —Je __________ comme je peux; je me débrouille. Il y a beaucoup de gens qui ____________________ avec très peu d'argent.
7. —J'espère que je ne vais pas oublier d'acheter le bifteck pour Fido! Ces temps-ci, j' ____________ tout! Vous, les jeunes, vous avez bonne mémoire, vous n' ____________ rien. Mais les gens de mon âge ____________ tout!
8. —Je n'arrive pas à me souvenir des choses. Il y a des gens qui ______________________________ de tout. Moi, je ne ____________________ de rien! Monsieur Courtois, lui, ____________________ d'œufs brouillés qu'il a mangés il y a dix ans! Vous ____________________ de ce que vous avez mangé hier, vous?
9. —Je vais écrire à ma mère pour lui raconter tout ça.
   —Vous lui ____________ souvent?
   —Non, je dois admettre que je ne ____________________ pas souvent. . . . Vous, vous ____________________ souvent à vos parents?
   —Non, je ne ____________________ pas très souvent . . . il faut dire que j'habite avec eux.
   —Ah, vous ____________ chez vos parents?
   —Oui! Vous savez, il y a beaucoup de jeunes qui ____________ chez leurs parents. D'après les statistiques, la moitié des jeunes de 22 ans ____________ encore chez leurs parents. C'est le cas pour six garçons sur dix et près de cinq filles sur six.
10. —On s'inscrit au cours de karaté?
    —Si vous ____________________,
    je ____________ aussi.
    —D'accord, ____________-nous! Ça peut toujours servir.
    —Oui, le sport __________ toujours à quelque chose. Il n'y a que les maths qui ne __________ à rien!
    —Ça, c'est vous qui le __________! Je crois que vous __________ tort!
11. —Il ne faut pas s'en faire! Pourquoi vous __________ ____________ comme ça? Vous êtes comme Mme Courtois qui ____________ toujours. Moi aussi, d'ailleurs, je ____________ toujours! Nous ____________________ tous sans raison! Il y a pourtant des gens qui ne ____________ pas! Regardez Cécile et Jean-Denis, par exemple, ils vont dîner au restaurant. . . . Ils ne ____________ pas, eux!
12. Les sénateurs se réunissent au Palais du Luxembourg et ils jouent à faire des lois. Mes copines et moi, nous ____ ____________________ au jardin du Luxembourg et nous ____________ bassin avec nos bateaux.

26.37 Activation écrite: Formes du présent (révision)

Robert a passé toute la journée à se promener seul dans Paris. Le soir, il est allé dîner dans un restaurant, seul. En revenant à son hôtel, il rêve. . . . Il imagine qu'il passe toutes ses journées avec Mireille, qu'ils se promènent tous les jours ensemble, qu'ils vont au restaurant ensemble. . . . Il écrit, dans sa tête, une lettre imaginaire à sa mère.
Lisez le texte de Robert ci-dessous, et essayez de trouver les mots nécessaires pour le compléter. Ce sont surtout des verbes au présent. Relisez le texte de la leçon 26, en particulier les sections 1, 2, 3, 4, 6, et 8. Cela vous aidera.

Ma chère maman,

1. Depuis que j'ai rencontré cette jeune fille à la Sorbonne, la vie est merveilleuse. Je la ________ tous les jours. Nous ____________________ dans les rues de Paris.
2. Nous ____________________ devant les pâtisseries, nous ____________ les gâteaux dans la vitrine. Ils ________ tous l'air tellement bons que nous ne ________ pas lequel nous ____________.
3. Enfin, nous ____________________ à entrer. Quel choix! C'est bien difficile de choisir. Le dimanche, nous __________ toujours des religieuses. Mireille ________ toujours une religieuse au chocolat, et moi, je ________ une religieuse au café. Nous les ____________ tout de suite. Ça ________ 20F.
4. Puis, nous ________________ où nous ________ aller pour déjeuner. Nous ________ un guide des restaurants. Nous en ____________ un et nous y ________ à pied. C'est tellement plus agréable que le métro! (Mireille ________ que le métro, c'est très bien, parce qu'elle ne s'y ________ jamais—elle dit que c'est impossible de se perdre dans le métro de Paris—mais moi, je ____________ toujours!)
5. Beaucoup de gens ____________ des apéritifs; nous ____________, nous aussi, quelquefois; des kirs surtout. Nous ____________ le menu. Les restaurants ________ tout un tas de plats qui s' ____________ "Mireille." Nous ________ toujours faim, parce que nous ____________________ beaucoup dans les rues.
6. Heureusement, Mireille ne ________ pas de régime. Elle n'en ____ pas besoin. Elle est plutôt mince, elle ____ la taille fine; elle ne ________ que 54 kilos; et elle ________ beaucoup de sport. Alors, nous ________ manger autant que nous ____________.
7. Nous ______________ par des huîtres ou du saumon cru, nous continuons avec des grillades et nous ______________ avec des coupes Privas. C'est le pied! (C'est une expression que je viens d'apprendre. Je crois que ça veut dire que c'est très bien, très agréable. Ça n'a rien à voir avec les pieds de porc grillés qui, d'après Mireille, sont très bons aussi, avec de la moutarde.)

26.38 Activation orale: Dialogue entre le garçon et Cécile

Vous allez entendre un dialogue entre un garçon et Cécile. Vous allez apprendre les répliques de Cécile.

Le garçon: Vous avez choisi?
Cécile: **Je crois que je vais prendre une petite grillade. Une entrecôte.**
Le garçon: Et comme cuisson pour la grillade?
Cécile: **A point, s'il vous plaît.**
Le garçon: Et pour commencer?
Cécile: **Pour moi, euh . . . une assiette de saumon cru.**

Exercices-tests

🎧 26.39 Exercice-test: Nourritures

Dans les passages que vous allez entendre, déterminez si on parle d'un plat de viande ou de poisson, d'un légume, d'un fromage, d'un dessert, ou d'un vin. Cochez la case appropriée.

	1	2	3	4	5	6	7	8	9	10	11	12	13	14	15
de la viande															
du poisson															
un légume															
un fromage															
un dessert															
un vin															

Vérifiez. Si vous avez fait plus de deux fautes, travaillez les sections 26.7 à 26.10 dans votre cahier d'exercices.

26.40 Exercice-test: Restriction; *ne . . . que*

Complétez les réponses aux questions suivantes.

1. —Vous avez beaucoup mangé?

   —Non, je ________________ une petite salade.

2. —Alors, qu'est-ce qu'on prend? Une choucroute et deux cassoulets?

   —Non, on ________________ un cassoulet.

3. —Tu veux les huîtres et aussi les escargots?

   —Non, non, je ________________ les huîtres!

Vérifiez. Si vous avez fait des fautes, travaillez les sections 26.11 à 26.14 dans votre cahier d'exercices.

26.41 Exercice-test: Totalité, partie; expressions de quantité, substances, et préparations

Complétez.

1. Vous avez ____ escargots?
2. Non, je regrette, nous n'avons plus ____ escargots.
3. Donnez-moi une douzaine ____ huîtres.
4. Voulez-vous une autre tranche ____ gigot?
5. Oui, merci. J'adore ____ gigot.
6. Je vous donne aussi un peu ____ petits pois?
7. Non, merci. J'ai pris beaucoup ____ petits pois la première fois.
8. J'ai tout mangé. J'ai même fini ____ haricots.
9. Je vous donne une petite côtelette ____ mouton?
10. Comment trouvez-vous ma mousse ____ chocolat?

Vérifiez. Si vous avez fait des fautes, travaillez les sections 26.18, 26.19, 26.22 à 26.25, 26.30, et 26.31 dans votre cahier d'exercices.

26.42 Exercice-test: Présent de l'indicatif

Complétez.

1. Je ne vois rien. Vous ____________ quelque chose?
2. Je ne peux pas. Vous ____________, vous?
3. Je viens! Vous ____________ aussi?
4. Je ne sais rien. Vous ____________ quelque chose?
5. Je reste. Vous ____________ aussi?
6. Je n'écris jamais. Vous ____________, vous?
7. Non, je ne prends rien. Vous ____________ quelque chose?
8. Je choisis, moi, si vous ne ____________ pas.

Vérifiez. Si vous avez fait des fautes, travaillez les sections 26.32 à 26.37 dans votre cahier d'exercices.

Libération de l'expression

26.43 Mise en question

Relisez le texte de la leçon; lisez les questions de la mise en question qui suit la mise en œuvre dans votre livre de textes. Réfléchissez à ces questions et essayez d'y répondre.

26.44 Mots en liberté

Qu'est-ce qu'on peut prendre dans un restaurant, comme plat principal?

On peut prendre des aiguillettes de canard aux cerises, un cassoulet, des tomates farcies, une omelette. . . .

Trouvez encore au moins six possibilités.

Et comme dessert?

On peut prendre des œufs à la neige, un sorbet poire, des fruits. . . .

Trouvez encore au moins cinq possibilités.

26.45 Mise en scène et réinvention de l'histoire

Robert est au restaurant. Il pose toutes sortes de questions au garçon. Reconstituez un dialogue entre Robert et le garçon.

Robert: Comment est la choucroute? De quoi est-elle garnie?
Le garçon: (. . .)
Robert: Vous avez du canard? Qu'est-ce que vous avez comme canard?
Le garçon: (. . .)
Robert: Pourquoi est-ce que vous avez tous ces plats qui s'appellent Mireille?
Le garçon: (. . .)
Robert: Qu'est-ce que c'est, les œufs farcis à la Mireille?
Le garçon: (. . .)
Robert: Hmm, les anchois, c'est trop salé. Et ce poulet Mireille?
Le garçon: (. . .)
Robert: C'est très intéressant. Je vais prendre. . . .

26.46 Mise en scène et réinvention de l'histoire

Imaginez que Robert est au restaurant. Inventez un dialogue entre Robert et le garçon. Vous pouvez utiliser les suggestions suivantes et choisir d'après vos goûts, ou inventer.

Le garçon:
Bonjour, Monsieur. Est-ce que vous désirez un apéritif?

Robert:
Non, je ne bois que du vin.
Non, je ne bois que de l'eau.
Non, je ne bois jamais d'alcool.
Non, je ne crois pas.

Oui, je prendrais bien
- un whisky
- un Campari
- un Martini
- un Dubonnet
- un Pernod
- un porto
- un kir

- avec des glaçons.
- sans eau.
- avec un peu d'eau.

Le garçon:
Qu'est-ce que vous prendrez pour commencer?

Robert:
Une douzaine d'escargots.
Une demi-douzaine d'huîtres.
Deux douzaines d'huîtres.
Un jambon de pays.
Des hors-d'œuvres variés.
Un foie gras de canard.
Des œufs farcis Mireille.
Des filets d'anchois aux câpres.
Des crevettes grises.

Le garçon:
Je regrette, Monsieur, il n'y en a plus.

Robert:
Ah! Alors je prendrai
- des crevettes roses.
- des filets d'anchois aux œufs durs.
- une assiette de saumon cru.
- un foie gras d'oie.
- une salade de tomates.
- une demi-douzaine d'escargots.
- un jambon de pays.
- une douzaine d'huîtres.

Le garçon:
Malheureusement, c'est terminé. Nous n'en avons plus.

Robert:
Bon, alors je ne prendrai rien pour commencer.

Apportez-moi
- un cassoulet.
- une choucroute garnie.
- une saucisse de Toulouse grillée.
- un canard aux olives.
- une omelette aux fines herbes.
- une tranche de gigot.
- un poulet sauté.
- des aubergines provençales.
- un steak au poivre.

Le garçon:
Oh, c'est bien lourd, Monsieur; et d'ailleurs, il n'y en a plus à la cuisine.

Robert:
Alors je prendrai
- un magret de canard.
- une entrecôte à point.
- une tranche de thon grillé aux tomates.
- les aiguillettes de canard aux cerises.
- une grillade saignante.
- une choucroute de poissons.
- une tête de veau.
- une truite au bleu.

Le garçon:
C'est très difficile à digérer, Monsieur; et de toute façon, il n'en reste plus!

Robert:
Alors donnez-moi
- un pied de porc grillé.
- un lapin à la moutarde.
- un canard à l'orange.
- un plat du jour.
- un confit d'oie.
- un steak au poivre.
- un rôti de porc.
- un lapin sauté aux tomates.

Le garçon:
Je suis désolé, Monsieur, c'est terminé . . . et, entre nous, ce n'était pas frais.

Robert:
Mais c'est incroyable! Puisque c'est comme ça, je ne mangerai rien. Apportez-moi quelque chose à boire. . . .

. . . une bouteille . . . une demi-bouteille	de	moulin-à-vent. beaujolais-villages. bourgogne aligoté. bordeaux supérieur. réserve du patron. rouge. blanc. muscadet.

Le garçon:
Je regrette, Monsieur, nous n'en avons pas.

Robert:
Alors, apportez-moi de l'eau . . . juste un verre d'eau. . . .

Le garçon:
Il n'y en a plus, Monsieur, je suis vraiment désolé.

Préparation à la lecture et à l'écriture

26.47 Lecture, interprétation, et expansion du vocabulaire

Lisez le document 2 de la leçon 26 dans votre livre de textes, "Pour un art poétique." Puis, lisez le texte suivant et complétez.

1. Ce texte est un art poétique. Un art poétique, c'est un ensemble de recettes pour faire de la poésie. C'est un peu comme un art culinaire. Un art culinaire, c'est un ensemble de ________ pour faire la ________ , pour préparer de bons plats.
2. Pour écrire un bon poème, il faut prendre des mots (d'abord un, puis deux . . .). Puis il faut faire ________ ces mots. (Les mots crus ne sont pas bons; ils ne sont pas raffinés; le cuit est plus civilisé que le cru.) Il faut préparer les mots, il faut faire une petite cuisine.
3. Pour faire ________ les mots, il faut les mettre sur le feu, il faut les faire chauffer, lentement, doucement, avec précaution. Il faut les faire chauffer à ________ doux, à petit ________ .
4. Pour réussir un bon poème et une bonne sauce, il faut avoir le temps, il ne faut pas aller trop vite, il faut du travail, de la technique. (Le feu, c'est la technique, la civilisation.) Pour faire un poème, il faut d'abord des mots. Il faut aussi de l'innocence, de la naïveté, il faut y mettre beaucoup d'innocence, un grand ________ d'innocence. Mais il faut aussi y mettre un peu de signification: un peu de ________ .
5. Pour donner bon goût à un plat, on verse dessus une sauce. La sauce rend le plat plus intéressant, plus piquant. Pour être bon, pour être intéressant, pour être piquant, un poème doit être un peu énigmatique, un peu ambigu, mystérieux: il faut y verser un peu de ________ énigmatique.
6. Enfin, il faut verser dessus quelque chose pour décorer . . . une poudre d'étoiles. Les étoiles, ça va rendre le poème brillant. Et puis, il faut partir; il faut mettre les ________ , comme un bateau qui s'en va. Il faut abandonner le poème; il faut être absent du poème.

26.48 Lecture, interprétation, et expansion du vocabulaire

Lisez le document 4, "Pour faire le portrait d'un oiseau." Puis, répondez ou complétez.

1. En général, on écrit sur du papier et on peint sur une ______________ .
2. En général, un bois est moins grand qu'une ______________ .

   Il ne faut pas parler, il ne faut pas faire de bruit, il ne faut pas faire de mouvements, il faut rester immobile: il faut rester sans ______________ . (Parce que si on ______________ ou si on fait du bruit, l'oiseau va avoir peur.)
3. On écrit avec un crayon ou avec un stylo, une pointe Bic ou un feutre, mais on peint avec un ______________ .
4. Si on fait une faute, une erreur, en écrivant, il faut effacer la faute. Quand on écrit au crayon, on peut ______________ avec une gomme.
5. Il faut ______________ les barreaux de la cage pour avoir un oiseau en liberté, libre dans son habitat naturel.
6. Il faut effacer la cage, mais il faut faire attention de ne pas effacer les plumes de l'oiseau. Parce qu'un oiseau sans plumes, ce n'est pas joli!

   Les chiens, les chats ont des poils, et les oiseaux ont des ______________ .
7. L'ensemble des plumes d'un oiseau, c'est son plumage (voyez leçon 19, document 8); l'ensemble des feuilles d'un arbre, c'est son ______________ .
8. Au soleil, on voit la ______________ qui flotte dans l'air.
9. A la fin d'une lettre, on écrit son nom: on ______________ . Aujourd'hui on écrit avec un stylo; autrefois, on écrivait avec une ______________ d'oiseau (en général une plume d'oie).
10. Un tableau est presque toujours rectangulaire: il a quatre ______________ . On ne signe pas au milieu du tableau, on signe dans un ______________ . (En général, en bas, à droite.)

. . . .

26.49 Lecture, interprétation, et expansion du vocabulaire

Lisez le document 5, "La guerre de la faim." Répondez et complétez.

1. Combien d'enfants y a-t-il, probablement, dans la famille Bali?

   ____
2. Parmi les enfants Bali, il y a deux petites filles qui ont le même âge. Elles sont nées le même jour: ce sont des sœurs ______________ .
3. Dans la famille Bali qu'est-ce qu'on considère comme les meilleurs morceaux d'une poule?

   ____

   Et le plus mauvais morceau?

   ____
4. La poule que les Bali doivent se partager n'est pas grosse, elle n'est pas bien grasse: elle est ______________ .
5. Le chien a toujours très faim; il meurt de faim; il crève de faim: c'est un ______________ . Il mange voracement: il s'envoie les pattes de la poule entre les ______________ . (Les ______________ sont à la base des dents; elles sont rouges ou roses.)
6. Quand il faut diviser équitablement une toute petite poule en huit, ce n'est pas facile! Ce n'est pas du ______________ . Marie-Laure a beaucoup de travail à faire à la maison. Quand elle a un devoir de maths, un devoir de français à faire, une leçon d'histoire et une fable à apprendre le même soir, je vous jure, ce n'est pas du ______________ !

26.50 Lecture, interprétation, et expansion du vocabulaire

Lisez le document 6.

(Remarquez que "tous les goûts sont dans la nature," comme dit Tante Georgette.)

1. Comment préférez-vous les œufs, avec ou sans sel? ______

2. Et les baisers, avec ou sans moustache? ______

26.51 Lecture, interprétation, et expansion du vocabulaire

Lisez le document 7.

1. D'après Barthes, est-ce que la nature du bifteck est d'être très cuit, ou saignant? ______

2. Le ______ circule dans les artères et les veines. Si on se coupe une veine, le ______ coule. On saigne.

3. Si le bifteck est très peu cuit, il est ______. Il est d'une couleur rouge très foncée, un peu violet, ou violine; on dit qu'il est bleu.

4. Quand on dit qu'un bifteck est "à point," est-ce que ça veut dire qu'il est cuit exactement comme il faut, à la perfection, ou qu'il est déjà presque trop cuit, qu'il ne doit pas être plus cuit, qu'il est à la limite? ______

5. Dans les bons restaurants, est-ce que le bifteck est plat, ou cubique et épais? Juteux ou sec? ______

6. Qu'est-ce qui accompagne traditionnellement le bifteck? ______

26.52 Lecture, interprétation, et pratique de l'écriture

Relisez la recette du poulet sauté Mireille (section 5 du texte de la leçon 26.)
Lisez le document 8, "Recette des filets de maquereau Mireille" et comparez les deux recettes.

Qu'est-ce qu'elles ont en commun? Qu'est-ce qui caractérise la préparation à la Mireille? ______

Keys

Lesson 2

2.2 Aural comprehension
1. A; 2. E; 3. F; 4. B; 5. C; 6. G; 7. D

2.3 Aural comprehension
1. b; 2. c; 3. b; 4. a; 5. b; 6. c; 7. b; 8. c; 9. a; 10. b

2.8 Activation
tu: 2, 3, 4, 5, 6, 8, 9, 10, 11, 14, 15
vous: 1, 7, 12, 13
vous, tu, tu, tu, vous

2.11 Activation
2. Elle; 3. Nous; 4. Il; 5. Elles; 6. Je; 7. Ils; 8. Ils

2.13 Activation
2. va; 3. va; 4. vais; 5. allons; 6. vont; 7. vont

2.16 Activation
1. voyons, on, rencontre, non, mon; 2. cours, où, boulevard, Ousmane, toutou, ouh, pourquoi

2.17 Activation: Dictation
1. Bonjour; Ça va; Ça va
2. Bonjour; allez-vous; vais; merci
3. Nous allons

2.18 Activation: Dictation
B. 1. allez-vous; Je vais; Elle va
2. Tu vas; je vais
3. allez; je vais; vous allez
4. Vous allez; nous allons; Ils vont à la fac

2.19 Activation
1. je vais bien; tu vas bien
2. je vais bien; vous allez bien
3. ça va
4. Je vais
5. Nous allons
6. Ils vont
7. allons apprendre

2.21 Activation
1. vais; suis
2. va; va; suis; va; est
3. va; suis
4. suis

2.23 Activation: Aural comprehension
positif (oui): 3, 5, 8, 9, 11, 12, 13
négatif (non): 1, 2, 4, 6, 7, 10, 14

2.25 Self-testing exercise
1. il; 2. elle; 3. je; 4. ils; 5. nous; 6. elles; 7. je; 8. Tu

2.26 Self-testing exercise
1. vas; 2. va; 3. allez; 4. vais; 5. vont; 6. allons

2.27 Self-testing exercise
1. b; 2. a; 3. c; 4. b; 5. c; 6. a

2.31 Reading and inference
1. Oui, Non, Oui; 2. Non, Oui, Non

2.32 Reading and inference
elle, est, à, amis, un, va, pas, une, la, bon, chien, bien, à

2.33 Reading and inference
1. étudiante; 2. Elle apprend; 3. Elle va, italien; 4. pressée, est; 5. café; 6. amis; 7. ami, Hubert; 8. tennis; 9. étudiant; 10. va à la bibliothèque; 11. vont au; 12. la rue des Ecoles; 13. Fido; 14. Non, il va bien; 15. elle est fatiguée

2.34 Reading and inference
1. journal, journal; 2. heures, va, fac, fatiguée; 3. à, à, français, espagnol, apprendre; 4. aller, parle, fatiguée; 5. aller, à la; 6. heures, aller, aller, téléphoner, aller

Lesson 3

3.2 Aural comprehension
1. A; 2. B; 3. F; 4. C; 5. E; 6. D

3.5 Activation: Aural comprehension
oui: 4, 8, 10
une histoire: 1, 5
nous: 2, 6, 9
pour apprendre le français: 3, 7

3.9 Activation: Aural discrimination
il: 2, 3, 6, 7, 10, 13, 14, 16
elle: 1, 4, 5, 8, 9, 11, 12, 15

3.15 Activation
no /n/: un professeur, un petit peu, un jeu, un petit garçon, un petit ours
/n/: un éléphant, un homme, un animal, un orchestre

3.16 Activation: Aural discrimination
un: 1, 3, 6, 7, 10, 11, 12
une: 2, 4, 5, 8, 9

3.18 Activation: Aural discrimination
le: 1, 2, 3, 5, 9, 11
la: 4, 6, 7, 8, 10, 12

3.21 Activation: Dictation
un ami, une amie, des amis

3.26 Activation
un, italien, une, un, chilien, un, une, brésilienne, une, un, anglais, un, une, libanaise, une, un, américain, un, une, marocaine

3.28 Activation: Dictation
re; re; re; er; er; er; oir; oir; ir

3.33 Activation: Dictation

1. vas, vais promener; 2. va aller; 3. des, espère, vas, donner; vas, manger; pas; vas, malade; 4. vas choisir

3.34 Activation

1. allons apprendre; 2. va proposer; 3. va être; 4. allons choisir; 5. vont avoir; 6. allons inventer; 7. vont aller

3.35 Activation: Dictation

1. amusant, Elle; 2. vais, raconter une

3.36 Activation: Dictation

vas, inventer; Un; Bonjour; Ça va; Ça va, Et vous; il est

3.38 Self-testing exercise

oui: 4, 7, 8
nous: 3, 5
le français: 2
parce que ça va être utile: 1, 6

3.39 Self-testing exercise

1. des, un, une; 2. Le, l', La; 3. Les, des, des, Les

3.40 Self-testing exercise

1. Italien; 2. Américain; 3. Anglais; 4. Français; 5. Norvégien; 6. Africain; 7. Antillais; 8. chien

3.44 Reading and inference

2. C'est l'histoire d'un petit ours; 3. C'est l'histoire d'une petite fille; 4. C'est l'histoire d'un éléphant; 5. C'est l'histoire de deux jeunes gens (d'un jeune homme et d'une jeune fille); 6. C'est l'histoire d'une petite fille; 7. C'est; 8. C'est un animal; 9. C'est un animal; 10. C'est un animal

3.45 Reading and inference

2. C'est une jeune fille; 3. C'est un éléphant; 4. C'est un petit ours; 5. C'est une petite fille; 6. C'est une jeune fille; 7. C'est un jeune homme; 8. C'est un petit garçon; 9. C'est une petite fille; 10. C'est un petit garçon; 11. C'est un petit garçon

3.46 Reading and inference

1. des comédiens; 2. ce sont des musiciens; 3. ce sont des; 4. ce sont des; 5. ce sont des histoires

3.47 Reading and inference

2. C'est le jeune homme; 3. C'est le jeune homme de l'histoire; 4. C'est la jeune fille de l'histoire

3.48 Reading and inference

2. parlent anglais; 3. Les, parlent français; 4. Les, parlent japonais; 5. Les, parlent portugais; 6. Les, parlent italien; 7. Les, parlent norvégien; 8. Les, parlent espagnol; 9. Les, parlent espagnol; 10. Les, parlent suédois; 11. Les, parlent danois; 12. Les, parlent chinois; 13. les, parlent swahili; 14. Le, français; 15. parle français; 16. parle (. . .)

3.49 Reading and inference

2. une; 3. Le, est une langue; 4. L', est une langue; 5. Le, est un; 6. La, le, des; 7. Le, est un; 8. Le, le, des

3.50 Reading and inference

1. Il veut apprendre l'arabe; 2. en Afrique; 3. En Afrique; 4. on parle français; être malade

Lesson 4

4.2 Aural comprehension

1. D; 2. A; 3. H; 4. G; 5. E; 6. B; 7. F; 8. C

4.8 Activation

1. collaboration, anticipation, continuons, invention, voyons, commençons, non, bon, maison; 2. étudiants, apprendre, français, aventures, dépend, fantastique, anticipation, anglais(e), commençons, maintenant, gens, cambodgien(ne), évidemment, je prends; 3. américain, maintenant, bien, brésilien, rien, cambodgien, cubain, latin, train

4.11 Activation: Aural comprehension

décision: 2, 3, 5
indécision: 1, 4

4.14 Activation: Aural comprehension

masculin: 1, 4, 5, 8, 9, 11, 13, 14, 17, 20
féminin: 2, 3, 6, 7, 10, 12, 15, 16, 18, 19

4.15 Activation: Dictation

3. une; 4. un; 5. le; 6. une; 7. un; 8. une; 9. un; 10. une; 11. un; 12. le; 13. le; 14. une; 15. la; 16. un; 17. une; 18. le; 19. le; 20. la

4.17 Activation

L': 1, 2, 4, 7, 8, 10
Le: 3
La: 5, 6, 9

4.21 Activation

No liaison: des voyages, les romans, vous préférez, vous n'aimez pas, les films, les comédies, les tragédies, les drames, vous pouvez, nous sommes, vous partez, vous n'avez rien, vous prenez
Liaison: des étudiants, des amis, des aventures, vous aimez, les histoires, vous êtes, vous allez, les étudiants

4.22 Activation: Dictation

l', L', J', les

4.25 Activation: Aural comprehension

une jeune fille: 2, 3, 6, 9, 10
un jeune homme: 1, 4, 5, 7, 8

4.27 Activation: Dictation

Elle, -e: 1, 4, 5
Elle, -ne: 7, 9, 11
Il: 2, 3, 6, 8, 10, 12

4.28 Activation

1. française; 2. anglaise; 3. américaine; 4. japonaise; 5. mexicaine; 6. italien, une ville italienne; 7. On parle suédois puisque c'est une ville (la capitale) suédoise; 8. On parle finlandais puisque c'est une ville (la capitale) finlandaise; 9. On parle français puisque c'est une ville française

4.30 Activation: Dictation

1. La; 2. Les, -s, -s, -s; 3. L'; 4. Les, -s, -s; 5. Le; 6. Les, -s; 7. L'; 8. Les, -s

4.31 Activation

mexicain, la, chinois, un, la, française, brésiliennes, italien, un restaurant, les, indiennes

4.39 Activation: Dictation
1. vas être; 2. suis
4.40 Activation
1. suis; 2. es; 3. est; 4. sont; 5. sommes; 6. êtes
4.41 Activation
1. brésilienne, sont brésiliens; 2. est italien, sont italiens; 3. sont, L', française; 4. suis; 5. êtes, sommes; 6. Le, portugais; 7. un, une, charmante; 8. marseillais; 9. alsacienne
4.42 Activation: Dictation and comprehension
Vous aimez les romans d'amour?
2. Oui, un peu, mais pas trop.
4.44 Self-testing exercise
masculin: 1, 4, 6, 7, 8, 10
féminin: 2, 3, 5, 9
4.45 Self-testing exercise
1. êtes; 2. est; 3. sont; 4. suis; 5. sommes; 6. es
4.50 Reading and inference
1. le, l', le, la; 2. l', une, un, L', étudiante, va, la, Le, étudiant, va, la, la; 3. Les, gens, la, ils, la, Le, ils; 4. vont, aller, le, l', va, un, l', l'étudiante, vont, le (un), le (un), les, sont
4.51 Reading and inference
1. sommes; 2. arrivons; 3. suis; 4. est américaine (norvégienne . . .); 5. est danois (anglais . . .); 6. parlons; 7. étudier; 8. êtes; 9. êtes; 10. êtes; 11. allez; 12. vais; 13. allons; 14. vont
4.52 Reading and inference
sont, parlent, est, parle, suis, parle, êtes, parlez, parler, allons, êtes, sommes
4.53 Reading and inference
1. villes; 2. les étudiants; 3. français, canadien; 4. architecte, construit, suisse; 5. sud, Paris; 6. au centre; 7. Au Quartier Latin
4.54 Reading and inference
1. A 7 heures 55; 2. c'est obligatoire; 3. "Non, Monsieur, je n'ai pas de cigarettes américaines"; 4. (Il va aller manger) un hamburger (avec un café); 5. c'est plus prudent; 6. un autobus, ou un train, ou un taxi; 7. (Il va sûrement rencontrer) une jeune fille française formidable; 8. mère est française

Lesson 5

5.2 Aural comprehension
1. A; 2. C; 3. D; 4. B; 5. E
5.8 Activation: Aural comprehension
A. 6; B. 11; C. 25; D. 13; E. 21; F. 2; G. 12; H. 16; I. 28; J. 7; K. 20; L. 8; M. 22; N. 5; O. 15; P. 23; Q. 10; R. 4; S. 9; T. 26; U. 3
5.15 Activation
2. ai; 3. a; 4. a; 5. ont; 6. ont; 7. avez
5.26 Activation
1. écouter; 2. regarder; 3. Il faut; 4. Il faut; 5. essayer; 6. essayer; 7. avoir; 8. être; 9. inventer; 10. choisir; 11. donner; 12. voir; 13. avoir; 14. parler
5.28 Activation: Aural comprehension
oui: 1, 3, 6, 7, 8, 10, 11, 15, 16
non: 2, 4, 5, 9, 12, 13, 14, 17
5.30 Activation: Dictation
tu, ne travailles pas, travaille, Il faut travailler
5.33 Activation: Dictation
Vous êtes, tous les deux; Oui, nous sommes mariés; Et toi, tu es; Non, je ne suis pas mariée
5.34 Activation
1. ne vont pas; 2. ils ne vont pas avoir d'; 3. ils ne vont pas avoir d'; 4. il ne va pas avoir de sœurs; 5. il ne va pas avoir de frères; 6. ils ne vont pas avoir d'argent; 7. ne va pas avoir de; 8. elle ne va pas avoir de parents; 9. ils ne vont pas se rencontrer; 10. pas inventer d'histoire; 11. n'aime pas les
5.36 Self-testing exercise
5; 22; 17; 13; 11; 3; 6; 16
5.37 Self-testing exercise
1. ai; 2. avons; 3. a; 4. ont; 5. avez
5.38 Self-testing exercise
1. Passons; 2. Passe; 3. Va; 4. Continuez; 5. Continue
5.39 Self-testing exercise
1. n'allons pas à la fac; 2. ne va pas bien; 3. n'a pas de; 4. n'a pas d'; 5. n'a pas de
5.44 Reading and inference
1. Cécile; 2. 147.000; 3. Il y a plus de Pierre; 4. Il y a 301.000; 5. Catherine; 6. Robert
5.45 Reading and inference
1. prénom du Midi; 2. provençal; 3. Charles; 4. Frédéric; 5. Mireille Balin, Mireille Darc
5.46 Reading and inference
aime, reine, XVIème arrondissement
5.47 Reading and inference
1. Jacques Prévert; 2. curieux; 5. C'est un prénom; 6. Deux; 7. Marie; 8. C'est un prénom de fille; 9. Napoléon
5.48 Reading and inference
à temps partiel
5.49 Reading and inference
1. elle a, Elle a; 2. prendre; 4. faire

Leçon 6

6.6 Activation
Aujourd'hui, discuter, une, plutôt, du
6.10 Activation
1. a l'air grand(e), ont l'air, sont pas; 2. ont l'air, sont; 3. ai l'air, l'air gentil, avons pas l'air, sommes
6.12 Activation: Discrimination auditive
masculin: 2, 3, 5, 8, 9
féminin: 1, 4, 6, 7, 10

6.13 Activation: Discrimination auditive
masculin: 1, 3, 4, 5, 7
féminin: 2, 6, 8

6.16 Activation: Dictée
Elle a l'esprit; elle est très; elle est très sociable; Un peu moqueuse; elle n'est pas méchante

6.19 Activation
1. longs; 2. blonde; 3. longs, fins; 4. fine; 5. grande, petite; 6. courts, épais; 7. épaisse; 8. sportif; 9. vif; 10. vif, vif

6.25 Activation
1. le, font; 2. le, fais; 3. le, fait; 4. le faites; 5. faire, fais

6.28 Activation
1. Est-ce qu'elle va être; 2. Est-ce qu'elle aime; 3. Est-ce qu'il va; 4. est-ce que; 5. Où est-ce qu'ils

6.32 Exercice-test
1. 46; 2. 51; 3. 23; 4. 20; 5. 44; 6. 57

6.33 Exercice-test
masculin: 2, 3, 5, 8, 9, 10
féminin: 1, 4, 6, 7

6.34 Exercice-test
1. fait du; 2. font pas de; 3. faisons de l'; 4. fais pas de; 5. faites du

6.40 Entraînement à la lecture
1. ignore, souviens, aimés, absents (exilés); 2. blonde rime avec monde; Ça n'a pas d'importance; 3. Blonde; le visage (ovale) allongé; Vermeilles (rouges)

6.41 Entraînement à la lecture
1. La voile, la planche à voile, l'aviron, le canoë, le kayak, le tennis et le cheval (On peut faire de la voile, de la planche à voile, de l'aviron, du canoë, du kayak, du tennis, du cheval)
2. mince, beaucoup de charme, bon physique, brun, beaux yeux, aime la musique, la voile, l'alpinisme, le ski, cherche (une) jeune fille de 20 à 25 ans, simple, intelligente, sympathique, dynamique, sportive, pour (passer des) vacances dans les Alpes

Leçon 7

7.2 Compréhension auditive
1. A; 2. F; 3. E; 4. C; 5. D; 6. B

7.7 Activation
1. américain, voulez, ses, des, les épaules; 2. être, mais, en fait, vraiment, vrai, roulette, sieste

7.9 Activation: Compréhension auditive
1. 18; 2. 33; 3. 21; 4. 94; 5. 69; 6. 82; 7. 71

7.10 Activation: Compréhension auditive
1. 19; 2. 22; 3. 10; 4. 52; 5. 51; 6. 69; 7. 55; 8. 93

7.12 Activation: Discrimination auditive
masculin: 1, 3, 4, 6, 7, 11, 14, 15
féminin: 2, 5, 8, 9, 10, 12, 13, 16

7.19 Activation
1. excellente patineuse; 2. bonne skieuse; 3. bon nageur; 4. grande voyageuse

7.20 Activation: Dictée
1. carrées, carré; 2. divorcés, remariée, remairé; 3. noire, noirs; 4. distingués, distinguée; 5. jolie, joli

7.22 Activation: Discrimination auditive
déclaration: 1, 3, 5, 6, 8, 11
interrogation: 2, 4, 7, 9, 10, 12

7.27 Activation
3. Que dites-vous; 4. Que proposez-vous; 5. Allons-nous avoir; 6. va-t-il être; 7. Va-t-il être; 8. préférez-vous; 9. Ses parents sont-ils américains; 10. Ont-ils; 11. Travaillent-ils

7.29 Activation: Compréhension auditive
1. a; 2. b; 3. a; 4. b; 5. a; 6. b; 7. b; 8. a

7.33 Activation: Dictée
a l'air; Il est très gentil; il est; ski; en tennis; Il n'a pas l'air; sportif

7.35 Exercice-test
1. 24 + 48 = 72; 2. 11 + 19 = 30; 3. 57 + 4 = 61; 4. 90 + 6 = 96

7.36 Exercice-test
1. moqueur; 2. intelligente; 3. brune; 4. robuste; 5. bonne patineuse

7.37 Exercice-test
déclaration: 3, 4, 7, 8, 9
interrogation: 1, 2, 5, 6, 10

7.43 Lecture et interprétation
1. différents, américaine, français; 2. grande, que, gros, mince, minces, être, blond, blonds, avoir, roux, qu', rousse, de; 3. bleus, un, marron, les, marron; 4. que, gentille, méchant, gentil; 5. est-ce que, anglais, américaine, qu'est-ce qu', français, puisqu', français, qui est-ce qui, la jeune fille, français, être

7.44 Entraînement à la lecture
1. Ils grandissent; 1 m 74
2. Non, il était fils unique; Ils se ressemblent beaucoup
4. 1. ancêtres, ancêtres, ancêtre, ancêtres; 2. manuel, manuel; 3. coq, aigle; 4. grands; 5. bruns, longs, moustaches; Non, ils ont les yeux bleus; 6. combats, courageux, audacieux, endurants; 7. instables, découragés; 8. plaisanteries, chants, danses
5. rigoler, boire, râleurs, bagarreurs, copains

Leçon 8

8.4 Discrimination auditive
tutu: 1, 4, 6, 9, 10, 11
toutou: 2, 3, 5, 7, 8, 12

8.8 Activation
23, 46, 69, 92, 115

8.15 Activation
1. j'ai du courage; 2. n'a pas de courage; 3. n'ai pas de travail; 4. elle a du travail; 5. a de l'argent, de la; 6. n'a pas d'argent, n'a pas de; 7. a des relations, a de la; 8. elle n'a pas de relations, n'a pas de; 9. elle a des cousins; 10. elle n'a pas de frères; 11. avoir des; 12. n'ai pas de

8.23 Activation

1. mon cousin; 2. ma cousine; 3. sa tante; 4. sa grand-mère; 5. son oncle; 6. son arrière-grand-mère; 7. ses grands-parents; 8. Non, c'est ma tante; 9. Non, c'est mon cousin; 10. Non, c'est mon oncle; 11. mon arrière-grand-mère; 12. mes cousines; 13. ma; 14. mon

8.26 Activation: Dictée

mari est mort; Oui; Il est mort; de la guerre de 14

8.28 Exercice-test

1. 800; 2. 1214; 3. 1598; 4. 1685; 5. 1789

8.29 Exercice-test

1. ont de l'; 2. n'a pas d'; 3. avons du, des; 4. ai des amis, ai de la

8.30 Exercice-test

Ses; Son; Sa; ses; son; sa

8.35 Pratique de l'écriture

1. cousin; 2. ta cousine; 3. ta mère; 4. ta tante; 5. tes oncles; 6. tes grands-pères; 7. ta grand-mère; 8. ton arrière-grand-mère; 9. ta sœur

8.36 Pratique de l'écriture

1. le père d'Hubert; 2. sa mère; 3. C'est sa grand-mère; 4. ses grands-parents; 5. C'est sa sœur; 6. Ce sont ses frères; 7. Parce qu'il est mort

8.37 Entraînement à la lecture

hais, parents, parents, amis, parents, sort

8.38 Lecture et interprétation

1. Chez les hommes; 2. les veuves

8.39 Lecture et interprétation

belle, 17, s'appellent, le père, l'arrière-arrière-grand-père, le grand-père, le grand-père

8.40 Lecture et déduction

2. ma belle-sœur; 3. ton beau-père; 4. ta belle-mère; 5. ma belle-mère; 6. mon beau-père; 7. ma belle-fille, ma; 8. mon beau-fils, mon; 9. la belle-fille (la bru); 10. le beau-père; 11. la belle-mère; 12. sont les beaux-parents

8.41 Lecture et déduction

2. Anatole et Jeanne Belleau, Léon et Louise Pothier; 3. Adolphe et Eugénie Belleau, M. et Mme Langlois, Edouard et Lucie Pothier, M. et Mme Thomas; 4. Cécile et Jean-Denis Labrousse, Mireille Belleau, Marie-Laure Belleau; 5. pas de petits-enfants 6. Georgette Belleau, Paulette et Victor Buisson, Armand et Arlette Belleau, Guillaume Belleau, Henri et Juliette Pothier

Leçon 9

9.2 Compréhension auditive

1. A; 2. E; 3. D; 4. F; 5. C; 6. B

9.11 Activation

2. Votre; 3. Notre; 4. Nos; 5. Leurs; 6. Leur

9.17 Activation

1. à l'; 2. à la; 3. au; 4. à l'; 5. à la; 6. à la; 7. à la; 8. au

9.19 Activation: Dictée

jouer, à toi, C'est à moi, n'est, elle, c'est, lui

9.26 Activation

1. pleures; 2. pleurer; 3. pleut; 4. pleure; 5. pleut; 6. pleurez, pleurons; 7. pleure

9.30 Exercice-test

1. Son; 2. Son; 3. Ses; 4. Ses; 5. Nos; 6. Votre; 7. Ma; 8. Ton; 9. Leur; 10. Leurs

9.31 Exercice-test

1. fait de la; 2. fais de l'; 3. fait du; 4. jouons au; 5. joue aux

9.32 Exercice-test

1. Moi; 2. Nous; 3. Elle; 4. Lui; 5. Elles; 6. Eux; 7. Vous

9.37 Lecture et interprétation

n'est pas facile (est difficile), un esprit profond

9.38 Entraînement à la lecture

1. n'a pas de dents, n'a pas de cheveux, n'a pas d'illusions; n'a pas de dents, n'a pas de cheveux, n'a pas d'illusions non plus.

3. meurt

9.39 Lecture et interprétation

1. la mer; 2. sont sur la plage; 3. est au marché; 4. des monuments religieux; 5. pierre

9.40 Entraînement à la lecture

1. le goûter, la pause-café (le café-pain-beurre), le thé; 2. de l'Orangina ou de la limonade, du café; 3. des petits pains aux raisins et des galettes bretonnes; du pain et du beurre; 4. offre du thé; 5. ses voisins et ses amis

9.41 Entraînement à la lecture

1. Il trouve ce jeu complètement stupide; Elle appartient (est) aux dirigeants; elle n'est même pas à eux; Les dirigeants du club; 2. disputent, disputer, balle, arrive, arrive, dirigeants, terminé, termine

Leçon 10

10.2 Compréhension auditive

1. A; 2. E; 3. D; 4. B; 5. F; 6. C

10.10 Activation: Dictée

mes, toi, Si, Non, n'y en a plus

10.14 Activation: Compréhension auditive

temps météorologique: 1, 4, 6

temps chronologique: 2, 3, 5, 7

10.25 Activation: Dictée

I. 1. venez; 2. viens; 3. vient; 4. viennent

II. 1. connaissez, connais, sais; 2. connaît, sait; 3. connaissez, connaissons, savons; 4. connaissent, connaissent, savent

10.26 Activation

1. toi; 2. à moi; 3. à lui; 4. Il est à elle; 5. Elles sont à eux; 6. Il est à elles

10.29 Activation

4. plus riche qu'elle; 5. moins indulgente que lui; 6. moins sportive que nous; 7. moins riches qu'eux; 8. aussi grand que toi; 9. moins moqueur qu'elle; 10. moins sportif que moi

10.32 Activation
1. moi, mon; 2. à toi, ton; 3. à vous, votre; 4. à elle, son; 5. à nous, notre tour; 6. à eux, leur tour

10.33 Activation
1. leurs; 2. leurs; 3. leur; 4. son; 5. son; 6. ses; 7. sa; 8. vos; 9. mes

10.36 Activation
1. lui, 2. Ce, elle; 3. Ce, moi; 4. Ces, moi; 5. Ce, elle; 6. Ces, moi; 7. Cette, elle; 8. Ce, elle; 9. Cette, elle; 10. Cet, moi

10.37 Activation
1. Cet, Cette, Ces, Ce; 2. Cet, Ces, Cette, Ces, Cette

10.41 Exercice-test
1. cette; 2. ces; 3. ce; 4. cet; 5. ces

10.42 Exercice-test
1. sait; 2. connaît; 3. savent, connaissent; 4. connaissons savons

10.43 Exercice-test
1. venez; 2. vient; 3. viennent; 4. viens; 5. viens

10.48 Entraînement à la lecture
1. Parce qu'il pense à Nicolette; Il est laid; Large (Il a le visage large); (Ses lèvres sont/Il a les lèvres) plus rouges qu'un biftèque; Jaunes; Non, gigantesque; Non, plat; 2. s; 3. narines

10.49 Lecture et interprétation
1. moins, obscurité, allumer; 2. allumer, allumette, entière, obscurité, rappeler, serrant

10.50 Lecture et interprétation
1. film; 2. (C'est) très bien; 3. moins; 4. montagnes; 5. vieux, vieille, connaît; 6. inspiration; 7. passe; 8. intérêt; 9. fasciné; 10. amoureuse, amoureux

10.51 Entraînement à la lecture
1. il pleut des voix de femmes comme si elles étaient mortes, même dans le souvenir; c'est vous aussi qu'il pleut, merveilleuses rencontres de ma vie, ô goutelettes; et ces nuages cabrés se prennent à hennir tout un univers de villes auriculaires; écoute s'il pleut tandis que le regret et le dédain pleurent une ancienne musique; écoute tomber les liens qui te retiennent en haut et en bas
2. Il est triste; Il s'ennuie; Il est plutôt agréable

Leçon 11

11.2 Compréhension auditive
1. E; 2. A; 3. C; 4. B; 5. F; 6. D

11.7 Activation: Discrimination auditive
Louis: 3, 5, 6, 7, 9
Lui: 1, 2, 4, 8, 10

11.9 Activation: Dictée
tu vas, venir, Une, autre fois, aujourd'hui

11.12 Activation: Dictée
Il y a, que vous êtes à Paris, ça fait 35 ans, je suis une, 35 ans

11.13 Activation
1. s'habille, habite, depuis, Ça fait (Il y a); 2. depuis, Il y a (Ça fait) 2 ou 3 ans; 3. depuis, ça fait (il y a) 7 ans qu'elle va; 4. depuis, ça fait (il y a) 10 minutes qu'elle; 5. depuis, il y a (ça fait) 7 mois qu'elle; 6. depuis, ça fait (il y a) 7 siècles

11.21 Activation
2. Quel; 3. Quel; 4. Quel; 5. Quel; 6. Quels; 7. Quelles; 8. Quel; 9. Quel; 10. Quelle; 11. Quelle

11.29 Activation: Dictée
l', m', Tu m', suis, l'ennuie

11.33 Activation: Dictée
vous, m'ennuie, m'ennuie pas, Madame, Mademoiselle

11.34 Activation: Dictée
Quels, yeux, Quelles, mains, vous ennuie, m'ennuyez, me trouvez, je vous trouve, Merci beaucoup

11.39 Activation: Dictée
1. Tu m'ennuies, l'ennuie; 2. Je m'ennuie, s'ennuie

11.40 Activation
1,2. s'habille, habille; 3. s'ennuie; 4,5. se promène, promène; 6. s'ennuyer; 7. se présente; 8. s'appelle; 9. ennuyer; 10,11. lève, se lève

11.41 Activation
Son, Ses, Sa, Ses, Son, Son, Leurs, leur

11.42 Activation
se, une, du, l', la, la, se, la, m', s', moi, le, me, le, les, les, le; 2. me, fait, me, vous, me, se, m', m', m'; 3. Quelle, vous, s', t', chez, fait, vous, moi, nous, me, me, m', s'en va

11.43 Activation
êtes, venons d', sont, viennent de, ce, le, toi, moi, vient de me le, viens de, reste, manges, vas, malade, sais, les

11.45 Exercice-test
au, fait, fait, y a du; depuis, Ça fait (il y a)

11.46 Exercice-test
1. Quelle; 2. Quels; 3. Quelle; 4. Quel; 5. Quelles

11.47 Exercice-test
1. elle vient de se; 2. nous venons de nous; 3. ils viennent de se; 4. il vient de se; 5. elles viennent de se

11.48 Exercice-test
1. vous; 2. ne vous; 3. ne les; 4. l'; 5. l'; 6. ne la; 7. ne te; 8. ne le

11.53 Lecture et interprétation
dure, durent, dure

11.54 Lecture et interprétation
1. mort; 2. maladif; 3. chasse; 4. tristes; 5. serein; 6. Mallarmé préfère l'hiver, mais Ronsard préfère probablement le printemps

11.55 Lecture et interprétation
1. Avant; 2. L'été; 3. L'hiver; 4. comprend

11.56 Lecture et interprétation
1. né; 2. loup; 3. fait, chien, fait

11.57 Lecture et interprétation
en va, bon, emporte, pareil

11.58 Entraînement à la lecture
début; emporte; Elle croit que c'est l'homme invisible

Leçon 12

12.2 Compréhension auditive
A. 2; B. 2; C. 1; D. 1; E. 1; F. 2; G. 2; H. 2; I. 2; J. 1; K. 1; L. 1; M. 2

12.8 Activation
1. Quel; 2. quelle; 3. Quel; 4. Quels; 5. Quelles

12.11 Activation: Dictée
A. au cou, ai mal au, ai mal aux, a l'air; B. mal à la tête, mal à la gorge, pas grave

12.12 Activation
la, ai, la, a, la, as, la, ai, à la, avons, mal à la

12.14 Activation
2. Ils se regardent; 3. Ils se trouvent sympathiques; 4. Nous nous regardons; 5. Vous vous regardez

12.16 Activation: Dictée
lève-toi, te lèves, me lève

12.21 Activation
1. m'accompagnez (nous accompagnez); 2. attendez-moi (attendez-nous); 3. suivez-moi (suivez-nous); 4. t'arrête, aide-moi; 5. te regarde; 6. repose-toi; 7. Occupe-toi; 8. t'attraper; 9. appelle-moi

12.22 Activation: Dictée
A. es, te, te ruines; B. 35, vous ruiner, en; me ruine en

12.24 Activation
pouvons, peut, peux, peuvent

12.26 Activation écrite
1. suit; 2. suivons; 3. suis; 4. suivent

12.27 Activation: Dictée
suit, suis, suis, êtes, vous suis, suivez

12.31 Activation
1. sort; 2. sors; 3. sortons; 4. sortent; 5. sortent; 6. partent; 7. pars; 8. pars; 9. part

12.33 Activation
1. prennent; 2. prends; 3. prends; 4. prend; 5. prenez; 6. prenons

12.34 Activation
comprends, comprends, comprenez, comprenons, comprend, comprennent

12.37 Activation
1. comprenons; 2. partons; 3. pars; 4. prenons; 5. sors, sortent; 6. peut, peux; 7. connais, connaît

12.39 Activation
1. Elle, -e; 2. Il; 3. Elle, -e; 4. la, -e; 5. Elle, -e; 6. Il; 7. Elle, -e, -e

12.41 Exercice-test
1. le; 2. vous; 3. moi; 4. les; 5. la

12.42 Exercice-test
1. ne les; 2. ne m'; 3. ne l'; 4. ne t'; 5. ne vous

12.43 Exercice-test
1. peux; 2. peuvent; 3. suis; 4. êtes, 5. apprenez; 6. sors; 7. partent

12.48 Lecture et interprétation
comptent, fortuites

12.50 Entraînement à la lecture
1. beau; 2. Il va neiger; 3. Il va faire un temps couvert (Le ciel va être couvert); 4. Il va faire un temps variable

12.51 Entraînement à la lecture
A. 1. Ils manifestent contre la réforme; 2. Ils vont manifester; 3. Contre
B. être; suivre

12.52 Lecture et interprétation
crier, sont sourds

Leçon 13

13.2 Compréhension auditive
1. E; 2. F; 3. C; 4. A; 5. B; 6. D

13.19 Activation: Dictée
1. Il ne manque personne, il manque quelqu'un; 2. Ce n'est pas le travail qui manque

13.20 Activation: Dictée
personnes, font la queue, Une personne, reste-t-il de personnes, en reste, deux personnes, n'y a personne, ne reste personne

13.27 Activation
1. Quelle, celle, laquelle, celle; 2. Quel, celui; 3. Lesquels, Ceux; 4. Lesquelles, Celles

13.28 Activation
Lequel, Celui, celui, celui

13.35 Exercice-test
un jeune homme: 1, 2, 4, 8, 10, 11, 13, 14, 16
une jeune fille: 3, 5, 6, 7, 9, 12, 15

13.36 Exercice-test
1. cette; 2. ce; 3. cette; 4. celle; 5. celui; 6. Ceux; 7. Laquelle, celle; 8. Lequel; 9. Quels; 10. Lequel; 11. Quel; 12. Quelle; 13. Quelles; 14. Quels; 15. Lesquelles

13.43 Entraînement à la lecture
Comme dirait mon ami Alphonse Allais, je ne peux pas vous dire mon âge: il change tout le temps!

13.44 Entraînement à la lecture
Il s'agit d'une chemise.

13.45 Lecture et calcul
Environ une chance sur 9.

13.46 Entraînement à la lecture
6 mois = 26 semaines. 2.000F par semaine. Total: 52.000F

13.47 Entraînement à la lecture et expansion du vocabulaire
poussière, poussière, aveu, tue

13.48 Lecture et interprétation
1. Non. Elle les trouve insignifiants; 2. Un cours d'histoire de la philosophie; 3. Sartre avait les yeux bleus et graves, il s'habillait en noir, il avait de l'autorité; 4. Une amie de Sartre; 5. Son air d'autorité; 6. A la bibliothèque, probablement; 7. Sur le boulevard Saint-Michel; 8. Non, elle a une sœur; 9. Plus jeune

Leçon 14

14.2 Compréhension auditive
1. B; 2. E; 3. D; 4. A; 5. F; 6. C

14.11 Activation: Dictée
as tort, as raison

14.12 Activation
1. a raison; 2. a raison; 3. a tort; 4. a tort; 5. a tort; 6. avait tort; 7. ont tort; 8. avez raison

14.14 Activation: Dictée
êtes, Oui, vous faites, Qu'est-ce que, dites, Je fais de l'histoire de l'art

14.17 Activation
1. parlez, parle, parlez, parle, dire; 2. parle, dites, dis, parle; 3. parle, parle, dit; 4. dire, dites, parler, dire

14.22 Activation
1. c'est le, C'est, C'est le, il est; 2. il est, C', il est, C'est; 3. c'est, Il est, C'est, matinée; 4. il est, C'est le, C'est, soirée

14.33 Activation: Discrimination auditive
présent: 1, 3, 4, 6, 8, 14, 17
imparfait: 2, 5, 7, 9, 10, 11, 12, 13, 15, 16, 18, 19, 20

14.34 Activation: Dictée
1. était, avait, avait; 2. étiez, aviez; 3. étais, avais

14.35 Activation
1. savait; 2. écrivait, téléphonait; 3. faisait; 4. vivaient; 5. apprenait; 6. faisions; 7. avions; 8. allions; 9. venions; 10. connaissiez; 11. saviez, savait

14.36 Activation
faisait, avait, criaient, était (se trouvait), souriait, était, faisait, venait, venait, était, parlait, avait, était, était, parlaient, était, était, venait, travaillait, aimait, passaient, était, vivait, étaient, était, était

14.37 Activation
1. étiez, viviez, étaient; 2. alliez; 3. aviez; 4. habitiez (viviez); 5. parliez; 6. faisiez; 7. jouiez

14.39 Activation
1. étaient, vivait, eux, vit, ses, Son, vit, sa, vit; 2. vivent (habitent), vit, eux; 3. vivez, vivez (habitez), vos

14.43 Exercice-test
1. parle; 2. dites, Parlez; 3. parler; 4. disent

14.44 Exercice-test
présent: 1, 2, 6, 8, 9
passé: 3, 4, 5, 7, 10, 11, 12

14.45 Exercice-test
1. habitait; 2. vivait; 3. étaient; 4. travailliez; 5. allais; 6. aviez; 7. faisait; 8. étiez; 9. habitiez; 10. veniez

14.46 Exercice-test
masculin: 3, 4, 6, 9
féminin: 1, 2, 5, 7, 8, 10

14.51 Entraînement à la lecture et expansion du vocabulaire
Lamartine, va (vole, passe), temps, vole

14.52 Entraînement à la lecture
avant, vie

14.53 Entraînement à la lecture
1. Champs-Elysées, paradis; 2. brille; 3. palais; 4. chanteurs; 5. ligne; 6. rappelle, rappelle; 7. pénible; 8. reine; 9. rouillé; 10. règne; 11. Cours; 12. la tête

Leçon 15

15.2 Compréhension auditive
1. C; 2. F; 3. E; 4. A; 5. D; 6. B

15.8 Activation: Compréhension auditive
2. b; 3. a; 4. c; 5. b

15.13 Activation: Dictée
1. 109; 2. 180,50; 3. 4,40; 4. 2,20; 5. 445, 515

15.14 Activation
2. 180,50F = un billet de 100F, un billet de 50F, 3 pièces de 10F, et une pièce de 50 centimes; 3. 4,40F = 2 pièces de 2F et 2 pièces de 20 centimes; 4. 2,20F = une pièce de 2F et une pièce de 20 centimes; 5. 445F = 2 billets de 200F, 2 billets de 20F, et une pièce de 5F; 515F = un billet de 500F, une pièce de 10F, et une pièce de 5F

15.18 Activation
2. en; 3. sur; 4. au, de; 5. à; 6. du; 7. au; 8. dans

15.20 Activation: Dictée
1. amène; 2. promener; 3. mène; 4. se promènent; 5. emmène

15.26 Activation
1. du, De la, Des, Du, De l', De la, Des, De l', Du, Du, De l', De l'; 2. au, A la, A la, à l', à la, au, Aux, A la, du, Du, du, De la, Du, Du, du, aux, de l', à la, des, au, aux; 3. emmène, promène, amène

15.29 Activation
1. en a; 2 il y en a; 3. en, un; 4. en; 5. en avez une; 6. vais en

15.31 Activation
2. sourit; 3. sourions; 4. étudions; 5. étudient; 6. voyez; 7. croyez; 8. ennuient; 9. ennuyez

15.33 Activation
1. sais, savez; 2. connaissez, connaît, connaissent; 3. sortez, sort, sortent; 4. pars, partent, part

15.34 Activation: Dictée
faisiez, attendiez, aviez, faisais, ennuyais, pensais, attendais, avais, regardais, passaient, demandais, avait, ressemblait, souriait, était, avais, étais

15.35 Activation
1. vais, étais, allais; 2. connais, connaissions, étions, sont, habitaient, sais, savais, avais; 3. écris, ai, étais, écrivais; 4. veux, étais, voulais; 5. étiez, croyais, crois; 6. deviez; 7. était

15.37 Exercice-test
1. en, au, de, le; 2. à, en, en

15.38 Exercice-test
1. à la, au, chez, rue; 2. sur, le, de, à, de

15.39 Exercice-test

1. de la; 2. des; 3. au; 4. aux; 5. à l'; 6. de l'; 7. du; 8. à la

15.40 Exercice-test

1. étudie; 2. ennuie; 3. crois; 4. connais; 5. sors; 6. viens; 7. sais; 8. vois

15.46 Lecture et interprétation

Quand on le jette; Quand on le garde dans ses poches

15.47 Lecture et interprétation

des autres; Non, Robert n'est pas d'accord. Il ne prend pas l'argent de son père. Il préfère être indépendant

15.51 Lecture et interprétation

4. imprévu, imprévu; 5. poulet; 6. court; 7. court, vite; 8. essouffle, courir

Leçon 16

16.2 Compréhension auditive

1. B; 2. D; 3. F; 4. A; 5. E; 6. C

16.13 Activation: Dictée

hier, Aujourd'hui, demain, après-demain

16.16 Activation

1. cherchait, était, avait, était; 2. y avait; 3. était, allaient, était; 4. faisaient, attrapaient, pleuvait, jouaient, allaient

16.30 Activation

1. connais, connaissent; 2. sais; 3. sais, sait, savent; 4. connaît, connaissent, connaissons

16.34 Activation

1. croient, croit, croyez, croyons, histoires; 2. comprends, comprennent, comprend, comprenons; 3. essayons, essaient, essaie

16.35 Activation

1. de la; 2. de la; 3. de la, du, du; 4. de la, des, du, de l'; 5. au, aux, à l', à la, à l'

16.36 Activation: Dictée

crois, en, connaissez, connais, sais, y, avez, envie, y, en ai envie, y, voulez, peux, dois, allez-y, ai aucune envie d'y aller, j'y vais, vais m'ennuyer, Essayez

16.37 Activation

panne, veut, faute, y était, blague, avait, voulait, savais, croyais, pouvais

16.39 Exercice-test

1. y; 2. y; 3. en; 4. en, y

16.40 Exercice-test

1. viens; 2. dois; 3. veux; 4. peux; 5. sais; 6. vois; 7. connais; 8. comprends; 9. tiens; 10. essaie

16.41 Exercice-test

1. comprenez; 2. voulez; 3. pouvez; 4. devez; 5. savez; 6. essayez; 7. connaissez; 8. venez; 9. tenez; 10. voyez

16.45 Entraînement à la lecture

1. une plante plutôt fragile; 2. supérieur, peut penser; 3. pense

16.46 Entraînement à la lecture et expansion du vocabulaire

1. Non, pas encore. Jusqu'à maintenant, elle allait en vacances en Bretagne (à Belle-Ile-en-Mer); Non. Elle n'y est jamais allée; Elle est basque. Elle est née au Pays Basque (elle y est née); 2. En partie en France, et en partie en Espagne; Il (elle) parle français comme une vache espagnole; 3. Un compositeur; 4. Le thon et les sardines; des bergers; 5. Parce qu'il était veuf, et triste d'être tout seul; 6. Louis XIV et Marie-Thérèse, Infante d'Espagne; Parce que le Pays Basque est à la fois la France et l'Espagne; 7. Parce qu'on les faisait à Bayonne; 10. hongrois, finlandais, suédois, chinois, (on parle) danois

Leçon 17

17.2 Compréhension auditive

1. F; 2. D; 3. B; 4. E; 5. C; 6. A

17.12 Activation

B. 1. produit des melons; 2. fait de la recherche; 3. conduit un tracteur; 4. C'est une femme qui décore des appartements ou des maisons; 5. C'est une femme qui loue des chaises; 6. C'est une femme qui dirige une école; 7. C'est quelqu'un qui a un restaurant; 8. C'est quelqu'un qui compose de la musique; 9. C'est un homme qui élève des chiens; 10. C'est un homme qui navigue sur un bateau; 11. C'est une femme qui chante à l'Opéra; 12. C'est quelqu'un qui fait des massages; 13. Quelqu'un qui assure contre les incendies, les accidents; 14. Quelqu'un qui cultive la vigne; 15. Quelqu'un qui cultive des fleurs; 16. Quelqu'un qui transporte des marchandises; 17. Quelqu'un qui travaille dans une mine; 18. Quelqu'un qui construit des avions

17.13 Activation

1. s'occupe des moutons; 2. C'est un homme qui s'occupe des vaches; 3. Un homme qui vend de la viande; 4. Un homme qui fait et vend du pain; 5. Quelqu'un qui fait et vend du fromage; 6. Quelqu'un qui vend de la crème; 7. Quelqu'un qui fait et vend du chocolat; 8. Quelqu'un qui vend du lait; 9. Quelqu'un qui vend des produits alimentaires; 10. Quelqu'un qui travaille dans la police; 11. Un homme qui s'occupe des malades; 12. Quelqu'un qui vend des tripes; 13. Un homme qui travaille à la poste; 14. Quelqu'un qui a un hôtel; 15. Quelqu'un qui vend du pâté, du jambon . . . ; 16. Quelqu'un qui vend des bijoux

17.16 Activation
Qui est-ce?: 1, 4, 5, 9, 10, 13
Qu'est-ce qu'il fait?: 2, 6, 7, 11, 12
Comment est-il?: 3, 8, 14

17.17 Activation
1. C'est un; 2. Il est; 3. il est; 4. C'est une; 5. elle est; 6. elle est

17.18 Activation
1. C'; 2. Elle; 3. Elle, C'; 4. C', Elle

17.21 Activation
1. connaissez, sais; 2. connaît, sait; 3. sait, connaissez, sais; 4. connaissez, connais, connaissez, sais

17.26 Activation
1. s'écrit; 2. ne se prononce pas; 3. Le pain s'achète chez le boulanger; 4. ne se dit plus; 5. se font; 6. se pêchent; 7. ne se porte plus; 8. ça se comprend; 9. Ça se voit

17.37 Activation: Dictée
regarde, rentre à la maison, te changer, tu vas, un rhume

17.39 Exercice-test
1. fermière; 2. boulangère; 3. pharmacienne; 4. aviatrice; 5. médecin

17.40 Exercice-test
1. C'est; 2. Elle est; 3. Il est; 4. C'est; 5. C'est

17.41 Exercice-test
1. savez; 2. connais; 3. connaît; 4. sait; 5. savent

17.42 Exercice-test
1. discutaient; 2. était; 3. saviez; 4. avait; 5. voulais; 6. travailliez; 7. faisiez; 8. allait

17.46 Entraînement à la lecture
1. De voler le camion des pompiers et d'acheter un petit singe; 2. Boris Vian; le singe; 3. (richement et) discrètement

17.47 Entraînement à la lecture et expansion du vocabulaire
1. Sur l'échelle, brûle; 2. incendie, il pleut; 3. Il sauve une dame; 4. profite, voler (prendre); 5. Il drague; 6. Au feu!

17.48 Entraînement à la lecture et expansion du vocabulaire
1. vue, conduire, vue, baisse; 2. sondage

17.49 Lecture de la lecture
loin; matelots; leurs fiancées (leurs belles); seigneurs; dentelles; crachaient; Vierge Marie; foi; tiennent; Président

17.50 Entraînement à la lecture et expansion du vocabulaire
1. C'est la sœur d'Arthur; 2. mis à; 3. gâteaux, gâteaux; 4. couche, coucher; 5. chic, rapportages, fessée, fessée, veux

17.51 Lecture et interprétation
1. garçon; 2. C'est sa sœur; 3. Agrippine; 4. la maîtresse (l'institutrice); 6. surveiller les devoirs de son frère; 7. frapper; 8. il est stupide (il est sous-doué); 9. barrit; 10. buter; 11. moul, deux; 12. Papa

Leçon 18

18.2 Compréhension auditive
1. A; 2. E; 3. C; 4. I; 5. G; 6. F; 7. B; 8. H; 9. D

18.10 Activation: Compréhension auditive
professionnel: 1, 4, 5, 8
amateur: 2, 3, 6, 7

18.13 Activation
1. Une femme qui tient un bureau de tabac; 2. Une femme qui anesthésie des patients; 3. Quelqu'un qui examine les yeux; 4. Une femme qui fait du trapèze; 5. Une femme qui fait de la recherche en biologie; 6. Une femme qui soigne les dents; 7. Une femme qui écrit des articles pour des journaux

18.14 Activation
1. Une femme qui travaille avec des ordinateurs; 2.Une femme qui joue de la musique; 3. Un homme qui fait de la mécanique; 4. Quelqu'un qui fait des opérations chirurgicales; 5. Une femme qui s'occupe de l'esthétique des visages; 6. Une femme qui vend des produits pharmaceutiques; 7. Quelqu'un qui fait de la recherche en physique; 8. Quelqu'un qui fait des installations électriques; 9. Quelqu'un qui fait de la politique

18.15 Activation
1. Quelqu'un qui écrit; 2. Une femme qui écrit des romans; 3. Une femme qui vend des livres dans une librairie; 4. Une femme qui s'occupe des livres dans une bibliothèque; 5. Quelqu'un qui conduit un taxi; 6. Une femme qui fait du commerce; 7. Un homme qui fait la cuisine dans un restaurant

18.20 Activation: Dictée
tu m'agaces, peux être, te préviens, continues, entends, Arrête, ennuies

18.23 Activation: Dictée
peux pas, débrouille-toi, descendre, Aide-moi, Débrouille-toi

18.26 Activation
Réponds-moi, m'embête, Laisse-moi, Ecoute-moi, Approche-toi, change-toi, l'appelle, dis-le, le dis, finis-les, apprends-la, aide-moi, m'aide

18.33 Activation
1. lui; 2. lui; 3. la; 4. me; 5. lui; 6. l'; 7. les; 8. leur

18.34 Activation
1. l', l', la, lui, lui, lui, lui; 2. la, l', lui, l', l', l', la; 3. l', lui, lui, lui, lui; 4. lui, lui, l', lui

18.36 Activation: Dictée
ne vas jamais; Si, quelquefois; pas

18.38 Activation
allais, apprenais (étudiais), savais, allait, savait, avait (recevait), habitaient (vivaient), faisaient, étions, avions, faisait, allions, pêchions, attrapions, mangeait, était, conduisait, roulait, faisait, montait, plongeait, crachaient, sauvait, jouait, était, massait, avaient, réussissait, avait, aimaient, étais, réussissais, gagnais, avais, appelaient, disais, étais, restais, mangeais

18.40 Exercice-test
1. moi; 2. vous; 3. lui; 4. eux; 5. elles
18.41 Exercice-test
1. la; 2. le; 3. l'; 4. nous; 5. les
18.42 Exercice-test
1. moi; 2. lui; 3. leur; 4. nous; 5. lui; 6. les
18.49 Entraînement à la lecture
1. platanes; 2. lourd, tonnes; 3. fout; 4. chante; 5. crache, pète; 6. pose; 7. saute; 8. mégot
18.50 Entraînement à la lecture
bécotent, regard
18.51 Lecture et expansion du vocabulaire
A. 1. oui; 2. aristocratiques; 3. campagnards (populaires); 4. aristocratiques; 5. nomme; B. 1. les cadres; 2. Les agriculteurs; 3. Ils travaillent tous les deux; 4. salariés; 5. plus, des études supérieures; 6. libérales; 7. les infirmiers et infirmières, les orthophonistes, les kinésithérapeutes; 8. dirige une entreprise de plus de neuf employés (emploie plus de neuf personnes); 9. dans la catégorie des commerçants; 10. indépendants (à leur compte); plutôt manuel; 11. un plombier, un boulanger, un garagiste, un chauffeur de taxi, une coiffeuse, un réparateur . . . ; 12. Des employés de commerce, parce qu'ils sont salariés; 13. employés de maison; 14. Le boucher, le coiffeur, et le patron de café sont indépendants et emploient le garçon boucher, le garçon coiffeur, et le garçon de café, qui sont salariés
18.53 Lecture et interprétation
1. a. sot, inférieur, inférieur; b. côtoient; c. juré; 2. a. ravi; b. foutent; c. abîmés; 3. a. croquis; b. ment; 5. a. hurlait; 6. a. marché; b. bouquins, bouquins, placard; c. les yeux

Leçon 19

19.2 Compréhension auditive
1. E; 2. B; 3. D; 4. A; 5. C; 6. F
19.5 Activation: Discrimination auditive
/r/: 2, 3, 5, 8, 9, 12
pas de /r/: 1, 4, 6, 7, 10, 11
19.13 Activation
9 heures, 9 heures dix, 9 heures et quart, 9 heures vingt, 9 heures et demie, 10 heures moins le quart, 10 heures et quart, 11 heures moins vingt, 11 heures moins dix, 11 heures vingt
19.19 Activation: Dictée
1. est; 2. est; 3. est; 4. a; 5. sont; 6. a; 7. est; 8. a, a; 9. a; 10. a; 11. ont; 12. sont; 13. est; 14. est; 15. est; 16. a
19.21 Activation
1. ont; 2. sont; 3. sont; 4. ont pris; 5. ont parlé; 6. a fait; 7. a suivi; 8. sont
19.25 Activation
voulions, étions, ai, avons, sommes, sommes, sont, a, connaissait, connaissait, savait, allait (venait), vivait (habitait), a, était, plongeait, barbouillait, était, a
19.27 Activation
1. entrepris; 2. compris; 3. incompris; 4. appris; 5. pris; 6. repris
19.35 Activation
me plaît, lui plais, m'a plu, a plu à, nous ont, plu, lui ont, plu, leur ont, plu, ça lui a plu, lui plaisent, lui plaît, me plaît
19.38 Activation
2. lentement; 3. rapidement; 4. admirablement; 5. spirituellement
19.40 Activation
1. connaître, sait; 2. connaît, sait; 3. connaît, sait; 4. connaît, sait; 5. sait; 6. connaît, sait; 7. sait; 8. connaît; 9. savoir; 10. sait, savons, savons, sait, savoir, sait
19.41 Activation: Dictée et compréhension
1. tu fais, Rien, rien à faire, fais, sais, étudie tes leçons; 2. Elle ne fait rien, de faire quelque chose (d'étudier ses leçons)
19.43 Exercice-test
1. avons; 2. ai; 3. avons; 4. suis; 5. suis
19.44 Exercice-test
1. lui; 2. me; 3. te; 4. lui; 5. vous; 6. leur
19.45 Exercice-test
1. ils lui ont; 2. je lui ai; 3. nous lui avons; 4. il m'a; 5. il nous a
19.46 Exercice-test
1. sagement; 2. rarement; 3. Normalement; 4. Malheureusement
19.51 Lecture et mise en œuvre du vocabulaire
1. plonger; 2. plonger; 3. plonge
19.52 Entraînement à la lecture et expansion du vocabulaire
bateau, marin, officier, marine, huile
19.54 Entraînement à la lecture
1. trompe, trompe; 2. trompe, trompe, se trompe, la trompe; 3. trompe, trompe
19.55 Lecture et interprétation
B. aurait pu, être; C. trompe
19.56 Lecture et expansion du vocabulaire
A. vivant, goût, carton; rois, roi, roi; carton; dates, étiquettes, vides
B. 1. une histoire, l'histoire; 2. une histoire; 3. l'histoire, l'histoire; 4. les histoires, l'histoire; 5. histoire; 6. histoire
19.57 Lecture, interprétation, et expansion du vocabulaire
1. Le renard; 2. flatterie; 3. perchent; 4. bec; 5. odeur; 6. chants; 7. plumes; 8. hôtes, hôtes, hôtes; 9. hostel

Leçon 20

20.2 Compréhension auditive
1. C; 2. B; 3. F; 4. A; 5. D; 6. E
20.7 Activation: Discrimination auditive
attendre: 1, 4, 5, 8, 9, 12, 13, 15, 16
entendre: 2, 3, 6, 7, 10, 11, 14

20.11 Activation: Dictée

1. attendez quelqu'un; n'attends personne; 2. attendez; n'attends rien; 3. entends; entendez quelque chose; n'entends rien; n'entends rien

20.29 Activation

ai mis, l'ai, suis, suis, ai, ai, sommes, sommes, avons, est, m'a, ai, lui ai, avons, en ai, m'a, a lu, l'a, en a, s'est mis, a, réussi, a été, n'a, eu

20.33 Activation

1. réfléchissons; 2. finissons; 3. ne réussissent pas; 4. mettez; 5. met (a mis), met, mettent; 6. buvez, bois; 7. réfléchis, ai réfléchi, choisis

20.37 Activation

1. ai bu; 2. avons parlé; 3. avons travaillé; 4. l'ai lu; 5. l'ai appris; 6. l'ai su; 7. en ai eu; 8. en ai eu; 9. n'en ai jamais eu; 10. l'ai été; 11. l'ai eu; 12. y suis; 13. vous ai rencontré; 14. vous ai écouté

20.42 Activation

1. ne se sont; 2. n'y sont; 3. ne les ont; 4. ne les ont, ne l'ont; 5. ne les ai, ne l'a, n'en ai, ne les avons; 6. ne l'a, ne l'a, ne l'a

20.44 Exercice-test

1. de moi; 2. d'elle; 3. de toi; 4. de vous; 5. d'eux; 6. de lui; 7. de nous; 8. d'elles

20.45 Exercice-test

1. n'est pas; 2. n'entends rien; 3. ne connais personne; 4. n'allons plus; 5. ne rate jamais

20.46 Exercice-test

1. vous ai attendu; 2. avez entendu; 3. a réfléchi; 4. n'ai pas lu; 5. avez choisi; 6. ne lui as pas parlé; 7. ai eu; 8. a été; 9. a appris; 10. n'ont pas bu; 11. n'as pas mis; 12. ai fini

20.52 Entraînement à la lecture et expansion du vocabulaire

1. pondent, œufs; 2. pond, naît; 3. durent, dure

20.53 Lecture et interprétation

1. Des livres d'histoire; 2. La musique; 3. Plus; 4. Ceux qui disposent du maximum d'équipements culturels (ceux qui ont un ordinateur, un magnétoscope . . .); 5. Les garçons; 6. Les agriculteurs

20.54 Lecture et interprétation

Les jeunes gens

20.55 Lecture, interprétation, et expansion du vocabulaire

A. 1. lycée, Des lycéens; 2. travailleur; 3. HLM; 4. département, banlieue; 5. besoin, besoins; 6. peur, se moquer; 7. a honte; 8. ose; 9. gagner; 10. magasin, caissière; 11. me couche; 12. ménage; 13. enseignants; 14. baissent; 15. compromettent, réussite

B. 1. Non, en banlieue (dans la banlieue parisienne); 2. Montrouge est au sud de Paris, Argenteuil est au nord; 3. Au centre de Paris; 4. Non, il y va à moto; 5. Ils habitent dans un HLM, ils pensent que l'argent est difficile à gagner, son père a commencé à travailler à 14 ans; 6. Ils travaillent dans des fast-food ou dans des grands magasins, ou ils font des ménages; 8. 16 ans; 9. 39 heures

20.58 Entraînement à la lecture

1. calcul; 2. 8 sur 10; 3. Il prend des cours particuliers; 4. Il va en prendre aussi; 5. En orthographe; 6. pot; 7. C.E.S; 8. bosse; 9. pot, bosser; 10. pot, en foutent

Leçon 21

21.2 Compréhension auditive

1. F; 2. A; 3. C; 4. E; 5. B; 6. D

21.8 Activation

1. même; 2. même; 3. même; 4. même; 5. même; 6. même

21.12 Activation

1. une; 2. la; 3. un; 4. la; 5. la; 6. le, une; 7. Le; 8. une; 9. une; 10. une; 11. une, une; 12. la, une

21.22 Activation

1. as raison; 2. avez tort; 3. a raison; 4. ont raison; 5. ont raison, raison, raison, tort, tort; 6. a raison, raisons, a tort; 7. a tort, tort; 8. a raison; 9. raison, tort; 10. a tort; 12. a raison; 13. a raison; 14. raisons; 15. raison; 16. a raison; 17. a tort; 21. raison; 22. raisons, raison; 23. raisons

21.34 Activation

1. Son roman policier; 2. Le roman policier; 3. Le garçon

21.35 Activation

1. pris; 2. prise; 3. comprise; 4. apprise; 5. étudié; 6. étudiée; 7. étudiés; 8. étudiées; 9. a lues; 10. a lu; 11. a vus; 12. mis; 13. mise; 14. eu; 15. a eues; 16. ai vues

21.36 Activation

1. —, -es, -es; 2. —; 3. —, -e, -e; 4. —; 5. -s

21.37 Activation: Dictée

A. as une nouvelle; tu la trouves; est ravissante; Très; vient; chez; vraiment; est très chic; trouve; B. A ton avis, celle-ci ou celle-là; A mon avis, celle-là; Celle-là

21.39 Exercice-test

1. un, —, —; 2. une, -le; 3. une, -le; 4. une, -le

21.40 Exercice-test

1. partez; 2. sortez; 3. servent; 4. faites; 5. devez; 6. reçois; 7. avez; 8. savent

21.41 Exercice-test

1. —; 2. —, -e; 3. —, -s

21.48 Entraînement à la lecture et expansion du vocabulaire

1. science; 2. demeure; 3. tort; 4. Enseigner ce qu'on ne sait pas; 5. chemise, avis, honneste

21.49 Lecture et expansion du vocabulaire

1. crise, crise, crise, crise, crise, crise; 2. journaux; 3. programmes, diplôme; 4. éducation

21.50 Lecture et interprétation

une, quand

21.51 Lecture et analyse grammaticale

phrase, verbe, sujet, question, question

21.53 Lecture, interprétation, et expansion du vocabulaire

1. pour (la science), contre; 2. ornements; 3. ornement, servent, outil

Leçon 22

22.2 Compréhension auditive
1. C, F; 2. G, H; 3. A, B; 4. D, E, I

22.14 Activation: Dictée
1. quittez, passe, raccroche, te rappelle, entends; 2. laisser un message, Ne quittez pas, message, donnerai

22.19 Activation: Dictée
1. vous êtes en retard; 2. me dépêche; 3. n'as pas, fini, Dépêche-toi, faire, t'y voir

22.24 Activation
1. -s; 2. -s; 3. -es; 4. -e; 5. -(e)s; 6. —

22.25 Activation
1. avons reçu, a écrit, a écrite, avez reçu; 2. écrit, écris, écrivons, écrire, recevoir, écris, en reçois; 3. recevons, (en) écrivons, écrit

22.26 Activation
1. A la; 2. à la, à l'heure; 3. au, des, au, de la; 4. de l'; 5. de la; 6. à l', au; 7. du; 8. de la, des; 9. à la; 10. du; 11. au, du; 12. à, de l'; 13. de l'

22.33 Activation
1. -e; 2. —; 3. -s; 4. -es; 5. -es; 6. —; 7. -es; 8. -s; 9. -e; 10. -s

22.34 Activation
1. ai rencontrée; 2. ai vue; 3. parlé; 4. ai invitée; 5. pu, faits; 6. avons bus; 7. a, lus; 8. ai dites; 9. ai invitée; 10. ai données

22.35 Activation
1. ai passé, ai rencontré, essayé d', reçue, j'ai reçue, a; 2. n'ont, existé, a, en avez vu, ai dit, n'ai jamais vu, en ai, vu; 3. a suivi, lui a, ont vécu; 4. n'a, parlé; 5. a fait de (a étudié), a eu, a, pu, étudié (travaillé), doué, ai fait, sais, ai, parlé; 6. ai parlé, répondu, me faites, la lisez, en ai, lu; 7. sert à, ai dit, sert (servait) à, m'a dit, en avez fait, en ai, fait, servir, a, fait; 8. sert à, m'a, ai suivi, avons étudié, ai apprise (étudiée), suis tombé, suis resté, m'a pas; 9. ai étudiées (apprises), ont, servi; 10. raison, ai appris, a tout oublié

22.36 Activation
1. en; 2. en, trois; 3. en, une; 4. des, en, un; 5. en, une, En, une; 6. des, de la, de; 7. de, en; 8. de, de l', de l', d'

22.38 Exercice-test
1. est; 2. a; 3. est; 4. a; 5. est; 6. a; 7. est; 8. ont; 9. sont; 10. sont

22.39 Exercice-test
1. -es; 2. —; 3. -s; 4. —; 5. —; 6. —; 7. -es; 8. —; 9. —; 10. -s

22.45 Lecture et interprétation
1. Chez elle; 2. Plus des trois-quarts des Français déjeunent chez eux, moins d'un quart déjeune à l'extérieur; 3. Il diminue, parce que le nombre des femmes actives augmente; 4. 1h 30; 5. Les hommes de plus de 65 ans vivant seuls dans une communauté rurale passent le plus de temps à table, les jeunes hommes actifs de 18 à 24 ans y passent le moins de temps; 7. Dans une cafétéria

22.47 Lecture et expansion du vocabulaire
B. 1. enduits; 2. comptoir; 3. étain; 4. étain, étain; 5. marbre, marbre, marbre; 6. balai, balais; 7. sciure, sciure; 8. tôle; 9. fusains; 10. diable; 11. habitués; 12. bras de chemise; 13. enlaidi; 14. rompu

22.48 Lecture, interprétation, et expansion du vocabulaire
1. (Elle a lieu) au (dans le) garage; 2. Parce qu'à l'école, les maîtres portent tous des lunettes; 3. vue, aveugle; 4. bon

22.51 Lecture et expansion du vocabulaire
devant, derrière, Vous vous retournez (Je me retourne), suit, suit, détraqué

Leçon 23

23.2 Compréhension auditive
1. D; 2. A; 3. F; 4. C; 5. B; 6. E

23.19 Activation
1. prendre; 2. reprendre; 3. reprendre; 4. apprendre; 5. entreprendre; 6. entreprendre; 7. comprendre

23.25 Activation
présent: 1, 4, 6, 8, 11, 13, 14, 16, 18, 20
futur: 2, 3, 5, 7, 9, 10, 12, 15, 17, 19

23.28 Activation
1. passerons; 2. prendrons; 3. arriverons, vous attendrons, inquiéterai; 4. les inviterons; 5. marchera; 6. leur parlerai; 7. comprendrez; 8. comprendront; 9. les finira; 10. rirai, rira

23.29 Activation
1. ai, avons bu, ai invitée, a, accepté; 2. est partie, devait, ai mis; 3. ai appelé, ai demandé, m'a dit, suis, j'ai, je suis descendu, Je suis, j'ai, ai; 4. suis, je suis remonté, Je suis allé, j'ai acheté, suis redescendu; 5. a marché, J'ai, a, a répondu, n'est pas là, est allée, je suis sorti, J'ai, me; 6. Je suis revenu, J'ai, a fait (faisait); 7. suis, me suis, J'ai, ai, m'a donné, pu, a répondu, m'a; 8. est, l'ai, suis, ne l'ai, n'ai, l'ai amenée; 9. avons reçu, a fait, n'est pas venue, est toujours (est restée); 10. m'a invité; 11. J'ai aperçu (trouvé, vu), me suis, J'ai commandé, j'ai, suis revenu, est arrivée; 12. a aperçu (vu), j'ai vu

23.30 Activation
1. la, les, les; 2. les, la, les, la; 3. la, la; 4. des, des, d', d'; 5. de, de; 6. des, de, de; 7. des, d', de l', L', la; 8. des, Les; 9. de, de; 10. de, une; 11. de, des, de, des, les, les; 12. de la, de; 13. des, Les, de, du, les; 14. des, des; 15. Les, l', des

23.32 Exercice-test
optimiste: 2, 4, 6, 7
pessimiste: 1, 3, 5, 8

23.33 Exercice-test
présent: 3, 6, 7, 8
futur: 1, 2, 4, 5, 9, 10

23.34 Exercice-test
1. finiront; 2. comprendrez; 3. partirons; 4. téléphonerai; 5. sortiras

23.43 Lecture, interprétation, et expansion du vocabulaire
1. Guéri; 2. guéri; 3. Monseigneur; 4. Docteur; 5. Rira bien qui rira le dernier!; 6. Qui vivra, verra!; 7. demain, aujourd'hui, bonnes

23.47 Lecture, interprétation, et expansion du vocabulaire
1. va; 2. vont; 3. en vont; 4. revient; 5. reviennent; 6. coule; 7. courante; 8. lente; 9. demeure; 10. peine

23.48 Lecture et initiation au passé simple
A. s'étonna, prit, s'absorba, dit, obéit, trouva, revint
B. remarquai: remarquer; se mirent: se mettre; étincelèrent: étinceler; réclama; réclamer; fut: être; pensai: penser; réussis: réussir; fis: faire; demandai: demander; rassura: rassurer; récidivai: récidiver

Leçon 24

24.2 Compréhension auditive
1. A; 2. E; 3. C; 4. F; 5. G; 6. B; 7. D

24.3 Compréhension auditive
1. B; 2. F; 3. A; 4. C; 5. E; 6. D

24.9 Activation: Discrimination auditive
appréciation: 1, 2, 4, 5, 8
recommandation: 3, 6, 7

24.11 Activation
1. Merci; vraiment exquis; 2. charmante; 3. remercier

24.13 Activation
1. sert; 2. service; 3. service; 4. servir; 5. servir; 6. servez

24.14 Activation
1. Parce que le téléphone sonne (vient de sonner); 2. Parce qu'elle sortait (elle allait sortir); 3. A la fac (A son cours); 4. Parce qu'elle est en retard pour son cours (elle n'a vraiment pas le temps); 5. Elle rappellera (la personne).

24.15 Activation: Dictée
Ça fait longtemps, deviens, je travaille, Je vais à la bibli, je vais à la fac, Et toi, tu deviens, fais de l'histoire de l'art, fais, le samedi matin

24.17 Activation
passé composé: 1, 4, 7, 8
plus-que-parfait: 2, 3, 5, 6

24.23 Activation
1. regarderai, sonnera, dira, sera, dira, dirai; 2. aurons, attendrai, fera, aura, arrivera, sera, portera (aura), sourirai, sourirons, dira, parlerons, irons; 3. marierons, sera, porterai, donnera, donnera, conduirai; 4. aurons, aurons, donnera, donneront; 5. occupera, travaillerai, sera, donnerai, donnera, serai, passerai, jouerai; 6. prendrons, irons, irons, emmènerons, resteront, fera; 7. iront, joueront, fera, fera, feront, apprendront, liront, apprendront; 8. habillerai, aurai, changerai de; 9. porterai, verrai, sourira, approchera, dira, dirai, demandera, dirai, partirai, restera, passerai, verrai, dira, dirai, sera

24.24 Activation
1. en aurez; 2. les verrai; 3. seront; 4. y sera; 5. viendrai (mangerai); 6. ira; 7. réussiras; 8. les ferai

24.25 Activation
1. tomber; 2. est tombé; 3. tomber; 4. sommes mal tombé(e)s, tomberons; 5. êtes mal tombé; 6. tomber; 7. êtes bien tombé; 8. sont tombés

24.30 Activation
1. qui; 2. qui; 3. que; 4. qu'; 5. qui; 6. que

24.31 Activation
qui, que, qu', que, qui, qu', que, que, qui, qui, qui, qui, qui, qu', qui, qui, qu', que, que, que, que, qu', qui, que, qui

24.34 Activation
1. Utilisons-le; 2. Etudiez-la; 3. Présentez-moi; 4. continuez-la; 5. Attendons-les (Attends-les, Attendez-les); 6. Excusez-moi (Excuse-moi)

24.35 Activation
1. D; 2. B; 3. C; 4. A; 5. F; 6. E; 7. H; 8. G

24.36 Activation
du, des, en, du, de la, des, des, des, du, des, du, du, de l', en, de

24.38 Exercice-test
1. essaiera; 2. saura; 3. viendrons; 4. ferai; 5. pourrai; 6. sera; 7. s'ennuiera; 8. verras; 9. pleuvra; 10. auront; 11. voudra; 12. irons

24.39 Exercice-test
1. qui; 2. que; 3. qu'; 4. que; 5. qui

24.46 Lecture et interprétation
1. bien-vivre; 2. Dans la grotte de Lascaux; 3. Un homme préhistorique. Il vivait dans une grotte (à Cro-Magnon, en Dordogue); 4. Chez Pierre Champion (à Périgueux); 5. Sur la Dordogne

24.47 Lecture, interprétation, et expansion du vocabulaire
1. Des tuyaux, fort; 2. inconscient, profère, suscite; 3. foi, permettre, Descartes

24.49 Lecture et interprétation
1. Le vin, les fromages, la culture; 2. Le lait, Le thé, Le vin; 3. sec, humide

24.51 Lecture, interprétation, et expansion du vocabulaire
1. pâtée; 2. Dehors, dehors; 3. boucherie, viande

24.52 Lecture, interprétation, et expansion du vocabulaire
1. mépriser; 2. berges

Leçon 25

25.2 Compréhension auditive
1. B; 2. F; 3. C; 4. E; 5. A; 6. H; 7. D; 8. G

25.3 Compréhension auditive
1. F; 2. D; 3. A; 4. C; 5. E; 6. B

25.9 Activation: Compréhension auditive
Il est dur!: 1, 2, 3, 6
Il sent mauvais! Il pue!: 4, 8
C'est de la conserve!: 5, 7

25.11 Activation: Dictée
Tiens, prends; fait; fait; prends-le; sait

25.24 Activation

Appelle-le, Apportez-le, Apportez-la, Décide-toi, goûte-le, Refuse-le, lui, lui, lui, lui, Apportez-nous, remportez-la, Demande-la, Vérifie-la, laisse-lui

25.28 Activation

1. m'en un autre; 2. nous-en d'autres; 3. leur-en d'autre; 4. nous-en d'autres; 5. lui-en une autre; 6. lui-en un autre; 7. lui-en un autre; 8. m'en d'autres

25.31 Activation

1. Celui-ci, lui; 2. Ceux-ci, me; 3. Celle-ci, nous; 4. Celles-ci, leur

25.32 Activation

Celles, Celles, Celui, celui, Celle, Celle, Ceux, ceux, Celui, celui, Celle, celle

25.33 Activation

1. ceux que; 2. Celle-ci; 3. celui que; 4. ceux que; 5. ceux d'; 6. ceux d'; 7. celui qui; 8. celle; 9. celle que; 10. Celle qui, celle, celle qui; 11. Celui que

25.34 Activation

Je n'irai pas, mes, Je descendrai, j'écrirai, ma, je sortirai, J'irai me, Je verrai, manifesteront, Je, suivrai, je rencontrerai, j'engagerai, me félicitera, mon, passera, nous ne dirons rien, Nous nous regarderons, me sourira, je, rendrai, me posera, ma, moi-, nous nous dirons nos, me demandera, Nous nous installerons, Nous parlerons, nos, j'inviterai, fera, acceptera, nous parlerons, nos, sera, je critiquerai, je téléphonerai, ma, sera, sa, m'invitera, réussira, Nous nous rencontrerons, ferons, nous, sera, insistera, nous, nous, nous n'accepterons pas, Nous partirons, passerons

25.35 Activation

1. me suis, me suis, ai regardé, me suis, ai pris, me suis, me, me suis, me suis, les, me suis brossé les, me suis coupé les; 2. ai commandé, me suis, du, du, du, ai, du, ai, ai, me suis, ai, mon; 3. me l'a, suis, le, la (ma), me suis, n'en ai pris; 4. me suis, suis allé me, suis passé, y ai, des, les, n'en ai; 5. m'a, le, l'ai pas, ai, suis passé, suis, découvert (vu, traversé), me suis; 6. m'a, n'en ai pas pris, l'ai, ai, que, rencontrée, lui; 7. m'a, l'ai, regardée, la lui a, lui a, a, au, la, cuite, la lui a, l'a; 8. a, mon, me

25.36 Activation

1. ai, y suis, m'a, a, est, a, lui, se; 2. est, est, l'ai, m'a, me, a; 3. de la, y en, suis, ai, me l'a, cuite, l'a, rapportée (remportée), me l'a, ai, de, en prends; 4. ce, est, de la (une), que, de la, des, des, du

25.38 Exercice-test

1. Reprends-en; 2. Vas-y; 3. Raccompagne-les; 4. Téléphone-lui; 5. Arrête-toi; 6. Fais-en

25.39 Exercice-test

1. leur; 2. y; 3. en; 4. l'; 5. n'y; 6. n'en; 7. ne lui; 8. ne l'

25.40 Exercice-test

1. lui en; 2. t'en; 3. leur en; 4. m'en

25.41 Exercice-test

1. lui-en d'autres; 2. m'en un deuxième; 3. m'en une bouteille

25.47 Lecture et interprétation

Une dame et un monsieur (une femme et un homme); Ils sont au jardin du Luxembourg, assis sur un banc; Ils se regardent; chèvre; Pouah! Qui est-ce qui pue comme ça?

25.48 Entraînement à la lecture

1. Le sucre; 2. rendez-vous, café

25.49 Entraînement à la lecture et expansion du vocabulaire

A. 1. allumer, fumée, cendre, cendrier; 2. manteau, manteau de pluie

25.50 Entraînement à la lecture

1. (Elle prépare) une galette; 2. Avec de la semoule; 3. brise; 4. rosée

25.51 Lecture, interprétation, et expansion du vocabulaire

1. enduire; 2. enduits; 3. entoure; 4. four, à four

Leçon 26

26.2 Compréhension auditive

1. C; 2. E; 3. A; 4. D; 5. F; 6. B

26.9 Activation: Discrimination auditive

cru: 2; bleu: 5; à point: 1, 6; bien cuit: 3; carbonisé: 4

26.10 Activation: Discrimination auditive

de la viande: 1, 2, 3, 5, 8, 19
du poisson: 4, 21, 23
un légume: 6, 7, 14, 20, 24
un fromage: 9, 12, 17
un dessert: 10, 15, 18, 22
un vin: 11, 13, 16, 25

26.12 Activation: Dictée

1. n'en mangerai qu'un; 2. ne me reste qu'une, n', pas

26.14 Activation

1. ne pèse que, ne, qu'; 2. ne mange que, ne mange que; 3. ne boit que, ne boit que; 4. n'en avons bu qu', 5. ne prends qu'une; 6. ne, qu'; 7. n'en bois qu'; 8. n'en prenons qu'; 9. n'en mange qu'; 10. ne l'aime que; 11. n'y va que, n'y va que, ne joue qu'

26.16 Activation

1. apporter; 2. emporter; 3. Rapportez; 4. remportez; 5. porte

26.17 Activation: Dictée

Apporte-moi, te l'arranger, arrangé, Emporte ton bateau, le laisser

26.21 Activation

1. en, y; 2. en, en; 3. y; 4. y en a; 5. en, une; 6. la; 7. en veut (en achète); 8. en, un; 9. en, un, y; 10. le; 11. n'en; 12. en, deux; 13. y a, la, lui, la, en

26.29 Activation

1. emmené, ramener; 2. amener; 3. achète, achetons; 4. lève; 5. pèse, peser; 6. rappelle; 7. appelle

26.31 Activation

1. aux, à l', de, de, aux; 2. aux, de, au, à la, d', de; 3. au, au, à la, aux, au

26.32 Activation

dépenser: dépense, dépenses, dépense; *oublier:* oublie, oublies, oublie; *vivre:* vis, vis, vit; *sourire:* souris, souris, sourit; *suivre:* suis, suis, suit; *choisir:* choisis, choisis, choisit; *voir:* vois, vois, voit; *croire:* crois, crois, croit; *boire:* bois, bois, boit; *connaître:* connais, connais, connaît; *savoir:* sais, sais, sait; *prévenir:* préviens, préviens, prévient; *se souvenir:* souviens, souviens, souvient; *intervenir:* interviens, interviens, intervient; *vouloir:* veux, veux, veut

26.33 Activation

dépenser: dépensons, dépensez, dépensent; *oublier:* oublions, oubliez, oublient; *sourire:* sourions, souriez, sourient; *suivre:* suivons, suivez, suivent; *vivre:* vivons, vivez, vivent; *écrire:* écrivons, écrivez, écrivent; *croire:* croyons, croyez, croient; *finir:* finissons, finissez, finissent; *se réunir:* réunissons, réunissez, réunissent; *vouloir:* voulons, voulez, veulent; *prévenir:* prévenons, prévenez, préviennent; *se souvenir:* souvenons, souvenez, souviennent; *comprendre:* comprenons, comprenez, comprennent; *apprendre:* apprenons, apprenez, apprennent

26.34 Activation

il veut: voulez, veulent; *on doit:* devez, doivent; *on voit:* voyez, voient; *il croit:* croyons, croyez, croient; *on vient:* venez; *il tient:* tenons, tenez, tiennent; *il se souvient:* souvenons, souvenez, souviennent; *il prend:* prenez; *on comprend:* comprenons, comprenez, comprennent

26.35 Activation

1. prenez, prenons; 2. viennent; 3. peuvent, pouvez; 4. voyons, voient; 5. apprenons, apprennent; 6. font, faisons; 7. disent, disons; 8. interviennent, intervenons

26.36 Activation

1. trouves; 2. riez, ris, rient; 3. comprenez, comprends, comprennent; 4. avez, crois, croyez, savez, croient, savent; 5. finissent, finis, finissez; 6. vivez, vis, vivent; 7. oublie, oubliez, oublient; 8. se souviennent, me souviens, se souvient, vous souvenez; 9. écrivez, lui écris, écrivez, leur écris, habitez, habitent, habitent; 10. vous inscrivez, m'inscris, inscrivons, sert, servent, dites, avez; 11. vous en faites, s'en fait, m'en fais, nous en faisons, s'en font, s'en font; 12. nous réunissons, jouons

26.37 Activation

1. vois, nous promenons; 2. nous arrêtons, regardons, ont, savons, désirons (voulons); 3. nous décidons, prenons, prend, prends, mangeons, fait; 4. nous demandons, allons, avons (achetons), choisissons, allons, croit (pense, dit), perd, me (m'y) perds; 5. prennent, en prenons, consultons, ont, appellent, avons, nous promenons; 6. suit, a, a, pèse, fait, pouvons, voulons; 7. commençons, terminons

26.39 Exercice-test

de la viande: 4, 11, 14
du poisson: 6
un légume: 1, 5, 12
un fromage: 7, 9, 13
un dessert: 2, 8, 15
un vin: 3, 10

26.40 Exercice-test

1. n'ai mangé qu'; 2. ne prend qu'; 3. ne veux que

26.41 Exercice-test

1. des; 2. d'; 3. d'; 4. de; 5. le; 6. de; 7. de; 8. les; 9. de; 10. au

26.42 Exercice-test

1. voyez; 2. pouvez; 3. venez; 4. savez; 5. restez; 6. écrivez; 7. prenez; 8. choisissez

26.47 Lecture, interprétation, et expansion du vocabulaire

1. recettes, cuisine; 2. cuire; 3. cuire, feu, feu; 4. morceau, sens; 5. sauce; 6. voiles

26.48 Lecture, interprétation, et expansion du vocabulaire

1. toile; 2. forêt, bouger, bouge; 3. pinceau; 4. effacer; 5. effacer; 6. plumes; 7. feuillage; 8. poussière; 9. signe, plume; 10. coins, coin

26.49 Lecture, interprétation, et expansion du vocabulaire

1. Il y en a probablement six ou sept; 2. jumelles; 3. Les cuisses et les ailes, Les pattes; 4. maigrichonne; 5. crève-la-faim, gencives, gencives; 6. gâteau, gâteau

26.51 Lecture, interprétation, et expansion du vocabulaire

1. Saignant; 2. sang, sang; 3. saignant; 4. Il est déjà presque trop cuit; 5. Cubique et juteux; 6. Les frites

Conjugaison des verbes types

Modes et temps	Personnes du singulier lère	2ème	3ème	Personnes du pluriel lère	2ème	3ème
1. Avoir						
INDICATIF						
présent	ai	as	a	avons	avez	ont
passé composé	ai eu	as eu	a eu	avons eu	avez eu	ont eu
imparfait	avais	avais	avait	avions	aviez	avaient
plus-que-parfait	avais eu	avais eu	avait eu	avions eu	aviez eu	avaient eu
futur	aurai	auras	aura	aurons	aurez	auront
passé simple	eus	eus	eut	eûmes	eûtes	eurent
CONDITIONNEL						
présent	aurais	aurais	aurait	aurions	auriez	auraient
passé	aurais eu	aurais eu	aurait eu	aurions eu	auriez eu	auraient eu
SUBJONCTIF						
présent	aie	aies	ait	ayons	ayez	aient
passé	aie eu	aies eu	ait eu	ayons eu	ayez eu	aient eu
IMPERATIF	—	aie	—	ayons	ayez	—
PARTICIPE						
présent			ayant			
passé			eu			
INFINITIF			avoir			
2. Etre						
INDICATIF						
présent	suis	es	est	sommes	êtes	sont
passé composé	ai été	as été	a été	avons été	avez été	ont été
imparfait	étais	étais	était	étions	étiez	étaient
plus-que-parfait	avais été	avais été	avait été	avions été	aviez été	avaient été
futur	serai	seras	sera	serons	serez	seront
passé simple	fus	fus	fut	fûmes	fûtes	furent
CONDITIONNEL						
présent	serais	serais	serait	serions	seriez	seraient
passé	aurais été	aurais été	aurait été	aurions été	auriez été	auraient été
SUBJONCTIF						
présent	sois	sois	soit	soyons	soyez	soient
passé	aie été	aies été	ait été	ayons été	ayez été	aient été
IMPERATIF	—	sois	—	soyons	soyez	—
PARTICIPE						
présent			étant			
passé			été			
INFINITIF			être			

Modes et temps	Personnes du singulier lère	2ème	3ème	Personnes du pluriel lère	2ème	3ème
3. Aller						
INDICATIF						
présent	vais	vas	va	allons	allez	vont
passé composé	suis allé(e)	es allé(e)	est allé(e)	sommes allé(e)s	êtes allé(e)(s)	sont allé(e)s
imparfait	allais	allais	allait	allions	alliez	allaient
plus-que-parfait	étais allé(e)	étais allé(e)	était allé(e)	étions allé(e)s	étiez allé(e)(s)	étaient allé(e)s
futur	irai	iras	ira	irons	irez	iront
passé simple	allai	allas	alla	allâmes	allâtes	allèrent
CONDITIONNEL						
présent	irais	irais	irait	irions	iriez	iraient
passé	serais allé(e)	serais allé(e)	serait allé(e)	serions allé(e)s	seriez allé(e)(s)	seraient allé(e)s
SUBJONCTIF						
présent	aille	ailles	aille	allions	alliez	aillent
passé	sois allé(e)	sois allé(e)	soit allé(e)	soyons allé(e)s	soyez allé(e)(s)	soient allé(e)s
IMPERATIF	—	va	—	allons	allez	—
PARTICIPE						
présent			allant			
passé			allé			
INFINITIF			aller			
4. -er, Parler						
INDICATIF						
présent	parle	parles	parle	parlons	parlez	parlent
passé composé	ai parlé	as parlé	a parlé	avons parlé	avez parlé	ont parlé
imparfait	parlais	parlais	parlait	parlions	parliez	parlaient
plus-que-parfait	avais parlé	avais parlé	avait parlé	avions parlé	aviez parlé	avaient parlé
futur	parlerai	parleras	parlera	parlerons	parlerez	parleront
passé simple	parlai	parlas	parla	parlâmes	parlâtes	parlèrent
CONDITIONNEL						
présent	parlerais	parlerais	parlerait	parlerions	parleriez	parleraient
passé	aurais parlé	aurais parlé	aurait parlé	aurions parlé	auriez parlé	auraient parlé
SUBJONCTIF						
présent	parle	parles	parle	parlions	parliez	parlent
passé	aie parlé	aies parlé	ait parlé	ayons parlé	ayez parlé	aient parlé
IMPERATIF	—	parle	—	parlons	parlez	—
PARTICIPE						
présent			parlant			
passé			parlé			
INFINITIF			parler			

Modes et temps	Personnes du singulier lère	2ème	3ème	Personnes du pluriel lère	2ème	3ème
4a. -cer, Commencer						
INDICATIF						
présent	commence	commences	commence	commen**ç**ons	commencez	commencent
passé composé	ai commencé	as commencé	a commencé	avons commencé	avez commencé	ont commencé
imparfait	commen**ç**ais	commen**ç**ais	commen**ç**ait	commencions	commenciez	commen**ç**aient
plus-que-parfait	avais commencé	avais commencé	avait commencé	avions commencé	aviez commencé	avaient commencé
futur	commencerai	commenceras	commencera	commencerons	commencerez	commenceront
passé simple	commen**ç**ai	commen**ç**as	commen**ç**a	commen**ç**âmes	commen**ç**âtes	commencèrent
CONDITIONNEL						
présent	commencerais	commencerais	commencerait	commencerions	commenceriez	commenceraient
passé	aurais commencé	aurais commencé	aurait commencé	aurions commencé	auriez commencé	auraient commencé
SUBJONCTIF						
présent	commence	commences	commence	commencions	commenciez	commencent
passé	aie commencé	aies commencé	ait commencé	ayons commencé	ayez commencé	aient commencé
IMPERATIF	—	commence	—	commen**ç**ons	commencez	—
PARTICIPE						
présent			commen**ç**ant			
passé			commencé			
INFINITIF			commencer			
4b. -ger, Manger						
INDICATIF						
présent	mange	manges	mange	man**ge**ons	mangez	mangent
passé composé	ai mangé	as mangé	a mangé	avons mangé	avez mangé	ont mangé
imparfait	man**ge**ais	man**ge**ais	man**ge**ait	mangions	mangiez	man**ge**aient
plus-que-parfait	avais mangé	avais mangé	avait mangé	avions mangé	aviez mangé	avaient mangé
futur	mangerai	mangeras	mangera	mangerons	mangerez	mangeront
passé simple	man**ge**ai	man**ge**as	man**ge**a	man**ge**âmes	man**ge**âtes	mangèrent
CONDITIONNEL						
présent	mangerais	mangerais	mangerait	mangerions	mangeriez	mangeraient
passé	aurais mangé	aurais mangé	aurait mangé	aurions mangé	auriez mangé	auraient mangé
SUBJONCTIF						
présent	mange	manges	mange	mangions	mangiez	mangent
passé	aie mangé	aies mangé	ait mangé	ayons mangé	ayez mangé	aient mangé
IMPERATIF	—	mange	—	man**ge**ons	mangez	—
PARTICIPE						
présent			man**ge**ant			
passé			mangé			
INFINITIF			manger			

Modes et temps	Personnes du singulier lère	2ème	3ème	Personnes du pluriel lère	2ème	3ème
5. -ir, Choisir						
INDICATIF						
présent	choisis	choisis	choisit	choisissons	choisissez	choisissent
passé composé	ai choisi	as choisi	a choisi	avons choisi	avez choisi	ont choisi
imparfait	choisissais	choisissais	choisissait	choisissions	choisissiez	choisissaient
plus-que-parfait	avais choisi	avais choisi	avait choisi	avions choisi	aviez choisi	avaient choisi
futur	choisirai	choisiras	choisira	choisirons	choisirez	choisiront
passé simple	choisis	choisis	choisit	choisîmes	choisîtes	choisirent
CONDITIONNEL						
présent	choisirais	choisirais	choisirait	choisirions	choisiriez	choisiraient
passé	aurais choisi	aurais choisi	aurait choisi	aurions choisi	auriez choisi	auraient choisi
SUBJONCTIF						
présent	choisisse	choisisses	choisisse	choisissions	choisissiez	choisissent
passé	aie choisi	aies choisi	ait choisi	ayons choisi	ayez choisi	aient choisi
IMPERATIF	—	choisis	—	choisissons	choisissez	—
PARTICIPE						
présent			choisissant			
passé			choisi			
INFINITIF			choisir			
6. -re, Attendre						
INDICATIF						
présent	attends	attends	attend	attendons	attendez	attendent
passé composé	ai attendu	as attendu	a attendu	avons attendu	avez attendu	ont attendu
imparfait	attendais	attendais	attendait	attendions	attendiez	attendaient
plus-que-parfait	avais attendu	avais attendu	avait attendu	avions attendu	aviez attendu	avaient attendu
futur	attendrai	attendras	attendra	attendrons	attendrez	attendront
passé simple	attendis	attendis	attendit	attendîmes	attendîtes	attendirent
CONDITIONNEL						
présent	attendrais	attendrais	attendrait	attendrions	attendriez	attendraient
passé	aurais attendu	aurais attendu	aurait attendu	aurions attendu	auriez attendu	auraient attendu
SUBJONCTIF						
présent	attende	attendes	attende	attendions	attendiez	attendent
passé	aie attendu	aies attendu	ait attendu	ayons attendu	ayez attendu	aient attendu
IMPERATIF	—	attends	—	attendons	attendez	—
PARTICIPE						
présent			attendant			
passé			attendu			
INFINITIF			attendre			

Modes et temps	Personnes du singulier lère	2ème	3ème	Personnes du pluriel lère	2ème	3ème
7. Laver (Se)						
INDICATIF						
présent	me lave	te laves	se lave	nous lavons	vous lavez	se lavent
passé composé	me suis lavé(e)	t'es lavé(e)	s'est lavé(e)	nous sommes lavé(e)s	vous êtes lavé(e)(s)	se sont lavé(e)s
imparfait	me lavais	te lavais	se lavait	nous lavions	vous laviez	se lavaient
plus-que-parfait	m'étais lavé(e)	t'étais lavé(e)	s'était lavé(e)	nous étions lavé(e)s	vous étiez lavé(e)(s)	s'étaient lavé(e)s
futur	me laverai	te laveras	se lavera	nous laverons	vous laverez	se laveront
passé simple	me lavai	te lavas	se lava	nous lavâmes	vous lavâtes	se lavèrent
CONDITIONNEL						
présent	me laverais	te laverais	se laverait	nous laverions	vous laveriez	se laveraient
passé	me serais lavé(e)	te serais lavé(e)	se serait lavé(e)	nous serions lavé(e)s	vous seriez lavé(e)(s)	se seraient lavé(e)s
SUBJONCTIF						
présent	me lave	te lave	se lave	nous lavions	vous laviez	se lavent
passé	me sois lavé(e)	te sois lavé(e)	se soit lavé(e)	nous soyons lavé(e)s	vous soyez lavé(e)(s)	se soient lavé(e)s
IMPERATIF	—	lave-toi	—	lavons-nous	lavez-vous	—
PARTICIPE						
présent			se lavant			
passé			lavé			
INFINITIF			se laver			
8. Acheter						
INDICATIF						
présent	achète	achètes	achète	achetons	achetez	achètent
passé composé	ai acheté	as acheté	a acheté	avons acheté	avez acheté	ont acheté
imparfait	achetais	achetais	achetait	achetions	achetiez	achetaient
plus-que-parfait	avais acheté	avais acheté	avait acheté	avions acheté	aviez acheté	avaient acheté
futur	achèterai	achèteras	achètera	achèterons	achèterez	achèteront
passé simple	achetai	achetas	acheta	achetâmes	achetâtes	achetèrent
CONDITIONNEL						
présent	achèterais	achèterais	achèterait	achèterions	achèteriez	achèteraient
passé	aurais acheté	aurais acheté	aurait acheté	aurions acheté	auriez acheté	auraient acheté
SUBJONCTIF						
présent	achète	achètes	achète	achetions	achetiez	achètent
passé	aie acheté	aies acheté	ait acheté	ayons acheté	ayez acheté	aient acheté
IMPERATIF	—	achète	—	achetons	achetez	—
PARTICIPE						
présent			achetant			
passé			acheté			
INFINITIF			acheter			

Modes et temps	Personnes du singulier lère	2ème	3ème	Personnes du pluriel lère	2ème	3ème
9. Appeler						
INDICATIF						
présent	appelle	appelles	appelle	appelons	appelez	appellent
passé composé	ai appelé	as appelé	a appelé	avons appelé	avez appelé	ont appelé
imparfait	appelais	appelais	appelait	appelions	appeliez	appelaient
plus-que-parfait	avais appelé	avais appelé	avait appelé	avions appelé	aviez appelé	avaient appelé
futur	appellerai	appelleras	appellera	appellerons	appellerez	appelleront
passé simple	appelai	appelas	appela	appelâmes	appelâtes	appelèrent
CONDITIONNEL						
présent	appellerais	appellerais	appellerait	appellerions	appelleriez	appelleraient
passé	aurais appelé	aurais appelé	aurait appelé	aurions appelé	auriez appelé	auraient appelé
SUBJONCTIF						
présent	appelle	appelles	appelle	appelions	appeliez	appellent
passé	aie appelé	aies appelé	ait appelé	ayons appelé	ayez appelé	aient appelé
IMPERATIF	—	appelle	—	appelons	appelez	—
PARTICIPE						
présent			appelant			
passé			appelé			
INFINITIF			appeler			
9a. Jeter						
INDICATIF						
présent	jette	jettes	jette	jetons	jetez	jettent
passé composé	ai jeté	as jeté	a jeté	avons jeté	avez jeté	ont jeté
imparfait	jetais	jetais	jetait	jetions	jetiez	jetaient
plus-que-parfait	avais jeté	avais jeté	avait jeté	avions jeté	aviez jeté	avaient jeté
futur	jetterai	jetteras	jettera	jetterons	jetterez	jetteront
passé simple	jetai	jetas	jeta	jetâmes	jetâtes	jetèrent
CONDITIONNEL						
présent	jetterais	jetterais	jetterait	jetterions	jetteriez	jetteraient
passé	aurais jeté	aurais jeté	aurait jeté	aurions jeté	auriez jeté	auraient jeté
SUBJONCTIF						
présent	jette	jettes	jette	jetions	jetiez	jettent
passé	aie jeté	aies jeté	ait jeté	ayons jeté	ayez jeté	aient jeté
IMPERATIF	—	jette	—	jetons	jetez	—
PARTICIPE						
présent			jetant			
passé			jeté			
INFINITIF			jeter			

Modes et temps	Personnes du singulier lère	2ème	3ème	Personnes du pluriel lère	2ème	3ème
10. Préférer						
INDICATIF						
présent	préfère	préfères	préfère	préférons	préférez	préfèrent
passé composé	ai préféré	as préféré	a préféré	avons préféré	avez préféré	ont préféré
imparfait	préférais	préférais	préférait	préférions	préfériez	préféraient
plus-que-parfait	avais préféré	avais préféré	avait préféré	avions préféré	aviez préféré	avaient préféré
futur	préférerai (préfèrerai)	préféreras (préfèreras)	préférera (préfèrera)	préférerons (préfèrerons)	préférerez (préfèrerez)	préféreront (préfèreront)
passé simple	préférai	préféras	préféra	préférâmes	préférâtes	préférèrent
CONDITIONNEL						
présent	préférerais (préfèrerais)	préférerais (préfèrerais)	préférerait (préfèrerait)	préférerions (préfèrerions)	préféreriez (préfèreriez)	préféreraient (préfèreraient)
passé	aurais préféré	aurais préféré	aurait préféré	aurions préféré	auriez préféré	auraient préféré
SUBJONCTIF						
présent	préfère	préfères	préfère	préférions	préfériez	préfèrent
passé	aie préféré	aies préféré	ait préféré	ayons préféré	ayez préféré	aient préféré
IMPERATIF	—	préfère	—	préférons	préférez	—
PARTICIPE						
présent			préférant			
passé			préféré			
INFINITIF			préférer			
11. Essayer						
INDICATIF						
présent	essaie	essaies	essaie	essayons	essayez	essaient
passé composé	ai essayé	as essayé	a essayé	avons essayé	avez essayé	ont essayé
imparfait	essayais	essayais	essayait	essayions	essayiez	essayaient
plus-que-parfait	avais essayé	avais essayé	avait essayé	avions essayé	aviez essayé	avaient essayé
futur	essaierai	essaieras	essaiera	essaierons	essaierez	essaieront
passé simple	essayai	essayas	essaya	essayâmes	essayâtes	essayèrent
CONDITIONNEL						
présent	essaierais	essaierais	essaierait	essaierions	essaieriez	essaieraient
passé	aurais essayé	aurais essayé	aurait essayé	aurions essayé	auriez essayé	auraient essayé
SUBJONCTIF						
présent	essaie	essaies	essaie	essayions	essayiez	essaient
passé	aie essayé	aies essayé	ait essayé	ayons essayé	ayez essayé	aient essayé
IMPERATIF	—	essaie	—	essayons	essayez	—
PARTICIPE						
présent			essayant			
passé			essayé			
INFINITIF			essayer			

Modes et temps	Personnes du singulier lère	2ème	3ème	Personnes du pluriel lère	2ème	3ème
12. Boire						
INDICATIF						
présent	bois	bois	boit	buvons	buvez	boivent
passé composé	ai bu	as bu	a bu	avons bu	avez bu	ont bu
imparfait	buvais	buvais	buvait	buvions	buviez	buvaient
plus-que-parfait	avais bu	avais bu	avait bu	avions bu	aviez bu	avaient bu
futur	boirai	boiras	boira	boirons	boirez	boiront
passé simple	bus	bus	but	bûmes	bûtes	burent
CONDITIONNEL						
présent	boirais	boirais	boirait	boirions	boiriez	boiraient
passé	aurais bu	aurais bu	aurait bu	aurions bu	auriez bu	auraient bu
SUBJONCTIF						
présent	boive	boives	boive	buvions	buviez	boivent
passé	aie bu	aies bu	ait bu	ayons bu	ayez bu	aient bu
IMPERATIF	—	bois	—	buvons	buvez	—
PARTICIPE						
présent			buvant			
passé			bu			
INFINITIF			boire			
13. Conduire						
INDICATIF						
présent	conduis	conduis	conduit	conduisons	conduisez	conduisent
passé composé	ai conduit	as conduit	a conduit	avons conduit	avez conduit	ont conduit
imparfait	conduisais	conduisais	conduisait	conduisions	conduisiez	conduisaient
plus-que-parfait	avais conduit	avais conduit	avait conduit	avions conduit	aviez conduit	avaient conduit
futur	conduirai	conduiras	conduira	conduirons	conduirez	conduiront
passé simple	conduisis	conduisis	conduisit	conduisîmes	conduisîtes	conduisirent
CONDITIONNEL						
présent	conduirais	conduirais	conduirait	conduirions	conduiriez	conduiraient
passé	aurais conduit	aurais conduit	aurait conduit	aurions conduit	auriez conduit	auraient conduit
SUBJONCTIF						
présent	conduise	conduises	conduise	conduisions	conduisiez	conduisent
passé	aie conduit	aies conduit	ait conduit	ayons conduit	ayez conduit	aient conduit
IMPERATIF	—	conduis	—	conduisons	conduisez	—
PARTICIPE						
présent			conduisant			
passé			conduit			
INFINITIF			conduire			

Modes et temps	Personnes du singulier lère	2ème	3ème	Personnes du pluriel lère	2ème	3ème
14. Connaître						
INDICATIF						
présent	connais	connais	connaît	connaissons	connaissez	connaissent
passé composé	ai connu	as connu	a connu	avons connu	avez connu	ont connu
imparfait	connaissais	connaissais	connaissait	connaissions	connaissiez	connaissaient
plus-que-parfait	avais connu	avais connu	avait connu	avions connu	aviez connu	avaient connu
futur	connaîtrai	connaîtras	connaîtra	connaîtrons	connaîtrez	connaîtront
passé simple	connus	connus	connut	connûmes	connûtes	connurent
CONDITIONNEL						
présent	connaîtrais	connaîtrais	connaîtrait	connaîtrions	connaîtriez	connaîtraient
passé	aurais connu	aurais connu	aurait connu	aurions connu	auriez connu	auraient connu
SUBJONCTIF						
présent	connaisse	connaisses	connaisse	connaissions	connaissiez	connaissent
passé	aie connu	aies connu	ait connu	ayons connu	ayez connu	aient connu
IMPERATIF	—	connais	—	connaissons	connaissez	—
PARTICIPE						
présent			connaissant			
passé			connu			
INFINITIF			connaître			
15. Courir						
INDICATIF						
présent	cours	cours	court	courons	courez	courent
passé composé	ai couru	as couru	a couru	avons couru	avez couru	ont couru
imparfait	courais	courais	courait	courions	couriez	couraient
plus-que-parfait	avais couru	avais couru	avait couru	avions couru	aviez couru	avaient couru
futur	courrai	courras	courra	courrons	courrez	courront
passé simple	courus	courus	courut	courûmes	courûtes	coururent
CONDITIONNEL						
présent	courrais	courrais	courrait	courrions	courriez	courraient
passé	aurais couru	aurais couru	aurait couru	aurions couru	auriez couru	auraient couru
SUBJONCTIF						
présent	coure	coures	coure	courions	couriez	courent
passé	aie couru	aies couru	ait couru	ayons couru	ayez couru	aient couru
IMPERATIF	—	cours	—	courons	courez	—
PARTICIPE						
présent			courant			
passé			couru			
INFINITIF			courir			

Modes et temps	Personnes du singulier lère	2ème	3ème	Personnes du pluriel lère	2ème	3ème
16. Croire						
INDICATIF						
présent	crois	crois	croit	croyons	croyez	croient
passé composé	ai cru	as cru	a cru	avons cru	avez cru	ont cru
imparfait	croyais	croyais	croyait	croyions	croyiez	croyaient
plus-que-parfait	avais cru	avais cru	avait cru	avions cru	aviez cru	avaient cru
futur	croirai	croiras	croira	croirons	croirez	croiront
passé simple	crus	crus	crut	crûmes	crûtes	crurent
CONDITIONNEL						
présent	croirais	croirais	croirait	croirions	croiriez	croiraient
passé	aurais cru	aurais cru	aurait cru	aurions cru	auriez cru	auraient cru
SUBJONCTIF						
présent	croie	croies	croie	croyions	croyiez	croient
passé	aie cru	aies cru	ait cru	ayons cru	ayez cru	aient cru
IMPERATIF	—	crois	—	croyons	croyez	—
PARTICIPE						
présent			croyant			
passé			cru			
INFINITIF			croire			
17. Devoir						
INDICATIF						
présent	dois	dois	doit	devons	devez	doivent
passé composé	ai dû	as dû	a dû	avons dû	avez dû	ont dû
imparfait	devais	devais	devait	devions	deviez	devaient
plus-que-parfait	avais dû	avais dû	avait dû	avions dû	aviez dû	avaient dû
futur	devrai	devras	devra	devrons	devrez	devront
passé simple	dus	dus	dut	dûmes	dûtes	durent
CONDITIONNEL						
présent	devrais	devrais	devrait	devrions	devriez	devraient
passé	aurais dû	aurais dû	aurait dû	aurions dû	auriez dû	auraient dû
SUBJONCTIF						
présent	doive	doives	doive	devions	deviez	doivent
passé	aie dû	aies dû	ait dû	ayons dû	ayez dû	aient dû
IMPERATIF	—	dois	—	devons	devez	—
PARTICIPE						
présent			devant			
passé			dû			
INFINITIF			devoir			

Modes et temps	Personnes du singulier lère	2ème	3ème	Personnes du pluriel lère	2ème	3ème
18. Dire						
INDICATIF						
présent	dis	dis	dit	disons	dites	disent
passé composé	ai dit	as dit	a dit	avons dit	avez dit	ont dit
imparfait	disais	disais	disait	disions	disiez	disaient
plus-que-parfait	avais dit	avais dit	avait dit	avions dit	aviez dit	avaient dit
futur	dirai	diras	dira	dirons	direz	diront
passé simple	dis	dis	dit	dîmes	dîtes	dirent
CONDITIONNEL						
présent	dirais	dirais	dirait	dirions	diriez	diraient
passé	aurais dit	aurais dit	aurait dit	aurions dit	auriez dit	auraient dit
SUBJONCTIF						
présent	dise	dises	dise	disions	disiez	disent
passé	aie dit	aies dit	ait dit	ayons dit	ayez dit	aient dit
IMPERATIF	—	dis	—	disons	dites	—
PARTICIPE						
présent			disant			
passé			dit			
INFINITIF			dire			
19. Ecrire						
INDICATIF						
présent	écris	écris	écrit	écrivons	écrivez	écrivent
passé composé	ai écrit	as écrit	a écrit	avons écrit	avez écrit	ont écrit
imparfait	écrivais	écrivais	écrivait	écrivions	écriviez	écrivaient
plus-que-parfait	avais écrit	avais écrit	avait écrit	avions écrit	aviez écrit	avaient écrit
futur	écrirai	écriras	écrira	écrirons	écrirez	écriront
passé simple	écrivis	écrivis	écrivit	écrivîmes	écrivîtes	écrivirent
CONDITIONNEL						
présent	écrirais	écrirais	écrirait	écririons	écririez	écriraient
passé	aurais écrit	aurais écrit	aurait écrit	aurions écrit	auriez écrit	auraient écrit
SUBJONCTIF						
présent	écrive	écrives	écrive	écrivions	écriviez	écrivent
passé	aie écrit	aies écrit	ait écrit	ayons écrit	ayez écrit	aient écrit
IMPERATIF	—	écris	—	écrivons	écrivez	—
PARTICIPE						
présent			écrivant			
passé			écrit			
INFINITIF			écrire			

Modes et temps	Personnes du singulier lère	2ème	3ème	Personnes du pluriel lère	2ème	3ème
20. Eteindre						
INDICATIF						
présent	éteins	éteins	éteint	éteignons	éteignez	éteignent
passé composé	ai éteint	as éteint	a éteint	avons éteint	avez éteint	ont éteint
imparfait	éteignais	éteignais	éteignait	éteignions	éteigniez	éteignaient
plus-que-parfait	avais éteint	avais éteint	avait éteint	avions éteint	aviez éteint	avaient éteint
futur	éteindrai	éteindras	éteindra	éteindrons	éteindrez	éteindront
passé simple	éteignis	éteignis	éteignit	éteignîmes	éteignîtes	éteignirent
CONDITIONNEL						
présent	éteindrais	éteindrais	éteindrait	éteindrions	éteindriez	éteindraient
passé	aurais éteint	aurais éteint	aurait éteint	aurions éteint	auriez éteint	auraient éteint
SUBJONCTIF						
présent	éteigne	éteignes	éteigne	éteignions	éteigniez	éteignent
passé	aie éteint	aies éteint	ait éteint	ayons éteint	ayez éteint	aient éteint
IMPERATIF	—	éteins	—	éteignons	éteignez	—
PARTICIPE						
présent			éteignant			
passé			éteint			
INFINITIF			éteindre			
21. Faire						
INDICATIF						
présent	fais	fais	fait	faisons	faites	font
passé composé	ai fait	as fait	a fait	avons fait	avez fait	ont fait
imparfait	faisais	faisais	faisait	faisions	faisiez	faisaient
plus-que-parfait	avais fait	avais fait	avait fait	avions fait	aviez fait	avaient fait
futur	ferai	feras	fera	ferons	ferez	feront
passé simple	fis	fis	fit	fîmes	fîtes	firent
CONDITIONNEL						
présent	ferais	ferais	ferait	ferions	feriez	feraient
passé	aurais fait	aurais fait	aurait fait	aurions fait	auriez fait	auraient fait
SUBJONCTIF						
présent	fasse	fasses	fasse	fassions	fassiez	fassent
passé	aie fait	aies fait	ait fait	ayons fait	ayez fait	aient fait
IMPERATIF	—	fais	—	faisons	faites	—
PARTICIPE						
présent			faisant			
passé			fait			
INFINITIF			faire			

Modes et temps	Personnes du singulier lère	2ème	3ème	Personnes du pluriel lère	2ème	3ème
22. Falloir						
INDICATIF						
présent	—	—	faut	—	—	—
passé composé	—	—	a fallu	—	—	—
imparfait	—	—	fallait	—	—	—
plus-que-parfait	—	—	avait fallu	—	—	—
futur	—	—	faudra	—	—	—
passé simple	—	—	fallut	—	—	—
CONDITIONNEL						
présent	—	—	faudrait	—	—	—
passé	—	—	aurait fallu	—	—	—
SUBJONCTIF						
présent	—	—	faille	—	—	—
passé	—	—	ait fallu	—	—	—
IMPERATIF	—	—	—	—	—	—
PARTICIPE						
présent			—			
passé			fallu			
INFINITIF			falloir			
23. Lire						
INDICATIF						
présent	lis	lis	lit	lisons	lisez	lisent
passé composé	ai lu	as lu	a lu	avons lu	avez lu	ont lu
imparfait	lisais	lisais	lisait	lisions	lisiez	lisaient
plus-que-parfait	avais lu	avais lu	avait lu	avions lu	aviez lu	avaient lu
futur	lirai	liras	lira	lirons	lirez	liront
passé simple	lus	lus	lut	lûmes	lûtes	lurent
CONDITIONNEL						
présent	lirais	lirais	lirait	lirions	liriez	liraient
passé	aurais lu	aurais lu	aurait lu	aurions lu	auriez lu	auraient lu
SUBJONCTIF						
présent	lise	lises	lise	lisions	lisiez	lisent
passé	aie lu	aies lu	ait lu	ayons lu	ayez lu	aient lu
IMPERATIF	—	lis	—	lisons	lisez	—
PARTICIPE						
présent			lisant			
passé			lu			
INFINITIF			lire			

Modes et temps	Personnes du singulier lère	2ème	3ème	Personnes du pluriel lère	2ème	3ème
24. Mettre						
INDICATIF						
présent	mets	mets	met	mettons	mettez	mettent
passé composé	ai mis	as mis	a mis	avons mis	avez mis	ont mis
imparfait	mettais	mettais	mettait	mettions	mettiez	mettaient
plus-que-parfait	avais mis	avais mis	avait mis	avions mis	aviez mis	avaient mis
futur	mettrai	mettras	mettra	mettrons	mettrez	mettront
passé simple	mis	mis	mit	mîmes	mîtes	mirent
CONDITIONNEL						
présent	mettrais	mettrais	mettrait	mettrions	mettriez	mettraient
passé	aurais mis	aurais mis	aurait mis	aurions mis	auriez mis	auraient mis
SUBJONCTIF						
présent	mette	mettes	mette	mettions	mettiez	mettent
passé	aie mis	aies mis	ait mis	ayons mis	ayez mis	aient mis
IMPERATIF	—	mets	—	mettons	mettez	—
PARTICIPE						
présent			mettant			
passé			mis			
INFINITIF			mettre			

Modes et temps	lère	2ème	3ème	lère	2ème	3ème
25. Mourir						
INDICATIF						
présent	meurs	meurs	meurt	mourons	mourez	meurent
passé composé	suis mort(e)	es mort(e)	est mort(e)	sommes mort(e)s	êtes mort(e)(s)	sont mort(e)s
imparfait	mourais	mourais	mourait	mourions	mouriez	mouraient
plus-que-parfait	étais mort(e)	étais mort(e)	était mort(e)	étions mort(e)s	étiez mort(e)(s)	étaient mort(e)s
futur	mourrai	mourras	mourra	mourrons	mourrez	mourront
passé simple	mourus	mourus	mourut	mourûmes	mourûtes	moururent
CONDITIONNEL						
présent	mourrais	mourrais	mourrait	mourrions	mourriez	mourraient
passé	serais mort(e)	serais mort(e)	serait mort(e)	serions mort(e)s	seriez mort(e)(s)	seraient mort(e)s
SUBJONCTIF						
présent	meure	meures	meure	mourions	mouriez	meurent
passé	sois mort(e)	sois mort(e)	soit mort(e)	soyons mort(e)s	soyez mort(e)(s)	soient mort(e)s
IMPERATIF	—	meurs	—	mourons	mourez	—
PARTICIPE						
présent			mourant			
passé			mort			
INFINITIF			mourir			

Modes et temps	Personnes du singulier lère	2ème	3ème	Personnes du pluriel lère	2ème	3ème
26. Naître						
INDICATIF						
présent	nais	nais	naît	naissons	naissez	naissent
passé composé	suis né(e)	es né(e)	est né(e)	sommes né(e)s	êtes né(e)(s)	sont né(e)s
imparfait	naissais	naissais	naissait	naissions	naissiez	naissaient
plus-que-parfait	étais né(e)	étais né(e)	était né(e)	étions né(e)s	étiez né(e)(s)	étaient né(e)s
futur	naîtrai	naîtras	naîtra	naîtrons	naîtrez	naîtront
passé simple	naquis	naquis	naquit	naquîmes	naquîtes	naquirent
CONDITIONNEL						
présent	naîtrais	naîtrais	naîtrait	naîtrions	naîtriez	naîtraient
passé	serais né(e)	serais né(e)	serait né(e)	serions né(e)s	seriez né(e)(s)	seraient né(e)s
SUBJONCTIF						
présent	naisse	naisses	naisse	naissions	naissiez	naissent
passé	sois né(e)	sois né(e)	soit né(e)	soyons né(e)s	soyez né(e)(s)	soient né(e)s
IMPERATIF	—	nais	—	naissons	naissez	—
PARTICIPE						
présent			naissant			
passé			né			
INFINITIF			naître			
27. Offrir						
INDICATIF						
présent	offre	offres	offre	offrons	offrez	offrent
passé composé	ai offert	as offert	a offert	avons offert	avez offert	ont offert
imparfait	offrais	offrais	offrait	offrions	offriez	offraient
plus-que-parfait	avais offert	avais offert	avait offert	avions offert	aviez offert	avaient offert
futur	offrirai	offriras	offrira	offrirons	offrirez	offriront
passé simple	offris	offris	offrit	offrîmes	offrîtes	offrirent
CONDITIONNEL						
présent	offrirais	offrirais	offrirait	offririons	offririez	offriraient
passé	aurais offert	aurais offert	aurait offert	aurions offert	auriez offert	auraient offert
SUBJONCTIF						
présent	offre	offres	offre	offrions	offriez	offrent
passé	aie offert	aies offert	ait offert	ayons offert	ayez offert	aient offert
IMPERATIF	—	offre	—	offrons	offrez	—
PARTICIPE						
présent			offrant			
passé			offert			
INFINITIF			offrir			

Modes et temps	Personnes du singulier 1ère	2ème	3ème	Personnes du pluriel 1ère	2ème	3ème
28. Partir						
INDICATIF						
présent	pars	pars	part	partons	partez	partent
passé composé	suis parti(e)	es parti(e)	est parti(e)	sommes parti(e)s	êtes parti(e)(s)	sont parti(e)s
imparfait	partais	partais	partait	partions	partiez	partaient
plus-que-parfait	étais parti(e)	étais parti(e)	était parti(e)	étions parti(e)s	étiez parti(e)(s)	étaient parti(e)s
futur	partirai	partiras	partira	partirons	partirez	partiront
passé simple	partis	partis	partit	partîmes	partîtes	partirent
CONDITIONNEL						
présent	partirais	partirais	partirait	partirions	partiriez	partiraient
passé	serais parti(e)	serais parti(e)	serait parti(e)	serions parti(e)s	seriez parti(e)(s)	seraient parti(e)s
SUBJONCTIF						
présent	parte	partes	parte	partions	partiez	partent
passé	sois parti(e)	sois parti(e)	soit parti(e)	soyons parti(e)s	soyez parti(e)(s)	soient parti(e)s
IMPERATIF	—	pars	—	partons	partez	—
PARTICIPE						
présent			partant			
passé			parti			
INFINITIF			partir			
29. Plaire						
INDICATIF						
présent	plais	plais	plaît	plaisons	plaisez	plaisent
passé composé	ai plu	as plu	a plu	avons plu	avez plu	ont plu
imparfait	plaisais	plaisais	plaisait	plaisions	plaisiez	plaisaient
plus-que-parfait	avais plu	avais plu	avait plu	avions plu	aviez plu	avaient plu
futur	plairai	plairas	plaira	plairons	plairez	plairont
passé simple	plus	plus	plut	plûmes	plûtes	plurent
CONDITIONNEL						
présent	plairais	plairais	plairait	plairions	plairiez	plairaient
passé	aurais plu	aurais plu	aurait plu	aurions plu	auriez plu	auraient plu
SUBJONCTIF						
présent	plaise	plaises	plaise	plaisions	plaisiez	plaisent
passé	aie plu	aies plu	ait plu	ayons plu	ayez plu	aient plu
IMPERATIF	—	plais	—	plaisons	plaisez	—
PARTICIPE						
présent			plaisant			
passé			plu			
INFINITIF			plaire			

Modes et temps	Personnes du singulier lère	2ème	3ème	Personnes du pluriel lère	2ème	3ème
30. Pleuvoir						
INDICATIF						
présent	—	—	pleut	—	—	—
passé composé	—	—	a plu	—	—	—
imparfait	—	—	pleuvait	—	—	—
plus-que-parfait	—	—	avait plu	—	—	—
futur	—	—	pleuvra	—	—	—
passé simple	—	—	plut	—	—	—
CONDITIONNEL						
présent	—	—	pleuvrait	—	—	—
passé	—	—	aurait plu	—	—	—
SUBJONCTIF						
présent	—	—	pleuve	—	—	—
passé	—	—	ait plu	—	—	—
IMPERATIF	—	—	—	—	—	—
PARTICIPE						
présent			pleuvant			
passé			plu			
INFINITIF			pleuvoir			
31. Pouvoir						
INDICATIF						
présent	peux	peux	peut	pouvons	pouvez	peuvent
passé composé	ai pu	as pu	a pu	avons pu	avez pu	ont pu
imparfait	pouvais	pouvais	pouvait	pouvions	pouviez	pouvaient
plus-que-parfait	avais pu	avais pu	avait pu	avions pu	aviez pu	avaient pu
futur	pourrai	pourras	pourra	pourrons	pourrez	pourront
passé simple	pus	pus	put	pûmes	pûtes	purent
CONDITIONNEL						
présent	pourrais	pourrais	pourrait	pourrions	pourriez	pourraient
passé	aurais pu	aurais pu	aurait pu	aurions pu	auriez pu	auraient pu
SUBJONCTIF						
présent	puisse	puisses	puisse	puissions	puissiez	puissent
passé	aie pu	aies pu	ait pu	ayons pu	ayez pu	aient pu
IMPERATIF	—	—	—	—	—	—
PARTICIPE						
présent			pouvant			
passé			pu			
INFINITIF			pouvoir			

Modes et temps	Personnes du singulier lère	2ème	3ème	Personnes du pluriel lère	2ème	3ème
32. Prendre						
INDICATIF						
présent	prends	prends	prend	prenons	prenez	prennent
passé composé	ai pris	as pris	a pris	avons pris	avez pris	ont pris
imparfait	prenais	prenais	prenait	prenions	preniez	prenaient
plus-que-parfait	avais pris	avais pris	avait pris	avions pris	aviez pris	avaient pris
futur	prendrai	prendras	prendra	prendrons	prendrez	prendront
passé simple	pris	pris	prit	prîmes	prîtes	prirent
CONDITIONNEL						
présent	prendrais	prendrais	prendrait	prendrions	prendriez	prendraient
passé	aurais pris	aurais pris	aurait pris	aurions pris	auriez pris	auraient pris
SUBJONCTIF						
présent	prenne	prennes	prenne	prenions	preniez	prennent
passé	aie pris	aies pris	ait pris	ayons pris	ayez pris	aient pris
IMPERATIF	—	prends	—	prenons	prenez	—
PARTICIPE						
présent			prenant			
passé			pris			
INFINITIF			prendre			

Modes et temps	lère	2ème	3ème	lère	2ème	3ème
33. Recevoir						
INDICATIF						
présent	reçois	reçois	reçoit	recevons	recevez	reçoivent
passé composé	ai reçu	as reçu	a reçu	avons reçu	avez reçu	ont reçu
imparfait	recevais	recevais	recevait	recevions	receviez	recevaient
plus-que-parfait	avais reçu	avais reçu	avait reçu	avions reçu	aviez reçu	avaient reçu
futur	recevrai	recevras	recevra	recevrons	recevrez	recevront
passé simple	reçus	reçus	reçut	reçûmes	reçûtes	reçurent
CONDITIONNEL						
présent	recevrais	recevrais	recevrait	recevrions	recevriez	recevraient
passé	aurais reçu	aurais reçu	aurait reçu	aurions reçu	auriez reçu	auraient reçu
SUBJONCTIF						
présent	reçoive	reçoives	reçoive	recevions	receviez	reçoivent
passé	aie reçu	aies reçu	ait reçu	ayons reçu	ayez reçu	aient reçu
IMPERATIF	—	reçois	—	recevons	recevez	—
PARTICIPE						
présent			recevant			
passé			reçu			
INFINITIF			recevoir			

Modes et temps	Personnes du singulier lère	2ème	3ème	Personnes du pluriel lère	2ème	3ème
34. Savoir						
INDICATIF						
présent	sais	sais	sait	savons	savez	savent
passé composé	ai su	as su	a su	avons su	avez su	ont su
imparfait	savais	savais	savait	savions	saviez	savaient
plus-que-parfait	avais su	avais su	avait su	avions su	aviez su	avaient su
futur	saurai	sauras	saura	saurons	saurez	sauront
passé simple	sus	sus	sut	sûmes	sûtes	surent
CONDITIONNEL						
présent	saurais	saurais	saurait	saurions	sauriez	sauraient
passé	aurais su	aurais su	aurait su	aurions su	auriez su	auraient su
SUBJONCTIF						
présent	sache	saches	sache	sachions	sachiez	sachent
passé	aie su	aies su	ait su	ayons su	ayez su	aient su
IMPERATIF	—	sache	—	sachons	sachez	—
PARTICIPE						
présent			sachant			
passé			su			
INFINITIF			savoir			
35. Sourire						
INDICATIF						
présent	souris	souris	sourit	sourions	souriez	sourient
passé composé	ai souri	as souri	a souri	avons souri	avez souri	ont souri
imparfait	souriais	souriais	souriait	souriions	souriiez	souriaient
plus-que-parfait	avais souri	avais souri	avait souri	avions souri	aviez souri	avaient souri
futur	sourirai	souriras	sourira	sourirons	sourirez	souriront
passé simple	souris	souris	sourit	sourîmes	sourîtes	sourirent
CONDITIONNEL						
présent	sourirais	sourirais	sourirait	souririons	souririez	souriraient
passé	aurais souri	aurais souri	aurait souri	aurions souri	auriez souri	auraient souri
SUBJONCTIF						
présent	sourie	souries	sourie	souriions	souriiez	sourient
passé	aie souri	aies souri	ait souri	ayons souri	ayez souri	aient souri
IMPERATIF	—	souris	—	sourions	souriez	—
PARTICIPE						
présent			souriant			
passé			souri			
INFINITIF			sourire			

Modes et temps	Personnes du singulier lère	2ème	3ème	Personnes du pluriel lère	2ème	3ème
36. Suivre						
INDICATIF						
présent	suis	suis	suit	suivons	suivez	suivent
passé composé	ai suivi	as suivi	a suivi	avons suivi	avez suivi	ont suivi
imparfait	suivais	suivais	suivait	suivions	suiviez	suivaient
plus-que-parfait	avais suivi	avais suivi	avait suivi	avions suivi	aviez suivi	avaient suivi
futur	suivrai	suivras	suivra	suivrons	suivrez	suivront
passé simple	suivis	suivis	suivit	suivîmes	suivîtes	suivirent
CONDITIONNEL						
présent	suivrais	suivrais	suivrait	suivrions	suivriez	suivraient
passé	aurais suivi	aurais suivi	aurait suivi	aurions suivi	auriez suivi	auraient suivi
SUBJONCTIF						
présent	suive	suives	suive	suivions	suiviez	suivent
passé	aie suivi	aies suivi	ait suivi	ayons suivi	ayez suivi	aient suivi
IMPERATIF	—	suis	—	suivons	suivez	—
PARTICIPE						
présent			suivant			
passé			suivi			
INFINITIF			suivre			
37. Tenir						
INDICATIF						
présent	tiens	tiens	tient	tenons	tenez	tiennent
passé composé	ai tenu	as tenu	a tenu	avons tenu	avez tenu	ont tenu
imparfait	tenais	tenais	tenait	tenions	teniez	tenaient
plus-que-parfait	avais tenu	avais tenu	avait tenu	avions tenu	aviez tenu	avaient tenu
futur	tiendrai	tiendras	tiendra	tiendrons	tiendrez	tiendront
passé simple	tins	tins	tint	tînmes	tîntes	tinrent
CONDITIONNEL						
présent	tiendrais	tiendrais	tiendrait	tiendrions	tiendriez	tiendraient
passé	aurais tenu	aurais tenu	aurait tenu	aurions tenu	auriez tenu	auraient tenu
SUBJONCTIF						
présent	tienne	tiennes	tienne	tenions	teniez	tiennent
passé	aie tenu	aies tenu	ait tenu	ayons tenu	ayez tenu	aient tenu
IMPERATIF	—	tiens	—	tenons	tenez	—
PARTICIPE						
présent			tenant			
passé			tenu			
INFINITIF			tenir			

Modes et temps	Personnes du singulier lère	2ème	3ème	Personnes du pluriel lère	2ème	3ème
38. Valoir						
INDICATIF						
présent	vaux	vaux	vaut	valons	valez	valent
passé composé	ai valu	as valu	a valu	avons valu	avez valu	ont valu
imparfait	valais	valais	valait	valions	valiez	valaient
plus-que-parfait	avais valu	avais valu	avait valu	avions valu	aviez valu	avaient valu
futur	vaudrai	vaudras	vaudra	vaudrons	vaudrez	vaudront
passé simple	valus	valus	valut	valûmes	valûtes	valurent
CONDITIONNEL						
présent	vaudrais	vaudrais	vaudrait	vaudrions	vaudriez	vaudraient
passé	aurais valu	aurais valu	aurait valu	aurions valu	auriez valu	auraient valu
SUBJONCTIF						
présent	vaille	vailles	vaille	valions	valiez	vaillent
passé	aie valu	aies valu	ait valu	ayons valu	ayez valu	aient valu
IMPERATIF	—	vaux	—	valons	valez	—
PARTICIPE						
présent			valant			
passé			valu			
INFINITIF			valoir			
39. Venir						
INDICATIF						
présent	viens	viens	vient	venons	venez	viennent
passé composé	suis venu(e)	es venu(e)	est venu(e)	sommes venu(e)s	êtes venu(e)(s)	sont venu(e)s
imparfait	venais	venais	venait	venions	veniez	venaient
plus-que-parfait	étais venu(e)	étais venu(e)	était venu(e)	étions venu(e)s	étiez venu(e)(s)	étaient venu(e)s
futur	viendrai	viendras	viendra	viendrons	viendrez	viendront
passé simple	vins	vins	vint	vînmes	vîntes	vinrent
CONDITIONNEL						
présent	viendrais	viendrais	viendrait	viendrions	viendriez	viendraient
passé	serais venu(e)	serais venu(e)	serait venu(e)	serions venu(e)s	seriez venu(e)(s)	seraient venu(e)s
SUBJONCTIF						
présent	vienne	viennes	vienne	venions	veniez	viennent
passé	sois venu(e)	sois venu(e)	soit venu(e)	soyons venu(e)s	soyez venu(e)(s)	soient venu(e)s
IMPERATIF	—	viens	—	venons	venez	—
PARTICIPE						
présent			venant			
passé			venu			
INFINITIF			venir			

Modes et temps	Personnes du singulier lère	2ème	3ème	Personnes du pluriel lère	2ème	3ème
40. Vivre						
INDICATIF						
présent	vis	vis	vit	vivons	vivez	vivent
passé composé	ai vécu	as vécu	a vécu	avons vécu	avez vécu	ont vécu
imparfait	vivais	vivais	vivait	vivions	viviez	vivaient
plus-que-parfait	avais vécu	avais vécu	avait vécu	avions vécu	aviez vécu	avaient vécu
futur	vivrai	vivras	vivra	vivrons	vivrez	vivront
passé simple	vécus	vécus	vécut	vécûmes	vécûtes	vécurent
CONDITIONNEL						
présent	vivrais	vivrais	vivrait	vivrions	vivriez	vivraient
passé	aurais vécu	aurais vécu	aurait vécu	aurions vécu	auriez vécu	auraient vécu
SUBJONCTIF						
présent	vive	vives	vive	vivions	viviez	vivent
passé	aie vécu	aies vécu	ait vécu	ayons vécu	ayez vécu	aient vécu
IMPERATIF	—	vis	—	vivons	vivez	—
PARTICIPE						
présent			vivant			
passé			vécu			
INFINITIF			vivre			
41. Voir						
INDICATIF						
présent	vois	vois	voit	voyons	voyez	voient
passé composé	ai vu	as vu	a vu	avons vu	avez vu	ont vu
imparfait	voyais	voyais	voyait	voyions	voyiez	voyaient
plus-que-parfait	avais vu	avais vu	avait vu	avions vu	aviez vu	avaient vu
futur	verrai	verras	verra	verrons	verrez	verront
passé simple	vis	vis	vit	vîmes	vîtes	virent
CONDITIONNEL						
présent	verrais	verrais	verrait	verrions	verriez	verraient
passé	aurais vu	aurais vu	aurait vu	aurions vu	auriez vu	auraient vu
SUBJONCTIF						
présent	voie	voies	voie	voyions	voyiez	voient
passé	aie vu	aies vu	ait vu	ayons vu	ayez vu	aient vu
IMPERATIF	—	vois	—	voyons	voyez	—
PARTICIPE						
présent			voyant			
passé			vu			
INFINITIF			voir			

Modes et temps	Personnes du singulier lère	2ème	3ème	Personnes du pluriel lère	2ème	3ème
42. Vouloir						
INDICATIF						
présent	veux	veux	veut	voulons	voulez	veulent
passé composé	ai voulu	as voulu	a voulu	avons voulu	avez voulu	ont voulu
imparfait	voulais	voulais	voulait	voulions	vouliez	voulaient
plus-que-parfait	avais voulu	avais voulu	avait voulu	avions voulu	aviez voulu	avaient voulu
futur	voudrai	voudras	voudra	voudrons	voudrez	voudront
passé simple	voulus	voulus	voulut	voulûmes	voulûtes	voulurent
CONDITIONNEL						
présent	voudrais	voudrais	voudrait	voudrions	voudriez	voudraient
passé	aurais voulu	aurais voulu	aurait voulu	aurions voulu	auriez voulu	auraient voulu
SUBJONCTIF						
présent	veuille	veuilles	veuille	voulions	vouliez	veuillent
passé	aie voulu	aies voulu	ait voulu	ayons voulu	ayez voulu	aient voulu
IMPERATIF	—	veuille	—	veuillons	veuillez	—
PARTICIPE						
présent			voulant			
passé			voulu			
INFINITIF			vouloir			
*** Accroître**						
INDICATIF						
présent	accrois	accrois	accroît	accroissons	accroissez	accroissent
passé composé	ai accru	as accru	a accru	avons accru	avez accru	ont accru
imparfait	accroissais	accroissais	accroissait	accroissions	accroissiez	accroissaient
plus-que-parfait	avais accru	avais accru	avait accru	avions accru	aviez accru	avaient accru
futur	accroîtrai	accroîtras	accroîtra	accroîtrons	accroîtrez	accroîtront
passé simple	accrus	accrus	accrût	accrûmes	accrûtes	accrûrent
CONDITIONNEL						
présent	accroîtrais	accroîtrais	accroîtrait	accroîtrions	accroîtriez	accroîtraient
passé	aurais accru	aurais accru	aurait accru	aurions accru	auriez accru	auraient accru
SUBJONCTIF						
présent	accroisse	accroisses	accroisse	accroissions	accroissiez	accroissent
passé	aie accru	aies accru	ait accru	ayons accru	ayez accru	aient accru
IMPERATIF	—	accrois	—	accroîssons	accroîssez	—
PARTICIPE						
présent			accroissant			
passé			accru			
INFINITIF			accroître			

Modes et temps	Personnes du singulier lère	2ème	3ème	Personnes du pluriel lère	2ème	3ème

* Acquérir (Conquerir)

Modes et temps	lère	2ème	3ème	lère	2ème	3ème
INDICATIF						
présent	acquiers	acquiers	acquiert	acquérons	acquérez	acquièrent
passé composé	ai acquis	as acquis	a acquis	avons acquis	avez acquis	ont acquis
imparfait	acquérais	acquérais	acquérait	acquérions	acquériez	acquéraient
plus-que-parfait	avais acquis	avais acquis	avait acquis	avions acquis	aviez acquis	avaient acquis
futur	acquerrai	acquerras	acquerra	acquerrons	acquerrez	acquerront
passé simple	acquis	acquis	acquit	acquîmes	acquîtes	acquirent
CONDITIONNEL						
présent	acquerrais	acquerrais	acquerrait	acquerrions	acquerriez	acquerraient
passé	aurais acquis	aurais acquis	aurait acquis	aurions acquis	auriez acquis	auraient acquis
SUBJONCTIF						
présent	acquière	acquières	acquière	acquérions	acquériez	acquièrent
passé	aie acquis	aies acquis	ait acquis	ayons acquis	ayez acquis	aient acquis
IMPERATIF	—	acquiers	—	acquérons	acquérez	—
PARTICIPE						
présent			acquérant			
passé			acquis			
INFINITIF			acquérir			

* Asseoir (S')

Modes et temps	lère	2ème	3ème	lère	2ème	3ème
INDICATIF						
présent	m'assieds	t'assieds	s'assied	nous asseyons	vous asseyez	s'asseyent
passé composé	me suis assis(e)	t'es assis(e)	s'est assis(e)	nous sommes assis(es)	vous êtes assis(e)(es)	se sont assis(es)
imparfait	m'asseyais	t'asseyais	s'asseyait	nous asseyions	vous asseyiez	s'asseyaient
plus-que-parfait	m'étais assis(e)	t'étais assis(e)	s'était assis(e)	nous étions assis(es)	vous êtiez assis(e)(es)	s'étaient assis(es)
futur	m'assiérai	t'assiéras	s'assiéra	nous assiérons	vous assiérez	s'assiéront
passé simple	m'assis	t'assis	s'assit	nous assîmes	vous assîtes	s'assirent
CONDITIONNEL						
présent	m'assiérais	t'assiérais	s'assiérait	nous assiérions	vous assiériez	s'assiéraient
passé	me serais assis(e)	te serais assis(e)	se serait assis(e)	nous serions assis(es)	vous seriez assis(e)(es)	se seraient assis(es)
SUBJONCTIF						
présent	m'asseye	t'asseyes	s'asseye	nous asseyions	vous asseyiez	s'asseyent
passé	me sois assis(e)	te sois assis(e)	se soit assis(e)	nous soyons assis(es)	vous soyez assis(e)(es)	se soient assis(es)
IMPERATIF	—	assieds-toi	—	asseyons-nous	asseyez-vous	—
PARTICIPE						
présent			s'asseyant			
passé			assis			
INFINITIF			s'asseoir			

Modes et temps	Personnes du singulier lère	2ème	3ème	Personnes du pluriel lère	2ème	3ème

*** Conclure (Exclure)**

INDICATIF						
présent	conclus	conclus	conclut	concluons	concluez	concluent
passé composé	ai conclu	as conclu	a conclu	avons conclu	avez conclu	ont conclu
imparfait	concluais	concluais	concluait	concluions	concluiez	concluaient
plus-que-parfait	avais conclu	avais conclu	avait conclu	avions conclu	aviez conclu	avaient conclu
futur	conclurai	concluras	conclura	conclurons	conclurez	concluront
passé simple	conclus	conclus	conclut	conclûmes	conclûtes	conclurent
CONDITIONNEL						
présent	conclurais	conclurais	conclurait	conclurions	concluriez	concluraient
passé	aurais conclu	aurais conclu	aurait conclu	aurions conclu	auriez conclu	auraient conclu
SUBJONCTIF						
présent	conclue	conclues	conclue	concluions	concluiez	concluent
passé	aie conclu	aies conclu	ait conclu	ayons conclu	ayez conclu	aient conclu
IMPERATIF	—	conclus	—	concluons	concluez	—
PARTICIPE						
présent			concluant			
passé			conclu			
INFINITIF			conclure			

*** Conquerir. *See* Acquérir**

*** Convaincre**

INDICATIF						
présent	convaincs	convaincs	convainc	convainquons	convainquez	convainquent
passé composé	ai convaincu	as convaincu	a convaincu	avons convaincu	avez convaincu	ont convaincu
imparfait	convainquais	convainquais	convainquait	convainquions	convainquiez	convainquaient
plus-que-parfait	avais convaincu	avais convaincu	avait convaincu	avions convaincu	aviez convaincu	avaient convaincu
futur	convaincrai	convaincras	convaincra	convaincrons	convaincrez	convaincront
passé simple	convainquis	convainquis	convainquit	convainquîmes	convainquîtes	convainquirent
CONDITIONNEL						
présent	convaincrais	convaincrais	convaincrait	convaincrions	convaincriez	convaincraient
passé	aurais convaincu	aurais convaincu	aurait convaincu	aurions convaincu	auriez convaincu	auraient convaincu
SUBJONCTIF						
présent	convainque	convainques	convainque	convainquions	convainquiez	convainquent
passé	aie convaincu	aies convaincu	ait convaincu	ayons convaincu	ayez convaincu	aient convaincu
IMPERATIF	—	convaincs	—	convainquons	convainquez	—
PARTICIPE						
présent			convainquant			
passé			convaincu			
INFINITIF			convaincre			

Modes et temps	Personnes du singulier lère	2ème	3ème	Personnes du pluriel lère	2ème	3ème
*** Coudre**						
INDICATIF						
présent	couds	couds	coud	cousons	cousez	cousent
passé composé	ai cousu	as cousu	a cousu	avons cousu	avez cousu	ont cousu
imparfait	cousais	cousais	cousait	cousions	cousiez	cousaient
plus-que-parfait	avais cousu	avais cousu	avait cousu	avions cousu	aviez cousu	avaient cousu
futur	coudrai	coudras	coudra	coudrons	coudrez	coudront
passé simple	cousis	cousis	cousit	cousîmes	cousîtes	cousirent
CONDITIONNEL						
présent	coudrais	coudrais	coudrait	coudrions	coudriez	coudraient
passé	aurais cousu	aurais cousu	aurait cousu	aurions cousu	auriez cousu	auraient cousu
SUBJONCTIF						
présent	couse	couses	couse	cousions	cousiez	cousent
passé	aie cousu	aies cousu	ait cousu	ayons cousu	ayez cousu	aient cousu
IMPERATIF	—	couds	—	cousons	cousez	—
PARTICIPE						
présent			cousant			
passé			cousu			
INFINITIF			coudre			
*** Cueillir**						
INDICATIF						
présent	cueille	cueilles	cueille	cueillons	cueillez	cueillent
passé composé	ai cueilli	as cueilli	a cueilli	avons cueilli	avez cueilli	ont cueilli
imparfait	cueillais	cueillais	cueillait	cueillions	cueilliez	cueillaient
plus-que-parfait	avais cueilli	avais cueilli	avait cueilli	avions cueilli	aviez cueilli	avaient cueilli
futur	cueillerai	cueilleras	cueillera	cueillerons	cueillerez	cueilleront
passé simple	cueillis	cueillis	cueillit	cueillîmes	cueillîtes	cueillirent
CONDITIONNEL						
présent	cueillerais	cueillerais	cueillerait	cueillerions	cueilleriez	cueilleraient
passé	aurais cueilli	aurais cueilli	aurait cueilli	aurions cueilli	auriez cueilli	auraient cueilli
SUBJONCTIF						
présent	cueille	cueilles	cueille	cueillions	cueilliez	cueillent
passé	aie cueilli	aies cueilli	ait cueilli	ayons cueilli	ayez cueilli	aient cueilli
IMPERATIF	—	cueille	—	cueillons	cueillez	—
PARTICIPE						
présent			cueillant			
passé			cueilli			
INFINITIF			cueillir			

Modes et temps	Personnes du singulier lère	2ème	3ème	Personnes du pluriel lère	2ème	3ème

*** Distraire (Extraire, Traire)**

INDICATIF						
présent	distrais	distrais	distrait	distrayons	distrayez	distraient
passé composé	ai distrait	as distrait	a distrait	avons distrait	avez distrait	ont distrait
imparfait	distrayais	distrayais	distrayait	distrayions	distrayiez	distrayaient
plus-que-parfait	avais distrait	avais distrait	avait distrait	avions distrait	aviez distrait	avaient distrait
futur	distrairai	distrairas	distraira	distrairons	distrairez	distrairont
passé simple	—	—	—	—	—	—
CONDITIONNEL						
présent	distrairais	distrairais	distrairait	distrairions	distrairiez	distrairaient
passé	aurais disrait	aurais distrait	aurait distrait	aurions distrait	auriez distrait	auraient distrait
SUBJONCTIF						
présent	distraie	distraies	distraie	distrayions	distrayiez	distraient
passé	aie distrait	aies distrait	ait distrait	ayons distrait	ayez distrait	aient distrait
IMPERATIF	—	distrais	—	distrayons	distrayez	—
PARTICIPE						
présent			distrayant			
passé			distrait			
INFINITIF			distraire			

*** S'Enfuir. *See* Fuir**

*** Envoyer (Renvoyer)**

INDICATIF						
présent	envoie	envoies	envoie	envoyons	envoyez	envoient
passé composé	ai envoyé	as envoyé	a envoyé	avons envoyé	avez envoyé	ont envoyé
imparfait	envoyais	envoyais	envoyait	envoyions	envoyiez	envoyaient
plus-que-parfait	avais envoyé	avais envoyé	avait envoyé	avions envoyé	aviez envoyé	avaient envoyé
futur	enverrai	enverras	enverra	enverrons	enverrez	enverront
passé simple	envoyai	envoyas	envoya	envoyâmes	envoyâtes	envoyèrent
CONDITIONNEL						
présent	enverrais	enverrais	enverrait	enverrions	enverriez	enverraient
passé	aurais envoyé	aurais envoyé	aurait envoyé	aurions envoyé	auriez envoyé	auraient envoyé
SUBJONCTIF						
présent	envoie	envoies	envoie	envoyions	envoyiez	envoient
passé	aie envoyé	aies envoyé	ait envoyé	ayons envoyé	ayez envoyé	aient envoyé
IMPERATIF	—	envoie	—	envoyons	envoyez	—
PARTICIPE						
présent			envoyant			
passé			envoyé			
INFINITIF			envoyer			

Modes et temps	Personnes du singulier 1ère	2ème	3ème	Personnes du pluriel 1ère	2ème	3ème
*** Exclure. *See* Conclure**						
*** Extraire. *See* Distraire**						
*** Faillir**						
INDICATIF						
présent	—	—	—	—	—	—
passé composé	ai failli	as failli	a failli	avons failli	avez failli	ont failli
imparfait	—	—	—	—	—	—
plus-que-parfait	avais failli	avais failli	avait failli	avions failli	aviez failli	avaient failli
futur	faillirai	failliras	faillira	faillirons	faillirez	failliront
passé simple	faillis	faillis	faillit	faillîmes	faillîtes	faillirent
CONDITIONNEL						
présent	faillirais	faillirais	faillirait	faillirions	failliriez	failliraient
passé	aurais failli	aurais failli	aurait failli	aurions failli	auriez failli	auraient failli
SUBJONCTIF						
présent	—	—	—	—	—	—
passé	aie failli	aies failli	ait failli	ayons failli	ayez failli	aient failli
IMPERATIF	—	—	—	—	—	—
PARTICIPE						
présent			faillant			
passé			failli			
INFINITIF			faillir			
*** Fuir (S'Enfuir)**						
INDICATIF						
présent	fuis	fuis	fuit	fuyons	fuyez	fuient
passé composé	ai fui	as fui	a fui	avons fui	avez fui	ont fui
imparfait	fuyais	fuyais	fuyait	fuyions	fuyiez	fuyaient
plus-que-parfait	avais fui	avais fui	avait fui	avions fui	aviez fui	avaient fui
futur	fuirai	fuiras	fuira	fuirons	fuirez	fuiront
passé simple	fuis	fuis	fuit	fuîmes	fuîtes	fuirent
CONDITIONNEL						
présent	fuirais	fuirais	fuirait	fuirions	fuiriez	fuiraient
passé	aurais fui	aurais fui	aurait fui	aurions fui	auriez fui	auraient fui
SUBJONCTIF						
présent	fuie	fuies	fuie	fuyions	fuyiez	fuient
passé	aie fui	aies fui	ait fui	ayons fui	ayez fui	aient fui
IMPERATIF	—	fuis	—	fuyons	fuyez	—
PARTICIPE						
présent			fuyant			
passé			fui			
INFINITIF			fuir			

Modes et temps	Personnes du singulier lère	2ème	3ème	Personnes du pluriel lère	2ème	3ème
*** Haïr**						
INDICATIF						
présent	hais	hais	hait	haïssons	haïssez	haïssent
passé composé	ai haï	as haï	a haï	avons haï	avez haï	ont haï
imparfait	haïssais	haïssais	haïssait	haïssions	haïssiez	haïssaient
plus-que-parfait	avais haï	avais haï	avait haï	avions haï	aviez haï	avaient haï
futur	haïrai	haïras	haïra	haïrons	haïrez	haïront
passé simple	haïs	haïs	haït	haïmes	haïtes	haïrent
CONDITIONNEL						
présent	haïrais	haïrais	haïrait	haïrions	haïriez	haïraient
passé	aurais haï	aurais haï	aurait haï	aurions haï	auriez haï	auraient haï
SUBJONCTIF						
présent	haïsse	haïsses	haïsse	haïssions	haïssiez	haïssent
passé	aie haï	aies haï	ait haï	ayons haï	ayez haï	aient haï
IMPERATIF	—	hais	—	haïssons	haïssez	—
PARTICIPE						
présent			haïssant			
passé			haï			
INFINITIF			haïr			
*** Prévoir**						
INDICATIF						
présent	prévois	prévois	prévoit	prévoyons	prévoyez	prévoient
passé composé	ai prévu	as prévu	a prévu	avons prévu	avez prévu	ont prévu
imparfait	prévoyais	prévoyais	prévoyait	prévoyions	prévoyiez	prévoyaient
plus-que-parfait	avais prévu	avais prévu	avait prévu	avions prévu	aviez prévu	avaient prévu
futur	prévoirai	prévoiras	prévoira	prévoirons	prévoirez	prévoiront
passé simple	prévis	prévis	prévit	prévîmes	prévîtes	prévirent
CONDITIONNEL						
présent	prévoirais	prévoirais	prévoirait	prévoirions	prévoiriez	prévoiraient
passé	aurais prévu	aurais prévu	aurait prévu	aurions prévu	auriez prévu	auraient prévu
SUBJONCTIF						
présent	prévoie	prévoies	prévoie	prévoyions	prévoyiez	prévoient
passé	aie prévu	aies prévu	ait prévu	ayons prévu	ayez prévu	aient prévu
IMPERATIF	—	prévois	—	prévoyons	prévoyez	—
PARTICIPE						
présent			prévoyant			
passé			prévu			
INFINITIF			prévoir			

***Renvoyer. *See* Envoyer**

Modes et temps	Personnes du singulier lère	2ème	3ème	Personnes du pluriel lère	2ème	3ème
*** Resoudre**						
INDICATIF						
présent	résous	résous	résout	résolvons	résolvez	résolvent
passé composé	ai résolu	as résolu	a résolu	avons résolu	avez résolu	ont résolu
imparfait	résolvais	résolvais	résolvait	résolvions	résolviez	résolvaient
plus-que-parfait	avais résolu	avais résolu	avait résolu	avions résolu	aviez résolu	avaient résolu
futur	résoudrai	résoudras	résoudra	résoudrons	résoudrez	résoudront
passé simple	résolus	résolus	résolut	résolûmes	résolûtes	résolurent
CONDITIONNEL						
présent	résoudrais	résoudrais	résoudrait	résoudrions	résoudriez	résoudraient
passé	aurais résolu	aurais résolu	aurait résolu	aurions résolu	auriez résolu	auraient résolu
SUBJONCTIF						
présent	résolve	résolves	résolve	résolvions	résolviez	résolvent
passé	aie résolu	aies résolu	ait résolu	ayons résolu	ayez résolu	aient résolu
IMPERATIF	—	résous	—	résolvons	résolvez	—
PARTICIPE						
présent			résolvant			
passé			résolu			
INFINITIF			résoudre			

Modes et temps	lère	2ème	3ème	lère	2ème	3ème
*** Revêtir**						
INDICATIF						
présent	revêts	revêts	revêt	revêtons	revêtez	revêtent
passé composé	ai revêtu	as revêtu	a revêtu	avons revêtu	avez revêtu	ont revêtu
imparfait	revêtais	revêtais	revêtait	revêtions	revêtiez	revêtaient
plus-que-parfait	avais revêtu	avais revêtu	avait revêtu	avions revêtu	aviez revêtu	avaient revêtu
futur	revêtirai	revêtiras	revêtira	revêtirons	revêtirez	revêtiront
passé simple	revêtis	revêtis	revêtit	revêtîmes	revêvîtes	revêtirent
CONDITIONNEL						
présent	revêtirais	revêtirais	revêtirait	revêtirions	revêtiriez	revêtiraient
passé	aurais revêtu	aurais revêtu	aurait revêtu	aurions revêtu	auriez revêtu	auraient revêtu
SUBJONCTIF						
présent	revête	revêtes	revête	revêtions	revêtiez	revêtent
passé	aie revêtu	aies revêtu	ait revêtu	ayons revêtu	ayez revêtu	aient revêtu
IMPERATIF	—	revêts	—	revêtons	revêtez	—
PARTICIPE						
présent			revêtant			
passé			revêtu			
INFINITIF			revêtir			

Traire.** ***See Distraire

Index